LÓGICA E DIREITO

CIP-BRASIL. CATALOGAÇÃO NA PUBLICAÇÃO
SINDICATO NACIONAL DOS EDITORES DE LIVROS, RJ

L821

Lógica e direito / Alaôr Caffé Alves ... [et. al.]; organização Lucas Galvão de Britto; coordenação Paulo de Barros Carvalho. - 1. ed. - São Paulo : Noeses, 2016.

448 p. : il. ; 23 cm.
Inclui bibliografia
ISBN 978-85-8310-059-1

1. Direito - Filosofia. I. Alves, Alaôr Caffé. II. Britto, Lucas Galvão de. III. Carvalho, Paulo de Barros.

16-32012 CDU: 340.12

Paulo de Barros Carvalho
(Coordenação)

Lucas Galvão de Britto
(Organização)

LÓGICA E DIREITO

Alaôr Caffé Alves
Aurora Tomazini de Carvalho
Cesar Antonio Serbena
Charles William McNaughton
Dardo Scavino
Décio Krause
Fabiana Del Padre Tomé
Jonas R. B. Arenhart

Lourival Vilanova
Lucas Galvão de Britto
Lucia Santaella
Mauricio Dalri Timm do Valle
Newton C. A. da Costa
Paulo de Barros Carvalho
Tárek Moysés Moussallem
Tercio Sampaio Ferraz Jr.

editora e livraria
NOESES

2016

Copyright 2016 By Editora Noeses
Fundador e Editor-chefe: Paulo de Barros Carvalho
Gerente de Produção Editorial: Rosangela Santos
Arte e Diagramação: Renato Castro
Designer de Capa: Aliá3 - Marcos Duarte
Revisão: Georgia Evelyn Franco

TODOS OS DIREITOS RESERVADOS. Proibida a reprodução total ou parcial, por qualquer meio ou processo, especialmente por sistemas gráficos, microfílmicos, fotográficos, reprográficos, fonográficos, videográficos. Vedada a memorização e/ou a recuperação total ou parcial, bem como a inclusão de qualquer parte desta obra em qualquer sistema de processamento de dados. Essas proibições aplicam-se também às características gráficas da obra e à sua editoração. A violação dos direitos autorais é punível como crime (art. 184 e parágrafos, do Código Penal), com pena de prisão e multa, conjuntamente com busca e apreensão e indenizações diversas (arts. 101 a 110 da Lei 9.610, de 19.02.1998, Lei dos Direitos Autorais).

2016

editora e livraria
NOESES

Editora Noeses Ltda.
Tel/fax: 55 11 3666 6055
www.editoranoeses.com.br

SUMÁRIO

APRESENTAÇÃO.. VII

PARTE 1
CONHECIMENTO E LÓGICA

Alaôr Caffé Alves – Formação lógico-linguística do conhecimento e a construção do discurso científico 03

Dardo Scavino – La lógica y el (des)conocimiento del sujeto 43

Lucia Santaella – A relevância da semiótica para a construção do conhecimento 77

Newton C. A. da Costa, Décio Krause e Jonas R. B. Arenhart – Um panorama da lógica atual 103

PARTE 2
DIREITO E LÓGICA

Lourival Vilanova – Lógica, ciência do Direito e Direito 137

Paulo de Barros Carvalho – Lógica jurídica e lógicas jurídicas ... 171

Newton C. A. da Costa, Cesar Antonio Serbena e Mauricio Dalri Timm do Valle – A lógica hodierna e a ciência do direito 187

Tárek Moysés Moussallem – Sobre as definições 249

PARTE 3
A LÓGICA NO DIREITO

Tercio Sampaio Ferraz Jr. – Lógica da motivação e lógica da convicção na decisão judicial 273

Fabiana Del Padre Tomé – A estrutura lógica das normas jurídicas 291

Lucas Galvão de Britto – Sobre o uso de definições e classificações na construção do conhecimento e na prescrição de condutas 313

Charles William McNaughton – Isenção Tributária 357

Aurora Tomazini de Carvalho – A regra-matriz como esquema lógico de interpretação dos textos jurídicos 391

APRESENTAÇÃO

Este livro assinala o encontro sugestivo e oportuno de celebrados autores em torno de um tema importante: Lógica e Direito. O estudo das estruturas formais do discurso é assunto imprescindível em qualquer domínio do saber, abrindo espaço e favorecendo as condições do aprofundamento cognoscitivo. E não poderia ser diferente no caso do fenômeno jurídico, assim no plano do direito positivo, quanto nas metalinguagens que dele se ocupam. A boa arrumação dos signos e a combinatória que entre eles se estabelece são pressupostos do sentido e alcance das mensagens do legislador e de todos aqueles que comentam, sob diferentes perspectivas, seus comandos prescritivos.

A obra reúne textos de catorze autores, organizados em três partes: Conhecimento e Lógica (1); Direito e Lógica (2); e A Lógica no Direito (3). São ângulos distintos, a partir de intelectuais de áreas diversas, incidindo no eixo do jurídico, sem, contudo, assumir caráter meramente interdisciplinar. Quando se trata de lógica, aquilo que existe é uma necessária reflexão: o pensamento retrovertendo sobre si mesmo, para colher os pressupostos do conhecimento específico que interessa ao sujeito, independentemente do setor de onde provenha.

O elevadíssimo nível daqueles que colaboraram neste volume, por si só, já recomenda sua leitura e a Editora Noeses, ao reuni-los, sente-se honrada com a participação.

São Paulo, 11 de abril de 2016.

Paulo de Barros Carvalho
Professor Emérito e Titular da PUC-SP e da USP

PARTE 1
CONHECIMENTO E LÓGICA

FORMAÇÃO LÓGICO-LINGUÍSTICA DO CONHECIMENTO E A CONSTRUÇÃO DO DISCURSO CIENTÍFICO

Alaôr Caffé Alves

Professor livre docente da FADUSP. Coordenador do Curso de Direito da FACAMP.

Sumário: 1. Introdução. Instâncias do conhecimento: linguagem, conceito e realidade – 2. Integração entre as instâncias da linguagem e do pensamento. Sentido e linguagem – 3. A substância do pensamento. O conceito de relação e suas implicações – 4. Forma inespecífica assumida pelos conceitos subjacentes – 5. O sentido perceptivo em face do sentido lógico-linguístico – 6. Análise do sentido linguístico e a lógica subjacente – 7. Sentido, ordem e materialidade – 8. Ciência e linguagem – 9. Relações linguísticas conceituais e reais no direito. A ciência e a tecnologia do direito – Referências.

1. Introdução. Instâncias do conhecimento: linguagem, conceito e realidade

Este trabalho tem por finalidade o estudo das condições lógico-linguísticas do conhecimento na construção do discurso da ciência. As mesmas partem do pressuposto de que a linguagem, sua estrutura e funcionamento são fundamentais para a construção do conhecimento em geral e da ciência em especial. Essa concepção aprofundou-se após o movimento filosófico, iniciado por Wittgenstein, chamado "giro linguístico", ao criticar a filosofia da consciência, iniciada a partir de Descartes. Este trabalho tentará, em última instância, descrever e explicar as relações entre o pensamento e a linguagem, questão esta muitas vezes tida como misteriosa.

Não existe ciência sem um discurso, sem a linguagem. No entanto, ela não se confunde com o discurso, com a mera linguagem, visto que a ciência, primordialmente, se compõe de conceitos, de proposições, e não só de palavras ou frases. Contudo, a linguagem, o discurso, têm a função de revelar também uma estrutura conceitual subjacente à própria linguagem. Essa estrutura conceitual, o pensamento, é que constitui propriamente o conhecimento e, particularmente, a ciência.

Por outro lado, a ciência é sempre um conjunto organizado de conceitos a respeito de um objeto que, numa visão realista, diz respeito ao mundo que nos cerca. Isso não significa que possamos conceber a linguagem como algo separado dos conceitos, pois estes têm sua materialidade constituída pela própria linguagem. Os conceitos dependem, para existirem, da linguagem, mas não se confundem com ela. É como uma moeda que tem cara e coroa; uma não existe sem a outra, embora uma não seja a outra. Mais para frente, tentaremos mostrar o mecanismo dessa relação integradora do conhecimento geral e, em especial, do científico.

O conhecimento é uma tessitura conceitual, uma organização de relações abstratas que tem, como sustentação material, a linguagem. A beleza, por exemplo, só existe em coisas belas. As coisas não se confundem com a beleza; porém, sem essas coisas, a beleza não tem como se manifestar. A música pode ser bela; a poesia e a mulher também. A materialidade do suporte é necessária para a realidade da beleza. Os conceitos possuem, da mesma forma, como seu suporte material, a linguagem expressa oral ou graficamente, quer seja no mundo dos fatos – nos livros e nas comunicações sonoras – quer seja no mundo da experiência interna subjetiva, em nossa consciência, como imagens ou representações acústicas ou gráficas das palavras ou enunciados pelos quais se manifesta o pensamento (conceitos e proposições).

A linguagem como representação subjetiva é experimentada por nós como uma espécie de discurso interno, subjetivo, silencioso, em nossa imaginação, como se estivéssemos conversando conosco mesmos. A linguagem, mesmo em sua representação subjetiva, como imagem acústica ou gráfica, em nossa consciência, não são os conceitos, não é o pensamento puro. Estes conceitos, por sua vez, como relações abstratas, ainda que dependentes da linguagem, distinguem-se desta, como iremos ver. Um é pelo outro, mas um não é o outro. A palavra é um signo simbólico que aponta para seu sentido, ou seja, para o conceito que a anima significativamente. A palavra cadeira aponta para seu sentido (para aquilo que não é ela), para o conceito "cadeira", ou seja, "assento com um espaldar alto". A palavra sem o seu sentido, sem o seu conceito, é um mero som ou grafia – algo que, por si mesmo, é ininteligível.

Por outro lado, nem as palavras, nem os conceitos confundem-se com a realidade das coisas e processos a que eles se referem. Uma coisa é a palavra, dita, escrita ou imaginada, outra, é o conceito (ideia) pensado e outra, mais ainda, é a realidade a que se referem; são três instâncias distintas, porém inseparáveis: linguagem, pensamento e realidade. Este trio é o que chamamos de triângulo semiótico.

Porém, é preciso fazer outra distinção relevante: entre o conceito (abstrato) e a realidade (concreta) por ele referida, existe ainda uma instância subjetiva muito importante, que é a imagem manifestada na imaginação. A imagem, é muito ligada às nossas impressões sensíveis, como representação subjetiva imagética ou figurativa, sob forma relativamente definida, como uma espécie de fotografia interna, quando se trata de imagens visuais. A imagem que uma determinada pessoa tem, por exemplo, de um cavalo, de um elefante, de uma árvore. Há também imagens acústicas, gustativas, táteis etc. A imagem (representação) acústica do hino nacional, por exemplo, ou a imagem gustativa de uma suculenta macarronada. É preciso, finalmente, notar que todo esse processo ocorre em sujeitos humanos concretos e situados em contextos históricos e sociais determinados, singularizados pelas circunstâncias.

Vemos então que, numa análise mais refinada do processo do conhecimento, concorrem seis instâncias distintas, onde os elementos sintático-semânticos e pragmáticos da linguagem possuem relevância expressiva: quatro instâncias subjetivas referentes à linguagem e afecções psicológicas do sujeito e duas referentes à realidade objetiva. A (1) palavra ou enunciado falados ou graficamente manifestados como percepção (signos simbólicos materiais emitidos pela boca ou escritos pela mão); a (2) palavra ou enunciado representados subjetivamente na imaginação (o discurso interno silencioso); a (3) imagem ou imagens do objeto figurado ou algo que o sugere; o (4) conceito ou ideia de caráter inteligível-racional e abstrato; a (5) coisa, o fato ou o processo existente na realidade objetiva, e, finalmente, um elemento de caráter absolutamente básico: o (6) sujeito situado que pensa e age e é suporte fundamental de todo o processo de conhecimento, sendo o alicerce para a pragmática linguística.

Aqui, é sempre bom notar, não se deve confundir "percepção" com a "imaginação". A percepção é a impressão imediata daquilo que afeta nossos sentidos no momento mesmo da impressão. Imaginação é a lembrança de uma percepção que já cessou. Quando vejo minha filha brincando no jardim, tenho percepção visual imediata; porém, quando me lembro de sua figura, tal como a vi no jardim, enquanto estou na cama, tenho uma imagem, na imaginação.

Convém fazer uma distinção a mais, de caráter ontológico. No plano da instância da percepção, ou seja, dos estímulos percebidos com nossos sentidos de modo imediato, pelos quais vemos, ouvimos, saboreamos, tocamos e cheiramos, geralmente consideramos que o que é percebido é a realidade enquanto percebida e não como ela é em si mesma. Naturalmente, essa percepção das coisas, pessoas ou processos não é o real propriamente, pois este só é objeto de nosso pensamento (não de nosso conhecimento) enquanto supostas ocorrências físicas que estão por detrás das percepções e das quais não temos conhecimento como são em si mesmas. O conhecimento mais pretencioso dessa realidade, por trás de nossas impressões imediatas, é o conhecimento da física quântica, com seus núcleos atômicos e suas vibrações eletromagnéticas invisíveis. Não temos sentidos para esses processos recônditos. No entanto, segundo a filosofia clássica, não podemos sair de nossa subjetividade para surpreender a coisa em si mesma, independentemente de como a percebemos. Nossas percepções não são cópias ou fotografias do real.

Contudo, alguns pensadores modernos e contemporâneos, aos quais nos filiamos, consideram a possibilidade de se atingir a coisa em si, não pela reflexão pura, pelo pensamento especulativo, mas sim pela ação, pela prática organizada e controlada, pela percepção ativa. Não se pode separar o pensamento e as percepções em face da ação, da atividade perceptiva, da indústria modificadora do mundo, do homem concreto e histórico. Por essas atividades, conhecemos as propriedades mais profundas da matéria. As percepções já são atividades e construções humanas de extrema complexidade, pautadas na penetração do real pelo ensaio e erro, pelos fracassos e êxitos, com sentido específico e definidas pela práxis de forma histórica, social e individual.

O real é, supostamente, a causa de nossas impressões sensíveis. No conhecimento vulgar, as pessoas confundem o real, a coisa em si, com a realidade, isto é, com os efeitos ou fenômenos que a coisa em si suposta ou efetivamente determina ou circunscreve nossa subjetividade percepcionada. O realismo crítico nos diz que existe o ser real do qual não temos conhecimento direto e imediato de como é em si mesmo, apesar de haver certas correntes que, como já dissemos, não concordam com esse desconhecimento, pois a indicação dos fenômenos a que chegamos pela análise científica revelam, de alguma forma, relações ou indícios do que é a realidade em si, porém, não estática, sendo historicamente conquistada. É de certo modo, como observamos, a visão da física relativista ou da física quântica em relação aos fenômenos do senso comum.

Voltando, pois, ao assunto principal, devemos realizar as seguintes distinções como instâncias do conhecimento: entre o sujeito real (concreto), que realiza os processos de conhecimento e pensamento, com suas práxis social e histórica; a percepção imediata dos sons e dos grafemas no mundo dos sinais acústicos e gráficos; a percepção direta de coisas, pessoas e processos como impressões sensíveis (que parece ser a própria realidade referida por palavras, imagens, conceitos e proposições, dentro de contextos determinados); a imagem (na imaginação e não na percepção) sonora ou gráfica das palavras ou enunciados; a imagem (idem) das coisas ou processos a que se referem as palavras; o conceito ou a proposição correspondentes ou pertinentes (como formas de razão, de inteligência) e, finalmente, o próprio real suposto como determinante das percepções de cuja configuração não temos conhecimento possível, segundo certas correntes filosóficas.

Por exemplo, uma coisa é a palavra "cavalo", seja (1) no mundo da percepção dos livros ou dos sons, seja (2) na imaginação quando a temos subjetiva e internamente representada de modo figurativo, num discurso silencioso, sem percepção direta ou imediata; outra coisa é (3) o cavalo, na realidade percebida, pois este é percebido como relinchando, tendo um corpo orgânico, uma forma determinada, galopa e corre, se reproduz etc.; outra mais é (4) o cavalo-figura, como imagem subjetiva, lembrado após uma percepção passada, quando o temos imaginariamente; outra, mais ainda, é (5) o cavalo como conceito, como relações abstratas pelas quais o conhecemos no mundo dos animais, com determinadas características próprias desses animais, e pelas quais reconheço os cavalos que existem no mundo. O conceito de cavalo pode ser constantemente ampliado, com novas características e propriedades, através do avanço da ciência sobre ele. E, finalmente, (6) o sujeito individual do conhecimento, social e histórico que representa o suporte orgânico de todo aquele processo cognitivo.

Por certo, temos ainda o suposto ontológico das ocorrências naturais ou físicas que, no mundo real, são determinantes do objeto "cavalo", pois, se assim não o concebêssemos, dificilmente poderíamos entender como distinguir, mesmo no plano da percepção, um cavalo de uma árvore! Sob este suposto, temos uma concepção realista e crítica do mundo.

2. Integração entre as instâncias da linguagem e do pensamento. Sentido e linguagem

Para entender esse processo, precisamos também considerar que todas essas instâncias estão organicamente integradas de sorte que qualquer uma delas pressupõe as demais para a construção do conhecimento ou relação do ser humano com o mundo. Assim, em tese e de modo bastante abrangente, temos as instâncias cognitivas: o conhecimento sensível ou perceptível (sensações e percepções); o conhecimento imaginário (imagens) e o conhecimento intelectual ou racional (conceitos, proposições e raciocínios). Estas instâncias cognitivas (sensitivas e intelectivas) também não elidem outras formas não sensitivas ou intelectivas como as dimensões do conhecimento afetivo ou volitivo, que são as formas emocionais, fundantes do conhecimento axiológico (valores); as dimensões da vontade e da ação humanas, fundantes da decisão; bem como não excluem a realidade do sujeito social e histórico, fundantes das práxis sociais, expressas na vida produtiva material e espiritual dos homens.

Uma percepção não está desligada das palavras que a descrevem; das imagens que sugerem; dos conceitos e proposições que lhe dão o sentido inteligível; dos valores que lhe dão a direção e preferência; das decisões que lhes definem as ações correspondentes; nem dos contextos e circunstâncias sociais e históricas do ser humano situado, produzindo sua vida material, científica e tecnológica. Vivemos num mundo onde se mesclam, de forma orgânica e muito intensa, o simbólico, o extralinguístico, sejam percepções ou imagens, as ideias significativas, as emoções, a vontade e os contextos onde os sujeitos aparecem situados.

Numa precisão construtivista, temos que demarcar com maior atenção a relação entre linguagem e pensamento, sempre objeto de polêmicas e confusões. A primeira questão é que não existe linguagem sem pensamento, bem como não existe pensamento sem linguagem. Falamos porque pensamos e pensamos porque falamos. Quem não fala, ou não tenha o apoio dos que falam (o mudo, por exemplo) são incapazes de pensar abstratamente. Certamente, existe o conhecimento sensível, como o dos animais, mas este não configura, por si só, o pensamento e o conhecimento específicos de que o homem é capaz. Com o conhecimento racional ou inteligível, elaborado mediante conceitos e proposições, o ser humano tem uma capacidade generalizada de adaptação, inclusive no espaço sideral. Porém, a linguagem é fundamental para essa adaptação.

As expressões linguísticas experimentadas subjetivamente, como se fossem palavras ou frases pensadas interna e silenciosamente, e os conceitos ou as proposições abstratas são manifestações subjetivas distintas, embora fundamentalmente ligadas e organicamente articuladas. Como dissemos antes, são a cara e a coroa da moeda do pensamento. Essas expressões linguísticas e os conceitos ou proposições correspondentes, quando são muito próximos de nossa experiência sensível, vêm quase sempre acompanhados de suas respectivas imagens, com as quais, entretanto, também não se confundem. A palavra "leão", por exemplo, sugere, imediatamente, seu conceito (felino) e sua imagem. A palavra (signo), a imagem (figura) e o conceito (sentido ou relação abstrata) de leão não se confundem, bem como essas formas cognitivas não são idênticas à realidade mesma de leão, que é um animal que ruge, caça e se reproduz, da espécie felino. A palavra "leão", a sua imagem ou o seu conceito não metem medo, como ocorre com o leão de verdade. São realidades bastante distintas.

Porém, quando a palavra tem referência muito distante da realidade concreta, sua imagem é difusa ou metafórica, ou mesmo dela não temos uma específica figuração imaginária, mas, por certo, teremos um conceito ou noção, ainda que não efetivamente claros. Por exemplo, a palavra e o conceito de "triângulo" geralmente vem com a sugestão de sua imagem, pois ele é muito próximo das experiências cotidianas. O mesmo não acontece com o miriágono (polígono de dez mil lados) que, embora inteligível, pois dele temos um claro conceito, não pode, entretanto, ser imaginado. O conceito de "Estado", por exemplo, pode ser circunscrito conceitualmente e com muita riqueza, mas não podemos imaginá-lo a não ser mediante metáforas, metonímias ou por outras figuras de linguagem. Sua realidade se expressa mediante uma unidade conceitual, muito mais distante da experiência empírica, e, portanto, sua figuração imagética é sempre muito parcial ou fragmentária, sugerindo que a experiência global e imediata dessa realidade é impossível.

Assim, o discurso científico e o pensamento não vivem separados, porém se distinguem. Um não existe sem o outro, um é pelo outro, mas um não é o outro. Não há linguagem sem conceitos, nem conceitos sem linguagem, assim como o pai não existe sem o filho e vice-versa. A ciência é um saber organizado conceitualmente, expresso mediante discursos linguisticamente articulados, fundado na verificação e controle consciente dos dados da realidade, obtidos pela experiência sensorial e investigação sistemática, sempre num plano socioeconômico e histórico. Como a linguagem supõe essencialmente a articulação social, o pensamento científico de modo inequívoco depende dessa articulação. Não existem pensamento e ciência sem a sociedade, sem a simbologia das palavras, do discurso, sem práxis social. Não existe solipsismo linguístico. É ficção imaginar um pensamento não encarnado em uma linguagem e uma linguagem não envolvida com relações intersubjetivas entre os homens. Pensamento, linguagem e sociedade estão organicamente ligados.

3. A substância do pensamento. O conceito de relação e suas implicações

A propósito dessa organização dos dados, ainda queremos, para o bom entendimento do que vem depois, estabelecer o conceito de relação, essencial para a compreensão do conceito e da proposição e, portanto, do pensamento e da construção científica e de suas relações com a linguagem. Este é um conceito básico que permeia toda a nossa exposição sobre o sentido conceitual e suas relações com a percepção.

O mundo compõe-se de ocorrências e processos, manifestados como fenômenos, que sempre sugerem a ideia de movimento. A física contemporânea é testemunha disso. Porém não se pode compreender o movimento sem algo movido, o que levou os antigos filósofos, especialmente Aristóteles, a conceberem a ideia de substância. O movimento supõe, portanto, um suporte, algo estável, um apoio que não se pode reduzir ao próprio movimento. Aí vem a questão: haverá uma realidade tão radical que não se move? A física contemporânea tem dúvidas a respeito e, portanto, entende que as unidades quânticas do mundo são manifestações energéticas, as quais não podem ser concebidas como algo estático. Isso seria um paradoxo, pois deveríamos conceber o movimento do movimento. Nas últimas instâncias do mundo, as mais elementares, caímos num poço de contradições ou paradoxos (partículas/ondas; determinação/indeterminação etc.).

Pois bem, no que respeita ao conceito de relação, de certo modo, chegamos ao mesmo paradoxo. Toda relação supõe termos relacionados. Podemos compreender que esses termos relacionados também são o produto de outras relações subjacentes, que também têm por base novos termos, novas relações e assim por diante. Uma relação, portanto, é sempre uma relação de relações, tal como no caso do movimento acima exposto. No entanto, a relação que define e produz os termos relacionados é, também, produto desses mesmos termos, num processo dinâmico e dialético, em que um é pelo outro, embora um não seja o outro. A relação pelos termos e estes pela relação!

A relação paternal, por exemplo, entre pai e filho supõe os termos "pai" e "filho". Cada termo só se configura com a relação. Antes da relação não há pai nem filho, isto é, não se pode compreendê-los sem a relação mesma. Não existe pai em si, nem filho em si. Um é pelo outro. Desse modo, se os termos são os pressupostos da relação, eles não podem, contudo, existir antes da relação mesma! Somente são realizados pela própria relação. Portanto, não existem nem a relação nem os termos antes do próprio relacionamento. Então, o que vem a ser a base inicial do referido relacionamento? A base, no caso, é o relacionamento genético entre os seres humanos de gêneros diferentes. Mas, isso é uma outra relação. Seriam, os seres humanos, masculino e feminino. Assim, a relação de paternidade nasce de outra relação, entre o homem e a mulher. Estes são outros termos que existem um para o outro, de tal sorte que, na natureza, não se pode compreender um sem o outro; são também seres relacionados. Sem a relação do casal (mesmo na inseminação artificial), não existe a concepção "homem/mulher" que expressa os termos da relação complementares e indissociáveis. Em continuação, se considerarmos cada termo dessa relação, temos também a realidade de novas relações, pois para se compreender um ser humano do sexo masculino, devemos reunir ou relacionar outras partes naturais que implicam a unidade orgânica desse ser animal, bem como suas relações com o mundo da natureza e assim por diante.

Finalmente, ainda dentro dessas considerações sobre as relações, precisamos definir seu estatuto ontológico. Para indicar com maior sentido esse estatuto, partimos de uma ilustração singela, porém esclarecedora. Consideremos uma aeronave sofisticada, como um Boeing 777. Imaginemos todo o avião com todas as suas peças constituintes distribuídas no chão de um campo de pouso, todas emparelhas com dois ou três centímetros de distância, uma ao lado da outra. Todas as suas peças estão ali, presentes, porém esse Boeing, ainda que perfeitamente completo em seus elementos materiais integrantes, certamente não levantará voo, não voará. Isso precisamente porque não temos propriamente um Boeing, visto que todos os seus termos não se identificam integralmente porque não se encontram num relacionamento apropriado, justo e interligado como deveria ser num relacionamento que o realizasse plenamente como avião. Na verdade, temos todos os termos materiais do avião, todas as suas partes, mas ainda não temos as relações adequadas para transformá-lo num avião de verdade.

O interessante é que a relação entre as peças não é nada material que se acrescente ao avião, é simplesmente uma ordem, uma organização, uma inter-relação que por si mesma é invisível, não material. Sensorialmente, não vemos a relação como tal, contudo, ela existe e é tão real quanto os elementos materiais relacionados. Os filósofos empiristas têm grande dificuldade em explicar o fato.

O que temos aqui é uma estrutura que envolve um conteúdo material e uma relação ou forma que dá uma certa ordem de sentido a esses elementos materiais. Assim, o avião se constitui de um conjunto de peças, de elementos materiais visíveis em suas particularidades e, além disso, de uma ordem relacional que lhe empresta organização apropriada para se constituir em uma aeronave. Não existe o avião apenas como conjunto de peças; é preciso uma ordem, uma relação entre elas. Vemos tudo, os motores, as asas, a calda, a fuselagem, os flaps, o trem de aterrissagem, a cabine do piloto, as poltronas, as luzes etc., tudo o que materializa um avião, mas enquanto essas partes não estejam devidamente encaixadas numa determinada ordem estrutural, não teremos o aparelho voador. Por outro lado, cada parte também se constitui em novas partes e, portanto, em novas relações. O mesmo raciocínio será, portanto, válido para o motor do avião, que será um todo constituído por peças (com uma certa complexidade) reunidas e integradas em uma forma relacional. Cada peça do motor seguirá também a mesma linha de consideração. Isso significa que o aeroplano, além das peças e partes que o constituem, é um complexo de relações: relações de relações.

Além do mais, é preciso observar que o avião, como relação de relações, também deve estar organicamente integrado em outras relações que o suportam e lhe dão existência e realidade. Ele deve ter relações com o solo, o ar e a água que o sustentam em determinadas circunstâncias; com as leis da aerodinâmica, da química e da física; com a engenharia aeronáutica de construção; com as diferentes altitudes que alcança; inclusive com as formas institucionais, técnicas, econômicas e sociais para a sua concepção e produção; com os objetivos para os quais é fabricado etc.

Essa analogia explica, de certa forma, o que ocorre na relação entre as palavras (linguagem) e o pensamento. Por um lado, as peças do avião representariam as palavras, o discurso, a materialidade que sustentam a forma; e, por outro, a organização, a ordem ou as relações entre as peças representariam o conceito, a forma ideal, o sentido das palavras. Para que haja pensamento, necessitamos das palavras e de suas relações. Parafraseando Kant, poderemos dizer que as palavras seriam cegas se não apontassem para uma ordem, uma organização, um sentido (conceito), e este, por sua vez, não teria suporte material para se manifestar se não houvesse palavras que o apoiem. Por outro lado, as relações externas ao discurso e ao pensamento, as relações existenciais do sujeito que pensa e fala, imprescindíveis à própria linguagem e ao pensamento, seriam representadas por aquelas relações entre o avião e as demais feições do universo em que ele se encontra e lhe dão consistência existencial no mundo.

A forma relacional, portanto, depende de cada parte material, bem como cada parte material tem sua configuração apropriada para constituir a referida forma relacional. Se as partes não forem devidamente combinadas e ajustadas, organizadas, o todo não existira, como, por exemplo, o pensamento e as palavras que o constituem. É assim que, de certa maneira, pensava Aristóteles quando, em sua ontologia, fazia referência à matéria e à forma de que se constitui qualquer coisa do universo. Não há matéria sem forma, nem forma sem matéria. A matéria é aquilo de que algo se constitui e a forma é a organização dessa matéria. É o mesmo que ocorre não só com os fenômenos naturais do mundo, como também com o automóvel, com a estação espacial, com a cidade, com o computador, com o telescópio, com o navio, com a sociedade, com a economia, com o direito, com a linguagem e pensamento, com a ciência ou com qualquer produto da cultura espiritual do homem.

4. Forma inespecífica assumida pelos conceitos subjacentes

As relações, portanto, constituem os seres e processos do mundo, e não se confundem com as coisas ou partes relacionadas. As relações comportam, portanto, distinções entre si, com maior ou menor peso relativo. As relações distinguem-se das coisas ou partes relacionadas – que, por sua vez, comportam outras relações – mas não serão jamais separadas dessas coisas ou partes para poderem existir. Não se pode ter um avião simplesmente com relações abstratas, ou seja, abstraídas da matéria, de suas peças integrantes, sem serem, ao mesmo tempo, relações de partes materiais; mas, também não existem essas partes se não forem concebidas, ao menos, para aquelas relações. O avião não é feito de qualquer matéria, porém, sua matéria pode também ser constitutiva de outros seres, outros objetos. Os materiais com que se fabricam as peças do avião podem também, em outras possíveis relações (formas), ser transformados para fazer outros objetos, como, por exemplo, o automóvel ou a nave espacial.

Essa última observação nos leva a uma característica fundamental do processo relacional que sempre deve ser considerada para se entender a relação de sentido no pensamento, a relação conceitual e linguística. Essa característica diz respeito à perda progressiva de especificidade das partes que formam o todo relacional no pensamento. Vale dizer que as partes subjacentes de uma relação, na medida em que descem em novas relações subjacentes, perdem sua nitidez no plano do pensamento, passam a ser difusas e substituíveis por outras partes semelhantes ou análogas. Por isso, o significado de uma palavra pode caber em várias situações análogas. O conceito de fruta, por exemplo, evoca, de modo difuso e inespecífico, várias frutas possíveis: maçã, abacaxi, banana, uva, figo, mamão, pera, ameixa, pêssego etc. No conceito, todas elas aparecem de modo virtual e não atual. Podemos aplicar a palavra fruta à maçã, ao abacaxi e à banana, mas também, sem perda de sentido, à uva, à pera e ao mamão. Quando pensamos de modo geral em fruta, podemos não estar pensando necessariamente nesta ou naquela fruta. Estas frutas não aparecem, no gênero, de forma específica ou nítida.

Para melhor entendimento dessa característica, vamos dar mais uma ilustração. A palavra "vertebrado" indica o conceito correspondente pelo qual entendemos o que seja um animal vertebrado. O conceito não é a palavra, já dissemos; mas, a palavra ajuda a estratificar e identificar o conceito de vertebrado mediante o congelamento de relações entre outros conceitos subjacentes que, por sua vez, são também enunciados e identificados por outras palavras.

O vertebrado, como conceito, na linguagem ordinária, diz respeito aos animais caracterizados pela presença de esqueleto, formado de ossos e vértebras segmentadas e de crânio que protege o cérebro, compreendendo os peixes, anfíbios, répteis, aves e mamíferos. As palavras subjacentes como "esqueleto", "ossos", "vértebras", "segmentada", "crânio", "proteção" e "cérebro" apontam para seus respectivos conceitos que, em seu conjunto relacional, nos dão o conceito de vertebrado. Cada termo isolado não significa vertebrado. Por outro lado, seus exemplares, expressos pelas palavras "peixes", "anfíbios", répteis", "aves" e "mamíferos" apontam para outros tantos conceitos subjacentes ao de vertebrado. São suas espécies. O gênero "vertebrado" comporta várias espécies de animais.

Por essas características gerais e pelos seus exemplares tenho o conceito de vertebrado, enunciado pela palavra "vertebrado". Vemos que o conceito não é a palavra que o designa. Esta palavra indica o conjunto inter-relacionado de conceitos subjacentes. Assim, a palavra apenas aponta para uma relação conjunta de conceitos subjacentes, os quais por sua vez, podem ser explorados em suas relações mais inferiores, ainda mais subjacentes, como, por exemplo, a palavra "mamífero", que aponta para outros conceitos, como "vertebrado que possui mamas" e para outros espécimes, igualmente nomeados por palavras, como "homem", "vaca", "macaco", "tamanduá", "baleia", "rinoceronte", "onça", "tigre", "elefante", hipopótamo" etc.

Vemos, então, que, no momento em que pensamos "vertebrado", temos a imagem da palavra "vertebrado" que, imediatamente, evoca as relações subjacentes (o conceito propriamente dito), pelas quais entendemos o que significa "vertebrado". Porém, e aqui está a questão básica, essas relações subjacentes não aparecem de forma vívida, nítida e clara – a menos que queiramos enunciar específica e intencionalmente as próprias relações subjacentes – mas, sim, aparecem de forma virtual, inespecífica, difusa e abstrata. Essa é uma característica fundamental do relacionamento conceitual.

Quando pensamos, por exemplo, "mamífero", a palavra nos leva a uma virtualidade genérica, que pode ser encarnada, aleatoriamente, num homem qualquer, numa vaca qualquer, num macaco qualquer, numa baleia qualquer, num elefante qualquer etc. Cada palavra que aponta para seu respectivo conceito não evoca, ao mesmo tempo, todos os seus elementos conceituais subjacentes, porém têm o condão de fazê-lo virtualmente, como possibilidade latente. Só tentamos fazer isso, quando alguém nos pede precisão das palavras empregadas em um discurso. Por isso, as palavras evocam analogias, similitudes e permitem ambiguidades. Eis porque as interpretações discursivas são tão amplas e diversificadas. Os discursos dos juristas e dos políticos são claros exemplos disso.

As palavras de um discurso, portanto, são pronunciadas correntemente, espontaneamente e pressupõem e evocação conceitual de modo quase automático e de forma muito rápida. Assim, as partes relacionadas são sempre inespecíficas, fugidias, o que permite, aos conceitos, serem flexíveis dentro de um amplo espectro de significações. Certamente, se não houvesse a possibilidade da evocação virtual dos conceitos subjacentes relacionados, não teríamos a compreensão conceitual correspondente e as palavras soariam como sinais ininteligíveis. Não haveria pensamento.

Portanto, do modo geral, as relações são entre si relativas. Conhecemos as relações entre as partes e o todo. Cada parte é também um todo e cada todo é igualmente uma parte de outro todo mais abrangente. Só existe o todo em função das partes e vice-versa. Quando se tratam de relações essenciais, as partes básicas não podem faltar, sob pena de não se ter o objeto em sua plenitude funcional. Um avião não existe sem os elementos parciais fundamentais para a sua função e operação. Por isso, não se pode ter a pura ideia de avião, isto é, o mero conceito de avião, existente ou subsistente por si mesmo (platonismo), sem os elementos materiais que lhe deem existência ou sustentação de realidade. O conceito de avião não voa, o que voa é o avião real, materialmente construído e dentro do contexto que lhe dá sustentação natural e social.

Por isso, é preciso fazer, em última análise, a distinção entre o objeto real e o objeto pensado. Como realidade material, física, o avião não possui partes virtuais ou inespecíficas; elas serão todas reais, específicas e concretas. Somente no pensamento, como conceito abstrato, essa virtualidade aparece.

Apenas no ato de pensar, enquanto significação, o avião ou suas partes podem aparecer de forma inespecífica, difusa, virtual ou genérica. O conceito de avião não é o avião real, concreto. Este voa, aquele não. Para terminar: o mesmo ocorre com o conceito de direito, abstrato, como ciência, em relação e contraste com sua efetiva realidade concreta no mundo histórico e social.

5. O sentido perceptivo em face do sentido lógico-linguístico

A semiótica tradicional tem alguma dificuldade em achar um sentido nas impressões sensoriais imediatas. Nossa concepção, fundada em Merleau Ponty, é de que a impressão sensorial já traz consigo, de forma imediata, relações naturais que integram o sentido dos fatos ou processos percebidos por nossos órgãos sensoriais. A maçã que vemos não é simplesmente um conjunto de sensações isoladas, de cor, forma, cheiro, dureza etc., para depois ganharem unidade, como maçã, na percepção do fruto como um todo, com a intervenção da razão unificadora. A maçã, na percepção imediata, já é vista diretamente, em pessoa, sem mediação de processos racionais. Já a apreendemos como alimento, ainda que de modo elementar, em razão da práxis sensorial que temos dela. Isso ocorre especialmente em relação às coisas e processos naturais ligados à nossa sobrevivência animal.

Certamente, um objeto da cultura, como, por exemplo, uma cadeira, somente será plenamente percebida como cadeira se houver uma síntese proposta pela práxis social já elaborada historicamente pelo homem. Isso já exige a linguagem simbólica. Quando a percebemos, vemos imediatamente o fim para o qual ela existe. Porém, um gato, por exemplo, perceberá a cadeira como um todo sem a significação de assento humano, mas com a significação sensorial de objeto apropriado para sustentar o seu pulo, em razão de sua experiência animal, como normalmente constatamos. O sentido perceptivo é ativo por excelência. A esse sentido, chamamos de sentido perceptivo, onde a linguagem tem pouca ou nenhuma presença. Ele é elementar, mas de extrema importância para assegurar nossa sobrevivência e para fundar, no caso do ser humano, as bases para o conhecimento intelectivo.

Os animais, em seus reconhecimentos perceptivos, são um exemplo disso. Um cão, por exemplo, reconhece perceptivamente seu alimento, sem utilizar qualquer espécie de razão unificadora de sensações. Ele não tem sentido linguístico, mas tem necessidades. A percepção animal, portanto, é de extrema importância para a sobrevivência. As sensações e percepções são ativas, fundadas em relações de interesse, pressupondo sempre movimentos corporais e sensoriais simultâneos e comparativos. Os animais fazem relações imediatas, ainda que em nível elementar. Mesmo a percepção de uma cor, por exemplo, o vermelho, já está implícita a comparação primária com outras cores. Se tudo fosse da mesma cor, não haveria cores. Os animais também têm intuições relacionais através das quais se orientam em seus processos vitais.

No sentido perceptivo, a especificidade ocorre através dos elementos constitutivos do todo percebido de modo muito concreto e imediato. Entretanto, existe, no sentido perceptivo, uma forma de generalização primária que permite ao animal transferir suas experiências perceptivas entre situações similares, o que possibilita o reconhecimento de circunstâncias vitais. Por isso, ele reconhece seu alimento. Mas, por falta de uma estrutura simbólica, isto é, de uma linguagem desenvolvida, o animal não consegue realizar generalizações mais abstratas, como ocorre com o ser humano.

No ser humano, esse sentido perceptivo é muito mais rico e diversificado, pois as impressões sensoriais são construídas em razão das necessidades da experiência vital imediata dos sujeitos culturalmente condicionados e historicamente ativos, bem assim porque essas impressões estão empapadas ou transfundidas por um sentido linguístico, por uma linguagem socialmente estruturada. Por exemplo: conforme a circunstância e a emergência, percebemos de modo diverso uma árvore, isto é, como defesa aos raios solares ou como defesa ao ataque de animais selvagens; como meio para aplacar a fome ou a sede com seus frutos; para ganhos pela venda de seus produtos; como anteparo às balas do inimigo; como espécime vegetal de estudo e pesquisa etc. Não vemos a árvore como um objeto em si, neutro, de modo independente de nossa práxis histórica e social. O real permite muitos ângulos de tratamento, posto que comporta múltiplas determinações e múltiplos sentidos.

É pela atividade e ação que percebemos o mundo. Compreendemos as coisas não mediante contemplação ou mera reflexão, mas sim mediante diferentes atividades ajustadas ou não às mais diversas situações exitosas ou não. Através dessas atividades, vemos suas distintas propriedades e características e sua infinita variedade. O homem age sobre o mundo e, nessa ação, modifica o seu meio e se modifica a si mesmo, inclusive suas várias formas de perceber o mundo e de falar sobre ele.

6. Análise do sentido linguístico e a lógica subjacente

Importa-nos agora precisar o sentido linguístico que, de certo modo, complementa o sentido perceptivo. Nos sentidos linguísticos, a especificidade ocorre através das palavras relacionadas de modo escalonado, ao formar redes conceituais (relações) relativamente organizadas, das mais concretas (substantivos próprios ou especificados para as circunstâncias) às mais abstratas, em razão das necessidades da experiência vital imediata ou mediata, formando blocos de relacionamento predicamental (proposições), por meio da atividade identificadora do pensamento através da linguagem. Nesse sentido, vamos ampliando, mediante a experiência e o discurso, as discriminações sobre a realidade, conhecendo-a cada vez mais ampla e profundamente.

Essa forma predicativa de dizer o mundo, é sempre bom notar, não é a única forma de apreendê-lo, pois ele não prescinde, para ser conhecido na mais extensa e profunda realidade, do contato sensorial intuitivo pelo qual tem sua presença viva, concreta e contextual. A integração dialética entre a dimensão lógico-teórica e a sensório-intuitiva produz o conhecimento científico, cuja verdade é sempre condicionada à práxis histórico-social.

No ser humano, é quase impossível ter um sentido perceptivo que não venha acompanhado de um sentido linguístico. A relação entre ambos os sentidos forma um complexo significativo que permite um processo discriminatório progressivamente mais aprofundado da experiência humana. Sobre um mesmo assunto, tema ou objeto podemos fazer apropriações cognitivas e práticas cada vez mais profundas e extensas. Pode-se fazer uma comparação exemplar, quando consideramos as questões do movimento, do espaço, do tempo e da gravidade, como objetos de estudo da física, nas diferentes concepções de Aristóteles, de Newton, de Einstein e da atual física quântica.

O discurso linguístico e a intuição sensorial não podem ser separados; é possível distingui-los apenas para efeito de análise. O mais importante a fixar aqui, no referente aos discursos, é, como já abordamos, a perda progressiva da especificidade dos elementos que entram na relação predicativa, na medida em que se progride o conhecimento na ampliação da rede de relações pelas quais se pensa linguisticamente o mundo.

Uma ilustração facilita a compreensão desse processo. O conceito de ser humano, expresso pelas palavras "ser humano", pressupõe relações conceituais subjacentes, expressas por outros termos como "animal", "social", "racional", "produtor", "histórico" e outros sem os quais não o entendemos. O conceito "animal", por sua vez, pressupõe outras relações conceituais subjacentes, como "ser vivo", "sensitivo", "reativo", "que se locomove", "se reproduz" e outras.

Tudo isso forma uma rede de relações pela qual formamos nossos conceitos sobre todos os processos vitais dos animais. Essa rede funda a possibilidade das relações lógicas implícitas na linguagem e na rede conceitual. Do mesmo modo, ocorre com os demais conceitos de "social", "racional", "produtor" e "histórico. Por isso, temos capacidade dedutiva. Assim, o conceito "se reproduz", compreendido em "animal", está implícito e relacionado com outros no conceito de "homem"; porém, ele se apresenta com uma *especificidade* bem menor do que a considerada imediatamente quando o enfocamos diretamente ou como implícito em "animal" simplesmente. "Se reproduz", no conceito de "animal", aparece esmaecido, longínquo, virtual e inespecífico, quer dizer, não vem com todas as discriminações vivas, como sexualidade, gênero, atração, competição, gestação etc., que certamente aparecem quando o consideramos diretamente.

Outro exemplo: a *paternidade* do Código Civil somente pode ser entendida, independentemente de qualquer referência singular sensorial, mediante relação proposicional identificadora na qual se definem genericamente "pai" e "filho" como seres humanos e na qual entram, de forma subjacente e vinculada, outras palavras e relações mais específicas, que podem ser "o ser humano de sexo masculino" que "estabeleceu relações sexuais com outro do sexo feminino", das quais resultou o "nascimento" de um "filho" (ou "filha"), e assim por diante, em uma tessitura conceitual que somente tem materialidade se houver, como já dissemos, o suporte linguístico garantidor da fixação das relações mesmas, em seu longo encadeamento. As relações só se tornam visíveis e bem determinadas mediante sua cristalização terminológica, através das palavras correspondentes. Certamente, o exemplo dado é simples e clássico, podendo ser ampliado, conforme a adoção de novos critérios que vierem a ser aceitos, em razão do avanço científico e cultural.

Todo conceito (ou ideia), portanto, compreende a enunciação de palavras conjugadas indicando as relações subjacentes que, por sua vez, exigem novas palavras numa longa sequência combinada. As palavras são os suportes materiais, sejam escritas, orais ou imaginadas – os termos da relação –, sem os quais as relações como tais não possuem consistência, melhor dito, não podem existir ou sustentar-se por si mesmas. É como se fosse possível a forma de avião sem as peças que a sustentassem!

Assim, a palavra "paternidade" resume ou pressupõe relações entre outras palavras subjacentes, como "pai" e "filho", envolvendo os respectivos conceitos. A referida palavra "paternidade", portanto, representa ou significa o conceito de "paternidade", somente porque não se resume apenas àquela palavra considerada em si mesma, mas sim porque induz à relação entre "pai" e "filho", e estes "ao progenitor masculino que, numa relação determinada com uma mulher, produziu um ser humano" e assim por diante. Note-se, portanto, que, naquelas relações de palavras, de caráter subalterno ao primeiro termo "paternidade", ou seja, "pai" e "filho", encontramos outras mais abaixo e especificadas: "ser" "humano" "de" "sexo" "masculino" etc. Vê-se também que não é um mero aglomerado de palavras, mas um sistema que forma um todo significativo. Se, porém, houver mudança de ordem, com as mesmas palavras, podemos ter outro sentido específico: "o sexo masculino de ser humano", por exemplo.

Outra ilustração: sob a palavra "casa", verificamos uma síntese conceitual, uma textura relacional, na qual outras palavras se vinculam, como "telhado", "paredes", "janelas", "portas", "assoalho", "cômodos", "cozinha", "teto", "sistema hidráulico", "sistema elétrico" etc. Observe-se que cada uma dessas palavras também sintetiza outras relações subjacentes, manifestáveis por outras palavras, que lhe auxiliam na formação de sentido: por exemplo o "sistema hidráulico" nos reporta para canos de diferentes espécies, juntas e conexões, instalações, torneiras, vazões, água, ralos, esgoto, sistemas de abastecimento e de saneamento etc.

No entanto, elas todas formam uma unidade que se vai ampliar até o sentido daquela palavra "casa", com todas as suas variantes específicas (casa, palacete, casebre, choupana, apartamento, cabana, iglu), nas quais as palavras e proposições derivadas não estão meramente em posições justapostas, uma ao lado da outra, mas formam uma extensa cadeia ou rede sistêmica e significativa de elementos, reciprocamente referidos e inter-relacionados, fundados na práxis cultural na qual é utilizada. "Casa" é também a palavra destinada a realizar, em graus superiores, sínteses mais amplas, como "moradia", "rua residencial", "atividade de construção", "bairro", "população", "cidade", "metrópole" etc. Em outra linhagem de sentido, pode também significar "habitação humana", "lar", "lugar de bem-estar", "família", "proteção" etc. Também é preciso notar os possíveis sentidos metafóricos de "casa", quando nos referimos à casa de botão, à casa legislativa, à casa imperial etc.

Assim, no plano linguístico, a relação não tem configuração material a não ser pelos elementos físicos de suporte de sentido (grafias e sons das palavras) que dela fazem parte como termos da relação. Sem os termos (palavras) e seu sistema (sintático), a relação se desvanece, volatiliza-se. É por isso que, além do semântico, existem os sentidos sintáticos e pragmáticos. Portanto, essa relação de sentido pressupõe termos e sistemas progressivamente abrangentes que, para cada patamar contextual, oferece sentidos sempre novos e mais compreensivos. É impensável a relação sem os termos relacionados, tanto como estes sem relações internas ou subjacentes aos próprios termos. Por isso, as palavras precisam estar relacionadas para ganharem sentido.

Há uma composição complexa e dialética entre unidade e multiplicidade: é a unidade na multiplicidade e a multiplicidade na unidade. Igualmente, o todo dialético é também a permanência (relativa) no fluxo e o fluxo na permanência. Há, portanto, uma dinâmica dialética e progressiva dos contrários que se repelem e se completam. Assim, os termos (as palavras) dependem do conjunto frasal no qual se encontram – cujo sentido depende do complexo contextual em que é proferido – tanto quanto as próprias palavras são um *todo* formado por partes que, isoladamente, não dizem nada.

Existem, portanto, relações de relações; porém elas são mediadas dialeticamente por sistemas unitários que perfazem certa lógica; obedecem a certas leis ou estruturas, formando sistemas e subsistemas interligados (inter-relacionados) em um movimento processual de reciprocidade, contraste e contradição. Essa estrutura forma a base do pensamento lógico e, quando tem suficiente lastro na experiência controlada, forma o alicerce do pensamento científico. Eis porque o pensamento guarda íntima e inequívoca relação com a linguagem, com o discurso do conhecimento.

Nesse sentido, uma palavra é uma parte que se relaciona com outras partes (outras palavras) para formar um todo frasal com sentido, mas elas mesmas, as palavras, materialmente observadas, são também um todo formado de partes relacionadas, isto é, dos fonemas que a compõem. Esses fonemas, por seu turno, descansam em relações de vogais e consoantes, que têm sua realidade definida no contraste de sinais, escritos ou orais, com o fundo do papel em cor adequada ou das vibrações aéreas por enunciação sonora. São relações de relações, sempre mediadas por patamares de unidade relativa, em uma dimensão sempre provisória de sentido, sempre à espera de novas sínteses.

Por isso, o pensamento é uma tessitura dessas relações, fundadas nos diferentes discursos interiorizados, cujos processos sempre se dão em determinadas situações e sempre de maneira inovada. Certamente, cumpre destacar, que todo esse complexo relacional linguístico, somente ganha sentido dentro do complexo existencial do sujeito que o utiliza em sua vida cotidiana (contexto cultural) ou em seu esforço analítico no âmbito das experiências controladas das ciências e de outros saberes sofisticados.

Nessa linha, a relação implica um movimento sucessivo e recíproco entre um termo e outro, um alimentando o sentido do outro, criando no relacionamento (interno, no pensamento, e externo, na situação contextual com o mundo) um novo sentido cuja dinâmica faz perder a especificidade (determinação singular) dos termos que entram na mesma relação, mas que, entretanto, estão sempre presentes, ainda que virtualmente, como possibilidade de serem permanentemente invocados no pensamento.

O conceito "casa", como já vimos, no sentido de habitação, pressupõe, em certo marco cultural, os conceitos organicamente relacionados (de modo dialético) de "paredes", "telhado", "portas", "janelas", "cômodos", "infraestrutura sanitária" etc. Sem esses subsistemas, não poderemos compreender o conceito "casa". No entanto, não se compreende "casa" como um conjunto ou mera somatória de itens separados, mas, precisamente como uma relação dinâmica e sistêmica, na qual cada conceito subjacente se relaciona com outro, em um movimento recíproco e coordenado cujo sentido alimenta o sentido do outro, formando a unidade significativa de "casa". O conceito, portanto, é um todo complexo e relacional – de palavras e relações entre palavras – com envolvimento igualmente pragmático no mundo cultural concreto.

É preciso notar, entretanto, e repetimos, que, ao pensarmos "casa", um dos conceitos a ela subjacente, como "janela", por exemplo, não é apontado com a mesma vivacidade com que pensamos o conceito que o subordina (casa). Isto é, o conceito "janela" não comparece, no interior do conceito "casa", com a mesma nitidez e determinação como quando o pensamos isoladamente como "janela", de forma específica e isolada. A ideia de janela, subjacente ao conceito de casa, aparece de modo mais indeterminado, menos específico – por isso podemos incluir diferentes tipos virtuais de janela sem comprometer o sentido de "casa". O conceito de janela aparece apenas como gênero, como algo universal. No todo, a parte perde sua especificidade, sem, contudo, desaparecer na completa indeterminação. Se houvesse completa indeterminação de todos os conceitos subjacentes de "casa", não poderíamos invocá-los, e, consequentemente, não entenderíamos o próprio conceito de "casa"; não a pensaríamos.

O conteúdo estará sempre virtualmente presente, embora com menor determinação. Assim, podemos dizer que "casa" é "janela", pois sem esta não a temos, mas também não é (só) "janela", pois é igualmente "portas", "paredes", "telhados", "cômodos" etc. Dialeticamente, nosso pensamento vai do todo "casa" para sua parte "janela", volta ao todo "casa", cujo conceito fica mais enriquecido, retorna para outra parte, "portas", por exemplo; novamente sobe ao todo mais ampliado em sua compreensão, voltando para as outras partes (paredes, cômodos, telhado, sistema hidráulico etc.) e assim por diante, formando dinamicamente o conceito de casa. Há, portanto, uma dinâmica (muito rápida) que tende a se enriquecer conforme a práxis em torno do conceito, podendo inclusive alcançar fórmulas extremamente mais complexas quando expressam proposições científicas ou técnicas, muito mais sofisticadas dos engenheiros, físicos ou arquitetos.

Por exemplo, o conceito do senso comum de casa é válido e se inclui no conceito muito mais denso e amplo que um arquiteto ou um engenheiro civil podem ter. Assim, não existe alguma coisa substancializada (essência) nomeada "casa"; o que existe é um complexo de relações, envolvendo outras unidades significativas pelas quais, em um conjunto sistêmico, a casa se realiza como sentido. E seu sentido pode ser cada vez mais ampliado, mais aprofundado quando dela se tem uma experiência mais avançada, controlada e sistemática.

Ela, a casa, portanto, não é uma coisa, mas um conjunto de relações entre as partes. Essas relações pressupõem os termos. Esses termos (portas, janelas, telhado, sistemas etc.), por sua vez, pressupõem as relações entre outros termos, como, por exemplo, no caso de portas e janelas: "aberturas em paredes ou telhados para dar passagem a pessoas ou coisas, ao ar, à luz". Certamente, a diferença entre portas e janelas também pode e deve ser caracterizada por notas conceituais apropriadas como base específica de distinção.

E isso, sem considerar a utilização metafórica ou figurativa daqueles termos, em situações muito diferentes daquelas nas quais os termos são normalmente empregados. A palavra "casa" no sentido de uma família imperial sintetiza múltiplos outros sentidos diferentes daqueles antes enunciados. Também assume outro sentido quando é utilizada para designar um lugar institucional, como, por exemplo, o deputado que diz "este projeto já foi apreciado por esta casa". Assim, cada palavra representa um nó na rede das relações coordenadas e sistematizadas, tanto internas (linguísticas) quanto situacionais externas (extralinguísticas) ou pragmáticas.

Considere-se, finalmente e de modo geral, essa singela exposição sobre as conexões conceituais e a trama linguística correspondente a respeito de objetos de nossa vida cotidiana, em relação, agora, aos vários fenômenos do mundo físico, químico, biológico, social, matemático etc., em termos de conhecimento científico e técnico. No fundo, o processo é o mesmo, envolvendo sempre conexões conceituais e linguísticas e relações de relações, sempre progredindo e se cristalizando, na medida em que a práxis humana se desenvolve. A teia lógico-linguística expande-se, aperfeiçoa-se e se refina ampliando nosso conhecimento científico do mundo natural e social. Veremos, mais adiante, como ilustração, que as categorias e os conceitos utilizados para a cognição científica e tecnológica do direito obedecem ao mesmo processo de formação lógico-linguístico.

7. Sentido, ordem e materialidade

Cumpre também notar que o relacionamento estrutural (ordem) de um fenômeno experimentado, embora não diretamente visível, tem uma realidade inequívoca, tão resistente e presente como são os próprios elementos materiais dele constitutivos. Cada parte de um automóvel, por exemplo, é vista em sua direta figuração sensorial, como para-lamas, rodas, peças do motor, câmbio, painel, volante, bancos etc. No entanto, essas partes não estão amontoadas ou jogadas aí de forma aleatória. Elas obedecem a uma ordem determinada, organizada, apreensível mediante a práxis histórico-social. O automóvel é matéria representada pelos elementos sensorialmente destacáveis, reunidos segundo uma certa ordem (forma, disposição, relação); uma ordem que envolve não só a composição arranjada do conjunto material como também a referência às funções que aquelas partes exercem entre si, envolvendo inclusive a dimensão cultural e a finalidade desse artefato de transporte como um todo.

As partes se encaixam umas nas outras, articulam-se obedecendo a uma lógica relacional cujo conjunto forma o carro. Essa distribuição relacional (ordem) não tem uma expressão física em si, isto é, não é apreensível em si mesma, e sim através das partes visíveis. A ordem, em si, não é material; no entanto, ela não prescinde de uma base material. O carro, portanto, não é somente o repertório dos elementos que o constituem, mas é igualmente uma estrutura, uma organização, uma forma ou disposição definida e determinada desses mesmos elementos; conjunto relacional esse que não pode ser diretamente visto, mas que está aí presente e constitui uma realidade tão real (a do automóvel como um todo) como a realidade dos próprios elementos visíveis que o compõem. Isso ocorre, como já vimos, nos exemplos antes dados do avião e da casa.

No pensamento, as palavras são visíveis, mas os conceitos não; eles são abstratos e invisíveis, exatamente porque são o produto de relações. Os princípios informadores desses exemplos, *mutatis mutandi*, podem ser aplicados à dimensão econômica, à ordem jurídica, às estruturas sociais, ao Estado e a outros sistemas institucionais.

Certamente, a forma de compreender a realidade como a descrita, ainda que de forma superficial, permite-nos assenhorear de um instrumento analítico-dialético extremamente agudo para desenvolver estudos mais aprofundados e profícuos da realidade social. Se, por um lado, temos a expressão de conjunto sintético que nos fornece o todo concreto, por outro, a compreensão desse todo não pode prescindir dos elementos mais simples que o compõem de forma relacional, recíproca e coordenada.

A descompressão do todo, mediante análise dos elementos mais simples, leva-nos à compreensão de uma totalidade concreta mediante conceitos dialeticamente dispostos e reciprocamente determinados. Saímos, portanto, de um todo concreto imediato, sincrético e confuso (caótico), para, mediante progressivas análises e sínteses dialéticas, chegarmos aos elementos mais simples e abstratos; subindo, depois, de forma regressiva e contínua, ao todo como síntese das diferentes determinações; voltando novamente ao todo concreto, mas agora apresentado de forma transparente e muito mais aprofundada e compreensível.

No processo de conhecimento, segundo o realismo dialético, vamos da totalidade concreta imediata, obscura e caótica para, através do exame de suas partes mais simples, em uma relação mútua e dialética de sentidos, chegarmos à totalidade esclarecida e mediada nesse processo como uma unidade do diverso, como uma unidade (totalidade) de determinações múltiplas.

8. Ciência e linguagem

Pode-se ver, agora, a importância desse processo relacional entre linguagem e conhecimento geral e científico. A linguagem está intimamente relacionada com o pensamento conceitual, mas, como vimos, com ele não se confunde. O presente trabalho tem precisamente, como escopo, revelar esta conexão lógico-linguística e a construção do discurso científico, especialmente no direito. Tentamos destacar especialmente a orgânica relação entre as palavras ou as enunciações (o discurso, a linguagem) e o pensamento abstrato e conceitual, as proposições (juízos) científicas.

Geralmente, essa relação se entende como algo obscuro, misterioso, transcendente ou transcendental. Esse é um claro prejuízo da histórica relação entre matéria e espírito, categorias entendidas, por largos séculos, como realidades radicalmente diferentes. Na verdade, nada tem de misterioso, desde que se tenha em conta a relação dialética entre o pensamento e a linguagem. O pensamento como processo interno, ideal e subjetivo, e a linguagem como processo externo, de caráter eminentemente material e social.

Se não há linguagem sem sociedade, sem comunicação intersubjetiva, também, como vimos, não há pensamento sem linguagem, sem algum discurso. Logo, não há pensamento sem sociedade. Parece paradoxal! A sociedade é fundamental para a existência do pensamento, do conhecimento, da ciência. A linguagem materializa o pensamento; este é encarnado pela linguagem. Mas o pensamento sempre ocorre num sujeito concreto e histórico. Por isso, entendemos que, nessa relação, há sempre a necessidade de se considerar o sujeito cognoscente, o sujeito do conhecimento, de modo concreto, social e histórico, existencialmente situado e essencialmente compromissado com a realidade social e com a produção de sua vida material.

Assim, no que toca à relação entre o pensamento e a linguagem, não se pode, como foi visto, separá-los radicalmente, como processos externos um ao outro. Um é pelo outro, um existe em função do outro, mas eles não se confundem entre si. Nesse sentido, a condição de possibilidade da construção do discurso científico é a formação progressiva lógico-linguística das relações conceituais subjacentes, tendo por base a práxis social e histórica dos homens.

9. Relações linguísticas, conceituais e reais no direito. A ciência e a tecnologia do direito

Veremos, agora, como uma ilustração básica de nosso interesse, a aplicação do modelo acima exposto em relação ao saber jurídico. Como o saber jurídico se desdobra em duas dimensões fundamentais, ou seja, no saber científico, de caráter estritamente teórico, e no saber prático-operativo, de caráter pragmático-formal, devemos considerar o modelo semiótico exposto acima para explorar as possibilidades de distinção essencial desses saberes, objetivando a mais plena compreensão do conceito de direito.

No direito, do mesmo modo, temos precisamente a possibilidade de compor seu conceito ou sentido mediante uma pluralidade imensa de relações (dogmáticas, éticas, políticas, econômicas, culturais, históricas), renegando tratá-lo como coisa isolada ou fetiche. Uma prescrição normativa (expressa através de um enunciado), por exemplo, pode, como conteúdo de sentido, ser obtida mediante a combinação de sentido de vários dispositivos normativos, gerando um sentido que, de certo modo, abarca e ultrapassa os sentidos mais singulares, ou parte deles, relativos aos dispositivos combinados. No entanto, tal sentido está sempre sobredeterminado pela situação na qual é utilizado em contextos pragmáticos nos quais é operado.

Agora, faremos um derradeiro esforço de ilustração para compor de forma abreviada a questão relacional, especialmente no campo do direito, particularmente para configurar a dinâmica conceitual em ordem a constituir a concepção da ciência do direito, de seu método e do respectivo saber pragmático, de feição jurídico-tecnológica.

O direito também será concebido como uma realidade relacional, um nó de relações que, para existir completamente, integra e é igualmente integrado por outros nós de relações naturais, sociais, históricas, políticas, econômicas, éticas, culturais e técnicas. Tudo isso pode e deve ser compreendido mediante conceitos e manifestados através de discursos científico e/ou tecnológico.

Seguindo o mesmo raciocínio antes apresentado, o direito como realidade ontológica, objeto de conhecimento científico, se manifesta em diferentes fenômenos naturais e sociais, quer como determinantes, quer como determinados. O casamento, a votação na assembleia legislativa, o decreto, o contrato, a ordem administrativa, o assassinato, a imposição fiscal, o tratado internacional, o nascimento de ser humano, a nomeação de autoridades, a decisão judicial, o roubo, a morte, a maioridade, a poluição ambiental, a herança, a doação, o testamento etc., são manifestações fenomênicas da vida jurídica. Envolve todas as dimensões da sociedade. Todas essas diferentes manifestações guardam, entre si, dentre muitos sentidos culturais, um sentido jurídico.

Quando pensamos na palavra "direito", podemos avocar qualquer daquelas situações fenomênicas acima enunciadas e muitíssimo mais. Essas situações e muitas outras, virtualmente, fazem parte relacional do conceito de direito, isto é, do sentido jurídico. Todas essas manifestações pressupõem, na superfície do fenômeno jurídico, a expressão de uma vontade humana, direta (no contrato, na lei, na decisão judicial, no casamento, na tributação, no assassinato etc.) ou indireta (na morte natural, no nascimento, na maioridade, na catástrofe etc.), no sentido de se emprestar, convencional e conscientemente, um determinado efeito ou consequência a cada fato ocorrido ou em vias de ocorrer, previstos em uma norma jurídica estabelecida pela ordem institucionalizada.

Cada fenômeno só se caracteriza como jurídico porque existe uma norma posta pela autoridade estatal competente, ou por ela reconhecida, qualificadora do fato ou conduta (fenômeno) como jurídicos. Isto fez entender, especialmente pelos normativistas, como Kelsen, por exemplo, que o direito, como experiência efetiva, é constituído por um tipo específico de norma, dotada de alguma consequência, particularmente uma consequência institucionalizada e sancionatória. Neste caso, o direito se reduz ao conjunto de normas postas (pela vontade consciente ou reconhecida por esta vontade), em virtude do qual, os fatos e condutas humanas são julgados, interpretados e qualificados como significativos para a existência da vida social. Neste caso, o que importa é a observância, interpretação e aplicação do direito como norma positivada, como norma já existente. Esta é uma visão positivista do direito.

Certamente, esta última consideração não enfoca o direito como objeto ontológico, como realidade integral, social, cultural e histórica, isto é, como objeto de ciência, mas sim como objeto empírico-pragmático, sancionado pela vontade institucionalizada, com vistas à sua interpretação e aplicação, isto é, como direito em sentido tecnológico (dogmática) para a solução dos conflitos humanos. Essa é, sem dúvida, uma função nobre e fundamental para o controle da vida social, mas não tem o condão de explicar o direito plena e cientificamente, como um todo sociocultural, como fenômeno e manifestação da vida social por inteiro.

O objetivo da dogmática, como tecnologia do direito, é a identificação da norma jurídica como um sentido específico, em ordem à sua compreensão e interpretação para um fim prático; visa a apurar sua validade e refere-se à norma pronta e acabada (norma positivada) para a devida observação e aplicação. Esse é um saber dogmático e como tal é tecnológico, pois não trata da gênese social, econômica, política, cultural e histórica do direito, isto é, da produção material ou da origem concreta da norma jurídica, esta, sim, objeto de uma ciência (teórica) do direito e não da tecnologia jurídica, de caráter pragmático. O que importa, como ciência, não é apenas o estudo da norma jurídica como produto de uma vontade em busca de um fim (voluntarismo jurídico), mas, sim, da norma como resultado de fatores sociais múltiplos, expressão de valores e funções sociais que não dependem só do alvitre humano.

Assim, continuando nossa preocupação com a ideia de relação, a norma jurídica, em seu sentido dogmático, expressa uma relação, isto é, uma relação entre um fato - que pode ser um fato da natureza ou uma conduta (certamente com significação específica para o ser humano) – e uma consequência que deve ser (que deve ocorrer, por obrigação ou autorização), e que, portanto, é induzida pela vontade humana (imputação). Isto porque não há, segundo Kelsen, um dever-ser natural, automatizado pela natureza; ele é sempre produto da vontade humana, embora a esta certamente não se reduza. A vontade, como tal, é "ser" (poder político ou social) e não "dever-ser". A norma jurídica, para ser positivada, precisa do ser, da vontade – isto está fora de dúvida – mas o seu fundamento não está no ser, mas, sim, no "dever-ser" que, em última instância, para Kelsen, é uma categoria transcendental (norma fundamental).

Se não existe um dever-ser natural, não existe direito natural. Portanto, se não ocorrer aquela relação social voluntariamente estabelecida ou reconhecida pela autoridade institucionalizada, os fatos e as condutas, e mesmo os valores, como tais, não são considerados jurídicos. A juridicidade, segundo essa concepção, só ocorre quando fatos, condutas ou ocorrências naturais ficam subsumidos ao dever-ser, a normas postas.

Entretanto, o corte dogmático do referido dever-ser não se explica por si mesmo; não tem identidade própria do ponto de vista ontológico. A norma jurídica, tal como considerada pelos profissionais do direito (advogados, juízes, promotores etc.), é uma unidade lógico-linguística com conteúdo inteligível, com vistas à interpretação do seu significado, ao reconhecimento de sua validade e à aplicação aos casos a que se refere. Ao profissional do direito não importa a verificação e análise da toda a realidade contextual originária da norma jurídica, especialmente como e por que razão ela é derivada das condições sociais, culturais, políticas, econômicas, históricas etc. Só lhe importa identificar a vontade ou o poder (político) que cria o caráter jurídico da norma.

Essa norma, dogmaticamente avaliada, de referência formalmente reduzida, é apenas um nó de significação operacional, dissociada abstratamente de um complexo de relações muito mais densas e extensas, de caráter social e histórico. Nessa redução formal, ela é simplificada, ente lógico e sem história, e tem sentido apenas para efeitos pragmáticos, interpretativos e aplicativos. Mas, cientificamente considerada, a norma jurídica pressupõe e revela um enorme mundo de relações sociais acima e abaixo dela: é a sua contextualidade e complexidade total que efetivamente a explicam.

A juridicidade da norma não se constitui apenas a partir de um critério formal ou inteligível, de um dever-ser transcendental, como pensam os normativistas. Ela é jurídica porque obriga de fato, porque tem força obrigante, materialmente impositiva, e isso não se obtém de um encadeamento lógico-formal e sim de uma contextualidade social e política de poder. Nenhuma condição é suficiente, por si só, para caracterizá-la. A norma jurídica, como produto cultural, é sempre uma complexa composição relacional de condições ideais, materiais e sociais. Aqui não se trata da justificação ou validade da norma jurídica, mas de sua explicação objetiva e científica, como um fato ou fenômeno da vida social.

A norma jurídica, para a teoria geral do direito e para a dogmática jurídica, é apenas uma estrutura de sentido, tendo como conteúdo de significação uma proposição e um enunciado normativo que expressa, respectivamente, a dimensão ideal e a dimensão lógico-linguística da norma. Essas são apenas as condições de sua inteligibilidade, para identificá-las, interpretá-las e aplicá-las, características importantes para os operadores do direito, mas não são as condições de "existência" material da norma jurídica, importantes para o cientista social do direito.

A condição de inteligibilidade parece, apenas parece, ser suficiente e completa para a caracterização total da norma jurídica, mas isso é uma ilusão ideológica, especialmente sustentada pelos operadores do direito. Isto porque a essência inteligível do direito não implica necessariamente a sua existência; compreender, apenas, não é existir. Compreender um dinossauro, não significa que ele existe. A norma jurídica mesma, em sua plena realidade ontológica, como existência e efetividade, abrange muito mais do que as condições de sua inteligibilidade, visto que supõe também as dimensões sociais concretas das forças impositivas ou imperativas e de estrutura sócio-histórica, que só podem ser compreendidas e intuídas mediante sua imersão no âmbito da sociedade, do poder social e de seus valores.

O direito não pode ser entendido plenamente em sua manifestação ontológica sem o poder social e político. Neste último caso, só é possível um estudo científico e teórico das normas jurídicas, do direito como manifestação integral da realidade social e histórica, precisamente enquanto objeto de múltiplas ciências sociais, inclusive das dogmáticas, ou, ainda, de uma composição de ciências num esforço multidisciplinar.

Para o efetivo conhecimento científico ou teórico do direito – não meramente pragmático – tornam-se incontornáveis as considerações sociológicas, antropológicas, econômicas, políticas, históricas, psicológicas, filosóficas, éticas, axiológicas etc. Essa forma científica e teórica de considerar o direito importa pouco ao operador do direito em nossa sociedade, com predominantes preocupações práticas de identificá-lo para fins de cumprimento, observação e aplicação adequada. O funcionalismo jurídico-operacional não se confunde com seu conhecimento ontológico. As dogmáticas são importantes, mas insuficientes para constatar a realidade plena do direito.

Por isso, não se estuda o direito cientificamente em nossas tradicionais faculdades de direito, pois elas são instituições do sistema educacional vigente para o preparo de profissionais especialmente com vistas à manutenção e ao controle socioeconômico dominante. Nestas instituições de ensino, ensina-se a identificar, interpretar e aplicar o direito vigente, com vistas a resultados práticos e operacionais, objetivando a paz e harmonia social em determinado sistema socioeconômico. Resulta, contudo, desse viés pragmático, que muitos teóricos da dogmática jurídica passam a entender que a verdadeira "ciência" do direito decorre do enfoque normativista, pois não há direito sem norma positivada e, portanto, esta é considerada o único critério de realidade do direito.

Certamente, isso ocorre porque existe uma confusão entre duas metodologias do saber jurídico, ambas legítimas, mas com propósitos bem distintos. Uma é a relacionada ao direito pronto e acabado (positivado), que é a metodologia da identificação (reconhecimento/validade), exposição, interpretação e aplicação do direito já existente no mundo social, não se importando com sua constituição real e estrutural no seio da sociedade. O objetivo é a prática do direito. É a metodologia observada nas tradicionais instituições de ensino do direito. Essa é a metodologia da teoria geral do direito e das dogmáticas jurídicas. Essas disciplinas e as práticas jurídicas correspondentes formam o eixo principal da pedagogia daquelas instituições.

Outra metodologia é a da investigação teórica da origem, gênese e constituição estrutural do fenômeno jurídico nos planos social, econômico, político, cultural, antropológico, filosófico e histórico. Essa é a metodologia propriamente científica do direito, implicando seu enfoque sob diferentes ângulos das disciplinas humanas, incluindo a própria dogmática. Assim, neste último enfoque, certamente o ângulo normativo é também um componente necessário para a compreensão plena do direito, mas não pode ser o único a ser considerado como fundamental, visto que o fenômeno jurídico é muito mais amplo e complexo para ser reduzido à sua pura dimensão formal.

Enfim, em todas essas formas disciplinares de compreender o direito, as relações, tanto as subjacentes quanto as superiores em que o direito está implicado e integrado, são a chave para sua plena compreensão lógico-linguística, quer no plano da tecnologia dogmática e operacional, quer no âmbito de seu saber teórico-científico.

Referências

ALVES, Alaôr Caffé. *Dialética e direito, linguagem sentido e realidade* – Fundamentos de uma teoria crítica da interpretação do direito, Barueri/SP: Manole, 2010.

_____. *Lógica, pensamento formal e argumentação* – Elementos para o Discurso Jurídico. 5ª ed. São Paulo: Quartier Latin, 2011.

BARROS CARVALHO, Paulo (coord.), Carvalho, Aurora Tomazini (org.) *Constructivismo Lógico-Semântico* (Vol. I), São Paulo: Noeses, 2014.

CARRIÓ, Genaro R. *Notas sobre derecho y lenguaje*. Buenos Aires: Abeledo Perrot, 1986.

ECO, Umberto. *Tratado geral de semiótica,* 2ª ed, trad. Antonio de Pádua Danesi e Gilson Cesar C. de Souza, São Paulo: Perspectiva, 1991.

FERRAZ JR., Tercio Sampaio. *Função social da dogmática jurídica,*. São Paulo: Revista dos Tribunais, 1980.

FREGE, Gottlob. *Escritos lógico-semánticos*. Trad. Carlos R. Luís y Carlos Pereda, Madrid, Tecnos, 1974.

HUSSERl, Edmund. *Investigaciones lógicas*. Trad. Manuel G. Morente & Jose Gaos, Madrid, Revista de Occidente, 1976.

KANT, Immanuel. *Crítica da razão pura*. 3ª ed., Trad. Manuela Pinto dos Santos, Alexandre Fradique Morujão. Lisboa: Fundação Calouste Gulbenkian, 1994.

KELSEN, Hans. *Teoria pura do direito,* 2a. ed., trad. João Baptista Machado, Coimbra, Arménio Amado - Editor, 1974.

KOSIK, Karel, *Dialética do concreto*. Trad. Célia Neves e outro, Rio de Janeiro: Paz e Terra, 1976.

MERLEAU-PONTY, M. *Fenomenologia da percepção*. Trad. Reginaldo di Piero. São Paulo, Freitas Bastos, 1971.

PESCADOR, José Hierro S. *Principios de filosofia del lenguaje*. Teoria del Significado. Madrid: Alianza, 1982, t. 2.

PRADO JÚNIOR, Caio. *Notas introdutórias à lógica dialética*, 2a. ed. São Paulo, Brasiliense, 1961.

SÁNCHEZ VÁZQUEZ, Adolfo. *Filosofia da práxis*. Trad. Luiz Fernando Cardoso, Rio de Janeiro, Paz e Terra, 1968.

SCHAFF, Adam. Introdução à Semântica, trad. Célia Neves, Rio de Janeiro, Civilização Brasileira, 1968.

WARAT, Luis Alberto. *O direito e sua linguagem*, 2a. versão, 2a ed., Porto Alegre, Fabris Editor, 1995.

WITTGENSTEIN, Ludwig. Investigações filosóficas. Trad. José Carlos Bruni, em *Os Pensadores*, São Paulo: Abril Cultural, Victor Civita, 1975.

LA LÓGICA Y EL (DES)CONOCIMIENTO DEL SUJETO

Dardo Scavino

Nasceu em Buenos Aires em 1964. Obteve seu diploma em Letras na Universidad de Buenos Aires, e em seguida o doutorado pela Universidad de Bordeaux (França), onde é atualmente Professor Titular de Filosofia. Publicou *Nomadologia – Una lectura de Deleuze; Saer y los nombres* e *Barcos sobre la pampa*, além de outras obras em colaboração com Miguel Benasayag: *La apuesta amorosa* e *Por una nueva radicalidad*. É colaborador em diversos meios de comunicção argentinos e do exterior.

Porque el que dice, del mosquito, que es tal o cual cosa, no dice, dice Tomatis, a decir verdad, del mosquito, nada. Dice de él...

— Juan José Saer, Glosa.

Sumário: 1. Paradoja de Nicholson — 2. Paradoja de House — 3. Paradoja de Descartes — 4. Paradoja de Rodríguez — 5. Paradoja de Kant — 6. Paradoja de Marx — 7. Paradoja de Borges — 8. La causa del sujeto — 9. Paradoja de Russel — 10. Paradoja de Saer — 11. Conclusión — Bibliografía.

1. Paradoja de Nicholson

Cualquier teoría del conocimiento debería confrontarse alguna vez con ese principio que me gustaría llamar "Ley de Nicholson" en homenaje al protagonista de *Chinatown* y *The Shining*. Una leyenda le atribuye a este actor una declaración que probablemente no haya hecho, pero que *se non è vera è ben trovata*: "La realidad es una ilusión provocada por la falta de alcohol". El lector se dará cuenta de que el alcohol podría sustituirse en esta sentencia por cualquier otra substancia capaz de alterar el funcionamiento cerebral y afectar así el entendimiento y la percepción. En efecto, ¿quién podría asegurar que la composición química considerada "normal" de nuestra masa cerebral corresponde a una percepción adecuada y lúcida de las cosas? Si el aumento o la disminución de alguna substancia química distorsionan nuestra sensibilidad y trastornan nuestro juicio, ¿qué nos autoriza a decir que la proporción habitual de esas substancias suprime cualquier ilusión? ¿No podríamos llamar "realidad" al conocimiento de las cosas cuando se combinan en nuestro cerebro ciertos porcentajes más o menos habituales de substancias químicas? ¿El "sano juicio" no sería, al fin de cuentas, un juicio "insano" entre otros? En términos de Jack Nicholson, la realidad sería la ilusión de las personas sobrias.

Que nadie vaya a pensar, no obstante, que nos encontraríamos ante una mera ocurrencia graciosa del actor norteamericano. El británico Aldous Huxley había planteado una tesis similar en un libro de 1954, *The Doors of Perception*, un ensayo que se convertiría en la Biblia de la psicodelia y de la generación hippie y que inspiraría incluso el nombre de una célebre banda de rock californiana una década más tarde.[1] Después de una reveladora experiencia con la mezcalina, Huxley había llegado a la conclusión de que algunas drogas potenciaban nuestra percepción en lugar de obnubilarla, y nos permitían acceder a regiones de la realidad que la sobriedad obstruía,

---

1. HUXLEY, Aldous. *The doors of perception*. Middlesex, Penguin Books, 1961.

de modo que la realidad, o lo que llamábamos así, no era sino una estrecha porción del universo.

Pero todas estas cuestiones conciernen sobre todo la psicología y la neurología. Y a nosotros nos interesa aquí la perspectiva lógica del tema. Por eso nos interesa menos la "Ley de Nicholson" que la "Paradoja de Nicholson". Desde un punto de vista lógico, lo importante es saber si Nicholson estaba sobrio o ebrio cuando formuló este principio. Si estaba sobrio, entonces esta ley también es una ilusión provocada por la falta de alcohol, una ley propuesta por alguien cuyo entendimiento estaba perturbado en ese momento por esa privación química. Pero si esa ley es ilusoria, o si es sencillamente una insensatez de su autor, entonces es una ley engañosa y una persona sobria, como consecuencia, no es necesariamente víctima de semejantes espejismos. Nos encontramos así en plena paradoja, y ésta sólo puede evitarse a condición de que Nicholson estuviera ebrio cuando formuló esa ley acerca del estado de sobriedad, es decir, a condición de que no formara parte de las víctimas de esa convincente ilusión provocada por la carencia de alcohol que llamamos realidad.

2. Paradoja de House

El lector debe haber adivinado que la paradoja de Nicholson es una variante de la aporía propuesta por el humorista Epiménides hace veintisiete siglos. Epiménides, que era cretense, había dicho que los cretenses eran todos mentirosos, dejándonos con la incertidumbre acerca de si estaba mintiendo o no cuando profirió la frase. De hecho, el propio Nicholson habría declarado alguna vez que "sólo deberíamos mentirle a dos tipos de personas en la vida: a los policías y… a nuestras novias", declaración que se convierte en paradoja, si Nicholson se estaba dirigiendo en ese momento a un policía o… a su novia. Pero podemos extender esta proposición a la totalidad de la especie y convertirla en la no menos célebre paradoja del doctor Gregory House: *"Everybody lies"*, máxima que podríamos traducir, para adaptarla a la tradición de la proposiciones lógicas, así: "Todos los humanos son mentirosos". Como House es un ser humano, también sería un mentiroso, lo que significa que no es verdad que todos los humanos sean mentirosos. Pero si esto es así, ¿cómo decidir si House pertenece al conjunto de los mentirosos o no?

Para resolver paradojas como ésta, Bertrand Russell propuso, en 1903, su célebre *type theory*:[2] el autor del enunciado "Todos los humanos son mentirosos" queda excluido del conjunto que él mismo funda porque se supone que el enunciado "Todos los humanos son mentirosos" es verdadero, de modo que House se habría abstenido de mentir en este caso. Quien enuncia esta ley, por consiguiente, queda exceptuado de su propia ley (o para decirlo con el léxico ideado por Alfred Tarski tres décadas más tarde, la sentencia de House es una proposición "metalingüística").[3] El cuantificador universal –"*Todos* los humanos son mentirosos"– está anunciándonos que el conjunto de los humanos está incluido en el conjunto de los mentirosos o que la función "mentiroso" se aplica sistemáticamente a todas las "x" humanas: "Si x es un humano, x es mentiroso". Porque si pensamos que el Dr. House también miente y el enunciado "Todos los humanos son mentirosos" es falso, no podemos inferir que "Ningún humano es mentiroso". Cuando una ley es falsa, su contraria no es verdadera. En una época se pensaba que todos los cisnes eran blancos, y cuando se desmintió esta ley, porque se descubrieron cisnes negros, no se concluyó que ningún cisne era blanco... Una ley falsa es, en efecto, una falsa ley: "No todos los humanos son mentirosos", de modo que la función "mentiroso" no puede aplicarse universal y necesariamente a cada uno de los humanos.

---

2. HEIJENOORT, Jean van. (ed.), *From Frege to Godel, a Source Book in Mathematical Logic, 1879-1931*, Cambridge: Harvard University Press, 1967.

3. TARSKI, A. *Logique, sémantique, métamathématique, 1923-1944*. Paris: Armand Colin, 1972.

Pero existe una diferencia notable entre los ejemplos de Dr. House y de los cisnes, porque la blancura o la negrura de estas aves no involucran a quienes hablan sobre ellas. Si "No todos los humanos son mentirosos", en cambio, ya no estamos en condiciones de decidir si House es mentiroso o no, de modo que ya no podemos decidir tampoco si su ley es falsa o verdadera, o si la función "mentiroso" se aplica, o no, cada vez que habla un humano. El enunciado "No todos los cisnes son blancos" puede interpretarse como una proposición particular: "Algunos cisnes no son blancos" o "Existe por lo menos un cisne que no es blanco". En el caso de la paradoja de House, en cambio, la negación del cuantificador universal vuelve al conjunto inconsistente: como no podemos decidir si House forma parte o no del conjunto de los individuos mentirosos, tampoco podemos decidir a priori si el resto de los humanos son mentirosos o no.

Podríamos escribir las cuatro proposiciones resultantes de la paradoja de House, siguiendo una sugerencia hecha por el psicoanalista francés Jacques Lacan en un seminario de 1971[4] cuando introdujo la inusual negación del cuantificador universal ($\neg \forall$) a modo de alternativa a la teoría de los tipos:

1/ Todos los humanos son mentirosos $\forall x\, f(x)$	3/ No existe ningún humano no mentiroso $\neg \exists x\, \neg f(x)$
2/ Existe al menos un humano no mentiroso $\exists x\, \neg f(x)$	4/ No todos los humanos son mentirosos $\neg \forall x\, f(x)$

Las fórmulas 3 y 4 corresponden a la interpretación auto-referencial, o completa, de la proposición de House: si él también miente cuando la pronuncia, y no hay ninguna

---

4. Lacan introduce sus *"formules de la sextuation"* en el seminario inédito *...Ou pire* (1971-72), cuya versión en línea se encuentra fácilmente. El francés vuelve a referirse a estas fórmulas en el seminario del año siguiente: *Encore* (1972-73), Paris, Seuil, 1975, pp. 99 y ss.

excepción a la función, ¬∃x ¬f(x), entonces ésta pierde su validez universal: ¬∀x f(x). Las fórmulas 1 y 2, en cambio, corresponderían a la *type theory* de Russell o a la interpretación metalingüística, o incompleta, de la proposición: House no miente cuando la pronuncia, de modo que la función se aplica a todos los casos, ∀x f(x), excepto al autor de la ley: ∃x ¬f(x). Nótese entonces que la negación del cuantificador universal, ¬∀x f(x), no significa, desde la perspectiva de Lacan, que la proposición es incompleta sino inconsistente, porque ahora ya no podemos decidir si alguien es necesariamente mentiroso o no cuando es humano. La inconsistencia, ¬∀x f(x), es incluso una consecuencia de la interpretación completa de la sentencia de House, es decir, aquella que no excluye a ningún humano y, como consecuencia, no exceptúa al sujeto de la enunciación de la función "mentiroso": ¬∃x ¬f(x).

Podríamos incluso ordenar estas fórmulas en dos argumentos hipotéticos:

Si "Todo los humanos son mentirosos", entonces "existe al menos uno que no miente"

∀x ¬f(x) => ∃x ¬f(x)

Si "No existe ningún humano que no mienta", entonces "No todos los humanos son mentirosos"

¬∃x ¬f(x) => ¬∀ f(x)

Russell, sin embargo, no encontró una verdadera "solución" a su propia paradoja, como suele sostenerse. Propuso sencillamente una manera de evitarla. O deberíamos decir tal vez: de olvidarla. Porque la teoría de los tipos coincide con la inadvertencia del sujeto: cuando escuchamos por primera vez la sentencia del Dr. House, excluimos automáticamente al médico del conjunto de los mentirosos, de modo que no percibimos la paradoja. Sólo en un segundo momento caemos en la cuenta de que no hay ningún motivo para exceptuarlo, como no sea el de evitar esa paradoja. Desde un punto de vista lógico, por consiguiente, las fórmulas 3 y 4 preceden a las fórmulas 1 y 2: estas últimas se obtienen cuando tomamos una decisión acerca del enunciado lógicamente indecidible, es decir, cuando decidimos exceptuar a House del conjunto de los mentirosos para que éste se vuelva consistente, es decir, para que pueda convertirse, como conjunto, en el sujeto de una proposición.

Habría que destacar no obstante la estricta modernidad de la paradoja de House. Porque si exceptuamos al médico del conjunto de los mentirosos, no lo exceptuamos del conjunto de los humanos. Esta sería, sin embargo, otra solución posible: que su autor no fuera humano. Que fuera, por ejemplo, una divinidad. Después de todo, las divinidades hablaron y profirieron sentencias semejantes a éstas durante siglos. Y entonces se disiparía la paradoja. Pero para nosotros, los modernos, sólo los humanos hablan, característica que los distingue de las demás entidades y hasta de los propios dioses, que desde hace siglos decidieron callarse, a tal punto que ni siquiera los creyentes toman muy en serio a alguien que asegura haber oído el mensaje de una divinidad.

3. Paradoja de Descartes

La paradoja de Russell fue abordada por una multitud de ensayos de lógica, y se la suele ilustrar con los ejemplos del "mentiroso" o del "barbero del regimiento". Pero esta estructura paradójica se encuentra en muchos enunciados aparentemente muy banales. No hace falta que repitamos los célebres chistes según los cuales "Todas las generalizaciones son idiotas" o "Ya nos comimos a todos los antropófagos". El propio Nicholson habría dicho alguna vez que *"If men are honest, everything they do and everywhere they go is for a chance to see women"* (Si los hombres son honestos, todo lo que hacen y a todos lados donde van, es para tener la oportunidad de conocer mujeres), de modo que cabría preguntarse si él mismo era honesto o no cuando profirió esa sentencia: porque si era honesto, entonces hizo esa declaración con el claro propósito de conocer mujeres...

Recordemos también aquella sentencia de un contemporáneo de Epiménides, Heráclito de Éfeso, según la cual "Todo cambia". El filósofo griego sugería así que hasta las cosas que parecen más firmes y permanentes se alteran. Pero para que esto sea cierto, la propia ley anunciada por Heráclito no debía estar sujeta a mutación. Y algunos poetas españoles del llamado Siglo de Oro se percataron de esto. Garcilaso de la Vega, por ejemplo, sentenciaba en uno de sus sonetos que "todo lo mudará la edad ligera / por no hacer mudanza de costumbre",[5] mientras que Francisco de Quevedo concluiría su soneto dedicado "A Roma sepultada entre sus ruinas" asegurando que "huyó lo que era firme y solamente / lo fugitivo permanece y dura".[6] En este mundo, entonces, todo cambia, excepto la ley que anuncia esto. De modo que Garcilaso y Quevedo ya respetaban espontáneamente la teoría de los tipos o la excepción constituyente.

Encontramos una paradoja similar en uno de las más célebres premisas de la historia de la lógica: "Todos los hombres son mortales". En efecto, si incluimos al sujeto de la enunciación en el conjunto de "todos los hombres", ¿qué sucede? Que éste ya no podría decir "todos" porque este cuantificador presupone una universalidad, un conocimiento *sub specie aeternitatis*, que le está vedado a un mortal. ¿Cómo sabría este sujeto, si fuera, como él sostiene, mortal, que nunca habrá un hombre inmortal? ¿Cómo puede saber qué va a ocurrir en un futuro que no conoce y no debería conocer, en principio, nunca? Quien se pronuncia acerca de la universal mortalidad de los hombres, se está exceptuando de ese conjunto: el sujeto de la enunciación no presupone su propia mortalidad. Porque si se incluyera, si se negara a exceptuarse de esa totalidad,

---

5. VEGA, Garcilaso de la. *Poesía castellana completa*. Madrid: Cátedra, 1985, p. 194.

6. QUEVEDO Y VILLEGAS, Francisco de. *Poesía original completa*. Barcelona: Planeta, 1996, p. 244.

debería concluir entonces que, como sujeto mortal o finito, no se encuentra en posición de proferir semejante ley. Si ningún humano escapa a la muerte, $\neg \exists x \, \neg f(x)$, debemos concluir que "no todos los humanos son mortales": $\neg \forall x \, f(x)$. Excluir al autor de una ley del conjunto de los seres finitos, $\exists x \, \neg f(x)$, es la condición misma para el empleo de un cuantificador universal: $\forall x \, f(x)$.

Podríamos remontar también la paradoja de Nicholson a los orígenes de la filosofía moderna. Después de examinar varios tipos de entidades – desde los cuerpos sensibles hasta los principios morales pasando por los axiomas geométricos –, Descartes había llegado a la conclusión de que todos sus pensamientos eran dudosos. El francés no hablaba de la privación de alcohol sino de un misterioso "genio maligno" que se empecinaría en alterar su percepción y su juicio.[7] Hay que dudar de todo porque nada nos asegura que la llamada realidad no sea un sueño o una alucinación. Hay que dudar de todo porque ya se enunciaron suficientes principios morales que se revelaron nefastos o suficientes leyes científicas que resultaron erróneas, como para saber que hasta las cosas más evidentes del mundo pueden estar equivocadas. Pero quien duda de todo, no puede dudar que está dudando, de modo que la duda no forma parte de las entidades dudosas. O dicho de otro modo: el enunciado "Todo es dudoso" no entra dentro del conjunto que él mismo establece ("No es dudoso que todo sea dudoso"). Un escéptico consecuente debe ser un escéptico convencido: puede dudar de todos sus pensamientos, menos de su escepticismo.

Descartes podía dudar entonces de la existencia de las cosas en las cuales estaba pensando, pero no dudaba de la existencia de su propio pensamiento en el momento de hacerlo: aunque las cosas en que pienso no sean ciertas, es cierto, por lo menos, que pienso en ellas. Nada le impedía a Descartes, no obstante, dudar de su propia duda, nada le impedía incluir en

---

7. DESCARTES, René. *Discours de la méthode*. Paris: Flammarion, 1966, p. 42.

el conjunto de las cosas pensadas a su propio pensamiento: el *cogito ergo sum* no es una inferencia lógica (muchos filósofos se habían dado cuenta de esto) sino una decisión tomada ante un enunciado indecidible, y tomada para evitar, precisamente, la paradoja. El sujeto moderno nace de esta decisión.

El Discurso del método permitió establecer una diferencia clara entre la *res cogitans* y las *rei cogitata*, entre la cosa pensante y las cosas pensadas, aunque una de esas cosas pensadas sea yo mismo. En la proposición "Yo me equivoco", el "yo" acerca del cual estoy hablando no es el "yo" del hablante, el sujeto del enunciado no es el sujeto de la enunciación aun cuando yo esté hablando de mí. En una palabra, no hay, para Descartes, auto-referencia porque cuando hablo acerca de mí no me estoy refiriendo al sujeto que habla. Si también dudara de mi escepticismo, entonces debería descartar la duda metódica, ya que no podría decidir a priori si todas las cosas son dudosas o no: la pertenencia o no de una cosa al conjunto de las cosas dudosas se volvería, a partir de ahora, indecidible.

4. Paradoja de Rodríguez

Muchos comentadores llamaron la atención acerca de la semejanza entre el *Discurso del método* y las *Confesiones* de San Agustín, dado que ambos filósofos se libraron a un ejercicio introspectivo gracias al cual criticaron sus "errores" del pasado.[8] Y la confesión cristiana presupone, precisamente, esta escisión del sujeto. Durante la confesión, el sujeto se juzga a sí mismo, pero por este motivo ocupa dos lugares diferentes: como sujeto de la enunciación asume la posición del juez, mientras que como sujeto del enunciado se coloca en la posición del juzgado, es decir, del pecador.

Desde el momento en que se juzga a sí mismo, el sujeto exceptúa el juicio sobre sus pecados del conjunto de todos sus

---

8. Por ejemplo: Etienne Gilson en la introducción al *Discours de la méthode*. Paris: Vrin, 1925.

pecados: "Soy un pecador (salvo cuando digo que soy un pecador)". Pero si esto es así, entonces la confesión no es una auténtica autocrítica (ni una autobiografía), dado que el prefijo griego *auto* presupone que el sujeto del enunciado y el sujeto de la enunciación son uno solo y el mismo, o que el acusado y el juez son la misma persona. Y por eso Lacan recurriría al símbolo $ para representar a este sujeto escindido entre la enunciación y el enunciado, entre el juez y el acusador o, si se prefiere, entre el narrador y el narrado, como en una autobiografía.

La confesión supone que el sujeto, si es sincero, está en condiciones de proferir un juicio justo acerca de sí mismo, porque supuestamente nadie se conoce mejor a sí mismo que uno mismo. Para Freud, en cambio, o para Lacan, la escisión del sujeto disiparía la ilusión del "uno mismo", dado que el juez y el acusado son inexorablemente dos. Bastaría con convertir la paradoja de House en la de Silvio Rodríguez para advertir esta división. El cantante cubano decía en una canción intitulada, muy autorreferencialmente, "Esta canción":

> *Me he dado cuenta*
> *de que miento.*
> *Siempre he mentido,*
> *siempre he mentido.*[9]

Quien confiesa su pecado de mendacidad, exceptúa implícitamente su confesión del conjunto de sus mentiras, de modo que sigue estableciendo una diferencia entre el sujeto de la enunciación y el sujeto del enunciado, y demostrando hasta qué punto el supuesto sujeto "individual", o indiviso, esta irremediablemente dividido, y dividido hasta el punto de que una reconciliación posible entre ambos sujetos supondría que el sujeto de la enunciación también mintiera y que ya no

---

9. Silvio Rodríguez, "Esta canción" en *Días y flores*, La Habana: EGREM, 1975, pista 7.

pudiéramos decidir, como consecuencia, si una declaración es mentira o no cuando la hace, por ejemplo, Silvio Rodríguez.

5. Paradoja de Kant

Pero la paradoja de Nicholson tuvo otro precedente prestigioso en la filosofía moderna: la "antinomia dinámica" que Kant formuló en su *Crítica de la razón pura*. La física, o la dinámica, propone la siguiente ley universal: "Todos los fenómenos tienen una causa".[10] En efecto, nada ocurre porque sí, lo que significa que todo tiene una explicación. Y conocer significa eso: poder explicar por qué algo es así y no de otra manera. Pero si la formulación de esta ley universal también fuese el efecto de alguna causa, si el sujeto que la formuló lo hubiese hecho bajo una influencia cualquiera –por ejemplo, una carencia crítica de alcohol –, entonces perdería su validez universal. Kant concluye de esto que el sujeto trascendental – el sujeto que enuncia las leyes universales – no forma parte de los elementos a los cuales les aplica la ley. Pero esta conclusión no es una inferencia lógica: es una decisión comparable con la "teoría de los tipos". Y Kant se ve obligado a tomarla para que el edificio de su teoría del conocimiento no se precipitara en la inconsistencia.

El sujeto, diría el filósofo de Könisberg, no es un fenómeno sino un noúmeno, o no forma parte del dominio de lo cognoscible, dado que lo cognoscible, aquello que puede explicarse, obedece necesariamente a una causa. El sujeto, en resumidas cuentas, no es un objeto, lo que significa que, a diferencia de los objetos, el sujeto no obedece a una causa y, como consecuencia, es libre. Optar por la libertad del sujeto no es, por lo menos en un principio, una decisión ética de Kant sino decisión estrictamente lógica: el sujeto tiene que escapar a las leyes que él mismo establece para el resto del universo para que este saber no pierda su consistencia.

---

10. Kant. *Kritik der reinen Vernunft*. Berlin: Mayer & Müller, 1889, 472.

CONHECIMENTO E LÓGICA

La resolución kantiana de la antinomia dinámica respondía a un problema crucial de aquellos años. A principios del siglo XVII, Galileo había hecho un descubrimiento que revolucionaría la historia de la ciencia. El italiano había llegado a determinar que los cuerpos llamados celestes no eran los únicos que obedecían a leyes: también lo hacían los cuerpos sublunares. Desde la más remota antigüedad, en efecto, muchos pueblos se habían percatado de que los astros tenían costumbres muy regulares, a tal punto que podían calcular o prever con una gran precisión no solamente los solsticios y los equinoccios sino también los eclipses de sol y de luna. Los griegos habían llamado *astronomía* a esta ciencia que estudiaba las costumbres (*nomoi*) de los astros. Y Galileo llegó a demostrar que los cuerpos terrestres – cuyas conductas no eran, aparentemente, regulares– también tenían esas costumbres o se regían por leyes, aunque ya no se movieran, como los primeros, en círculo. Con Galileo, justamente, lo regular empieza a distinguirse de lo cíclico: en las mismas circunstancias, los cuerpos hacen lo mismo, lo que ya no significa que vuelvan al mismo lugar.

Pero para poder establecer estas leyes, Galileo tuvo que partir de un principio, un principio al que obedecen todos los cuerpos: el principio de inercia. Y este principio sostiene que todos los cuerpos tienden a mantenerse en reposo o en movimiento (o tienden a conservar la velocidad que tienen, poco importa si ésta es nula, baja o elevada, de modo que cualquier cambio de la velocidad se explica por una fuerza exterior que interviene). El descubrimiento de Galileo tuvo tal repercusión en el pensamiento occidental, que muchos filósofos se preguntaron si no podría seguirse un método similar para fundar una ciencia de los comportamientos humanos. Cada pueblo, en efecto, tenía sus costumbres (*nomoi*), ¿pero no podrían descubrirse las leyes que regían los comportamientos de todas las sociedades más allá de sus *nomoi* particulares y variables? Tanto Hobbes como Spinoza suponían que la noción de *conatus* podía constituir un equivalente del principio de inercia descubierto por Galileo y convertirse en el principio para confeccionar una ciencia de lo humano. Del mismo modo que los cuerpos tienden, para Galileo, a mantenerse en un estado de reposo o movimiento, cada uno de los cuerpos se esfuerza, según Spinoza, por "perseverar en su ser",[11] y este esfuerzo (*conatus*) es "la esencia misma de las cosas".[12] Hobbes y Spinoza sentaban así las bases de una posible ciencia que pudiera explicar el comportamiento de los seres humanos de manera semejante a como la física había establecido las leyes que regían el movimiento de los cuerpos.

A partir del siglo XVIII, algunos pensadores imaginaron que el equivalente de la *astro-nomía* para entender las conductas humanas sería la llamada *eco-nomía*, dado que esta ciencia se ocupaba precisamente de la cuestión de la supervivencia o de la satisfacción de la necesidades humanas. Cuando a principios del siglo XX, por ejemplo, el economista Vilfredo Pareto postule el primer principio del *homo oeconomicus* siguiendo el modelo de la inercia galileana, dirá que cuando este *homo oeconomicus* es un productor, trata de aumentar su provecho, y cuando es consumidor, su satisfacción.[13] Suele atribuírsele a Marx, no obstante, la idea según la cual los comportamientos y los pensamientos sociales están regidos, "en última instancia", por la estructura económica. Pero cualquiera puede constatar que no se trata de una idea original del filósofo renano. Esta determinación económica de los sujetos es uno de los lugares comunes de las ciencias llamadas humanas o sociales desde el siglo XVIII hasta nuestros días: si alguien quiere estudiar científicamente la sociedad – si quiere comprender la regularidad de los comportamientos humanos más allá de la enorme variedad de formas de vida, es decir, si pretende, a la manera de Galileo, encontrar las leyes universales y necesarias más allá de los comportamientos particulares y

---

11. *Ética* III, prop. VI.

12. *Ética* III, prop. VII.

13. Vilfredo Pareto, L'intérêt de l'individu in *Cours d'économie politique*. Lausanne: F. Rouge, 1896, p. 110.

contingentes –, tendría que estudiar su dimensión económica.

Kant comprendió que si estas leyes eran universales y necesarias, el sujeto cognoscente no podía obedecer a los mismos principios que el sujeto conocido. Porque si esas leyes acerca de la realidad humana eran un efecto producido por el *conatus*, o cualquier otro equivalente del principio de inercia, entonces perderían su valor universal y necesario (de modo que ya no sabríamos si el sujeto que las formuló obedecía o no a ese principio). Si se pretendía construir entonces una ciencia de los sujetos humanos, había que excluir a un sujeto de los principios de esa ciencia, y ese sujeto era el sujeto cognoscente, es decir, trascendental. El sujeto trascendental es libre porque las leyes que propone para prever el comportamiento de los cuerpos no pueden preverse a partir de esas mismas leyes. El sujeto es libre porque es imprevisible.

6. Paradoja de Marx

Karl Marx dirá algunas décadas más tarde que esta supuesta excepcionalidad del sujeto trascendental no es más que su oportuna ceguera con respecto a sus determinaciones, es decir, a los *nomoi* que lo rigen. Las maneras de pensar de los sujetos también estarían condicionadas, aunque no lo reconocieran, por *nomoi*. Y suele atribuírsele a Marx la idea de que esos *nomoi* serían, en última instancia, económicos. A esto suelen aludir muchos marxistas cuando se refieren a su "materialismo". Pero el alemán no cesaba de repetir que su materialismo era "histórico", y esto significa que los *nomoi* que rigen el comportamiento económico de los sujetos humanos ya no son universales y necesarios sino particulares y contingentes. Ya no deberíamos decir entonces, a la manera de Pareto, que "todos los productores obedecen al principio del aumento del provecho" o "todos los consumidores, a la ley del aumento de la satisfacción", deberíamos decir más bien que en un período histórico particular – el capitalismo, por ejemplo – estos principios rigen los comportamientos de los sujetos, lo que significaría que los *nomoi* económicos no son naturales sino sociales o culturales.

Marx conocía perfectamente la noción hegeliana de "espíritu objetivo": se trata de esas costumbres, valores y creencias colectivas que se encarnan en prácticas sociales efectivas y que el sujeto vive como si fuesen leyes naturales y, como consecuencia, universales. A este mecanismo de naturalización, divinización o universalización de los *nomoi* particulares y contingentes Marx lo llamaría, algunos años más tarde, *Ideologie*.[14] Todo ocurre entonces como si los hombres le atribuyeran a una divinidad o a la naturaleza los *nomoi* que ellos mismos instituyeron. Y esta es precisamente la función que siempre tuvieron los mitos: remitir a un tiempo fuera de la historia los *nomoi* temporarios de una sociedad. A propósito de un pueblo de Nueva Guinea, los baruya, el antropólogo Maurice Godelier aseguraba que

> la manera en que su sociedad se organiza, las normas de conducta, los valores a los que obedecen, en una palabra, el orden que reina entre ellos, se les antoja evidente, legítimo, el único posible, y ello porque no se consideran sus autores, porque creen que seres más poderosos que ellos inventaron ese orden y lo donaron a sus antepasados, que eran diferentes de los hombres de hoy. El deber sagrado de los baruya es, por tanto, conservar y reproducir ese orden.[15]

La *Ideologie* de Marx no se confunde, en este aspecto, con la *doxa* de Platón y hasta podría decirse que se oponen totalmente. De hecho, la teoría marxista de la ideología constituye la primera crítica radical del platonismo filosófico: la elevación de un hecho particular a la dignidad de derecho universal, o de una tradición específica, al estatuto de idea general. Si algo les reprochaba Platón a los sofistas, justamente, es que pronunciaran sus discursos apoyándose en estas

---

14. MARX Karl; FRIEDRICH, Engels. *Die deutsche Ideologie*. Berlin: Dietz Verlag, 1972, p. 416.

15. GODELIER, Maurice. *El enigma del don*. Barcelona: Paidós, 1998, p. 177.

opiniones particulares y efímeras. Platón quería demostrar que una cosa era buena o bella del mismo modo que un matemático demostraba un teorema: apodícticamente. Platón pretendía que ciertos *nomoi* de su pueblo y de su época fueran tan universales y necesarios como los *nomoi* de los astros. Y el resultado es que sacaba una vez más del plano terrestre de las producciones humanas ciertas normas y valores para elevarlos al cielo de las ideas eternas, es decir, para universalizarlos, de modo que trocaba los viejos mitos poéticos por los nuevos mitos racionales.

Estos mitos racionales, esta universalización, naturalización o sacralización de valores e instituciones efímeras y particulares, fueron durante siglos la "ideología" filosófica por excelencia. Si existían no solamente individuos sino también pueblos o épocas que no respetaban estos *nomoi* o estos valores presuntamente ideales, el filósofo se arrogaba el derecho de condenarlos, como si las especulaciones políticas o morales que rumió en su pequeño rincón de este planeta, y bajo la ineluctable influencia de su sociedad y de su tiempo, pudieran erigirse en normas unánimes para el resto de la humanidad. El filósofo, hubiese dicho Nietzsche, se había convertido en el heredero del sacerdote, y en el aliado del emperador, ya que los *nomoi* de una sociedad particular, de una forma de vida particular, sólo pueden volverse universales si esa sociedad conquista a otras, es decir, si constituye un imperio. Y Marx ya había sugerido, justamente, que las normas del capitalismo eran universales porque el capitalismo se había mundializado o porque ya se había erigido, a mediados del siglo XIX, en imperio.

A pesar de que muchos de sus seguidores, incluido el propio Engels, catalogaron al marxismo de "socialismo científico", Marx había cuestionado implícitamente el proyecto de fundar una ciencia de los fenómenos humanos basada en principios galileanos: cuando los estudiosos de las sociedades pretenden elevar el *conatus*, el instinto de conservación, el egoísmo etc., a la categoría de principio inercial de los comportamientos humanos, están cayendo en una ilusión ideológica porque confunden el *nomos* particular de su cultura con un *nomos* universal o natural, repitiendo así un gesto platónico, sacerdotal e imperialista.

Marx, sin embargo, reconoce que esos *nomoi* particulares determinan el pensamiento de los sujetos, y en este aspecto no regresa al sujeto trascendental kantiano. Pero entonces, ¿por qué los sujetos obedecen a esos *nomoi* si éstos no son naturales? Estos *nomoi* – vale la pena recordarlo – no son tampoco leyes positivas: el Estado no le ordena al individuo obedecer al principio de *conatus* o a la ley de la oferta y la demanda. Es más, Marx considera que las leyes estatales forman parte de la "superestructura" ideológica de una sociedad: el Estado reproduce, en este caso, esos *nomoi*, pero no la produce. Y sin embargo, se trata de imperativos a los cuales el sujeto obedece. Sólo que el señor que los emite no es ni la divinidad ni la naturaleza ni las instituciones estatales. ¿De dónde provienen entonces?

7. Paradoja de Borges

Para comprender el problema de la ideología en el pensamiento de Marx, me gustaría evocar un ejemplo del escritor argentino Jorge Luis Borges. A principios del siglo XX, la llegada masiva de inmigrantes al puerto de Buenos Aires había traído aparejado un notorio incremento de la xenofobia en una parte de la población argentina. Como muchos de sus compatriotas, el joven Jorge Luis Borges participó de este fenómeno y sus escritos de aquellos años atestiguan esta posición. En la década del veinte, por ejemplo, Borges decía añorar un tango "primitivo" que todavía no había sido "arruinado" por la influencia "gringa". Con el paso de los años, y sobre todo después de las calamidades que las políticas nacionalistas provocaron en Europa, Borges lamentaría sus posiciones xenófobas y se las atribuiría, con humor, a la injerencia extranjera: en aquel mito de un tango autóctono, puro, que todavía no había sido arruinado por los "italianos", él percibía ahora el "síntoma de ciertas herejías nacionalistas que han asolado el mundo después – a impulso de los gringos, naturalmente".[16]

Los nacionalistas argentinos, en efecto, no cesaban de denunciar todas aquellas costumbres, ideas, modas o doctrinas que no tuvieran un origen nacional, y solían acusar de "cipayos" a quienes las introducían en el territorio nacional o a quienes las adoptaban en detrimento de las autóctonas. Pero si hubiesen llevado esta lógica hasta sus últimas consecuencias, habrían estado obligados a abjurar del propio nacionalismo ya que se trataba de una idea elaborada fuera de Argentina. Los nacionalistas argentinos, en efecto, se regían por una ley que se pretendía exhaustiva: "que todo, en este país, tenga un raíz nacional". Pero como semejante norma no floreció en suelo patrio sino en tierras de ultramar, constituye su propia excepción, o su transgresión inherente, porque no puede convertirse en un elemento del conjunto que ella misma delimita. Parafraseando a Marx (a Groucho, en este caso), podríamos afirmar que el nacionalista funda el club de los nacionales pero no puede inscribirse en él como socio porque no cumple con los requisitos exigidos por él mismo para seleccionar a los miembros dado que su nacionalismo no es nacional.[17] Es más, desde el momento en que importa su doctrina desde el extranjero, el nacionalista es, según la norma establecida por él, un "cipayo".

Borges se preguntaría más tarde cómo sabemos que el Corán fue escrito por un auténtico árabe y no por un extranjero. Y la respuesta era sencilla: en sus páginas no se mencionan nunca los camellos. Para Mahoma, los camellos formaban parte de su realidad cotidiana, y no tenía ningún motivo para destacarlos. Al líder religioso le hubiese llamado más bien la

---

16. BORGES, Jorge Luis. *Obras completas*. Buenos Aires: Emecé, 1974, p. 164-5.

17. «*Please, accept my resignation. Il don't want to belong to any club that will accept people like me as a member*», Groucho Marx, *Groucho and me*, New York, Da Capo Press, 2009, p. 321.

atención la irrupción de algún elemento completamente ajeno al paisaje habitual de Arabia, de modo que hubiese mencionado sin duda la aparición de un búfalo o de un canguro. Si al Corán lo hubiese escrito un falsario – un extranjero que hubiera querido hacerse pasar por un árabe –, sus páginas habrían estado plagadas de caravanas de camellos. Lo mismo ocurría con la literatura de los nacionalistas en Argentina: bastaba con observar hasta qué punto ponían el acento en los rasgos de color local – los gauchos, las vacas, la interminable llanura pampeana –, para darse cuenta de que estaban mirando el país con los ojos de turistas.[18]

La ceguera del nacionalista acerca de la importancia de la influencia extranjera en su propio pensamiento corresponde perfectamente a lo que Marx llamaba "ideología". Esta noción aludía al hecho de que nuestro pensamiento, como cualquier otro objeto, también está determinado, y las causas que lo determinan no son solamente químicas, como pensaría Nicholson, sino también históricas y sociales (Borges se vuelve nacionalista en un momento preciso de la historia del país). Pero la noción de ideología alude también a la ceguera del sujeto con respecto a sus propias determinaciones: él se cree libre porque ignora que está obedeciendo a ciertas causas, ¡incluso a las causas que él mismo denuncia en los demás! El nacionalista observaba cada detalle de la realidad argentina para detectar el más mínimo producto cultural de importación. Pero hay algo que se olvidaba de ver, y era su propia mirada. Borges escuchaba minuciosamente los tangos y la literatura de aquellos años para denunciar los rasgos ajenos a la identidad nacional. Pero no lograba escuchar algo, y era su propio discurso sobre la identidad nacional.

El idealismo trascendental de Kant le otorgaba una dignidad filosófica a este momento de ignorancia de cualquier conocimiento. Así como el idealismo platónico, o antiguo, representaba el mecanismo de elevación de los *nomoi* particulares

---

18. Borges, "El escritor argentino y la tradición" in *Ibid.*, p. 268.

al estatuto de ideas universales, el idealismo trascendental, moderno, representa el desconocimiento de las determinaciones del sujeto del conocimiento.

¿Pero no ocurriría lo mismo con la teoría de los tipos? Russell resuelve la paradoja del conjunto de todos los conjuntos que no se incluyen a sí mismos tomando una decisión que iría en el mismo sentido de la inadvertencia del sujeto que se excluye espontáneamente del conjunto fundado por él mismo. Basándose en la teoría de Russell, en efecto, el nacionalista argentino podría decir que el nacionalismo debía verse exceptuado del requisito exigido por él: todo debe tener un origen nacional, salvo el propio nacionalismo. Alegando que el nacionalismo es un metalenguaje, el sujeto se pone a salvo de las leyes que él mismo dicta, y a pesar de ver haber cometido el pecado de la importación, se perdona.

8. La causa del sujeto

¿Pero de qué hablamos cuando decimos que el sujeto "obedece", aunque lo ignore, a una causa? Esto no significa solamente que el sujeto es afectado, como cualquier otra porción de materia, por otras porciones de materia como el alcohol, las drogas o su carencia. Por supuesto que el sujeto obedece a causas materiales como cualquier otro objeto. Kant aceptaba esto. Nicholson también. Ambos nos sugieren, no obstante, una cosa diferente: que el sujeto de la enunciación de la proposición universal no forma parte de ese conjunto. Cuando Marx habla de "ideología", o cuando Freud habla de "inconsciente", se refieren a una determinación específica de ese sujeto de la enunciación.

Recurramos, una vez más, a un ejemplo. Los sujetos siempre observaron empíricamente el fenómeno de la caída de los cuerpos. Para un físico medieval, esto ocurriría porque los cuerpos grávidos tienden a caer, a diferencia de los cuerpos sutiles. La roca, por consiguiente, es un cuerpo grávido porque tiende a caer, mientras que la Luna, a pesar de las apariencias, sería un cuerpo sutil porque no se precipita en la Tierra. Para el físico medieval los enunciados "Todos los cuerpos grávidos caen" y "Todos los cuerpos sutiles no caen" son *nomoi* de la naturaleza o premisas universales de dos silogismos: "Todos los cuerpos grávidos caen / la roca cae / la roca es un cuerpo grávido"; "Todos los cuerpos sutiles no caen / la Luna no cae / la Luna es un cuerpo sutil". Nada nos impide, por consiguiente, convertir esos silogismos en una inferencia hipotética: "si x no cae, entonces x es un cuerpo sutil; la Luna no cae, entonces la Luna es un cuerpo sutil".

El físico moderno tiene la misma experiencia de la roca que cae y de la Luna que flota en el firmamento. Pero él parte de leyes, o premisas, muy distintas. "Todas las masas ejercen una fuerza de atracción sobre otras masas" y "Todo cuerpo sometido a un movimiento giratorio tiende a alejarse del centro de rotación". La roca cae porque es una masa atraída por otra: la Tierra. Lo mismo sucede con la Luna, sólo que ésta, por girar alrededor de la Tierra, compensa la atracción gravitatoria con la fuerza centrífuga. Einstein demostró que, en realidad, ambas fuerzas son ficciones newtonianas, pero nosotros seguimos pensando estos fenómenos de acuerdo con aquellos principios.

Digamos entonces que los enunciados "Todos los cuerpos grávidos caen" y "Todos los cuerpos sutiles no caen" son, para el físico medieval, leyes de la naturaleza que le permiten prever el comportamiento de los cuerpos que obedecen, desde su perspectiva, a esas leyes. Pero esos enunciados también son reglas del discurso físico medieval, y a esas reglas ya no obedecen los cuerpos astrales o sublunares sino los sujetos de esa época (los predicados "caer" y "no caer" podrían sustituirse incluso por "ir hacia abajo" o "no ir hacia abajo" porque en la física de aquel entonces, a diferencia de la moderna, las nociones de arriba y abajo, o de cielo y tierra, tenían una importancia fundamental, que evidentemente perderán cuando pasemos de un sistema geocéntrico a otro heliocéntrico, lo que nos da una idea de la importancia de la articulación de los saberes o los discursos). Cuando el físico medieval observa que la Luna, o cualquier otro cuerpo, no caen, se le impone una conclusión: se trata de cuerpos sutiles. Pero si esta conclusión "se le impone", se debe a que su pensamiento "obedece", entre otras, a esta regla: "Todos los cuerpos sutiles no caen". Algo similar podría decirse con respecto a las leyes de la física moderna: si para el sujeto moderno los cuerpos obedecen a la ley de la atracción o de la centrifugación, él, como sujeto pensante, como *cogito*, está obedeciendo a esas reglas del discurso físico moderno.

Cuando hablamos entonces de causas o determinaciones históricas en el orden del pensamiento, no nos referimos a leyes naturales sino a reglas culturales. Ambas son enunciados lógicamente universales, $\forall x\, f(x)$. Decimos que un sujeto sabe algo cuando explica el comportamiento de un objeto como la obediencia a una ley ("sé que x es un cuerpo sutil porque no cae"). Y el sujeto de la enunciación, por lo menos en un principio, quedaría exceptuado de esta ley: $\exists x\, \neg f(x)$. Pero lo que el sujeto no sabe es que si el objeto obedece, para él, a esa ley, es que él obedece, en el momento de pensarla, a esa regla, del mismo modo que sigue, cuando habla, las reglas de una gramática.

Cuando decimos que el pensamiento está determinado históricamente, no estamos aludiendo a las proposiciones universales como leyes naturales sino como reglas culturales. Decir que este discurso es el discurso "dominante", como lo hubiese hecho Marx, es simplemente una evidencia: desde el momento en que el sujeto "obedece" a una causa, y esa causa es un discurso, ese discurso es el discurso dominante. Es más, el adjetivo *dominante* no hace alusión a otra cosa: se trata del discurso entendido como causa, del discurso al que obedecen los sujetos aunque no se den cuenta de eso y aunque estén persuadidos que piensan espontáneamente las cosas. Cuando Wittgenstein hable más adelante de "reglas"[19] o Foucault se

---

19. WITTGENSTEIN, Ludwig. *Philosophische Untersuchungen*, Frankfurt: Su-

refiera a los "regímenes de discurso",[20] no van a estar planteando otra cosa: hay ciertos enunciados que tienen, para el sujeto, el valor de reglas ("los cuerpos sutiles no caen", por ejemplo), de modo que el sujeto las "sigue", y uno de los debates más importantes a propósito de las *Investigaciones filosóficas* de Wittgenstein giró en torno a la cuestión de cómo saber qué regla está "siguiendo" un sujeto, es decir, a qué instrucción está obedeciendo.

De ahí que el fenómeno de la sugestión hipnótica haya sido decisivo para la fundación del psicoanálisis. Cuando Freud asistió a las exhibiciones de Charcot en la Salpetrière, pudo observar que el hipnotizador les daba instrucciones a los hipnotizados y que éstos, una vez despiertos, las cumplían al pie de la letra, creyendo que estaban obedeciendo a su propia voluntad. La palabra tenía efectos sobre el comportamiento de los sujetos, incluso efectos que no podían controlar, como la parálisis de un brazo o de un ojo. Algunas décadas más tarde, Jacques Lacan definiría el inconsciente freudiano como los "efectos de la palabra sobre el cuerpo".[21] Y no es casual que este psicoanalista haya fundado la llamada *Ecole de la Cause*: el verbo *causer* significa en francés causar u ocasionar pero también hablar, charlar o conversar. A través de uno de sus habituales juegos de palabras, el psicoanalista estaba sugiriendo que el sujeto obedecía efectivamente a una causa y que ésta era del orden del discurso. Y ese discurso, añadiría Lacan, no es el discurso del Yo sino del Otro. ¿Quién es entonces ese Otro? El lugar de la causa del sujeto, esa causa a cuyo servicio se encuentra, aunque prefiera ignorarlo, el sujeto. Ese Otro es entonces el *dominus* al que obedecía el sujeto de Marx: no se trataba ni de Dios ni de la Naturaleza ni del Estado; se trata de las gramáticas de los diferentes discursos, gramáticas colectivas que cambian con las sociedades y las épocas.

---

hrkamp Verlag, 2001.

20. Foucault, Michel. *L'archéologie du savoir*. Paris: Gallimard, 1969.

21. LACAN, Jacques. *Joyce le sinthome (1975-1976)*, Seuil, 2005, p. 17 [seminario].

Las diatribas de Borges contra la "nefasta" influencia de los inmigrantes en el tango, no nos sirven para entender hoy las transformaciones de este género musical a principios del siglo XX; sirven para comprender, en cambio, al Borges de aquellos años y las pautas que regían su pensamiento, pero también el pensamiento de su entorno, ya que las reglas, cuando son reglas, son seguidas por un conjunto de sujetos. La física medieval no nos sirve a nosotros, los modernos, para entender por qué la Luna no cae, pero nos permite comprender mejor a los sujetos del mundo medieval. Aun cuando pensamos que la física medieval se equivocaba, este presunto error nos revela una verdad acerca de aquellos sujetos. Aquellos discursos que a los sujetos de una época les permitían entender el comportamiento de los objetos puede parecernos hoy descabellado, y sin embargom nos permiten comprender el comportamiento de esos mismos sujetos, de modo que el discurso acerca de las causas se convirtió, él mismo, en una causa.

Así es como el psicoanalista escucha a su paciente. Si éste explica sus fracasos por un complot de sus familiares o sus vecinos, el analista no va a subestimar esos relatos por tratarse de elucubraciones delirantes o falsas: va a escuchar en esas explicaciones paranoicas acerca de las causas de sus fracasos la verdadera causa de esos fracasos. Y en esto reside el descubrimiento freudiano: aunque los sujetos mientan, fabulen o deliren a la hora de hablar sobre los otros, están diciendo, sin saberlo, con su propia fabulación, la verdad sobre sí mismos.

Por supuesto que la presencia o la ausencia de alcohol en la sangre o una grave lesión cerebral tienen una influencia sobre nuestra percepción de la realidad; por supuesto que los hombres honestos hacen muchas cosas y van a muchos lugares para tener la oportunidad de conocer mujeres; por supuesto que los hipocondríacos también se enferman y a los paranoicos también los persiguen. Pero lo que entendieron tanto Marx como Freud es que la clave para entender el comportamiento y el pensamiento de un sujeto individual o colectivo son sus discursos acerca de la realidad, incluso acerca de esa realidad que son los cuerpos de los propios sujetos. Después de todo, hay muchos alcohólicos y donjuanes en el mundo, pero los discursos de Nicholson acerca del alcohol y las mujeres nos permiten entender mucho mejor la vida de personas como él. Porque el que dice, de la Luna, que es tal o cual cosa, no dice mucho de la Luna: dice de él...

9. Paradoja de Russell

¿De qué hablamos entonces cuando hablamos de sujetos humanos? Aristóteles ya había dicho que se trataba de animales dotados de *logos*, es decir, de palabra o de discurso, pero ahora podríamos ser más precisos: los humanos son los animales para quienes un discurso puede convertirse en causa. Y de hecho, no cesamos de decirlo: hay quienes defienden la causa comunista, la causa ecologista, la causa liberal y cuantos discursos religiosos, políticos o morales existen en este mundo. Ponerse al servicio de una causa significa hablar y actuar, como se suele decir, "en nombre de" ella. Y esta sujeción a una causa discursiva es lo que solemos llamar también una "cultura": los sujetos humanos no obedecen solamente a causas naturales – a los efectos producidos por la carencia de alcohol, digamos, o a las tasas de testosterona o estrógeno – sino también, y sobre todo, a un conjunto de normas de comportamiento, de criterios de pensamiento, de cánones de gusto, en fin: de discursos, porque cada una de esas normas, esos criterios, esos cánones es una regla, y una regla es una proposición universal. Que estos enunciados se mantengan muchas veces tácitos, no significa que no pertenezcan al orden del discurso.

Recordemos, en efecto, la paradoja de Russell tal como se la formula en la carta a Gottlob Frege de 1902: el conjunto de todos los conjuntos que no se incluyen a sí mismos, ¿se incluye a sí mismo o no? Si ese conjunto se incluye a sí mismo, no debería haberlo hecho, pero si no se incluye a sí mismo, debería hacerlo. Ahora bien, ¿quién es ese conjunto que se incluye a sí mismo? El sujeto humano, y el humano entendido como animal dotado de *logos*. De hecho, *logos* significaba en griego tanto palabra como conjunto, y si tanto este sustantivo como el verbo *legô* sobreviven en nuestra *lógica*, los encontramos también, a través de su versión latina, en palabras como *lector, lección, colector* y *colección*, lo que nos sugiere hasta qué punto la lógica sigue siendo la ciencia de las colecciones, es decir, de los conjuntos.

Sólo porque los seres humanos son los únicos animales parlantes y capaces, gracias a la división de las frases en sujeto y predicado, de insertar a un individuo en una colección en función de algún rasgo común a sus miembros, que los humanos son ese conjunto de todos los demás conjuntos. Los demás conjuntos – los animales, los vegetales o los minerales – no se incluyen a sí mismos porque son incapaces de emitir proposiciones. De hecho, los ejemplos concretos de la paradoja de Russell conciernen sistemáticamente a seres hablantes: el problema de la inclusión o no del sujeto de la enunciación en el conjunto propuesto. Y cuando Tarski acuñe la noción de "metalenguaje", va a explicar que se trata de esos discursos que no hablan acerca de las cosas sino acerca de otros discursos.

Está también, es cierto, el pobre barbero del regimiento que había recibido la orden de afeitar a todos los miembros del regimiento que no se afeitaran a sí mismos y que no sabía si afeitarse a sí mismo o no. Pero la paradoja no se encuentra en la acción, o la inacción, del perplejo barbero sino en la orden del capitán. Y hasta tal punto es así que la Escuela de Palo Alto convirtió esta orden en el ejemplo por excelencia de lo que Gregory Bateson llamaba un *double bind*, esas consignas paradójicas del tipo "No me hagas caso", "No leas este mensaje", "Muerte a los asesinos", "No dudes en dudar de todo" y tantas otras.[22] Pero lo importante de estas paradojas es que,

---

22. BATESON, Gregory. *Steps to an Ecology of Mind*, San Francisco: Chandler Pub.

en todos los casos, el sujeto de la enunciación se coloca en posición de excepción, vale decir, se olvida.

¿Qué significa entonces que un sujeto está sujeto a un discurso y, como consecuencia, a una cultura? Que así como Monsieur Jourdain hablaba en prosa sin saberlo, nosotros respetamos las reglas de la gramática sin advertirlo. Cuando un sujeto habla una lengua, obedece a un conjunto de instrucciones sin percatarse de que está haciéndolo, como los hipnotizados de Charcot. Esta lengua, además, no es una invención suya, ni de ningún otro Yo: es un fenómeno colectivo, y si los sujetos se entienden, justamente, se debe a que obedecen todos a la misma gramática, es decir, a las mismas reglas de sintaxis, morfología o fonología. De ahí que Ludwig Wittgenstein haya tomado la gramática como modelo para pensar sus "juegos de lenguaje" o las reglas a las cuales obedecemos en las diferentes situaciones culturales, entre las cuales se encuentra la reproducción de ciertos discursos, como el científico, el moral, el político, el artístico etc. Por supuesto que la lengua no se confunde con el lenguaje: la lengua es el idioma en que habla el sujeto; el lenguaje es el discurso que profiere, y este discurso puede proferirlo en diferentes lenguas. Hay sólo una analogía entre el funcionamiento de la lengua y el funcionamiento de los discursos: en ambos casos, el sujeto cree que está pensando o hablando "espontáneamente", cuando en realidad está obedeciendo a un reglamento, como cuando juega.

Para el pensamiento de las Luces, todo ese conjunto de normas, de presupuestos o de prejuicios colectivos formaban parte de las creencias o las supersticiones de las cuales el sujeto debía liberarse si pretendía acceder a la verdad. Con el llamado "giro lingüístico" del pensamiento, conocer o elaborar un saber sin esas normas, sin esos presupuestos o incluso sin esos "prejuicios" (así los llamaría el alemán Hans-Georg

---

Co., 1972.

Gadamer: *Vorurteile*),²³ sería como pretender hablar sin respetar ninguna gramática o como jugar a un juego sin respetar ninguna regla. El conocimiento es, en cada cultura, o en cada época, un juego como cualquier otro, con sus reglas, sus presupuestos, sus postulados, sus jugadas admitidas o prohibidas.

De ahí que la ideología marxista o el inconsciente freudiano puedan considerarse nociones de transición: ambas dejaban suponer que, de uno u otro modo, el sujeto podía "liberarse" de su situación de alienación con respecto al discurso del Otro, de manera semejante a como el sujeto de la Ilustración se desembarazaba de los prejuicios, las supersticiones o los *idola fori* para acceder a la verdad que le había sido disimulada. Ambos suponen que el verdadero pensamiento se inicia con una desalienación, es decir, con el sujeto que logra exceptuarse de los discursos dominantes, mientras que para el giro lingüístico esa "alienación" forma parte del pensamiento, del mismo modo que las reglas de la gramática forman parte de la libre expresión.

Tanto Wittgenstein como Heidegger (y me atrevería a decir, tanto el segundo Wittgenstein como el segundo Heidegger) van a pensar la situación del sujeto de manera diferente: cuando el sujeto piensa, diría el austríaco, está jugando con reglas colectivas, en el seno de una sociedad y en un momento histórico preciso, es decir, con reglamentos que corresponden a una "forma de vida" (*Lebensform*) particular.²⁴ Heidegger añadiría que el *Dasein* es un ser-en-el-mundo (*In-der-Welt-sein*),²⁵ a condición de entender que el mundo no es la suma de los objetos de la experiencia sino el horizonte de presupuestos, de hábitos, de normas o de pautas de una época, como cuando hablamos de "mundo medieval", "mundo renacentista" o "mundo moderno". Cuando Wittgenstein y Heidegger hablaban de "formas de vida" (*Lebensformen*), de "mundos"

---

23. GADAMER, Hans-Georg. *Wahrheit und Methode*. Tübingen: Mohr, 1960, p. 61.
24. WITTGESTEIN, *op. cit.*, p. 57.
25. HEIDEGGER, *Sein und Zeit*. Tübingen: Max Niemer Verlag, 1967, p. 52.

(*Welten*) o incluso de "mundos vitales" (*Lebenswelten*), se estaban refiriendo, en efecto, a las diferentes "culturas" en el sentido que la etnología suele emplear este vocablo.

10. Paradoja de Saer

Consideremos ahora que la función *f(x)* alude a la sujeción del sujeto de la enunciación a un discurso histórico o *nomos* cultural: la *x* sería entonces el sujeto hablante y por eso podemos asignarle, como lo hizo Lacan, el símbolo *$*. Podemos decir que "Todos los sujetos están sujetos a un discurso particular", $\forall \$ \, f(\$)$. La teoría de los tipos, sin embargo, nos exige exceptuar al sujeto de la enunciación de esta ley de la función "sujeto a un discurso": $\exists \$ \, \neg f(\$)$. Pero esta decisión no resulta, para nosotros, válida porque partimos de la idea de que no hay ningún sujeto que no esté sujeto a un discurso particular o histórico: $\neg \exists \$ \, \neg f(\$)$. Ahora bien, sabemos cuál es la consecuencia de esta inexistencia de una excepción a la función: si la proposición "Todos los sujetos están sujetos a un discurso particular" forma parte de un discurso particular, o no es un enunciado metalingüístico, pierde su estatuto universal: $\neg \forall \$ \, f(\$)$. Pero esto no significa que existan algunos sujetos que no están sujetos a un discurso particular. Significa que el conjunto de todos los sujetos de la enunciación no puede convertirse en sujeto del enunciado cuyo predicado es la función "estar sujeto a un discurso". Tratándose de discursos, no habría un conjunto de todos los sujetos, eso que solemos llamar "humanidad".

A diferencia de lo que ocurre con la astronomía o la física, la presunta ciencia de los sujetos humanos se encuentra en la incapacidad de formular leyes universales y necesarias, y es la diferencia fundamental entre la sujeción a una regla y la obediencia a una ley, entre el *nomos* cultural y el *nomos* natural. Los sujetos sólo pueden abordarse uno por uno (lo que no significa que no haya sujetos colectivos porque el sujeto es ahora una posición de enunciación y ya no un individuo).

Pero podemos estar seguros de que si alguien propone un *nomos* universal acerca de los sujetos humanos – de los sujetos a un discurso –, está procediendo ideológicamente, universalizando un *nomos* particular o naturalizando un *nomos* cultural. Para decirlo entonces a la manera de Lacan, podemos decir que "la humanidad es no-toda" o incluso, que "la humanidad no existe", ya que el artículo "la" presupone que esa humanidad forma un todo ("la humanidad" = "todos los humanos"). Y "la humanidad es no-toda" porque en el dominio de los sujetos humanos, o de los sujetos a un discurso, "no hay metalenguaje".[26]

A esto se refiere entonces Saer cuando los personajes de su novela *Glosa* discuten acerca del instinto de los caballos y de los mosquitos, y uno de estos personajes, Tomatis, proclama aquella conclusión: el que dice, acerca del mosquito, que es esto o aquello, no dice acerca del mosquito, nada, pero dice algo de él.[27] Tomatis no está sugiriendo con esta frase que aquello que un sujeto dice acerca de un animal, o incluso de otro sujeto, sólo vale para el propio sujeto de la enunciación. Ni tampoco está poniendo al sujeto en el lugar del autobiógrafo o del confesante, quienes se juzgan a sí mismos, suponiendo que nadie los conoce mejor. No, lo que Tomatis nos sugiere es que el sujeto se da a conocer cuando habla – acerca de él mismo, del mosquito o de otros sujetos, poco importa – porque en su discurso se manifiesta una manera de pensar y de vivir, un conjunto de *nomos* históricos y sociales, que nos permiten comprenderlo: a él y a su mundo. Y como se dieron cuenta los gramáticos de la Antigüedad, pero también Freud o Wittgenstein, el sujeto suele seguir estrictamente ciertas reglas sin saber que está haciéndolo o sin lograr formularlas con claridad. No se trata de decir, entonces, acerca de ese sujeto, que es esto o aquello, ya que el propio sujeto lo dice sin ocupar una posición de metalenguaje.

---

26. Lacan, *Encore, op. cit.*, p. 109.

27. SAER, Juan José. *Glosa*. Buenos Aires: Seix Barral, 2000, p. 93-94.

Y el inconsciente de Freud no significaba otra cosa: el sujeto de la enunciación no se encuentra en lo que dice *acerca del* sujeto del enunciado sino en las reglas o las premisas del discurso que está poniendo en evidencia cuando habla, en una situación analítica, acerca de su yo, lo que explica por qué Lacan sostenía que el psicoanálisis no tenía nada que ver con la confesión. A diferencia del confesor, al analista no le interesan las faltas del pecador: le interesa el discurso del juez.

11. Conclusión

Conocer significa entonces dos cosas distintas. Para la ciencia moderna, como para la astronomía antigua, conocer significa formular las leyes que permitan prever el comportamiento de los objetos. Hay conocimiento cuando logramos determinar con precisión un eclipse de Luna o el punto del espacio en que va a encontrarse el cuerpo "m" en un tiempo "t" si su velocidad es "v". Hay quienes piensan que estos objetos pueden ser, eventualmente, humanos, como cuando un economista calcula el crecimiento de una economía nacional, las fluctuaciones en la bolsa de valores o prevé una crisis energética o alimentaria.

Pero el conocimiento de los sujetos –individuales o colectivos – no se confunde con el conocimiento de los objetos aun cuando éstos sean humanos. No conocemos a un sujeto cuando obedece a una ley natural; lo conocemos cuando formula, con su discurso, esa ley natural, es decir, cuando obedece, lo sepa o no, a una regla gramatical (en el sentido amplio que Wittgenstein le atribuía a esta expresión). No conocemos a un sujeto cuando nosotros hablamos y él calla sino cuando nosotros escuchamos y él habla, es decir, cuando describe, declara, propone, cuenta. El que dice, acerca de otro sujeto, que obedece a una ley, no dice, acerca del otro, nada: dice mucho, en cambio, de sí mismo, y conocerlo significa también comprender qué está diciendo de él. Esta comprensión también es una explicación aunque las causas que nos permiten explicar por qué se comporta de una manera o de otra, o por qué piensa esto en vez de aquello, no se encuentren en sus tasas de alcohol o de serotonina sino en ese soplo de las voz, en ese *logos*, que desde el principio anda entre los hombres aunque éstos no lo reconozcan.

Bibliografía

BATESON, Gregory. *Steps to an Ecology of Mind*, San Francisco: Chandler Pub. Co., 1972.

BORGES, Jorge Luis. *Obras completas*. Buenos Aires : Emecé, 1974, p. 164-5.

DESCARTES, René. *Discours de la méthode*. Paris: Flammarion, 1966, p. 42.

FOUCAULT, Michel. *L'archéologie du savoir*. Paris: Gallimard, 1969.

GADAMER, Hans-Georg. *Wahrheit und Methode*. Tübingen: Mohr, 1960, p. 61.

HEIDEGGER, *Sein und Zeit*. Tübingen: Max Niemer Verlag, 1967, p. 52.

HEIJENOORT, Jean van. (ed.), *From Frege to Godel, a Source Book in Mathematical Logic, 1879-1931*, Cambridge: Harvard University Press, 1967.

HUXLEY, Aldous. *The doors of perception*. Middlesex, Penguin Books, 1961.

KANT, Immanuel. *Kritik der reinen Vernunft*. Berlin: Mayer & Müller, 1889, 472.

LACAN, Jacques. *Joyce le sinthome (1975-1976)*. Seuil, 2005, p. 17 [seminario].

MARX Karl; FRIEDRICH, Engels. *Die deutsche Ideologie*. Berlin: Dietz Verlag, 1972, p. 416.

GODELIER, Maurice. *El enigma del don*. Barcelona: Paidós, 1998, p. 177.

PARETO, Vilfredo. L'intérêt de l'individu in *Cours d'économie politique*. Lausanne : F. Rouge, 1896, p. 110.

QUEVEDO Y VILLEGAS, Francisco de. *Poesía original completa*. Barcelona: Planeta, 1996, p. 244.

SAER, Juan José. *Glosa*. Buenos Aires: Seix Barral, 2000, p. 93-94.

TARSKI, A. *Logique, sémantique, métamathématique, 1923-1944*. Paris: Armand Colin, 1972.

VEGA, Garcilaso de la. *Poesía castellana completa*. Madrid: Cátedra, 1985, p. 194.

WITTGENSTEIN, Ludwig . *Philosophische Untersuchungen*, Frankfurt: Suhrkamp Verlag, 2001.

A RELEVÂNCIA DA SEMIÓTICA PARA A CONSTRUÇÃO DO CONHECIMENTO

Lucia Santaella

Pesquisadora 1 A do CNPq. Professora titular da PUC/SP. Publicou 42 livros; organizou 15; autora de mais de 300 artigos publicados no Brasil e no exterior. Recebeu os prêmios: "Jabuti" (2002, 2009, 2011, 2014); o "Sergio Motta" (2005) e o "Luiz Beltrão" (2010).

Sumário: 1. A lógica concebida como lógica das ciências – 2. Da fenomenologia à semiótica – 3. Os três ramos da lógica-semiótica – 4. Os ideais do pensamento, conduta e sentimento – 5. Por que e como cresce o conhecimento humano? – Referências.

Há várias correntes distintas de semiótica. Aqui, estarei me referindo à semiótica filosófica do norte-americano Charles Sanders Peirce. Todas as outras correntes da semiótica têm suas bases na linguística, ou seja, nos conceitos relativos à linguagem verbal que são extrapolados para dar conta de outros sistemas de linguagem. A semiótica peirciana, por sua vez, parte da fenomenologia para a construção de uma teoria geral e abstrata de "todos os tipos de signos, seus modos de significação, denotação, informação, e todas as suas propriedades e seus modos de agir" (MS 634). Trata-se, portanto, de um campo de estudo que tem por objeto quaisquer tipos de signos verbais, não verbais e naturais, visando a compreender que natureza, propriedades e poderes de referência os signos têm, como eles se estruturam em sistemas e processos, como funcionam, como são produzidos e utilizados e que tipos de efeitos interpretativos estão aptos a gerar em seus intérpretes (SANTAELLA e NÖTH, 1996, p. 77).

Há que se considerar, entretanto, que, por mais que tal teoria seja hoje de crucial importância para os estudos sobre os processos de comunicação veiculados pelas mais diversas espécies de mídias pré-digitais ou digitais, no todo da extensa obra peirciana, a semiótica desempenha um papel meramente propedêutico para o alvo que Peirce tinha em mente, a saber, compreender por que e como a inteligência e o conhecimento humano evoluem e crescem. Isto é possível de ser compreendido devido ao fato de que a semiótica é, sobretudo, uma teoria do pensamento como signo e uma teoria do conhecimento que só pode se dar em signos, questões a que este trabalho dará atenção especial.

Peirce viveu de 1839 a 1914. Aqueles que pouco sabem de sua obra, mesmo quando reconhecem a importância de seu pensamento, consideram-no como um filósofo do século XIX e, como tal, uma figura significativa para a história da filosofia, especialmente porque foi o criador do pragmatismo que ele preferiu rebatizar de pragmaticismo, "um nome suficientemente feio para ficar a salvo de raptores". De fato, grande parte do século XIX foi o período coberto por sua vida. Entretanto, há quase um consenso entre os especialistas em sua obra de que Peirce foi um pensador muito à frente do seu tempo. Isso significa que não se trata apenas de um filósofo importante para a história do pensamento filosófico, mas, por suas antecipações, também de um pensador cujas ideias são de inegável relevância para a discussão de questões candentes da contemporaneidade.

CONHECIMENTO E LÓGICA

1. A lógica concebida como lógica das ciências

Durante toda a sua vida, a grande e inelutável paixão intelectual de Peirce esteve voltada para a lógica. É bastante citada sua declaração feita em uma carta dirigida a Lady Welby, entre os poucos interlocutores que encontrou na vida, se não a única:

> [...] Pois saiba que, no dia em que, com a idade de 12 ou 13 anos, eu peguei, no quarto do meu irmão mais velho, uma cópia da *Lógica*, de Whateley e perguntei a ele o que era a Lógica, ao receber uma resposta simples, atirei-me no assoalho e me enterrei no livro, desde então, nunca esteve em meus poderes estudar qualquer coisa – matemática, ética, metafísica, gravitação, termodinâmica, ótica, química, anatomia comparativa, astronomia, psicologia, fonética, economia, a história da ciência, jogo de cartas, homens e mulheres, vinho, metrologia, exceto como um estudo de semeiotica (*apud* HARDWICK, ed., 1977, p. 85).

Sua concepção de lógica como sinônimo de semiótica soava estranha em sua época e infelizmente continua a assim soar até hoje. Na época de Peirce, a lógica não havia ainda se constituído como uma ciência. Ele lutou vida afora para que ela se legitimasse como tal. Isso de fato ocorreu de lá para cá. Mas os caminhos que a lógica tomou, o caminho dedutivo, simbólico e matemático, não obstante fizesse parte daquilo que Peirce concebia como lógica, não era para ele o todo da lógica. Além disso, conforme seu pensamento evoluiu com o passar do tempo, mais ele se aproximou e burilou a intuição juvenil de conceber a lógica como semiótica. Sigamos, com um pouco mais de vagar, os passos que levaram a isso.

Para começarmos a nos situar nessa original concepção de lógica, é preciso considerar que Peirce a concebeu em um sentido muito amplo como lógica das ciências, ou seja, uma lógica que deveria fundamentar os diferenciados métodos empregados pelas mais diversas ciências. Será que subjacente a todas essas diferenciações não existem princípios gerais? Essa foi a questão que Peirce buscou responder por décadas de sua vida. Dedicar-se, portanto, a uma pluralidade de práticas científicas era para ele dedicar-se à lógica.

Cedo, em sua carreira, ele anunciou sua grande tese anticartesiana de que não há pensamento sem signos e que todo pensamento, mesmo e muito mais aquele que brota nas supostas luzes da intuição, é irremediavelmente falível, devendo ser submetido ao teste da experiência ou à crítica de uma comunidade de investigadores. Antes de tudo, é preciso esclarecer que pensamento não precisa ser necessariamente verbal. Tudo que está presente à mente é signo. Em qualquer momento que tenhamos um pensamento, estará presente, na consciência, algum sentimento, imagem, concepção ou outra representação que serve como signo. Disso advém que aquilo que chamamos de consciência e de "eu" tem a natureza de signo.

> Decorre de nossa própria existência (que é provada pela ocorrência da ignorância e do erro) que tudo que está presente a nós é uma manifestação fenomenológica de nós mesmos. Isso não impede que seja também a manifestação de algo fora de nós do mesmo modo que um arco-íris é, ao mesmo tempo, uma manifestação tanto do sol quanto da chuva. Quando pensamos, então nós mesmos, tal como somos naquele momento, aparecemos como um signo (PEIRCE, 1992, p. 50).

Acrescente-se a isso que todo pensamento-signo é, por natureza, dialógico e, portanto, social. Quando pensamos, o eu-presente apresenta o pensamento ao eu-futuro que emerge no fluxo do tempo. Mais do que isso, os pensamentos que passeiam, em suas diferenciadas formas sígnicas, pela nossa mente, são, para Peirce, aqueles que menos importam. Pensamentos são evanescentes. Vêm e vão embora sem deixar rastros. Pensamentos-signos que realmente importam são aqueles que são extrojetados e corporificados em signos materiais, tomando seu lugar na realidade e assumindo mais eficazmente sua natureza social. Signos corporificados em textos, imagens e sons são coletivamente compartilháveis, passíveis de crescimento por meio de altersignos que brotam da heterocrítica.

Se pensamentos são signos não necessariamente verbais, então não há pensamento nem há raciocínio possível, nem mesmo o pensamento puramente matemático, que faça uso apenas de signos simbólicos, tais como são basicamente as palavras nas línguas naturais, os signos matemáticos, as notações musicais etc. Além disso, para determinadas necessidades e realidades, há tipos de signos que são mais apropriados do que outros. Um diagrama, por exemplo, está mais apto a representar realidades estatísticas do que um discurso verbal. Além disso, toda manifestação sígnica, no pensamento ou nas linguagens comunicativas, seja lá de que tipo for, atualiza-se em uma mistura de tipos de signos. No mundo das linguagens, assim como na vida, tudo é mistura.

Tais constatações sugeriram a Peirce que, antes de se direcionar para o seu alvo, o estudo dos raciocínios e dos métodos das ciências, este deveria ser precedido pelo desenvolvimento de uma ciência dos signos, de suas combinações e dos modos como os signos crescem, algo que ele encontrou em todos os setores e atividades humanas, quer dizer, a ciência não se constitui em forma exclusiva de conhecimento. Segundo Davenport e Prusak (1998, *apud* LIAW *et al.* 2010, p. 447)

> o conhecimento é uma mistura fluida de experiência emoldurada, valores, informação contextual e *insight* experto que fornece uma moldura para avaliar e incorporar novas experiências e informações.

Assim, a arte e a religião, por exemplo, são também formas de conhecimento. Meios informativos e de entretenimento, tais como jornal, cinema, rádio e televisão, assim como meios de infotenimento (informação+entretenimento), como a internet, podem igualmente trazer conhecimento. Ademais, há modos de conhecer que brotam da experiência prática, da familiaridade e do senso-comum. Aliás, para questões vitalmente importantes, como Peirce as denominou, o senso comum e a experiência prática são em si eficazes não necessitando da sofisticação do conhecimento científico. Entretanto, tão logo surgem problemas para os quais ainda não temos respostas, quando precisamos de informação especializada, comprovada, confiável, é o conhecimento científico que deve entrar em cena. Disso decorre que, mesmo havendo outros modos de conhecer, é a ciência que se constitui em meio privilegiado de crescimento da inteligência e do conhecimento humano. Um crescimento que se realiza por meio da pesquisa.

Ciência, para Peirce, não se confunde com conhecimento cristalizado e disposto nas prateleiras. Esse é conhecimento já sedimentado. Quando a ciência é compreendida não como um corpo estagnado de crenças, mas como um corpo vivo, em crescimento, vemos que a sua inclinação natural está voltada para a liberdade, a mudança e a liberalidade. A ciência é a busca executada por seres humanos vivos e, quando essa busca é genuína, a ciência vive em incessante estado de metabolismo e crescimento. Se buscarmos em um dicionário, de acordo com os preceitos da tradição, ele nos responderá que ciência é corpo sistematizado de conhecimento e a maioria das classificações da ciência baseia-se em conhecimento sistematizado e estabelecido. Entretanto, segundo Peirce, isso não passa da exumação da ciência viva.

O que caracteriza as versões convencionais de ciência é que as verdades cuidadosamente estabelecidas são catalogadas e colocadas nas prateleiras e na mente de cada cientista para serem usadas nas ocasiões convenientes. Entretanto, o mero conhecimento, embora sistematizado, é memória morta. Em função disso, Peirce evita qualquer definição abstrata, precisa e acabada de ciência, para preservar a margem de indeterminação, que é própria de todo processo em progresso. Uma vez que a tarefa da ciência é generalizar a experiência e não simplesmente descrevê-la, e uma vez que a generalização leva à predição virtual, ela não pode ficar restrita ao passado. Além disso, embora sistema e método, e método mais do que sistema, sejam essenciais à concepção de ciência, ambos falham em transmitir a ideia primordial da ciência como algo vivo.

Como um modo de vida de cientistas vivos, a ciência ocupa-se de conjecturas que ainda estão sendo emolduradas ou testadas (CP 1.104-107). A vida da ciência encontra-se no desejo de aprender, no desejo inteligentemente sincero e efetivo de aprender. Por isso, a ciência consiste em se distender o arco da verdade com atenção no olhar e energia no braço. O que é essencial à ciência é o espírito científico, que não descansa satisfeito com as opiniões existentes, mas pressiona a verdade real da natureza. E o verdadeiro homem da ciência é aquele que está disposto a abandonar todas as suas crenças no momento em que isso se prove necessário.

2. Da fenomenologia à semiótica

As muitas décadas que Peirce levou para o amadurecimento de sua obra ficam explicadas pelo fato de que, não apenas ele se impôs como tarefa desenvolver uma doutrina dos signos como propedêutica para estudar os métodos das ciências, como também, como ponto de partida ainda mais recuado, ele se impôs à primordial tarefa de estabelecer uma tabela formal e universal de categorias a partir de uma radical análise de todas as experiências possíveis. Toda a obra de Peirce está alicerçada nas suas famosas três categorias que, com o tempo, ele esvaziou de quaisquer conteúdos paralelos aos seus sentidos puramente lógicos, chamando-as de primeiridade, secundidade e terceiridade. Como bússola de orientação para o leitor, basta informar sobre os territórios de abrangência de cada uma das categorias. Onde houver acaso, indeterminação, vagueza, indefinição, possibilidade, originalidade irresponsável e livre, espontaneidade, frescor, potencialidade, presentidade, imediaticidade, qualidade, sentimento, aí estará a primeiridade. Já a secundidade corresponde ao determinado, terminado, final, objeto, correlativo, necessitado, reativo, estando ligada às noções de relação, polaridade, negação, matéria, realidade, força bruta e cega, compulsão, ação-reação, esforço-resistência, aqui e agora, oposição, efeito, ocorrência, fato, vividez, conflito, surpresa, dúvida, resultado. A terceiridade é o meio, devir, o que está em desenvolvimento, dizendo respeito à generalidade, continuidade, crescimento, mediação, infinito, inteligência, lei, regularidade, aprendizagem, hábito, signo (PEIRCE, 1992, p. 280). Assim, por exemplo, o fio da vida é um terceiro, devir sem começo nem fim; o destino que corta a vida e a determina, força bruta e cega, é o segundo; seu começo indefinido, indeterminado, frescor da potencialidade livre e espontânea de tudo que apenas começa, é o primeiro.

A doutrina peirciana dos signos ou semiótica está inteiramente baseada nas três categorias e não há como compreender as sutilezas de suas inúmeras definições e classificações de signos, sem um conhecimento cuidadoso da fenomenologia. Definida como a descrição do *phaneron* (aquilo que se apresenta à mente), deve ser entendida dentro de um paradigma bastante distinto da fenomenologia continental de Husserl. O mais importante, no entanto, é o modo como a semiótica peirciana é extraída diretamente do interior da fenomenologia, pois a forma mais simples de terceiridade é a noção de signo. Este se define como qualquer coisa de qualquer espécie que seja (uma palavra, um livro, uma biblioteca, uma pintura, um museu, uma pessoa, um vídeo etc.) que representa uma outra coisa, chamada de objeto do signo, e que produz um efeito interpretativo em uma mente real ou potencial, efeito este que é chamado de interpretante do signo.

Por exemplo, este texto que o leitor está lendo neste momento é um signo complexo. Seu objeto não menos complexo são os conceitos da teoria peirciana aos quais cheguei por meio de leituras desenvolvidas ao longo dos anos. Portanto, minhas palavras, neste texto, como todo signo, pretendem representar esses conceitos, funcionando como uma mediação entre o pensamento de Peirce e o efeito interpretativo que este texto poderá porventura provocar na mente do leitor. Esses efeitos interpretativos constituem-se no interpretante do signo, ou seja, sempre um outro signo. Esse exemplo deixa à mostra o fato de que os efeitos interpretativos dependem diretamente do modo como o signo representa seu objeto, isto é, aquilo a que o signo se refere ou se aplica. O leitor poderá encontrar muitas outras apresentações da semiótica de Peirce, escritas por outros autores ou por mim Cada uma dessas apresentações é um signo complexo que apresenta os conceitos peircianos de um certo modo e numa certa medida. Os interpretantes que se produzem na mente do leitor são, até certo ponto, determinados pelo modo e medida de cada signo-texto.

Além dos signos de terceiridade ou genuínos, há também quase-signos, isto é, signos de secundidade e de primeiridade. Peirce levou a noção de signo tão longe que tanto o signo nele mesmo quanto o seu interpretante, quer dizer, o efeito que o signo produz, não precisam ter a natureza de palavras, frases ou pensamentos organizados, mas podem corresponder a uma ação, reação, um mero gesto, um olhar, um calafrio de regozijo percorrendo o corpo, um desfalecimento, devaneios incertos e vagos, uma esperança, estados de desespero, enfim, qualquer reação qualquer que seja, ou até mesmo algum estado de indefinição do sentimento que sequer possa receber o nome de reação. Por exemplo, os interpretantes que este texto pode produzir na mente do leitor talvez não cheguem ao nível de conceitos, já que estes implicam mais familiaridade com o tema, mas podem ficar no nível de quali-signos, meras reações de tédio, de desinteresse ou, ao contrário, de curiosidade etc.

É por isso que qualquer coisa pode ser analisada semioticamente, desde um suspiro, uma música, um teorema, uma partitura, um livro, um filme, publicidades impressas ou televisivas, acontecimentos, incluindo a percepção que temos deles, na sua natureza de signos e misturas entre signos. Tal potencialidade é, de fato, o resultado da ligação muito íntima da semiótica com a fenomenologia. É esta que fornece as bases para uma semiótica antirracionalista, antiverbalista e radicalmente original, visto que nos permite também pensar como sendo quase signos os fenômenos rebeldes, imprecisos, vagamente determinados, manifestando ambiguidade e incerteza, ou ainda fenômenos irrepetíveis na sua singularidade.

3. Os três ramos da lógica-semiótica

A concepção peirciana da lógica semioticamente concebida não para aí. Na verdade, a teoria geral do signos é apenas o primeiro ramo da semiótica, também chamado de gramática especulativa, que tem por tarefa investigar as relações de representação (signos), buscando extrair as condições necessárias e suficientes para a representação e classificando os diferentes tipos possíveis de representação.

O coração da lógica-semiótica, contudo, encontra-se no seu segundo ramo, também chamado de lógica crítica ou lógica propriamente dita. Este estuda os tipos de raciocínio que são empregados por uma inteligência científica que, segundo Peirce, é aquela que, antes de tudo, aprende com a experiência. Assim, compreender como o conhecimento humano cresce pressupõe investigar os distintos tipos de raciocínio. Pensar é uma espécie de ação. Raciocinar é pensamento sob autocontrole. A lógica crítica, segundo Peirce, lida com a estrutura do raciocínio, não lida com a textura do pensamento, nem lida com os sentimentos que o acompanham, nem com os avanços e recuos, vicissitudes e percalços que são próprios do ato de pensar, mas lida isto sim com os processos conscientes do pensamento, aqueles que se submetem ao autocontrole. Nos seus estudos, Peirce chegou à conclusão de que há três classes universais de inferências ou raciocínios que se constituem também nos três tipos de argumento: a abdução, indução e dedução. Esses tipos de raciocínio estão na base dos métodos de investigação, cada um deles dando expressão a operações lógicas distintas.

O abdutivo é o método da descoberta, o indutivo é o método empregado pelas ciências empíricas e o dedutivo encontra seu modelo na matemática e na lógica simbólica. Há, portanto, uma ligação inseparável entre argumento e raciocínio de que um tipo de lógica se origina e esta, por sua vez, é constitutiva de um tipo de método. Estes foram estudados separadamente para determinar a força e fragilidade de cada um, seus graus de validade e de justificação.

O método abdutivo é uma criação original de Peirce. Ele se refere ao ato criativo de se levantar uma hipótese explicativa para um fato surpreendente. É o tipo de raciocínio através do qual a criatividade se manifesta não apenas na ciência e na arte, mas também na vida cotidiana. Quando nos confrontamos com algo que nos surpreende, para o qual não temos resposta ou explicação, a abdução é o processo através do qual uma hipótese ou conjectura aparece como uma possível resposta. De onde vem esse poder de levantar hipóteses?

De acordo com Peirce, a abdução é um instinto racional. É o resultado das conjecturas produzidas por nossa razão criativa. Ela é instintiva e racional ao mesmo tempo. Com a palavra "instinto", no caso do ser humano, Peirce quis significar a capacidade de adivinhar corretamente as leis da natureza. O novo é apreendido por nós através de nada mais nada menos do que a adivinhação. Entretanto, não é a adivinhação em si mesma, nem a hipótese que ela engendra que são instintivas, mas a capacidade humana de adivinhar a hipótese correta, justamente aquela que é capaz de explicar o fato surpreendente. Peirce chamou essa capacidade de *il lume naturale*, indicando com isso que o ser humano tem um *insight* natural das leis da natureza tanto física quanto social e psíquica. Além de ser instintiva e evolucionária, a abdução é, ao mesmo tempo, uma inferência lógica.

Se ela nasce de um instinto para a adivinhação, como a abdução pode ter uma forma lógica? Para responder a esta aparente ambivalência, Fann (1970, p. 112) afirmou que o momento do *insight* e a adoção da hipótese são instantâneos. Mas o processo de construção e seleção da hipótese é consciente, deliberado e controlado, estando aberto à crítica e autocrítica. A abdução segue alguns passos: (a) a observação criativa de um fato; (b) uma inferência que tem a natureza de uma adivinhação; (c) a avaliação da inferência reconstruída.

Em síntese, trata-se de um tipo de raciocínio que, sem deixar de ter forma lógica, tem um caráter instintivo e é, antes de tudo, um processo vivo de pensamento. Embora seja responsável por todas as nossas descobertas, a abdução é o mais frágil dentre os argumentos, fonte de todas as verdades e de todas as mentiras. É ela que se responsabiliza por todas as descobertas e avanços do conhecimento humano. Mas, em si mesma, é precária. Sua validade e a confiança que dela podemos extrair dependem da avaliação de suas consequências a ser deduzida e, por fim, do teste da hipótese que se realiza pela indução.

A indução é tida como um processo lógico no qual uma conclusão proposta contém mais informação do que as observações ou experiências nas quais ela se baseia. A verdade da conclusão é verificável apenas em termos de experiência futura e certamente é atingível apenas se todos os exemplares possíveis forem examinados (BAVELAS, 1995, p. 54). Peirce entendeu a indução com um sentido um pouco distinto daquele que até hoje se costuma lhe dar. Para simplificar, pode-se afirmar que, para ele, o método indutivo é aquele que, se levado suficientemente longe, tende a se autocorrigir.

Já na dedução, partimos de um estado de coisas hipotético, definido abstratamente por certas características. Entre as características, a que não se dá atenção neste tipo de raciocínio está a conformidade com o mundo exterior, pois, na dedução, uma inferência é válida se e somente se existe uma relação entre o estado de coisas suposto nas premissas e o da conclusão. O objetivo de tal raciocínio é determinar a aceitação da conclusão. É, portanto, o caso típico do raciocínio matemático que parte de uma hipótese cuja verdade ou falsidade nada tem a ver com o raciocínio, e cujas conclusões são igualmente ideais (ver SANTAELLA, 2001, p. 102-149 e 2004, p. 77-228).

O fator mais importante no estudo dos três tipos de raciocínio ou argumento encontra-se na relação que Peirce estabelece entre eles. As consequências do estado de coisas, que circundam o raciocínio abdutivo, devem passar pela dedução para que, em seguida, este seja testado indutivamente. Neste ponto, chegamos ao terceiro ramo da semiótica, que Peirce chamou de metodêutica ou retórica especulativa, o ramo mais vivo da semiótica.

Enquanto a lógica crítica está preocupada com a análise dos argumentos ou raciocínios, que são utilizados por qualquer inteligência científica, a metodêutica tem por tarefa analisar os métodos a que cada um dos tipos de raciocínio dá origem e especialmente os procedimentos apropriados a qualquer pesquisa. São assim analisados os passos teóricos do método dedutivo e comprovada a validade da indução. De acordo com Peirce (NEM 4, p. 62).

> Qualquer hipótese que explica os fatos é criticamente justificável. Mas entre as hipóteses justificáveis, devemos escolher aquelas que podem ser testadas por experimentação. Não há mais necessidade de escolhas subsequentes, depois que conclusões indutivas e dedutivas foram extraídas. Embora a metodêutica não tenha a mesma preocupação com estas últimas, ela deve desenvolver os princípios que guiarão a invenção das provas, aquelas que deverão guiar o curso completo de uma pesquisa, e aquelas que determinam em quais problemas devemos engajar nossas energias.

Portanto, seguro quanto à validade de sua classificação dos argumentos e em meio à consideração dos métodos que essa classificação originava, Peirce veio a se dar conta de que, longe de serem processos separados, os métodos abdutivo, dedutivo e indutivo se integram em um todo coeso como estágios do processo investigativo. Nessa concepção dos três tipos de inferência, raciocínios ou argumentos como três estágios interdependentes e entrelaçados da pesquisa científica, nascia a concepção madura do método das ciências. Tais são os três ramos da lógica concebida como semiótica.

Peirce ainda não parou aí. Para ele, a lógica não é autossuficiente. Se todo pensamento lógico entra pela porta da percepção e sai pela porta da ação deliberada (CP 5.212), a lógica deve estar indissoluvelmente ligada à ética. Em um salto de originalidade ainda maior, segundo Peirce, o fim último da ética não reside em si mesmo, mas no admirável estético. O *summum bonum* da espécie humana encontra-se, portanto, naquilo que é admirável, sem quaisquer razões ulteriores.

4. Os ideais do pensamento, conduta e sentimento

Portanto, por mais que a lógica-semiótica estivesse no centro de seus interesses, Peirce não se restringiu a ela. A preocupação com a ética também atravessou toda a sua vida. Contudo, até finais de 1880, ele não chegou a considerar a ética como uma ciência teórica, mas apenas como uma arte ou uma ciência prática. Essa consideração veio sofrer modificações, de um lado, porque sua lógica dos relativos o levou à conclusão de que a lógica não é autossuficiente. De outro lado, ao tentar diferenciar a moralidade da ética pura, enxergou a importância da ética teórica, começando a desconfiar de uma conexão muito mais profunda entre a ética e a lógica.

A renovação de seu interesse na ética foi provocada pela ebulição intelectual que se seguiu, por volta de 1900, à popularização da noção de pragmatismo de William James. Peirce se viu forçado a rever seu primeiro pragmatismo de 1877-78, buscando corrigir as distorções a que James e outros estavam submetendo suas antigas ideias. Tanto quanto James, Peirce se deu conta da importância dos fins ou ideais na filosofia. Mas diferentemente de James, recusou que a finalidade do pragmatismo fosse apenas a de servir a fins individuais, pois estes acabam sempre por degenerar em fins individualistas. Enfatizando o papel do autocontrole no pensamento lógico, Peirce postulou, em 1901, que a ética é o alicerce da lógica.

Um ano mais tarde, viria postular que a ética, por sua vez, está alicerçada na estética, a esta cabendo a descoberta do ideal supremo, *summum bonum* da vida humana. Muitas dúvidas, no entanto, o assaltavam, por essa época, quanto à natureza desse ideal, que caberia à estética trazer à luz. Mas isso só se resolveria com o amadurecimento gradativo daquilo que Peirce chamou de ciências normativas: a estética, a ética e a lógica-semiótica.

Com as ciências normativas, estavam sendo repensando os fins, propósitos, valores, metas e ideais que atraem e guiam a conduta deliberada. Embora tenha usado a nomenclatura tradicional – estética, ética e lógica –,Peirce buscou dar a essas ciências significados originais. A lógica, para ele, deve ser ocupar do raciocínio como atividade deliberada, tendo por objetivo discriminar formas boas ou más de raciocínio. Ela estabelece criticamente as regras que devem ser seguidas ao raciocinar, mas precisa recorrer ao propósito ou meta que justifique essas regras. "A lógica é o estudo dos meios para atingir a meta do pensamento, mas é a ética que define a meta" (CP 2.198).

Costuma-se definir a ética como ciência do bem e do mal. Peirce discordou disso. O que constitui a tarefa da ética é justamente desenvolver e justificar as razões pelas quais certo e errado são concepções éticas. Para ele, o problema fundamental da ética não é o que é certo ou errado, mas o que estou deliberadamente preparado para aceitar como afirmação daquilo que quero fazer, o que tenho em mira, o que busco? Para onde a força de minha vontade deve ser dirigida? Cada vez com mais clareza, Peirce começou a ver que

> não podemos evitar perguntas sobre o que deve ser a aplicação última, na verdade, a meta suprema, o ideal maior que nos seduz e no qual devemos nos empenhar (BERNSTEIN, 1990, p. 197).

Descobrir qual seria a natureza dessa sedução ou força de atração última na sua pureza é o que ele passou a considerar como sendo o objetivo da estética.

Assim sendo, as relações indissolúveis entre as três ciências normativas ficam expressas nos seguintes termos: a ação humana deveria ser ação raciocinada, que, por sua vez, deveria ser deliberada e autocontrolada. Mas toda ação deliberada e controlada é guiada por fins, objetivos, os quais, por seu lado, devem ser escolhidos. Essa escolha também, se for fruto da razão, deve ser deliberada e controlada, o que, ao fim e ao cabo, requer o reconhecimento de algo que é admirável em si mesmo para ser almejado. A lógica como o estudo do raciocínio correto é a ciência dos meios para se agir razoavelmente. A ética ajuda e guia a lógica através da análise dos fins aos quais esses meios devem ser dirigidos. Finalmente, a estética guia a ética ao definir qual é a natureza de um fim em si mesmo que seja admirável e desejável em quaisquer circunstâncias independentemente de qualquer outra consideração de qualquer espécie que seja. A ética e a lógica são, assim, especificações da estética. A ética propõe quais propósitos devemos razoavelmente escolher em várias circunstâncias, enquanto a lógica propõe quais meios estão disponíveis para perseguir esses fins.

O ideal que Peirce tinha em mente é o fim último em direção ao qual o esforço humano deve se dirigir. Trata-se do ideal mais supremo para o qual o nosso desejo, vontade e sentimento deveriam estar voltados. O ideal dos ideais, o *summum bonum*, que não precisa de nenhuma justificativa e explicação. A questão da estética, portanto, é determinar o que pode preencher esse requisito de ser admirável, desejável, em e por si mesmo, sem qualquer razão ulterior (CP 2.199). É da estética que vem, assim, a determinação da direção para onde o empenho ético deve-se dirigir, daquilo que deveria ser buscado como ideal mais elevado. Os meios para atingir esse ideal, contudo, são uma função da lógica, pois dela depende o processo de raciocínio autocontrolado através do qual o ideal pode ser atingido. Mas que ideal é esse? Eis a questão.

Peirce estava convicto de que a função da estética havia sido obstruída e inibida por sua definição como uma teoria do belo. A concepção do belo não é senão o produto dessa ciência, e uma alternativa bem inadequada é aquela de tentar dominar o que é que a estética busca tornar claro. Daí ele ter localizado o ideal estético no admirável. Do mesmo modo que a ética não está diretamente preocupada com o que é certo ou errado, mas sim com aquilo que deveria ser o alvo do esforço humano, a estética não está voltada para o que é belo ou não belo, mas sim para aquilo que deveria ser experimentado por si mesmo, em seu próprio valor.

Se o ideal estético estivesse ligado a um conjunto particular de circunstâncias, ele não seria um ideal último que deve se colocar como força condutora da atividade humana, independentemente do fluxo dos acontecimentos e da evanescência das circunsntâncias. A sugestão peirceana correu, então, na seguinte direção:

> A fim de garantir a imutabilidade sob quaisquer circunstâncias, sem o que não seria um fim último, este deve ter como requisito estar de acordo com o desenvolvimento livre da qualidade estética do próprio agente. Ao mesmo tempo, deve estar também de acordo com o requisito de não tender, com o tempo a ser perturbado pelas reações do mundo lá fora sobre o agente, mundo esse que está pressuposto na própria ideia de ação. Parece claro que essas duas condições só podem ser atendidas simultaneamente se a qualidade estética em direção à qual o desenvolvimento livre do agente tende e a ação última da experiência sobre ele forem partes de uma mesma totalidade estética (CP 5.136).

Para ser verdadeiramente final, a meta deve preencher esses requisitos. Qual poderia ser essa meta que, sem ignorar que o mundo lá fora produz interferências inevitáveis no agente, mesmo assim incorpora o desenvolvimento livre do agente ao mesmo tempo em que garante que essa liberdade não será, a longo prazo, perturbada pelas imprevisíveis e inevitáveis vicissitudes do mundo? Além disso, e mais importante ainda, a qualidade que atrai o desenvolvimento livre do agente é a contraparte no sujeito de uma qualidade estética total cujo outro lado está na ação última que a experiência exerce sobre ele. Encontrar aquilo que pode atender a todos esses atributos parece estar perto do impossível.

O reexame crítico do pragmatismo havia levado Peirce a considerar, em primeiro lugar, que o ideal pragmático não deveria satisfazer os desejos de qualquer indivíduo particular, mas estar voltado para os propósitos humanos coletivos. Para responder a essa exigência, preenchendo o requisito de ser uma meta completamente satisfatória, o ideal deve ser evolutivo, estando seu significado pleno apenas num futuro distante sempre concretamente adiado. Um futuro idealmente pensável, mas materialmente inatingível, porque só aproximável assintoticamente. O pragmatismo havia descoberto que, no processo de evolução, aquilo que existe vai, mais e mais, dando corpo a certas classes de ideais que, no curso do desenvolvimento, se mostram razoáveis. Esse ideal foi caracterizado como "o crescimento contínuo da corporificação da potencialidade da ideia" (MS 283: 103 *apud* KENT, 1987, p. 158).

Ora, as ideias são transmitidas na mente, de um ponto a outro no tempo, por meio do pensamento, quer dizer, por meio de signos imateriais ou imaginários. Mas as ideias não são ainda pensamentos materializados; elas são "uma certa potencialidade, uma certa forma que pode ou não pode ser encarnada num signo externo ou interno". Pois bem, continuou Peirce (MS 283, p. 4), para que a função do signo seja preenchida e para haver o crescimento da potencialidade da ideia, sua corporificação deve ser dar não apenas através de símbolos, mas também através de ações, hábitos e mudanças de hábitos. Ora, na potencialidade, há possibilidade, na corporificação, há existência concreta e, na ideia, há continuidade. Os três juntos compõem o que Peirce passou a considerar como o *summum bonum* estético, coincidente com o ideal pragmatista último: o crescimento da razoabilidade concreta. Esse ideal deve levar em conta o autocontrole na aquisição de novos hábitos como método através do qual o ideal pragmático pode ser atingido. O modo como essa solução preenche todos os requisitos que Peirce havia estipulado para a meta estética do admirável será brevemente examinado a seguir.

Uma vez que a razão é a única qualidade livremente desenvolvida através da atividade humana do autocontrole, em outras palavras, estando na autocrítica a essência da racionalidade, Peirce identificou o ideal estético, fim último do pragmatismo, com o crescimento da razoabilidade concreta, não a razoabilidade abstrata, perdida na neblina do ideal, nem a razoabilidade estática que, como tudo que é estático, termina em opressão, mas a razoabilidade concreta em crescimento, em processo, em devir. Segundo Bernstein (1990, p. 200-203),

> Peirce nunca recuou em sua sólida crença de que há uma verdade a ser conhecida e que nós mesmos somos participantes do desenvolvimento da Razão que está sempre em estado de incipiência e crescimento. Somos participantes da criação do universo (...). A única coisa que é desejável sem razão para o ser é apresentar ideais e coisas razoáveis.

Isso quer dizer que somos responsáveis pelo alargamento e realização da razoabilidade concreta; é através de nossos atos, feitos e pensamentos encarnados que ela vai se concretizando, rumo a um final em aberto cujo destino não podemos saber de antemão. Razoabilidade, para ele, não se confunde com razão exclusivista, mas com uma racionalidade que incorpora elementos de ação, sentimentos, assim como de todas as promíscuas misturas entre razão, ação e sentimento que aparecem na comoção, afecção, prazer, querer, vontade, desejo e emoção.

Peirce estava ciente de que não há nenhuma garantia de que o ideal estético-pragmático possa ser atingido. A única regra da ética, nessa medida, é aderir a esse ideal e ter esperança de que ele poderá ir sendo aproximado, pouco a pouco e no longo curso do tempo. Uma vez que a conduta deliberada é conduta guiada pelo ideal estético, os pensamentos devem ser avaliados em termos de sua contribuição para o crescimento da razoabilidade no mundo (CURLEY, 1969, p. 103-104). A palavra "concreta" indica que a razoabilidade pode ir se atualizando através de nosso empenho resoluto para favorecer seu crescimento. Esse empenho é ético, meio através do qual a meta do ideal estético admirável se materializa, do mesmo modo que a lógica é o meio através do qual a meta ética se corporifica (SANTAELLA, 1994, p. 111-140).

A estética peirceana só foi desenvolvida muito tardiamente na sua obra. Foi a última a chegar, mas chegou para ocupar o primeiro e mais relevante lugar entre todas as disciplinas filosóficas concebidas por Peirce. Sob esse aspecto, o da primazia, o da prioridade do papel que a estética tem a desempenhar na filosofia, Peirce se aproximaria de Schopenhauer, Nietzsche e Adorno. Todavia, diferente deles, não partiu, como os dois primeiros, de uma aversão em relação a uma pretensa natureza negativa da razão da qual a estética nos permitiria escapar, nem compartilhou do pessimismo adorniano quanto à vocação necessariamente instrumentalista da razão.

A filosofia peirciana apresenta uma tendência para o otimismo, uma das razões para a sua impopularidade, frente à moda niilista que tem predominado no pensamento filosófico ou não, desde Schopenhauer. Foi esse mesmo niilismo, aliás, que acelerou a crise da metafísica, mas ao mesmo tempo contribuiu para o equívoco, que se tornou corrente, de que a metafísica idealista da razão só pode ser superada sob a forma do niilismo. O otimismo implícito no pensamento peirciano, e que sua estética permite bem entrever, não o impediu de prever o império da perversão nas sociedades contemporâneas. Ele anteviu, no desenvolvimento do capitalismo no século XIX, que a humanidade entraria em um período dominado pela concupiscência e a ganância.

Todavia, não deixou de acreditar no crescimento da inteligência e do conhecimento. Ao fim e ao cabo, sua noção de estética satisfaz quase à perfeição as metas sonhadas por Schiller de amalgamar razão e sentimento, conciliar os rigores do pensamento às liberdades do espírito, de integração do intelecto à ética e à estética, das contribuições, enfim, do estético para o crescimento humano. Os caminhos que Peirce percorreu para chegar a isso, entretanto, não têm nada a ver com Schiller. É fato que Peirce o leu com interesse profundo e, como tal, deve ter absorvido suas ideias. Mas a estética não compareceu no pensamento peirceano para atender tardiamente a esses ideais, mas sim às necessidades impostas pela releitura crítica que Peirce impôs, na primeira década deste século e na maturidade de sua vida, ao seu primeiro pragmatismo, de 1878. Peirce havia lido Schiller na adolescência. Cinquenta anos transcorreram, e toda uma obra prioritariamente voltada para a lógica foi desenvolvida, antes que ele voltasse a pensar na estética. Se houve qualquer influência de Schiller sobre ele, trata-se, portanto, daquela misteriosa espécie de influência que se dá através do esquecimento, o qual, segundo Borges, é a forma mais profunda da memória.

Para chegar a tudo isso, Peirce levou mais de 60 anos de trabalho, anos recompensados porque foram abrindo caminho para que fosse atingido o alvo delineado desde a juventude: como se dá o crescimento da inteligência e do conhecimento humano e em que medida contribuem para tornar o mundo mais razoável e admirável?

5. Por que e como cresce o conhecimento humano?

Neste ponto, torna-se mais do que natural a indagação sobre os modos de como o crescimento da razoabilidade concreta pode-se dar. Segundo Peirce, a ciência, tal como ele a concebeu, é, junto com a arte, grandemente responsável por isso, levando-se em conta que a razoabilidade está baseada no entendimento da razão e de sua forma de expressão mais legítima, a ciência, como um processo permanentemente em estado de metabolismo e transformação. Razoabilidade significa razão criativa que incorpora ação, surpresa, conflito, dúvida, *insight*, emoção e até mesmo sentimentos vagos e ainda incertos.

Não obstante contenha todos esses ingredientes, estamos aí bem longe da concepção de conhecimento como sentimento subjetivo de certeza individual. Nossas crenças sobre a realidade objetiva da natureza, dos fatos e das teorias sobre o mundo natural, social e psíquico não podem ser julgadas com base na sua capacidade de inspirar sentimentos subjetivos de certeza, mas sim, com base no seu potencial para fazer frente à crítica pública (SKAGESTAD, 1981, p. 29). É por isso que o conhecimento não se confunde com um ato solitário, mas implica, isto sim, compartilhamento coletivo. "O pensamento não está em nós. Somos nós que estamos no pensamento", afirmava Peirce (W 2, p. 227, n4). E esse pensamento é social, intercambiado por meio de signos externos.

Se olharmos para a história da ciência, como fez Peirce, grande conhecedor do assunto, não se pode negar que essa história exibe uma evolução cognitiva multifacetada. Isso não pode ser explicado através de *inputs* randômicos ou por ideias iniciais sem quaisquer fundamentos na ordem das coisas ou em princípios lógicos. Mesmo os mais ferozes críticos da ciência, que confundem e explicam o seu labor e o seu crescimento pelas forças imperiosas do modo de produção capitalista, não podem duvidar de que o conhecimento humano vem crescendo de modo cada vez mais acelerado, denso e plural. Peirce tomou a si a tarefa de compreender esse crescimento em sua longa jornada de estudos, uma jornada que o levou a instalar, bem no seu centro, a criação de uma lógica concebida semioticamente.

São os três ramos da semiótica que se responsabilizam pela construção de uma teoria do método da ciência cuja natureza é plástica, mutável e reajustável à luz da experiência, pois nossas crenças se transformam diante de informações novas e adicionais. É em razão disso que o método da ciência é autocorretivo, sendo sempre passível de revisão com base na sua performance, condição que está fartamente ilustrada na história da ciência. Não se trata aí de uma mera apologia da ciência. Em primeiro lugar, porque sua fabricação não está separada de uma vida cognitiva social sem a qual o conhecimento não seria possível. Este envolve historicidade, socialidade, interesses, virtudes e pressupostos metafísicos, incorporando, à vida cognitiva, dimensões extracientíficas que resultam na adequação do termo "fabricação" para a ciência (DELANEY, 1995, p. 118).

Em segundo lugar, porque a realidade é inexaurível. A semiótica nos ensina que não há representação possível, seja ela de que tipo for, que possa inteiramente dar conta das complexidades do real. De um lado, porque todo signo simples ou complexo é inelutavelmente incompleto. De outro lado, porque a própria realidade também cresce em complexidade, tornando o fazer da ciência cada vez mais intrincado.

Ao fim e ao cabo, bem no cerne da questão, também é preciso considerar com Peirce que as ideias e o conhecimento humano crescem por amor criativo. Os verdadeiros pensadores, cientistas e artistas são aqueles que se enamoram das ideias, cuidam delas como se cuida das flores de um jardim e lutam para colocá-las na realidade, colaborando, desse modo, para que a razoabilidade se materialize concretamente no mundo. Uma nesga de esperança que temos de cultivar, mesmo quando o tempo em que vivemos nos pareça sombrio.

Referências

BAVELAS, J. B. Quantitative versus qualitative? In *Social approaches to communication*, Wendy Leeds-Hurwitz, ed. New York, London: The Guilford Press, 1995, p. 49-62.

BERNSTEIN, Richard (1990). A sedução do ideal. *Face* 3, no. 2, 195-206.

CURLEY, Thomas (1969). The relation of the normative sciences to Peirce´s theory of inquiry. Transactions of the Charles S. Peirce Society, vol. 5, no. 2, 91-106.

DELANEY, C. R. *Science, knowledge, and mind*. A study in the philosophy of C. S. Peirce. University of Notre Dame Press, 1993.

_____. Peirce on the reliability of science. In *Peirce and contemporary thought*, K. L. Ketner (ed.). New York: Fordham University, 1995, p. 113-119.

FANN, K. T. (1970). *Peirce´s Theory of Abduction*. The Hague: Martinus Nijhoff.

HARDWICK, Charles S. (ed.). *Semiotics and Significs*. The correspondence between C. S. Peirce and Lady Welby. Indiana University Press, 1977.

KENT, Beverly (1987). *Charles S. Peirce – Logic and the classification of the sciences*. Kingston and Montreal: McGill Queen´s University Press.

LIAW, Shu-Sheng, HATALA, Marek, HUANG, Hsiu-Mei. Investigating acceptance toward mobile learning to assist individual knowledge management: Based on activity theory approach. *Computers and Education* 54, p. 446-454, 2010.

PEIRCE, C.S. (1931-58). *Collected Papers*, vols. 1-8, Hartshorne, Weiss, and Burks (eds.). Cambridge: Harvard University Press. Essa obra é referida como **CP** com indicação de volume, seguido de numeração de parágrafo. **MS** refere-se aos manuscritos não publicados, segundo paginação do Institute for Studies in Pragmaticism, Lubbock, Texas. NEM se refere aos 4 volumes dos *The new elements of mathematics*, C. Eisele (ed.), The Hague: Mouton, 1976. **W** se refere aos *Writings of Charles S. Peirce. A Chronological Edition*. Bloomington: Indiana University Press.

_____. *Essential Peirce I*, C. Kloesel e N. Houser (eds.). Indiana University Press, 1992.

RESCHER, Nicholas. Peirce on the validation of science. In *Peirce and contemporary thought*, K. L. Ketner (ed.). New York: Fordham University, 1995, p. 103-112.

SANTAELLA, Lucia. *Estética. De Platão a Peirce*. São Paulo: Experimento, 1994.

_____. *Comunicação e pesquisa*. São Paulo: Hacker, 2001.

_____. *O método anticartesiano de Charles S. Peirce*. São Paulo: Unesp, 2004.

SANTAELLA, Lucia e NÖTH, Winfried. Os estudos da linguagem e do signo. In *O falar da linguagem*, Sergio Lopes Oliveira *et al.* (orgs.). São Paulo: Ed. Lovise, p. 71-88, 1996.

SKAGESTAD, Peter. *The road of inquiry*. Charles Peirce's pragmatic realism. New York: Columbia University Press, 1981.

UM PANORAMA DA LÓGICA ATUAL

Newton C. A. da Costa

Doutorado em Matemática pela Universidade Federal do Paraná (UFPR), onde foi Catedrático na área de Análise Matemática e Análise Superior. Foi Professor Titular da Universidade de São Paulo (USP) e da Universidade Estadual de Campinas (UNICAMP), atuando como professor visitante e conferencista em diversas instituições no Brasil e no exterior. Atualmente, é professor no Programa de Pós-Graduação em Filosofia na Universidade Federal de Santa Catarina (UFSC). Foi um dos criadores da Lógica Paraconsistente. Suas principais áreas de interesse são: lógica, fundamentos da lógica e fundamentos da ciência.

Décio Krause

Professor Titular do Departamento de Filosofia da Universidade Federal de Santa Catarina, e aposentado como Professor Titular do Departamento de Matemática da Universidade Federal do Paraná. Doutor em Filosofia pela Universidade de São Paulo, com uma tese em Lógica. Fez estudos de pós-doutorado nas universidades de Florença, Leeds e Oxford. Suas áreas de interesse são basicamente: a filosofia da lógica e os fundamentos lógicos e metafísicos da física quântica.

Jonas R. B. Arenhart

Doutorado em Filosofia pela Uversidade Federal de Santa Catarina (UFSC), onde atua como docente no Departamento de Filosofia. Suas áreas de interesse são lógica, filosofia da lógica, além da relação entre metafísica e ciência, principalmente a metafísica da mecânica quântica.

Sumário: 1. Introdução – 2. O que é a Lógica? – 3. A transformação da Lógica – 4. Característica da Lógica atual – 5. Técnicas matemáticas em Lógica – 6. Lógicas não clássicas – 7. Profundidade de resultados – 8. Aplicações da Lógica – Referências.

1. Introdução

É praticamente um truísmo afirmar que a Lógica é hoje um campo do saber que, em questão de profundidade, não perde em nada para a matemática. Seria de se pensar que em pleno século XXI dificilmente uma pessoa razoavelmente instruída deixaria de reconhecer o valor da Lógica como disciplina, seja pura, seja aplicada. As razões para essas afirmações são as mais variadas, como veremos mais à frente, e talvez qualquer pessoa que não considerasse a Lógica como relevante seria classificada simplesmente de inculta, tendo em vista ser ela uma das mais importantes de todas as disciplinas (isso não é de hoje; como se sabe, a Lógica fazia parte do *Trivium* – ver Joseph 2002),[1] além das numerosas aplicações na Filosofia, Matemática, e Informática entre outras, como comentaremos ao final.

Todavia, apesar de toda a relevância da Lógica atual, ela ainda não é encarada com o devido respeito, nem possui sua importância amplamente reconhecida como disciplina fundamental. Mesmo hoje, no Brasil, por exemplo, vários departamentos de filosofia de universidades importantes estão fazendo uma série de esforços visando a desqualificar a relevância da Lógica e disciplinas a elas relacionadas, alguns deles chegando até mesmo a eliminar os estudos dessa disciplina de seus currículos. Do mesmo modo, é comum encontrarmos departamentos de matemática que tampouco se interessam pelo assunto, ainda que a Lógica seja de importância óbvia para a matemática. Por que isso é assim?

---

1. Na Idade Média, parte essencial da educação liberal era formada pelo *trivium*, que constituía um grupo de estudos que iniciava com a gramática, passando depois pela lógica e pela retórica. Eram as "três rotas para a verdade".

CONHECIMENTO E LÓGICA

Poderíamos especular muito acerca das razões desta falta de consideração pela Lógica, mas acreditamos que um dos principais motivos para tal é a falta de conhecimento de sua profundidade, de suas aplicações e de seu escopo. Interessante observar que esta atitude para com a Lógica no Brasil pode ser testemunhada já no século XVIII. Em sua obra *Livros e Bibliotecas no Brasil Colonial*, Rubens Borba de Moraes (1979) comenta, na página 7, um inventário feito em 1775 sobre um material bibliográfico deixado pelos jesuítas quando de sua expulsão do Brasil. Diz ele, citando informações do inventário:

> arrolaram-se 4701 volumes, cada qual com a respectiva avaliação, "os mais que se acharão (...) de várias matérias estão todos espedaçados e comidos de bixo", diz o escrivão. Muitos livros não tiveram preço marcado, por serem julgados "sem valor, taes como os 34 tomos de Logicas de vários autores, as mais delas são Coimbrenses;" um tomo intitulado "Plato, *Opera*" e muitos outros.

O que é digno de nota é constatar que, apesar da atitude para com a Lógica em geral ter pouco mudado daqueles tempos para cá (não comentaremos o assunto no que tange a Platão, que ao que tudo indica teve sua importância de fato reconhecida em nosso país), podemos assegurar que a Lógica, por sua vez, passou por uma profunda revolução, ainda não amplamente reconhecida em geral, e talvez este seja um dos problemas para o reconhecimento de sua relevância. Dada a polêmica que parece cercar a discussão acerca da relevância da Lógica e de sua importância como um campo do conhecimento em nosso país, trata-se, sem dúvida, de um tema candente – discutir a Lógica como disciplina, e para podermos entender a fonte dessa (essa sim) ignorância, ou mesmo para dissipá-la, faz-se mister termos uma ideia do estado atual da Lógica. É o que propomos neste artigo expositivo, ainda que venhamos a cobrir apenas uma pequena parte da Lógica atual.

2. O que é a Lógica?

Para esboçarmos uma tentativa de resposta à pergunta do título desta seção, é conveniente que distingamos a Lógica como disciplina, que doravante escreveremos sempre com primeira letra maiúscula (*Lógica*) e *lógica*, com letra minúscula, como sinônimo de "sistema lógico". Conforme discutiremos adiante, a Lógica atual é composta de uma grande pluralidade de sistemas de *lógica*, cada um deles com suas especificidades. Isto, por si só, todavia, ainda não serve como uma definição de Lógica. Mas como poderíamos tentar definir Lógica, e seria isto possível?

Não é incomum (aliás, é bastante comum) encontrarmos livros de Lógica classificando-a como estudo das formas de inferência válida, ou como o estudo das formas de raciocínio, ou o estudo da argumentação válida, ou que ela é "a linguagem da razão", ou outras tentativas similares de definição. Esta concepção de Lógica se solidificou e aparece mesmo em um dos célebres livros de Lógica, que serviu como texto didático por muito tempo, vulgarmente denominado de *Lógica de Port Royal,* que tinha o título *La Logique ou L'Art de Penser.* Basicamente, o que havia de conteúdo era a teoria aristotélica dos silogismos, levando-se em conta alguns dos desenvolvimentos obtidos na Idade Média, algo de lógica indutiva e de raciocínios em geral. Tendo em vista esta tradição, é talvez desculpável que o conteúdo da Lógica fosse identificado com os acima. Isso seria o que chamaríamos de Lógica se estivéssemos no século XVIII, ou talvez no início do século XIX, e possivelmente foi algo assim que o inventário citado por Moraes acima julgou como "sem valor", com o que não concordamos em absoluto; apenas deve ficar claro que esse estudo não corresponde à totalidade da Lógica de hoje, mas ainda é repleto de importância (para uma exposição tradicional destes conteúdos da Lógica — silogismos e aspectos elementares de metodologia científica —, ver, por exemplo, Liard (1971)).

CONHECIMENTO E LÓGICA

Ainda no século XX, encontramos tais aproximações ao tipo de tarefa desempenhado pela Lógica segundo esses moldes tradicionais. Por exemplo, (Copi, 1981, p. 19) busca esclarecer do que se trata a Lógica do seguinte modo: "O estudo da lógica é o estudo dos métodos e princípios usados para distinguir o raciocínio correto do incorreto". Neste sentido, mesmo que não se trate de uma tentativa de definição rigorosa, a Lógica ainda pode ser vista como relacionada muito proximamente ao estudo do raciocínio ou de formas lícitas de pensamento. Não estamos aqui afirmando que estas definições não captam em nada o significado da Lógica atual: elas de fato refletem muito do que se fez e se faz ainda em Lógica, mas passam muito longe de poderem contar como uma definição em sentido estrito de Lógica, conforme veremos no decorrer de nossa exposição.

Em meados do século XIX (enquanto a Lógica ainda era vista, basicamente, como uma ciência da argumentação, como tratando das "leis do pensamento"), a Lógica começou a passar por uma revolução, depois da qual alcançou um patamar nunca imaginado anteriormente, como veremos na sequência. Até então, por Lógica, entendia-se basicamente a teoria dos silogismos, originada com Aristóteles, especialmente o que ficou conhecido como a teoria dos chamados "silogismos categóricos", os únicos aos quais faremos referência no que se segue. Colocando de modo bastante grosseiro, a teoria do silogismo consiste no estudo de argumentos compostos de duas premissas e uma conclusão, onde cada uma destas proposições precisa ser uma das quatro proposições chamadas *proposições categóricas,* proposições do seguinte tipo: (A) Todo S é P; (E) Nenhum S é P; (I) Algum S é P; (O) Algum S não é P. Com estes ingredientes, mais alguns detalhes que aqui passaremos por alto, Aristóteles construiu sua teoria (o primeiro sistema de lógica de que se tem notícia), e catalogou, dentre as 264 formas possíveis de argumentos possíveis de acordo com estas restrições, quais eram consideradas *válidas* (aceitáveis) e quais não eram.

Assim, a Lógica, enquanto estudo da teoria do silogismo, poderia ser vista como o estudo das inferências válidas no sistema aristotélico (para uma breve formulação da teoria dos silogismos, veja-se Liard (1971) e os capítulos 5 e 6 de Copi (1981)). O assunto parecia tão bem sedimentado que Immanuel Kant chegou a dizer, no Prefácio à segunda edição de sua *Crítica da Razão Pura*, que a Lógica estava acabada e que nada mais poderia ser acrescentado ao seu conteúdo. Mesmo Leibniz, que parece ter percebido que a lógica aristotélica não bastava para tratar das espécies de inferência levadas em conta na matemática, talvez por respeito ao Filósofo, não foi capaz de dar o passo para além da teoria aristotélica do silogismo. Isso mudou radicalmente a partir de meados do século XIX.

Foi nesse período que a Lógica passou de um assunto abordado eminentemente por filósofos para o campo de estudo dos matemáticos, principalmente através de um viés algébrico, pelo menos em seu início. Os matemáticos interessados em Lógica perceberam que a abordagem aristotélica era por demais limitada para dar conta até mesmo das inferências mais básicas encontradas na matemática, como aquelas envolvendo relações. Se a Lógica pretendia orientar ou descrever o tipo de inferências características da matemática, como apregoavam, por exemplo, Russell e Whitehead, então ela precisava de uma reformulação completa. E foi em busca de uma nova Lógica que se iniciou a revolução que culminou nos sistemas que temos hoje.

Mas, antes de falarmos desses desenvolvimentos, é conveniente ressaltar que não se pode dar uma definição precisa de uma disciplina viva, como a biologia, a física, a psicologia ou a matemática. O mesmo se aplica à Lógica. Assim, para sabermos do que trata essa disciplina, o mais indicado é olhar uma série de bons textos do assunto, ou então consultar o verbete 03 Logic and Foundations da *Mathematics Subject Classification*, de responsabilidade da American Mathematical Association (disponível em: <http://goo.gl/ES8BGy>. Acesso em: 04 abr. 2016.). Basta uma consulta para o leitor certificar-se que a Lógica atual está muito longe de se resumir ao estudo das formas válidas de inferência. Este estudo, que também é relevante, tem importância no que se pode denominar de Teoria da Argumentação, que hoje é apenas uma pequena parte dessa disciplina, ou que poderia ser considerada como uma aplicação da Lógica ao estudo de argumentos. É patente a importância da Teoria da Argumentação em várias áreas, como na Filosofia do Direito em particular.

Para fundamentar ainda mais nossa afirmação de que a Lógica dificilmente poderá ser precisamente definida, convém considerar aqui, mesmo que brevemente, o que se chama de *lógica clássica*. É muito comum encontrarmos autores afirmando que a lógica clássica é basicamente aquilo que se chama de Cálculo de Predicados de Primeira Ordem, com ou sem identidade. Todavia, esta caracterização, por mais simples que pareça, carece de precisão. Para se caracterizar um cálculo tão simples quanto este, não basta apenas levar em conta um conjunto de axiomas com regras de inferência (ou apenas um conjunto de regras de inferência para a Dedução Natural, uma forma de apresentação do referido cálculo). Aspectos sintáticos, tomados isoladamente, não são suficientes para se caracterizar uma lógica, em particular, não são suficientes para se caracterizar a lógica clássica de primeira ordem. É preciso levar em conta também aspectos semânticos, que consideram a interpretação do cálculo. Este ponto relevante nem sempre é percebido pelos estudiosos.

Vejamos como isso se mostra no caso do cálculo que estamos tratando. Um conjunto de axiomas para o Cálculo de Predicados Clássico possui pelo menos duas interpretações *incompatíveis* entre si. Primeiramente, possui uma interpretação clássica, não construtiva, que é aquela que usualmente se tem em mente quando se desenvolve o cálculo, e que é tratada de modo mais rigoroso através da semântica usual, apresentada nos livros texto (ver, por exemplo, Mendelson (1997), Rogers (1974)). Por outro lado, conforme Gödel mostrou, o formalismo da lógica clássica pode ser imerso no formalismo da lógica intuicionista, que é um sistema alternativo de lógica. Como a lógica intuicionista possui uma interpretação construtiva, a lógica clássica, devido ao resultado de Gödel, também possui tal interpretação. Assim, simplesmente, apresentarmos o formalismo de um cálculo de lógica ainda não determina, por si só, o tipo de cálculo do qual estamos tratando: é preciso levar em conta a interpretação.

Para deixar este tópico um pouco mais claro, ainda que não possamos entrar em todos os detalhes aqui, convém enfatizar algumas das diferenças entre uma interpretação clássica, não construtiva, e uma interpretação intuicionista, que é construtiva. De modo bastante grosseiro, poderíamos dizer que a interpretação não construtiva está basicamente comprometida com alguma forma de platonismo, uma visão de que os objetos abstratos são "descobertos", possuem uma existência independente do investigador. Nesse caso, *métodos de inferência não construtivos*, como a redução ao absurdo clássica, são permitidos, e a chamada lei do terceiro excluído, é dita valer irrestritamente: segundo a Lógica usual, dada uma proposição p qualquer, ou p é verdadeira, ou é falsa. Esta é apenas uma das possíveis formulações da lei do terceiro excluído. Neste sentido, qualquer problema matemático, por princípio, possui uma solução, bastando apenas descobri-la. Por sua vez, uma interpretação intuicionista, que é apenas uma dentre as várias concepções construtivas, não aceita a concepção platônica com a qual se compromete a abordagem não construtiva. Somente são aceitas como legítimas entidades que podem ser construídas através de determinados processos mentais (não é possível entrar nos detalhes sobre o intuicionismo aqui. Para uma exposição elementar sobre o assunto, o leitor poderá consultar da Costa (2008); ver também a discussão em Fraenkel, Bar-Hillel e Levy (1973)). Neste sentido, não são aceitos procedimentos não construtivos, e a lei do terceiro excluído, por exemplo, tem seu alcance restrito. Com isso, parte dos métodos usuais da matemática clássica são deixados de lado, e se obtém uma nova matemática.

CONHECIMENTO E LÓGICA

Os problemas para se caracterizar a lógica clássica, todavia, não param nos seus aspectos semânticos e sintáticos. Como estivemos discutindo, uma mesma base axiomática pode ter interpretações incompatíveis, o que certamente contribui para caracterizar sistemas diferentes, caso adotemos uma interpretação clássica ou uma interpretação construtiva. Por outro lado, fica ainda mais difícil caracterizar a lógica clássica quando começamos a investigar sistemas de lógica mais fortes do que a lógica de primeira ordem. De fato, alguns filósofos nem sequer consideram como parte legitima da Lógica os sistemas mais fortes do que a lógica de primeira ordem (Quine seria o exemplo típico; ver Quine (1986)). Aqui, adotaremos uma posição que não faz tal restrição, considerando sistemas mais fortes como também sendo englobados na Lógica.

Para fortalecer a lógica de primeira ordem (e aqui continuam os problemas de caracterização da lógica clássica), podemos seguir os mais diversos caminhos, nem sempre equivalentes entre si. Podemos utilizar uma abordagem conjuntista, que amplia a lógica de primeira ordem, via de regra, pela introdução de um símbolo binário de predicados que fará o papel da relação conjuntista de pertinência, mais postulados específicos para esta relação (e até mesmo isto pode ser feito de vários modos alternativos não equivalentes). Ou ainda podemos seguir pelo caminho das lógicas de ordem superior, através das diversas teoria de tipos, ou ainda seguindo-se a direção da teoria de categorias. Cada uma destas abordagens é uma extensão legítima da lógica de primeira ordem (apesar das críticas de Quine, por exemplo) e são, em geral, ainda englobadas na Lógica chamada de *clássica*.

Se considerarmos apenas a abordagem conjuntista, já teremos uma série de dificuldades em caracterizar precisamente o que é a uma teoria de conjuntos "clássica". Existem, de fato, infinitas teorias de conjuntos que poderiam ser (e de fato são) consideradas *clássicas*, apesar de serem incompatíveis entre si. Por exemplo, a teoria mais tradicional, Zermelo-Fraenkel *com ou sem o axioma da escolha* (ZFC) e sem átomos, pode ser enriquecida com diversos novos axiomas, como a afirmação de existência de cardinais inacessíveis. À ZF podemos acrescentar alguma forma da negação da Hipótese do Contínuo ou do próprio axioma da escolha (obtendo-se as chamadas *teorias não cantorianas*), bem como podem ser adicionados uma série de novos postulados que são acrescentados para se fortalecer a teoria, como por exemplo, a existência de universos. Alternativamente, a teoria ZF (Zermelo-Fraenkel sem o axioma da escolha) também é consistente quando lhe acrescentamos versões enfraquecidas do axioma da escolha e até mesmo sua negação (o axioma da escolha é independente dos axiomas de ZF — supostos consistentes —, assim como o são a Hipótese do Contínuo e a Hipótese Generalizada do Contínuo; ver Fraenkel, Bar-Hillel e Levy (1973)). Temos também outras teorias, como New Foundations (NF), de Quine, que é considerada 'clássica", apesar de ser incompatível com o axioma da escolha, por exemplo. Assim, diversas teorias de conjuntos podem ser erigidas, todas elas classificadas como *clássicas*, mesmo que sejam incompatíveis entre si (para um panorama geral de algumas das teorias de conjuntos, o leitor pode consultar, por exemplo, Fraenkel, Bar-Hillel e Levy *op. cit.*, e Krause (2002)).

O que ocorre com a teoria de conjuntos ocorre também com as lógicas de ordem superior. Podemos fortalecer a lógica de primeira ordem com quantificadores sobre propriedades e relações (algo que a linguagem da lógica de primeira ordem não faz). Para tais lógicas, temos pelo menos dois tipos de semântica, as *semânticas standard* ou *principais* e a *semântica de Henkin* ou *semântica secundária* (não entraremos nos detalhes aqui). O ponto central é que, em ambos os casos, consideramos o resultado como parte da lógica clássica, apesar de os sistemas não serem equivalentes. Para a lógica de ordem superior com semântica standard, não temos um sistema de axiomas completo, e podemos erigir teorias categóricas sobre esta lógica, ou seja, teorias cujos modelos são todos isomorfos entre si. Em particular, a aritmética de Peano e a teoria dos corpos ordenados completos são categóricas, quando levamos em conta suas formulações em linguagens de ordem superior, utilizando a semântica standard. Para a lógica de ordem superior com semântica de Henkin, por sua vez, podemos provar uma versão fraca do teorema de completude (Completude de Henkin), mas perdemos a categoricidade das teorias formuladas tendo como base esta lógica (para uma introdução aos temas aqui mencionados acerca das lógicas de ordem superior, o leitor pode consultar Rogers (1974)). De qualquer modo, como estamos enfatizando, ambas as versões da lógica de ordem superior, apesar de suas diferenças, são consideradas *clássicas*.

Estas dificuldades na caracterização e delimitação da lógica clássica se refletem também na própria caracterização da Lógica. Poderíamos ainda discutir tentativas de se erigir sistemas de lógica clássica que não buscam evitar comprometimento com o platonismo, como os chamados Cálculos de Indivíduos, e ainda teorias que envolvem ideias gerais de mereologia, em particular o sistema de Lesniéwski. Apesar de não tratarmos destes temas aqui, convém notar que são também rotas alternativas para se investigar a lógica clássica (para o sistema de Lesniéwski, por exemplo, o leitor pode consultar Fraenkel, Bar-Hillel e Levy (1973)). Todavia, o que nos interessa mostrar com os problemas mencionados acima, é que a Lógica incorpora uma multiplicidade de sistemas diferentes, cujo estudo em muito ultrapassa a simples análise das formas válidas de argumento. Seu caráter mais propriamente matemático começou a ser assumido quando ela passa dos domínios mais especificamente filosóficos para os domínios dos matemáticos, a partir do século XIX.

3. A transformação da Lógica

Foi em meados do século XIX que George Boole, William S. Jevons, Augustus de Morgan, Charles Sanders Peirce, Ernst Schröder e outros, começaram o desenvolvimento de uma disciplina que mais tarde, no século XX, ficou conhecida como

Lógica Algébrica. Boole, que é considerado o maior expoente dessa escola, tratou da lógica aristotélica (a única conhecida à época) empregando uma linguagem algébrica (ver Burris (2013)). A aplicação de métodos matemáticos, em particular os algébricos, a essa disciplina, tornou-se preponderante desde então. Assim, pelo uso de métodos típicos da matemática no estudo da Lógica, esta disciplina é, hoje, preponderantemente Lógica Matemática, ainda que o adjetivo "matemática" nem sempre seja empregado. Com efeito, um entendimento dos aspectos mais avançados dessa disciplina só pode ser alcançado lançando-se mão de técnicas matemáticas (não estamos, com isso, ignorando as importantes investigações da chamada "lógica informal" ou "raciocínio crítico", que estudam aspectos da argumentação na linguagem natural e leva em conta muitos aspectos pragmáticos não matematizados (para uma visão da lógica informal, veja Groarke (2013) e Walton (2012)). Apenas estamos apontando para o fato de que Lógica é atualmente uma disciplina cujo estudo utiliza-se massivamente de técnicas matemáticas, sem as quais não pode ser completamente compreendida).

O ano de 1879 é considerado marcante na história da Lógica. É a data da publicação de *Begriffsschrift* por Gottlob Frege, ainda que seu trabalho tivesse permanecido praticamente desconhecido até por volta de 1903. Em 1910, Bertrand Russell e Alfred North Whitehead publicaram o primeiro (de três) volume de seu monumental *Principia Mathematica*. Russell e Whitehead deram privilégio ao estilo fregeano de exposição (que mais tarde se sedimentou como a "tradição linguística"), porém, utilizando uma notação mais flexível que a de Frege, inspirada em parte na notação empregada por outro lógico da época, o matemático italiano Giuseppe Peano. Por diversas contingências históricas, foi a abordagem linguística que predominou nas primeiras décadas do século XX, em detrimento da abordagem algébrica de Boole e outros. Muitas pessoas, ainda hoje, pensam que a Lógica pode ser identificada com a abordagem linguística, desconhecendo completamente o viés algébrico, que iria ressurgir no século XX por intermédio (principalmente) de Alfred Tarski, Leon Henkin e Paul Halmos (para uma abordagem algébrica da Lógica nos moldes atuais, ver, por exemplo, Barnes e Mack (1975)).

Por essa época, na virada do século XIX para o século XX, Hilbert estabelece o paradigma do rigor no uso do método axiomático. Seus esclarecimentos (nem sempre compreendidos por todos, como por exemplo, Frege – veja-se Blanchette 2014) sobre a natureza abstrata dos sistemas axiomáticos foi fundamental para o estabelecimento deste método como o entendemos hoje. Hilbert distinguiu entre axiomáticas *concretas* e axiomáticas *formais*. As primeiras têm, por assim dizer, um "conteúdo" dado de antemão, cuja análise as originou. Por exemplo, Dedekind e Peano apresentaram uma axiomática da aritmética pensando em sistematizar o nosso conhecimento dos números naturais intuitivos; a axiomática concreta da geometria euclidiana, formulada primeiramente por Euclides e posteriormente reformulada por outros autores, foi proposta para tratar de figuras geométricas (dentre outras coisas) no sentido platônico de realidade etc. Neste sentido, uma axiomática concreta trata diretamente do domínio do conhecimento que ela pretende sistematizar, ou seja, possui, por assim dizer, um conteúdo.

Com Hilbert, e posteriormente com os avanços subsequentes, ficou sedimentado que as axiomáticas (logo, as lógicas apresentadas de acordo com o método axiomático) podem ter "conteúdo" variado, podendo ser compatíveis com várias *interpretações* ou *modelos*. Ou seja, podemos tomar os axiomas para a geometria, por exemplo, e não interpretá-los no domínio pretendido, de retas, pontos e planos, mas em quaisquer outros domínios que preservem as relações entre os objetos conforme postuladas pelos axiomas.

A Lógica, hoje, assim como a matemática, malgrado terem as mais variadas *aplicações*, é uma disciplina *abstrata*. É mais fácil entendermos isso com o exemplo da matemática: o número dois não "existe" no mundo concreto. Duas maçãs apenas sugerem haver algo como o número dois, mas ele é

115

uma entidade abstrata. Uma coleção de pessoas não forma um *conjunto* como usualmente se pensa, pois conjuntos e seus elementos são entidades abstratas, e supostamente pessoas não são. Assim, qualquer aplicação da matemática ou da Lógica deve ser vista com cuidado, em particular quando vamos aplicar a Lógica à linguagem natural, que é repleta de "conteúdos". Este exemplo é ilustrativo e merece que nos detenhamos nele por um momento, a fim de percebermos o caráter abstrato da Lógica atual, o que faz o seu ensino algo difícil, se for levado a cabo com alguma precisão.

A grande parte dos textos iniciais de Lógica começa com a simbolização de expressões da linguagem natural visando a introduzir os conectivos lógicos mais comuns. Por exemplo, consideremos sentenças como "João é alto" e "Maria é bonita" para formar sentenças compostas usando os conectivos usuais. Assim, podemos obter "João é alto **e** Maria é bonita", a *conjunção* das sentenças dadas, ou então "João é alto **ou** Maria é bonita" (a *disjunção*), "João **não** é alto" (a *negação* da primeira sentença), e assim por diante. Mas é preciso cuidado. A Lógica usual requer que se temos uma conjunção A **e** B de duas sentenças: A e B, que isso seja equivalente à conjunção B **e** A. Porém, se tomarmos as sentenças "João e Maria casaram" e "João e Maria tiveram filhos", essa equivalência é posta em cheque, como facilmente se constata pela análise do "conteúdo" das sentenças resultantes. A Lógica deve se livrar desses "conteúdos". É o que os livros chamam de distinção entre *forma* (a forma lógica das sentenças, como A **e** B), e seu conteúdo, como designando que João é alto e Maria é bonita. Depois, outro pressuposto essencial da lógica clássica é que toda proposição seja verdadeira ou falsa (em algum sentido desses termos), e não possa ser ambas as coisas em uma mesma situação. Mas e se tomarmos a "proposição": "Maria está dentro desta sala agora", o que dizer se Maria estiver exatamente na soleira da porta? O mesmo se dá com a proposição "João é alto". Como se vê com esses exemplos simples, a aplicação da Lógica ao "mundo real" é difícil e deve ser feita com cautela.

4. Características da Lógica atual

Quais seriam então as características principais da Lógica atual? Podemos elencar ao menos quatro características principais: (1) o uso de técnicas matemáticas no desenvolvimento dos sistemas lógicos. Em Lógica, hoje, assumem-se postulados, provam-se teoremas, dão-se definições rigorosas, não se aceita o uso de um termo ou conceito que não tenha sido introduzido previamente, discute-se a *metalógica* resultante, ou seja, estudam-se os sistemas lógicos e suas relações mútuas etc.; (2) a criação das chamadas *lógicas não clássicas*, das quais falaremos brevemente abaixo, algo que pode ser comparado em impacto científico — com as devidas precauções — à criação das geometrias não euclidianas no século XIX; (3) a obtenção, dentro do escopo da Lógica, de resultados absolutamente não triviais, os quais não ficam em nada devendo aos resultados extremamente sofisticados alcançados em matemática. Citamos, por exemplo, os célebres *teoremas de incompletude* de Gödel, a prova da consistência (Gödel) e da independência (Cohen) de proposições como o "Axioma da Escolha e da Hipótese do Contínuo" relativamente aos axiomas das teorias usuais de conjuntos (supostos consistentes), os resultados em álgebra que foram provados utilizando-se técnicas da Teoria de Modelos, uma das áreas da Lógica atual etc.; (4) finalmente, há que se falar das *aplicações*.

Vamos, a partir de agora, fazer uma breve discussão de cada um dos tópicos elencados acima, visando com isso a dar ao leitor uma ideia geral da relevância e profundidade da Lógica atual, justificando, de certo modo, as afirmações que fizemos na introdução deste texto.

5. Técnicas matemáticas em Lógica

Começamos com o uso de técnicas matemáticas no estudo da Lógica. Como vimos brevemente, tanto os algebristas do século XIX que se propuseram reconstruir a lógica algebricamente, quanto Frege, em seus trabalhos pioneiros, estavam interessados primeiramente em estudar a Lógica como uma ferramenta para o tratamento e a fundamentação da matemática. Neste sentido, a Lógica que eles desenvolveram estava voltada naturalmente para as necessidades da matemática. Uma pergunta que pode surgir neste momento é: como é possível que usemos a matemática, que possui, de certo modo, uma lógica em sua base, para estudar a própria "lógica da matemática"? Não estaríamos caindo em uma espécie de círculo vicioso?

Para dissipar este tipo de dúvida, a primeira distinção que devemos fazer concerne à distinção entre linguagem objeto e metalinguagem. A partir do momento que a Lógica se torna um objeto de estudo da própria matemática, ela pode ser estudada utilizando-se métodos matemáticos. Grosso modo, a linguagem objeto seria a linguagem (o sistema de lógica, de modo geral) em que estamos interessados, que queremos estudar, cujas propriedades queremos conhecer. Para tal, utilizamos outra linguagem, com seus recursos próprios, para conduzir esses estudos. Uma situação semelhante ocorre quando estamos estudando uma língua estrangeira. Para iniciarmos nossos estudos de uma língua como o alemão, por exemplo, que seria a nossa linguagem objeto, precisamos nos comunicar em uma metalinguagem, na qual enunciamos o alfabeto em alemão, estudamos regras de sintaxe, pronunciação e até mesmo esclarecemos o significado de palavras em alemão. Algo similar ocorre no estudo dos sistemas de lógica: quando desejamos conhecer as principais propriedades de tal sistema, recorremos a todas as ferramentas matemáticas disponíveis.

Poderíamos dizer que, em geral, a metalinguagem utilizada no estudo dos sistemas lógicos é uma teoria de conjuntos intuitiva. Nela, temos diversos recursos matemáticos, como princípios de indução; podemos empregar métodos de definição por recursão, cardinais de todos os tamanhos, entre outros. Para dar um exemplo de como esta relação entre os recursos da metalinguagem e da linguagem objeto se dá, consideremos um exemplo trivial. No Cálculo Proposicional Clássico (CPC), um dos sistemas mais simples de lógica, formamos fórmulas cada vez mais complexas, utilizando variáveis proposicionais (em geral, simbolizadas pelas letras p, q, r etc.) e combinando-as através do uso dos conectivos proposicionais (como a conjunção $\wedge$, disjunção $\vee$, implicação $\rightarrow$ etc.). Um dos objetivos, ao se formular a linguagem do CPC, é garantir que não haverá possibilidade de anfibologia, ou seja, evitar que uma mesma fórmula possa ser lida de duas maneiras diferentes. Isso pode ser provado no caso do CPC de modo muito simples, e um dos resultados que são necessários para tal é quase que trivial: em qualquer fórmula do CPC, isto é, uma expressão que obedeça à gramática da linguagem desta lógica, o número de parênteses esquerdo deve ser igual ao número de parênteses direitos. A prova deste resultado é comumente feita com o uso da indução matemática, algo que não é alcançável pelo sistema CPC (ou seja, não pode ser estabelecida com os seus recursos). Ou seja, mesmo para provar os resultados mais simples, métodos típicos da matemática são necessários, em geral *mais fortes* que os recursos providos pelo sistema em análise. Para resultados mais profundos, claro, ferramentas matemáticas mais avançadas podem ser requeridas. Como discutiremos abaixo, a própria necessidade de se estabelecer resultados profundos nos fundamentos da Lógica levou os lógicos a criarem novas técnicas matemáticas que vieram contribuir para o próprio desenvolvimento da matemática, como o *forcing*, método desenvolvido por Paul Cohen, por exemplo.

O estudo matemático da Lógica levou a uma completa renovação da disciplina, conforme já dissemos, e à consequente especialização de diversas áreas da Lógica. Longe de ser um mero estudo de formas de inferência válida, a Lógica, quando estudada de um ponto de vista matemático, se divide em alguns ramos altamente especializados, como se pode ver na já indicada *Mathematics Subject Classification*. Podemos citar, aqui, a Teoria da Prova, Teoria de Modelos, Teoria da Recursão, Lógica Algébrica, Lógica Topológica, Fundamentos da Teoria de Conjuntos, entre outros. Cada um destes ramos possui suas próprias subáreas e métodos que, em geral, em nada lembram diretamente o estudo de inferências válidas. Apesar de que em alguns destes casos podemos utilizar os estudos em questão (ou mesmo motivá-los) no estudo de inferências válidas, sua profundidade e escopo de longe ultrapassam o estudo de formas válidas de argumento. Nos estudos de fundamentos da teoria de conjuntos, por exemplo, quando se discutem *modelos* de teoria de conjuntos ou possíveis novos axiomas, que possam ser incorporados a algum sistema de teoria de conjuntos, de modo a fortalecer tal sistema, a preocupação com somente formas válidas de argumento são mínimas, se não praticamente inexistentes.

6. Lógicas não clássicas

Passando agora ao segundo tópico, acerca da criação das *lógicas não clássicas*, precisamos fazer a advertência de que se trata de tema tão extenso que, assim como o tópico anterior, podemos apenas dar uma ideia geral da revolução que a Lógica sofreu neste aspecto. Uma possível maneira de se tratar do assunto seria em uma analogia com a situação da geometria. Pensava-se, até meados do século XIX, que a única geometria possível era a Geometria Euclidiana. Kant, em sua primeira *Crítica*, chegou a erigir esta geometria como a única possível a constituir os próprios moldes de nossa experiência espacial, sendo ela uma condição para nossa experiência. Os trabalhos de Bolyai, Gauss, Lobachevski e Riemann contribuíram para o reconhecimento de que existem de fato infinitas geometrias possíveis. A princípio vistas apenas como sistemas matemáticos sem qualquer interesse a não ser como tópicos da matemática pura, essas geometrias ganharam maior importância quando da utilização da geometria riemanniana por Einstein na teoria da relatividade geral. Aparentemente, o espaço real não é euclidiano, mas sim não euclidiano (para uma apresentação extremamente elementar das geometrias não euclidianas, ver Davis e Hersh (1985)).

Algo similar aconteceu com a Lógica no começo do século XX, e de modo mais intenso a partir da segunda metade do século XX. A princípio, desde sua fundação com Aristóteles até sua reformulação pelos algebristas e por Frege, Russell e Whitehead, pensava-se que havia apenas uma lógica, que diferia em suas diversas apresentações por questões de notação ou então de escopo (com a lógica atual englobando a lógica aristotélica). O que se percebeu neste período foi que, por diversas razões, poderíamos formular sistemas alternativos de lógica que violavam características centrais da lógica clássica, mais ou menos como as geometrias não euclidianas violavam certas caraterísticas da geometria euclidiana. No caso da Lógica, os sistemas clássicos não foram apenas de certo modo revisados, eles também foram estendidos por formulações mais fortes que os complementavam e enriqueciam.

É comum dividirmos os diversos sistemas de lógica em *complementares* da lógica clássica e em *heterodoxos*, ainda que esta distinção não seja muito precisa. Os sistemas complementares, como o nome sugere, acrescentam novas características à lógica clássica, como por exemplo, nos casos mais frequentes, novo vocabulário, aumentando sua capacidade expressiva, mas sem "destruir" as suas características essenciais. Os sistemas heterodoxos, por sua vez, exigem revisão de algum aspecto básico da lógica clássica. Em geral, nestes sistemas, alguma lei da lógica clássica é restrita ou mesmo abandonada.

Exemplos típicos de sistemas de lógica complementar são os cálculos modais clássicos, ou seja, aqueles erigidos sobre a lógica clássica (sistemas modais podem ser erigidos sobre outros sistemas base). Como sabemos, a lógica clássica por si só não possui os recursos para tratar dos *modos* em que uma proposição pode ser verdadeira ou falsa. Por exemplo, costumamos dizer que uma afirmação é *possivelmente verdadeira*, ou que é *impossível* ou *necessariamente verdadeira*, mas isso não pode ser expresso na linguagem da lógica clássica. A lógica modal introduz operadores específicos para o tratamento lógico dessas noções, operadores L (para necessário) e

M (para possível). Assim, temos Lp significando intuitivamente "necessariamente, p", e Mp significando intuitivamente "p é possível". O estudo de sistemas modais começou, na época moderna, com C. I. Lewis, que apresentou não apenas um, mas cinco sistemas modais, os famosos S1, S2, S3, S4 e S5. Hoje, infinitos sistemas de lógica modal são estudados e possuem as mais variadas aplicações, inclusive na filosofia.

Mas qual o motivo de tantos sistemas de lógica modal? Ora, a formalização das diversas noções de modalidade nos permite responder de modo mais rigoroso a perguntas acerca do próprio comportamento das modalidades. Por exemplo: será que é verdade que (L$p \to$ LLp)? E o que dizer de (L$p \to$ MLp)? Discutir essas fórmulas e suas consequências faz parte do estudo de lógica modal, um estudo que foi tornado possível a partir da formalização desses cálculos. Diferentes sistemas surgem ao se assumir diferentes fórmulas como postulados (para um estudo de lógicas modais, o leitor poderá consultar, por exemplo, o consagrado Hughes e Cresswell (1996)).

Operadores modais, conforme os estivemos apresentando, costumam ser interpretados *aleticamente*, ou seja, fazem uma qualificação acerca da verdade de proposições (*possivelmente verdadeira*, ou *necessariamente verdadeira*). Todavia, não precisamos nos restringir a essas interpretações. Lógicas modais são utilizadas com muito proveito para o estudo de noções *deônticas* também, dando origem às *lógicas deônticas*. Se interpretarmos L e M aleticamente, por exemplo, temos que uma fórmula como (L$p \to p$) parece intuitivamente verdadeira, ou seja, proposições necessariamente verdadeiras são verdadeiras *simpliciter*. Por outro lado, se interpretarmos os operadores modais deonticamente, com L significando *obrigatório*, e M significando *permitido*, tal fórmula não parece mais verdadeira: nem tudo o que é obrigatório ocorre de fato. Por exemplo, somos obrigados a pagar nossos impostos, mas nem sempre pagamos, de fato, nossos impostos (algumas pessoas não pagam). Assim, princípios que de um ponto de vista alético pareceriam pouco discutíveis passam a ser muito mais controversos nos sistemas deônticos, dado que as exigências intuitivas sobre as duas interpretações são distintas.

Além das interpretações deônticas e aléticas, existem ainda muitas outras que podem ser atribuídas aos operadores modais, como noções epistêmicas ("acreditar que"), ou temporais ("sempre foi o caso que", "foi o caso que", "sempre será o caso que", "será o caso que"). Além das mais diversas interpretações para os operadores modais, também podemos utilizar mais de um par de operadores modais na mesma lógica. Poderíamos, por exemplo, combinar operadores aléticos (digamos M e L), com operadores deônticos (vamos chamar de O para "obrigatório" e P para permitido). Com isso, podemos estudar como se comportam e quais as propriedades de sistemas utilizando ambas as noções. Uma fórmula interessante do ponto de vista destes sistemas seria o chamado *axioma de Kant*, a fórmula ($Op \to Mp$), segundo a qual, se algo é obrigatório, então é possível. Em outros termos, não podemos ser obrigados a fazer algo que não seja possível.

Passemos agora a uma breve consideração das lógicas heterodoxas. Como dissemos, são sistemas de lógica que derrogam alguma das principais caraterísticas da lógica clássica. Estas lógicas evidenciam de modo cabal nossa afirmação anterior de que a Lógica passou por uma grande revolução no século XX, similar ao que ocorreu na geometria. De fato, pensava-se que a única Lógica possível fosse a lógica clássica. A Lógica, tida como a norma da racionalidade, fornecendo os padrões para o pensamento correto, não poderia existir como uma pluralidade de sistemas distintos e incompatíveis entre si. Ou poderia? Foi o que aconteceu com o surgimento das lógicas heterodoxas. Algumas dessas lógicas violam, em particular, algumas formulações das chamadas três leis básicas do pensamento: a chamada lei da não contradição, a lei do terceiro excluído, e a lei da identidade. Uma observação: a afirmação de que essas três leis são as "leis fundamentais do pensamento" dever ser vista com cautela. Elas não servem para, sozinhas, fundamentar nem ao menos o sistema CPC;

assim, *se* a Lógica *fosse* o estudo das formas de raciocínio, os três mencionados princípios não a fundamentariam. Eles são apenas historicamente relevantes, mas há muitas outras "leis" igualmente fundamentais, como a dupla negação (a negação de uma negação corresponde a uma afirmação), a chamada Lei de Peirce, as diversas formas de redução ao absurdo, dentre outras.

Podemos começar a ilustrar esse "desvio" relativamente à lógica clássica com as lógicas intuicionistas, que já mencionamos anteriormente. Grosso modo, os intuicionistas assumiam uma posição construtivista em matemática: apenas pode ser considerado como *existindo* um objeto que possa ser propriamente "construído" mentalmente (os detalhes são praticamente impossíveis de serem dados em um artigo expositivo como este). Do mesmo modo, uma proposição somente pode contar como verdadeira após ter sido propriamente "verificada", e somente pode contar como falsa após ter sido "refutada". Essa restrição leva a alguns reparos, por exemplo, à lei do terceiro excluído. Se considerarmos um problema em aberto em matemática, por exemplo, como a Hipótese de Riemann, para a qual não temos no momento nem uma prova de sua veracidade, nem uma prova de que seja falsa, temos então uma afirmação que não é nem verdadeira nem falsa, violando o terceiro excluído. A lógica mais adequada para se tratar dos métodos de inferência aceitos pelos intuicionistas é uma *lógica intuicionista*, na qual em particular não vale $(p \vee \neg p)$ irrestritamente, o Princípio do Terceiro Excluído, em uma de suas formulações (para mais informações e referências sobre intuicionismo, ver, por exemplo, da Costa (2008), ou o capítulo 4 de Fraenkel, Bar-Hillel e Levy (1973)).

Outra classe de sistemas heterodoxos, cuja relevância não pode deixar de ser mencionada, é a classe dos sistemas paraconsistentes (existem infinitos sistemas paraconsistentes). Nos sistemas paraconsistentes, grosso modo, viola-se uma das principais características da lógica clássica, a chamada *lei de Scotus*. Segundo a lei de Scotus, em uma de suas formulações, de um par de proposições contraditórias, que são proposições da forma p e $\neg p$, podemos inferir qualquer proposição do sistema, de modo que a contradição implica a *trivialização* do sistema (um sistema é trivial se todas as fórmulas de sua linguagem são demonstráveis no sistema). As lógicas paraconsistentes restringem a lei de Scotus, de modo que podemos ter inconsistências sem trivialidade. Um dos modos de se fazer isso consiste em se enfraquecer a negação, utilizando-se uma negação paraconsistente $\sim$, com a qual podemos garantir que mesmo na presença de proposições contraditórias p e $\sim p$ (contraditórias de um ponto de vista paraconsistente), não podemos inferir qualquer proposição q. Neste sentido, lógicas paraconsistentes são os sistemas subjacentes a teorias inconsistentes, mas não triviais (note que a inconsistência de que se trata aqui envolve apenas a negação paraconsistente, ou seja, um par de proposições p e $\sim$p; para mais informações sobre lógicas paraconsistentes, ver da Costa, Krause e Bueno (2006); um artigo expositivo é Krause (2004).

Um dos grandes desafios para as lógicas heterodoxas consiste em sua interpretação ou semântica. A maioria de tais lógicas ainda é interpretada na lógica clássica (em sua semântica, formulada em uma teoria *clássica* de conjuntos), de modo que a lógica clássica está pressuposta na interpretação desses sistemas. Caso queiram ser candidatos legítimos a substituir a lógica clássica em pelo menos algum domínio de aplicação, os defensores desses sistemas devem mostrar como uma interpretação deles é possível sem que a lógica clássica esteja pressuposta. Ou seja, tais sistemas devem ser dotados de significado de modo que a lógica clássica não seja assumida de antemão para tal.

Um dos casos paradigmáticos nesse sentido diz respeito a um outro tipo de lógica não clássica, que chamamos de *lógica não reflexiva*. Há vários sistemas não reflexivos; na verdade, pode-se formular uma infinidade deles. A ideia básica é que a noção intuitiva de identidade não valha para certos objetos do domínio do discurso. Intuitivamente, a noção de identidade diz que um objeto é idêntico somente a ele próprio, e a nada mais (isso é o que se chama de *identidade numérica*). Cabe salientar que a lógica clássica, seja lá como a qualifiquemos, é sempre consoante com a ideia de que os objetos com as quais lida são *indivíduos*, entidades que (pelo menos em princípio) sempre podem ser discernidos (distinguidos) de outros, ainda que sejam "muito parecidos". Grosso modo, a teoria de identidade da lógica clássica se aplica a eles, o que acarreta essa conclusão. Essencialmente, essa teoria caracteriza a identidade em termos de indiscernibilidade: objetos indiscerníveis (que têm as mesmas propriedades) são *idênticos*, são *o mesmo* objeto. No entanto, F. P. Ramsey, criticando a definição de identidade (exatamente nesses termos) dada no *Principia Mathematica* de Whitehead e Russell, em seu livro *The Foundations of Mathematics and Other Logical Essays*[2] observou que a identidade não deveria ser confundida com a indiscernibilidade. Pelo menos em princípio, disse ele, podemos conceber objetos que sejam indiscerníveis, mas que não sejam idênticos. Ludwig Wittgenstein foi à mesma direção, no seu *Tractatus Logico-Philosophicus*. Pode-se, de fato, imaginar uma situação na qual haja objetos que não possam ser distinguidos uns dos outros, como (usando um exemplo motivador) os Smiths, do filme Matrix Reloaded (que seriam programas de computador). Ou então, pense nos átomos de um mesmo elemento (qual a diferença entre os dois átomos de hidrogênio de uma molécula de água?), ou em partículas "idênticas" (no jargão dos físicos) como elétrons, prótons etc. Ora, como dito, uma tal hipótese é completamente contrária à concepção clássica da Lógica, segundo a qual os objetos dos quais os sistemas lógicos lidam são *indivíduos* na acepção acima. A lógica clássica, bem como a maioria das lógicas, mesmo não clássicas, são *leibnizianas*, ou seja, comprometem-se com alguma forma do Princípio da Identidade dos Indiscerníveis

---

2. Em uma linguagem de segunda ordem, a definição pode ser colocada do seguinte modo, sendo x e y variáveis individuais e F uma variável para predicados: $x = y := \forall F(Fx \leftrightarrow Fy)$.

(atribuído a Leibniz), segundo o qual, entidades distintas *sempre* (pelo menos em princípio) apresentam diferenças em suas qualidades. Isso significa, intuitivamente, que uma *situação* (conceito este tomado aqui como um primitivo), envolvendo um *indivíduo*, se distingue de uma situação envolvendo *outro* indivíduo. Mas, e se não se distinguisse? Aparentemente, é o caso com elétrons, átomos de um mesmo composto, e outras "partículas elementares". Com efeito, as chamadas "partículas elementares" obedecem a (na mecânica quântica) determinados "princípios de simetria", que afirmam, simplificadamente, que as situações físicas não se alteram se partículas são permutadas por "idênticas" (para mais detalhes, ver French e Krause (2006), e Arenhart e Krause (2012)).

Ora, se isso pode ser concebido, como sistemas de lógica desse tipo (como as chamadas Lógicas de Schrödinger – ver da Costa e Krause (1994)) podem ser fundamentados tomando-se o pressuposto acima de que uma lógica envolve também a sua contraparte semântica? O problema parece ser que a semântica usual das lógicas (mesmo das não clássicas) é fundamentada em uma teoria usual de conjuntos, que acima qualificamos como parte da "lógica clássica", e que, segundo o que se afirmou, está comprometida com a noção usual de identidade. Assim, a noção de identidade, que se queria eliminar, está presente na metalinguagem.

Este problema foi aparentemente superado com o desenvolvimento das *teorias de quase conjuntos* (Krause (1992), nas quais se pode fundamentar uma semântica para certas lógicas, onde a noção usual de identidade não se aplique em geral. Surpreendentemente, as teorias de quase conjuntos encontraram várias aplicações também nas discussões sobre os fundamentos da mecânica quântica (ver French e Krause, (2006), da Costa, Krause, Arenhart e Schinaider (2012)).

7. Profundidade de resultados

Passamos agora a uma breve discussão do terceiro aspecto da Lógica atual: a profundidade dos resultados obtidos. Conforme mencionamos acima, a Lógica atual possui diversos resultados que em questão de profundidade não devem em nada para os resultados mais profundos da matemática. Mencionaremos apenas alguns resultados cuja simples menção não exige uma digressão matemática mais aprofundada.

Dentre tais resultados, claro, um dos mais célebres é o chamado *primeiro teorema de incompletude de Gödel*, demonstrado por Kurt Gödel em 1931. Para avaliarmos o impacto inicial do teorema, convém lembrar que nas duas primeiras décadas do século XX, David Hilbert, então um dos maiores matemáticos da época, formulou um ambicioso programa em fundamentos da matemática. O programa, grosso modo, requeria que as principais teorias da matemática fossem formalizadas, mostradas completas e consistentes. A completude da teoria formalizada, neste caso, significa que para qualquer sentença p da linguagem da teoria, ou p ou $\neg p$ seria demonstrável na teoria, ou seja, não haveria proposições *indecidíveis*. A demonstração de consistência, em particular, deveria ser obtida seguindo-se certas restrições nos métodos empregados, no sentido de que os métodos deveriam ser construtivos. Muitos alunos de Hilbert contribuíram no desenvolvimento do programa, mas por mais que tentassem, não conseguiam demonstrar completude e consistência para a aritmética de Peano, uma das teorias mais fundamentais e básicas (para mais informações sobre o programa de Hilbert, ver da Costa (2008)).

Gödel provou que os esforços para a consecução do programa de Hilbert não seriam recompensados no caso da aritmética de Peano. Seu teorema de incompletude garante que em sistemas axiomáticos cujo conjunto de axiomas é recursivo (intuitivamente: quando podemos decidir de maneira *efetiva* quando uma fórmula é ou não um axioma), caso o sistema seja consistente, será incompleto (esta, na verdade, é uma versão refinada do teorema de Gödel, elaborada por Rosser, em 1936). Em outras palavras, caso seja efetivamente axiomatizável e consistente, a aritmética de Peano terá sentenças p que são "verdadeiras" em sua interpretação pretendida, mas que são tais que nem p nem $\neg p$ serão teoremas. O segundo teorema da incompletude, derivado por Gödel como consequência do primeiro, nos garante que algumas sentenças expressando a consistência da aritmética não poderão ser demonstradas utilizando-se apenas os recursos da aritmética. Ou seja, métodos mais poderosos precisam ser empregados para se mostrar a consistência da aritmética, o que violava um dos requisitos do programa de Hilbert. De fato, em termos de segurança epistemológica, a prova da consistência de um sistema assumindo-se para tanto os recursos de um sistema mais forte é de pouca ajuda para alguém que desconfiava da consistência do primeiro.

Outros resultados importantes vieram na esteira dos teoremas de Gödel, como o teorema da *indecidibilidade* de Church e o teorema da *indefinibilidade da verdade*, de Tarski. Segundo o teorema de Church, a aritmética de Peano é indecidível, no sentido de que não há método efetivo (um algoritmo) para se determinar se uma dada sentença p de sua linguagem é ou não é teorema do sistema. O resultado pode ser provado também para a lógica de primeira ordem clássica. Segundo o teorema de Tarski, o conceito "ser verdadeiro" não pode ser expresso por uma fórmula da aritmética de Peano de primeira ordem, se for para ser aplicado a uma sentença da própria aritmética. Isso mostra, junto com o resultado de Gödel, que as noções de "ser teorema" e "ser verdadeiro" não coincidem no caso da aritmética nem para teorias "mais fortes" formuladas do mesmo modo, em particular para as teorias de conjuntos, supostas consistentes (para uma discussão de todos estes resultados, o leitor pode consultar Rogers (1974)). Isso é interessante, porque em geral relegamos uma expressão (da linguagem da aritmética) como "1+1=2" como *verdadeira* porque podemos obter uma demonstração para ela no escopo da aritmética. O que o resultado acima atesta é que devemos ser cautelosos quando usamos as palavras "verdade" e "demonstração" (um excelente artigo expositivo sobre o tema é Henkin (1979)).

Além desses resultados, é digna de nota a formulação, por Alan Turing, do conceito de uma *máquina de Turing*, e de seus resultados associados ao estudo da computação realizada por máquinas de Turing. As máquinas de Turing são as idealizações precursoras dos atuais computadores, e sua importância e alcance não poderão ser jamais negligenciadas ou estudas sem os recursos da Lógica.

Muitos outros resultados de igual profundidade foram obtidos depois desses. Mencionaremos apenas mais dois. Em 1938, Gödel provou que os axiomas da teoria de conjuntos (aqui falaremos do sistema Zermelo-Fraenkel, suposto consistente) eram consistentes com a Hipótese do Contínuo e com o Axioma da Escolha. Vale notar que essas duas proposições eram controversas, e sua validade na teria de conjuntos era objeto de muita discussão. Os resultados de Gödel foram complementados pelos resultados de Paul Cohen, que, em 1963, mostrou que podemos adicionar também a negação destas proposições aos axiomas de ZF, e ainda assim, obtermos um sistema consistente. Com isso, ficava estabelecida a independência do axioma da escolha e da hipótese do contínuo a partir dos axiomas de ZF. Uma leitura geral que trata do assunto e de muito mais pode ser encontrada em Fraenkel, Bar-Hillel e Levy (1973), e uma exposição ainda mais geral e introdutória pode ser vista em Davis e Hersh (1985).

8. Aplicações da Lógica

Passamos agora ao nosso quarto tópico, as aplicações da Lógica. O tema é tão amplo que demandaria muito tempo apenas para expor mesmo os resultados mais elementares. Aqui, tendo em vista o caráter expositivo do texto, mencionaremos apenas algumas ideias.

Sem lógica, não teriam sido possíveis a computação e a informática. A nossa época é a época da informática, que está envolvida em praticamente todos os progressos tecnológicos contemporâneos; também, não há computação sem Lógica, sobretudo na programação. Talvez se pudesse sustentar que nossa era é a era da Lógica.

Inclusive as lógicas não clássicas têm sido utilizadas de modo amplo e surpreendente nas mais variadas áreas da técnica e do conhecimento puro. Assim, para citar alguns exemplos, a lógica paraconsistente encontrou emprego em diagnóstico médico, no planejamento de usinas de distribuição de eletricidade, no controle do tráfego aéreo, no planejamento econômico, na linguística (na gramática de Montague e na teoria de Chomsky), na análise financeira e na robótica, entre outras aplicações. Similarmente, houve notáveis avanços em filosofia e na matemática que se originaram do recurso às ideias e métodos provindos da Lógica. Na filosofia, isto se deu em metafísica e na ontologia (veja-se da Costa (2003)) e nas indagações referentes aos fundamentos da matemática, inclusive conduzindo a soluções de problemas matemáticos de enorme significado.

Também, na Filosofia do Direito e na Metaética certas lógicas não clássicas se evidenciaram ser da maior relevância (ver, por exemplo, o livro de Stegmüller (2012), Puga *et al.* (1990)).

Ademais, convém insistir em uma categoria extremamente relevante da lógica atual na qual não tocamos até o momento, e que demandaria uma exposição mais detalhada. Trata-se da chamada Lógica Indutiva, que, em sentido amplo e hodierno, engloba temas relacionados ao cálculo de probabilidades e a inferência estatística, além de diversas outras áreas, como a teoria da decisão ou lógica da decisão racional e a estatística bayesiana.

Em realidade, a Lógica, hoje, é essencial a variados setores do conhecimento: filosofia, à qual é imprescindível, passando pela matemática e pelo domínio das ciências, e indo até à tecnologia, da qual é instrumento básico. Todavia, seu valor mais importante é o que ela tem como disciplina pura e autônoma, alicerçada, acima de tudo, em sua estrutura de conhecimento e de beleza. Por tudo isso, talvez, com um pouco de exagero, seja correto sustentar que a Lógica é o cálculo infinitesimal do período histórico em que nos encontramos.

Referências

ARENHART, J. R. B.; Krause, D., 2012. Indistinguibilidade, não reflexividade, ontologia e física quântica. *Scientiae Studia*, **10**, p. 41-69, 2012.

BARNES, D. W., Mack, J. M. *An Algebraic Introduction to Mathematical Logic*. Springer Verlag: New York, 1975.

BLANCHETTE, P. The Frege-Hilbert Controversy. , *The Stanford Encyclopedia of Philosophy* (Spring 2014 Edition), Edward N. Zalta (ed.). Disponível em: <http://goo.gl/YYay1r>. Acesso em: 04 abr. 2016.

BURRIS, S. The Algebra of Logic Tradition. *The Stanford Encyclopedia of Philosophy* (Summer 2013 Edition), Edward N. Zalta (ed.). Disponível em: <http://goo.gl/9qfhTs>. Acesso em: 04 abr. 2016.

COPI, I. M., *Introdução à lógica*. 3ª. ed. São Paulo: Editora Mestre Jou, 1981.

DA COSTA, N. C. A. Logic and ontology. *Principia* 7 (1/2), 41-74 , 2003.

_____. *Introdução aos fundamentos da matemática*. 4ª. ed. São Paulo: Editora Hucitec: 2008.

_____; KRAUSE, D. Schrödinger Logics. *Studia Logica*, **53**(4), p. 533-550, 1994.

_____; _____; Bueno, O. (2006), Paraconsistent logic and paraconsistency. In *Handbook of the Philosophy of Science. Volume 5: Philosophy of Logic*. Volume editor: Dale Jacquette and book editors: Dov M. Gabbay, Paul Thagard and and John Woods. Amsterdam: Elsevier, 655-775.

_____; _____; ARENHART, J. R. B., SCHINAIDER, J. Sobre uma fundamentação não reflexiva da mecânica quântica. *Scientiae Studia*, **10**, p. 71-104, 2012.

DAVIS, P. J., Hersh, R. *A experiência matemática*. Rio de Janeiro: Franscisco Alves Editora, 1985.

FRAENKEL, A.; BAR-HILLEL, Y.; LEVY, A. *Foundations of Set Theory*. 2nd. Revised edition. Elsevier, 1973.

FRENCH, S., Krause, D. *Identity in physics:* a historical, philosophical, and formal analysis. Oxford Un. Press: Oxford, 2006.

HENKIN, L. Verdade e demonstrabilidade, in Morgenbasser, S. (org.), *Filosofia da ciência*. São Paulo, Cultrix, 55-64, 1979.

HUGHES, G. E.; Cresswell, M. J., *A New introduction to modal logic*. Routledge: London, 1996.

KRAUSE, D. On a quasi-set theory. *Notre Dame Journal of Formal Logic*, **33**(3), p.402-411, 1992.

_____. *Introdução aos fundamentos axiomáticos da ciência*. São Paulo: EPU, 2002.

KRAUSE, D. Lógica paraconsistente. *Scientific American Brasil*, Novembro 2004.

LIARD, L. *Lógica*. 8^a. ed. São Paulo: Companhia Editora Nacional, 1971.

JOSEPH, M. *The Trivium: The Liberal Arts of Logic, Grammar, and Rhetoric*. Philadelphia, Pennsylvania: Dry Books, 2002

MORAES, R. B. *Livros e bibliotecas no Brasil colonial.* Livros Técnicos e Científicos, 1979.

MENDELSON, E., *Introduction to Mathematical Logic.* Chapman & Hall, 4th ed, 1997.

PUGA, L. C., da Costa, N. C. A. y Vernengo, R. J. Derecho, moral y preferencias valorativas. *Theoria* 5 (12), 9-29, 1990.

QUINE, W. V. O. *Philosophy of logic.* 2nd. Edition. Harvard Un. Press, 1986.

ROGERS, R. *Mathematical logic and formalized theories,* North Holland, 1974.

STEGMULLER, W. *Filosofia contemporânea* – Introdução crítica. Rio de Janeiro: Forense Universitária, 2012.

WALTON, D. N. *Lógica informal.* São Paulo: Martins Fontes, 2012.

PARTE 2
DIREITO E LÓGICA

LÓGICA, CIÊNCIA DO DIREITO E DIREITO

Lourival Vilanova

1. Os níveis de experiência

Podemos falar na experiência em sentido husserliano sempre que de algum objeto tenhamos um modo de estar com ele. Da pluralidade de objetos que compõem o mundo circundante do sujeito, destacam-se os objetos jurídicos. O direito se nos dá na experiência, como uma classe de objetos diferentes dos objetos físicos e dos objetos formais (ou ideais). Encontramo-nos com o jurídico como um tipo deôntico de objetos (há outros, como moral, o uso, o costume etc.). Se a um tipo de entidade denominarmos universo, há o universo dos objetos jurídicos definida a pertinência a esse universo pela presença de propriedades (as que definem a classe dos objetos jurídicos) numa dada entidade do mundo.

Tomando como ponto de partida o dado, é possível dele ter vários tipos de experiência. Assim, para o direito, há uma experiência histórica, uma experiência antropológica, outra sociológica, outra psicológica, outra axiológica. Tais experiências, ainda que diferentes entre si, são complementares e deslocam-se num mesmo plano. Demais, todas têm um comum ponto de partida: a experiência do direito positivo, o direito tal como se dá como em sua integridade constitutiva. A incidência maior num ângulo dessa ou daquela experiência leva a cortes meramente metodológicos, a *objetos formais* diferentes: ao direito como fato histórico, como fato sociológico etc. O *suppositum material* é um só, que se dá na experiência fundamental, na experiência-base sobre a qual se verificam as demais experiências. Assim, para os objetos físicos, a percepção é a experiência-base de todas as demais experiências: da experiência científico-positiva no plano dos conceitos e da experiência lógica, no plano das estruturas formais. Também, para o direito, há uma experiência-base: sobre ela desdobram-se a experiência científica em seus vários aspectos e a experiência lógica.

Consideremos o direito positivo (que também denominaremos o direito-objeto), a Ciência-do-Direito e a lógica, como planos dispostos em graus diversos, todos com base na experiência do direito. E o ângulo sob consideração é o fato da linguagem, componente nos três graus de consideração. Essa experiência é a experiência da linguagem, em rigor um corte no ser total do dado, que não é apenas linguagem. É a suspensão metódica de outros aspectos, que por isso ficam entre parênteses. O direito positivo é linguagem e não somente linguagem: é fato do mundo da cultura, fato valioso (o desvaloroso ao *domínio* do valor). A Ciência-do-Direito, que é a ciência em que trabalham os juristas, como juristas – a ciência dogmática – é conhecimento do direito positivo, mas verte este conhecimento em linguagem e a Lógica é uma linguagem formal e simbólica, sobre estas duas linguagens. A Lógica é, também, conhecimento, com o que tem seu aspecto semântico e gnoseológico, mas tal conhecimento se faz mediante linguagem. Esse caráter cognoscente da Lógica exige, por sua vez, sua conversão em temática, o que dá margem para uma ontologia e uma gnoseologia do lógico, isto é, a uma filosofia da Lógica, que não é a Lógica mesma, mas uma meta-lógica (as investigações fenomenológicas husserlianas representam em grande parte filosofia da Lógica).

2. A linguagem no direito-objeto

Para a análise sistemática do problema não tem importância a modalidade simbólica em que se revestiu o direito em seu processo histórico evolutivo. Importa o símbolo-linguagem, quando ele apareceu. Mesmo ali onde certa uniformidade de conduta ocorre num espaço social, sem regra expressa, oral ou escrita, que a uniformize, só é possível interpretar tal conduta como jurídica e destacá-la das condutas não-jurídicas, formulando a linguagem em que a norma se objetiva. E o núcleo da linguagem é a proposição. O tópico adequado da norma, o símbolo ou estrutura simbólica em que ela se objetiva é a proposição, que, por sua forma e por seu conteúdo, diz-se proposição deôntica e proposição normativa, respectivamente.

A linguagem, mais especificamente, a proposição está aqui no seu primeiro plano: no direito-objeto, que é o direito positivo. E linguagem feita como instrumento de comunicação, como veículo entre os sujeitos, que formam a comunidade da linguagem. O *"universe of discourse"* é feito para a *"community of discourse"*. Diz algo entre sujeitos que usam a linguagem. Esse dizer algo sobre uma situação objetiva (um *stato di cose*, *state of affairs*) dá lugar ao estado semântico da proposição jurídica, o ser usada, o ser um instrumento entre utentes, dá lugar à consideração pragmática. O direito como realidade social, elaborado pelo legislador (no sentido amplo), aplicado pelos juízes e cumprido pelos membros da comunidade jurídica, opera como fator cultural no universo total da cultura: é um fator de controle social, que age sobre outros fatores e, por sua vez, deles recebe influência (ora variável relativamente independente, ora dependente). Se para seu cumprimento ou sua interpretação há uma consideração dirigida à sua estrutura simbólica de linguagem, todavia, não é a linguagem como estrutura formal que entra no tema. Converter em temático o componente de linguagem que o direito-objeto apresenta à experiência importa numa mudança de atitude, num regresso do sujeito cognoscente, que põe entre parênteses o que não é estrutura formal, muito embora o direito positivo seja algo mais que estrutura formal. A proposição do direito-objeto é saturada de conteúdo, de referências a situações típicas da vida social e a consequências típicas que devem ocorrer em ocorrendo as primeiras. E tais recordes tipificados da vida social – o tecido social compõe-se de interações, que são condutas reciprocamente dirigidas – são modelados e conjugados consoante atos-de-valor. Demais, as proposições do direito positivo não valem por uma propriedade meramente formal. Valem e são por isso obrigatórias. São obrigatórias e dependem do cumprimento efetivo das condutas para continuarem a valer. Se o descumprimento atinge certo nível, deixam de valer por desuso, ou porque o sistema total de proposições não encontra cumprimento (v.g., na suspensão revolucionária de um contexto social que torna ineficaz o sistema). Se uma proposição isolada vale ainda sem ser cumprida é porque outras proposições do sistema sustentam seu valor e estas tem cumprimento (proposição que veda seja proibição ab-rogada uma proposição pelo uso contrário ou pelo seu desuso).

3. Lógica, ciência-do-direito, direito

O aparecer e o desaparecer de uma proposição do direito-objeto não estão governados, apenas por conexões formais, com as demais proposições do sistema de proposições normativas. Há fatores não-formais (históricos, sociológicos) intervenientes nesse processo. Mas, tudo isso, referência semântica a situações objetivas (fatos naturais e condutas), uso entre os participantes da comunidade intersubjetiva, causalidade e que se inserem as proposições normativas (no sistema de causalidade, as proposições, através de seus suportes, os atos que as constituem ou desconstituem, são ora causa, ora efeito de outros sistemas ou subsistemas sociais), valores que as proposições contêm – valores não-lógicos, como os de justiça –: tudo isso que se dá na experiência integral do direito é deixado em suspenso sob o ponto de vista formal-lógico. Deixado em suspenso: não negado ou reduzido a algo de formal, o que importaria em tomada de posição extralógica. O passo metalógico o que importaria em tomada de posição extralógica. O passo metalógico ainda é sobre o logos, em níveis analíticos de superposição.

O que a experiência do direito oferta como fundamento objetivo para a análise formal é o fato de o direito ser constituído de linguagem, de o dado conter uma capa simbólica, constituinte dele. Há no direito positivo proposições formuladas para representar situações objetivas e ser veículo de comunicação entre os participantes da comunidade do discurso. Se há linguagem e na linguagem reside o tópico adequado do logos, é preciso uma experiência de outra ordem, superposta à experiência básica do direito positivo, para sacar o logos mesmo. A linguagem concreta do direito positivo é o *index temático*, através do qual a Lógica encontra seu *fim temático*. E encontra-o pondo entre parênteses o que não é pura estrutura formal. O processo para alcançar tais estruturas é a *formalização*. E para formalizar a linguagem concreta é necessário desembaraçar-se das estruturas meramente gramaticais do idioma, de suas referências a sujeitos que as usam e situações objetivas que representam a linguagem, com sua intencionalidade própria, contém referência a objetos e a sujeitos que dela fazem instrumento de informação e de comunicação. Livramo-nos do concreto da linguagem substituindo os termos de referência concreta por termos variáveis e como há uma estrutura interior na proposição e nexos interproposicionais, há que sacar à evidência, explicar o interior da proposição e os vínculos que as ordenam na unidade de sistema. Somente lidando com *variáveis lógicas* e com *constantes lógicas* pomos entre parênteses as *constantes não-lógicas* (factuais) do discurso jurídico. A forma reside aí. Na estrutura simplificada, reduzida a variáveis lógicas e a constantes lógicas (variáveis de objeto, de propriedade absoluta, relativa, de proposição; constantes intraproposicionais e constantes interproposicionais). Em vez de considerar na linguagem do direito positivo o concreto das significações – mutuante, mutuário, comodante, comodatário – , a análise lógica saca o ser sujeito em geral de uma relação; não o ato especificado, objeto da relação deôntica, mas classes de atos (ou ações). Classes de sujeitos e classes de ações e de fatos-do-mundo, mas sem vinculação a esse ou aquele universo especificado de sujeitos, de ações e fatos. Desprezando o vínculo à região material de objetos ou de entidades. Esse desvínculo só se consegue através de variáveis. Mas as variáveis apesar de sua indeterminação, tiram seus valores de universos de entidades, onde se encontram seus substituendos. Esse o minimum de referência objetiva, de menção ao objeto em geral, de denotação ao *objet quelconque*. Só os sincategoremas carecem dessa representação de objeto: são puramente funcionais. Indicam uma operação, um modo de manipular os categoremas (assim, os quantificadores, os abstratores, os functores-de-classe, de relações e os de preposições ou enunciados: têm significações, mas requerem a complementariedade dos substratos categoremáticos, são co-significativos).

4. O nível da análise formal

O dado – o direito positivo – contém um constituinte de linguagem. Basta isso para possibilitar a análise do direito como linguagem. E como tal análise é formal, isoladas as estruturas, meramente reduzidas a variáveis constantes, tal análise é lógica. Como se pode provisoriamente por entre parênteses o vector semântico da linguagem e seu vínculo com os usuários do discurso, o resíduo semiótico deste procedimento abstrato é a sintaxe da linguagem do direito positivo. Sintaxe pura, não sintaxe empírica. Algo do que as investigações husserlianas separaram como o núcleo da gramática lógica pura ou da sintaxe apofântica (no direito positivo, sintaxe deôntica, ou mista de uma e outra: a estrutura interior do enunciado normativo e deôntico; suas conexões regem-se pelos conectivos usados sem função veritativa).

O importante é que para formalizar a linguagem do direito positivo una-se outra linguagem, que converte a primeira em objeto de análise sintática. O direito positivo oferta a linguagem-objeto de uma outra metalinguagem. Certo que essa linguagem objeto o é para a consideração semântica como para a pragmática. Há uma metalinguagem semântica e uma metalinguagem pragmática do direito positivo. A sintaxe é o outro sobrenível de linguagem. A formalização tem sido no nível sintático mais explorada: é a metalinguagem formal por excelência, retendo um minimum de significação dos símbolos constitutivos de sua linguagem do direito positivo, é linguagem. É impossível falar sobre uma linguagem sem uso de outra linguagem, dizer algo acerca de um universo-do-discurso sem emprego de outro universo-do-discurso. Uma será a linguagem objeto, outra, a sobrelinguagem (a metalinguagem imediatamente superior). A linguagem do direito positivo não fala sobre si própria, colocando-se em superposição a si mesma. Desde o momento em que as proposições normativas do direito positivo se voltem para si mesmas, para analisar o estrutural sintático de si próprias, *ipso facto*, formalizam-se, deixam de ter tais e tais conteúdos de significação, tornam temático, em sobrenível, o caráter de discurso que têm e se vêm compelidas a usar classes de termos de proposições como nomes de si próprios. Esse uso autônomo, requer uma *mudança de atitude*, uma retroversão do logos sobre si próprio. Ou, se para evitar a autonomia, constrói um vocabulário simbólico, que contenha os nomes metalinguísticos da linguagem positiva (usada no direito positivo), tal proceder *não mais é direito positivo, com suas proposições normativas dirigidas ao universo da conduta humana.*

Dir-se-ia que uma proposição jurídica que dispõe sobre outra proposição jurídica (regras jurídicas de reenvio, regras do processo de construção de outras normas, regras jurídicas que normam o espaço e o tempo de incidência de outras normas-retrotraimento ou protraimento de incidência, proposições normativas que estatuem o sentido ou o uso de nomes no interior do sistema jurídico, ou que prescrevem como se deve encontrar o significado de um nome ou de uma proposição no contexto de significação do sistema) seja uma metaproposição relativamente às proposições normativas ou proposições-objeto. É possível praticar a metalinguagem acerca de uma linguagem dada fazendo uso do mesmo sistema de linguagem. Mas, metalinguagem sintática ou lógica em sentido estrito só se obtém através da *formalização* – redução do dado empírico de linguagem às estruturas constituídas de variáveis lógicas e constantes lógicas – e tal formalização alcança sua potência maior no vocabulário simbólico artificial, construído segundo regras precisas. Por isso, no interior do sistema jurídico, há proposições normativas, dotadas de validade o valer específico do direito – e com *indirizzo* para a conduta humana. Nenhuma proposição normativa existe sem pertencer ao sistema. E essa relação de pertinencialidade só se obtém quando a proposição foi construída de acordo com as proposições que estatuem sobre o modo de construção de outras proposições. A validade de cada norma repousa em outra(s) proposição(s) normativa(s). O direito auto-regula sua criação (KELSEN). A passagem de uma proposição a outra requer um ato de decisão ou de opção de valor: o ato é previsto normativamente. Diremos: o direito positivo não é lógica, mas contém lógica. O logos ínsito na linguagem faz com que o direito ostente lógica como dimensão de sua ontologia. O direito que se me dá na experiência contém a logicidade, que se explica com a técnica de formalização sintática, formalização que alcança sua máxima potência com a técnica de simbolização.

Eis problemas que a análise sintática da linguagem do direito positivo apresenta: estrutura da proposição normativa; que espécie de functor é o "dever-ser"; que categorias sintáticas podem ser argumento desse functor, as variáveis intervenientes na estrutura proposicional – variáveis-de-classe, variáveis de relação (predicados diádicos ou triádicos ou, generalizando, n-ádicos no interior da estrutura proposicional) e variáveis-de-proposição (tomando a proposição como unidade não-analisada) e os functores de proposição, que nas proposições enunciativas ou teoréticas (descritivas) são operadores veritativos e nas prescritivas do direito – que são válidas ou não-válidas – têm papel sintático homólogo (VON WRIGHT).

Mais. As proposições normativas não se oferecem em mera relação de justaposição. Há nexos formais que as ordenam, há relações de coordenação e de subordinação lógico-formais entre elas; entre elas se procura evitar o sem-sentido material que tem sua contrapartida no sem-sentido formal analítico, ou o contra-sentido material que tem sua contrapartida no contra-sentido formal: o *ordenamento* jurídico, ou, em termos lógicos, o *sistema* jurídico, se não é um sistema nomológico (dedutivo) em acepção husserliana, tende à forma lógica total de sistema. O ser sistema é a forma lógica mais abrangente. O sistema-limite seria o direito estatal ou o direito supraestatal, caso em que os direitos estatais seriam subsistemas de um só sistema global, de um sobresistema (unificação jurídica do universo da conduta humana intersubjetiva). Esta descrição de problemas não é exaustiva, para logo se vê.

5. A linguagem na Ciência-do-Direito

A linguagem do direito positivo, que é linguagem-objeto para a análise lógica, é-o também para um outro sistema de proposições, a Ciência-do-Direito. Quando falamos em Ciência-do-Direito excluímos as ciências não-dogmáticas, que também mostram-se à experiência como outros sistemas de linguagem (a sociologia do direito, v.g.). Como sistemas de linguagem, são suscetíveis de se converterem em linguagem-objeto de um ponto de vista formal. Como diferenciar o *ponto de vista formal* do *ponto de vista normativo* (dogmático) acerca do mesmo dado, a linguagem do direito positivo? Essa linguagem é o dado da experiência básica do direito. Justamente neste aspecto: a analítica (lógica) é formalizadora; a dogmática toma a linguagem como veículo permeável, através do qual busca as significações normativas, que são concretas. São *constantes factuais*, expressões com valor referencial aos objetos (fatos-do-mundo – fatos naturais e condutas reciprocamente dirigidas) de um universo bem definido – o que podemos chamar universo da conduta. Quando HUSSERL (*Logique formellenmet logique transcendentale*, 32) acentua que a linguagem vem como problema lógico pela sua idealidade, está tomando em conta que a linguagem é o suporte material, a objetividade do mundo físico, mediante a qual se exprimem as significações. Mas se as significações categoremáticas são referências a objetos, o ponto de vista lógico isola *as significações como tais* e põe entre parênteses os correlatos objetivos. A Ciência-do-Direito, então, toma as significações não como fim temático, mas como índices temáticos, para alcançar o universo-de-objetos. E toma a linguagem com as significações individuadas, dirigidas para classes concretas de condutas, de sujeitos, de relações (as relações deônticas do proibido, do permitido e do obrigatório: qualquer modo deôntico de dever-ser é relacional; somente a *nominalização* – o estar proibido, ou a permissão de, a obrigação de – muda o papel sintático do functor, convertendo-o em termo-sujeito.)

Se na linguagem do direito positivo encontramos proposições (estrutura fundamental da linguagem) e se a Ciência-do-Direito é um sistema da linguagem dirigido ao direito positivo, temos que a linguagem do direito é objeto também de outra linguagem. Que as proposições do conhecimento dogmático são proposições-de-proposições. As proposições-objeto são prescritivas (normativas); mas as sobre-proposições (da Ciência-do-Direito) são descritivas (teoréticas, enunciativas). Inexiste obstáculo a essa mescla do descritivo com o prescritivo (como o demonstra WROBLEWSKI, *Normativity of Legal Science*, ps.64 e ss. in *Etudes de Logique Juridique*, 1966). São possíveis combinações: I) proposições descritivas sobre proposições descritivas; II) proposições descritivas sobre proposições prescritivas; III) proposições normativas sobre proposições descritivas; IV) proposições normativas sobre proposições normativas. E ainda que os valores lógicos (veritativos) sejam considerados irredutíveis aos valores do direito (validade e não-validade: os valores lógicos da proposição jurídica não se incluem nas três categorias de validade que RUPERT SCHREIDER – *Die Geltung von Rechtsnormen*, ps.58/68 – relaciona), retém-se na Ciência-do-Direito, que é um conhecimento e não uma prescrição de condutas, os valores lógicos veritativos. São dois planos que se não confundem. Reside nisso a distinção Kelseniana entre Rechtssatz e Rechtsnorm.

Para se ver a importância da distinção de planos, recorde-se a posição que em seu tempo tomou SANDER (Rechtsdogmatik oder Theorie der Rechtserfahrung, ps.85/106). Consoante a tese kantiana, as proposições são analíticas ou sintéticas. As primeiras são formais ou lógicas. Não estatuem sobre o mundo de fatos. As proposições normativas do direito são sintéticas. Implicam, como estruturas conceptuais, o implemento da intuição para serem proposições sintéticas verdadeiras. Como proposições, são empiricamente verdadeiras ou falsas. A proposição da linguagem do direito positivo – para dizê-lo em termos atuais – é cognoscente. A proposição jurídica é a forma categorial de ordenação dos dados da experiência (da conduta humana social). Sendo a Ciência-do-Direito um sistema de conhecimentos sobre as proposições normativas, é sistema de conhecimento sobre outro sistema de conhecimento, proposição-de-proposição. Ora, tal investigação só duas vertentes pode tomar: primeiro, como teoria formal (lógica) do conhecimento; segundo, como teoria transcedental do conhecimento. Conhecimento do conhecimento, ou conhecimento de segundo grau é lógica (formal e transcedental). Gnoselogicamente, a ciência dogmática do direito resulta supérflua, por falta de objeto.

Façamos uma comparação. Enquanto na ciência física temos: I) o universo dos fatos físicos, II) o sistema de proposições científicas sobre esses fatos e III) as teorias formal (lógica) e transcendental (teoria do conhecimento sobre o *factum scientiae*, quando ingressamos no mundo do direito positivo temos I) o universo dos fatos jurídicos, aos quais é inerente o autoconhecimento (as proposições normativas são proposições sintéticas e partes integrantes do objeto) e II) o plano metaproposicional da analítica formal e transcendental. Não se dá o plano intercalar do sistema da ciência positiva do direito. No primeiro caso, da ciência física, há, em léxico corrente, a metateoria da teoria-objeto, a ciência física (KELSEN mostrou energicamente as consequências dessa tese de SANDER. Cf. Rechtswissenschaft und Recht, ps. 7 e ss).

Agora, se o conhecimento dogmático do direito é proposição sobre proposição, proposição descritiva ou teorética verdadeira sobre proposição prescritiva válida e eficaz (e demais valores jurídicos da proposição normativa) tem de evitar duas coisas: formalizar a linguagem do direito positivo ou repetir o que o direito mesmo já disse. Num caso, resvalará para a logificação; noutro, mostrar-se-á supérfluo. Quando se sublinha que a Ciência-do-Direito é uma ciência de conteúdo (a *Inhaltswissenschaft* de SOMLO) e que a *teoria fundamental* é formal, alude-se em rigor, a um grau de generalização. As ciências dogmáticas do direito vertem-se sobre o direito positivo dado, que é uma individualidade histórica, sempre um sistema normativo concreto. A teoria fundamental (a *Juristische Grundlehre*: cf. SOMLO, *Juristische Grundlehre*, ps.8/10) é ainda, teoria geral do direito. O formal aludido na teoria fundamental é o relativamente mais geral face ao investigado pela ciência dogmática. Mas esse formal relativo é ainda de conteúdo especificado: são as categorias com suas referências ao geral-concreto: sujeito de direito, relação jurídica, objeto jurídico, fato jurídico etc. Não o formal lógico. Que exige purificação da forma, eliminação de toda significação concreta a esse ou aquele elemento de um universo especificado de objetos. A pura forma retém apenas a significação em geral, correlato da noção de objeto em geral, do *object quelconques* as categorias sintáticas da significação em geral e modos operatórios quer dizer em léxico husserliano: os tipos sintáticos de significação e as possibilidades combinatórias de significações de modo a evitar o sem-sentido, a incompossibilidade ou o contra sentido (contradição) no interior de uma significação complexa, no interior de uma estrutura proposicional ou na interconexão das estruturas proposicionais (gramática lógica pura, lógica da consequência e lógica da verdade). Ou em termos da lógica simbólica: a pura forma se obtém mediante um vocabulário algorítimico do qual se eliminam as significações concretas (ponentes de objetos) e se estabelecem, no plano meramente sintático, as regras de formação de estruturas e de transformação de estruturas, estas, as estruturas, reduzidas a variáveis lógicas e constantes lógicas.

A expressão lógica jurídica é dúplice. Retendo-se na expressão apenas o conceito de lógica formal (desprezando o sentido de lógica *aplicada* ao direito, lógica metodológica ou *metodologia do direito*), ainda resta duplicidade de conceptuação. Equivale tanto à lógica do direito positivo quanto à lógica da ciência dogmática do direito. Ou com mais tônica logística: é tanto lógica da linguagem do direito quanto lógica da linguagem da Ciência-do-Direito. Com ênfase na estrutura lógica fundamental: é tanto teoria da proposição do *direito* quanto teoria da proposição da *ciência* dogmática do direito. Mas, num caso como noutro caso, só se alcança o nível lógico mediante a formalização. E quer num quer noutro caso, dá-se o fato de uma linguagem falar acerca de outra linguagem. É propriedade do discurso o poder de se interrogar a si mesmo e o de transceder para um nível superposto quando se toma a si mesmo por objeto. A lógica do direito é uma metalinguagem acerca da linguagem-objeto, a usada pelo direito positivo; a lógica da ciência dogmática do direito é metalinguagem cuja linguagem-objeto é a usada pelo conhecimento dogmático. Mas a linguagem da ciência jurídica não é *metalinguagem formal* sobre a linguagem do direito positivo. Isto quer na tese segundo a qual ciência jurídica dogmática conhece normas, quer na tese (vigorosamente sustentada por COSSIO), segundo a qual a ciência jurídica conhece *mediante* normas. O direito positivo e a ciência jurídica dogmática são dados de minha experiência, que servem de modelos M_1 e M_2, para as teorias formais T_1 e T_2. Dos modelos passo às teorias pela *formalização* e destas regresso pelo procedimento simétrico da *desformalização*. Se a proposição integrante do direito positivo for da mesma estrutura e regida pelas mesmas regras formais pertinentes, é proposição em nível da Ciência-do-Direito, a lógica jurídica é uma só. A estratificação do discurso – linguagem do direito positivo e linguagem da ciência do direito positivo – não dará cabimento a duas classes de lógica. E nem sempre que uma linguagem tem outra por objeto é sintaxe lógica. Na gramática de uma linguagem natural feita com o mesmo instrumento de linguagem, mesma linguagem é metalinguagem e linguagem-objeto e, todavia, a gramática não é lógica. É um discurso sobre o discurso, mas repleto de significações concretas. Da sintaxe gramatical para a sintaxe lógica somente se chega com a formalização. Agora, a linguagem com que a gramática é a um tempo, metalinguagem e linguagem-objeto tem a mesma estrutura lógica: é uma mesma estrutura como linguagem-objeto para a metalinguagem sintática.

6. A linguagem na Lógica

Para se investigar uma linguagem é preciso servir-se de linguagem: essa circularidade ou o hermetismo que rege todo universo-do-discurso. Podemos fazê-lo com a mesma linguagem, que fica a um só tempo linguagem-objeto e metalinguagem. A lógica clássica, com escasso simbolismo algorítimico, assim procedia. Mas sempre que empregava variáveis e das estruturas meramente oracionais (da gramática empírica ou descritiva) sacava a estrutura constante e reduzida, elevava a análise da linguagem mediante a mesma linguagem ao nível da análise sintática (lógica). Assim, podemos fazer análise lógica da linguagem do direito positivo, como da linguagem da ciência dogmática do direito mediante a linguagem técnica de um e outro. O essencial é que se procure destacar a forma lógica. Certo, adquire-se mais precisão e mais potencialidade formal com o uso de uma notação artificial, construída segundo precisas regras de formação e de transformação e a listagem dos termos componentes do vocabulário artificial.

A forma lógica (a estrutura formal) não se dá facilmente na experiência do direito e na experiência da ciência dogmática do direito. A forma está coberta pela estrutura oracional, pelo revestimento de linguagem natural (ainda que técnica), pela estrutura sintática do idioma (uma oração gramaticalmente simples pode ser logicamente composta, um adjetivo a mais anexo a um substantivo-sujeito oculta a existência de uma função-de-função etc.). Mais: a forma não aparece em primeiro plano porque o vocabulário é saturado de significações e de referências a objetos do mundo: como vira HUSSERL, a linguagem é permeada de significações; as palavras são como cristais transparentes que remetem a objetos. Não vemos a palavra mesma, ou o termo lógico, como não vemos o límpido cristal se não dirigirmos uma atenção a ele especial. Percebemos os objetos através dele. É preciso uma mudança de atitude, uma reflexão e uma técnica de por em suspenso, de aprisionar entre parênteses o que não é forma lógica. Só assim se alcança a proposição na linguagem do direito positivo e a proposição no conhecimento dogmático do direito. A proposição mesma é um ente lógico, o resíduo de uma redução. Por isso que é pura forma, com ela não nos referimos a nenhum universo materialmente especificado de objetos. A pura forma proporcional não informa nada de específico sobre este ou aquele setor do mundo. A forma implicacional de uma proposição jurídica nada diz de seu conteúdo de significação, nem de sua pertinência a este ou aquele subuniverso do universo jurídico. Mas, precisamente por isso que se não refere a nada em especial é que pode ser receptáculo de qualquer conteúdo significativo referente aos objetos. Em rigor, a lógica é formal (H. SCHOLZ, *Esquisse d'une Histoire de la Logique*, ps. 22 e ss.). Nem transcendental, nem material, nem aplicada. O adjetivo limitativo "jurídica" não poderá eliminar o caráter formal. Indica, sim, em que domínio de linguagem a análise lógica assentou sua investigação. E se a forma lógica é toda expressão onde aparece pelo menos uma variável (SCHOLZ), já se vê que a presença de variável indica a formalização. Certo que a variável tira seus valores de um universo, dentro do qual ela tem seu *parcours* ou *Verlauf*. É para um conjunto veritativo (V,F) ou para um conjunto de entidades quaisquer que a variável tem o papel sintático de substitutivo. Esse é seu *correlatum* objetivo.

Dizemos: a lógica é jurídica sem deixar de ser formal porque suas variáveis sacam seus valores de um universo de linguagem especificado – a linguagem do direito positivo e a linguagem da ciência dogmática do direito positivo. E quando pomos a tônica nas variáveis não descuidamos as estruturas. As variáveis têm seu tópico sintático em estruturas formais. E estrutura formal é tanto a proposição com sua composição interior, como o relacionamento de proposições, seja consoante sua composição interior, seja consoante o valor veritativo de cada proposição constituinte da série de proposições interligadas.

Com efeito, é num universo de linguagem jurídica que as variáveis têm seu percurso. Variáveis-de-objeto têm como substituendos sujeitos-de-direito e condutas, ou fatos do mundo natural que o ordenamento tornou juridicamente relevantes (jurisdicização: entrada de fatos no universo das proposições normativas; desjurisdicização: saída de fatos do universo do direito); variáveis-de-proposições têm como substituendos as proposições da linguagem do direito. A restrição ao domínio ou campo de valores das variáveis provém da linguagem que é base empírica da formalização. A lógica clássica foi uma lógica das proposições descritivas (declarativas), foi uma formalização da linguagem de estrutura apofântica. A linguagem do direito positivo ostenta estruturas deônticas. Acaso são dois domínios de linguagem irredutíveis ou o functor deôntico é apenas um modo prefixo a uma proposição apofântica, modal esse susceptível de tratamento formal não diferente dos demais functores da lógica das proposições declarativas? Seja como for, o que nos importa nessa comunicação é apenas essa tese mínima: onde há uma linguagem há a possibilidade de uma metalinguagem formal, isto é, há possibilidade de uma lógica da linguagem. E a lógica dessa linguagem chamar-se-á jurídica em nosso caso, não porque seja uma aplicação da lógica formal geral a um domínio material dado, ou seja uma metodologia, ou uma teoria do conhecimento especial, mas porque essa linguagem é o modelo a partir do qual se formaliza e dela se fala em nível da metalinguagem; e também o módulo ou parâmetro para o qual regressa o formal quando se o interpreta, quer dizer, se o vincula a um universo específico de linguagem. Se o direito, que oferta a linguagem-objeto, é "L", a lógica dessa linguagem é "M (L)". Se a Ciência-do-Direito interpolar-se como linguagem sobre a linguagem do direito (a isso, repetimos, não se reduz o conhecimento dogmático), ainda que não como metalinguagem formal, temos: "M (M(L))".

A via que seguimos para atingir o formal ou a meta-linguagem de linguagens-objeto (a da Ciência-do-Direito e a do direito positivo) conduzirá a uma linguagem: a linguagem lógica. Como linguagem terá seus alfabetos, as regras de formação de expressões ou fórmulas dentro do sistema lógico que tenham sentido sintático, que evitem o sem-sentido sintático (o contra-sentido analítico husserliano) e as regras de transformação de uma expressão em outra. Mas como o sistema formal obtido não é um puro cálculo desinterpretado, além das regras sintáticas de formação e de transformação de suas expressões requer-se o complemento das regras de interpretação. A lógica formal do direito (da ciência e do direito positivo) tem esse endereço para a região do jurídico: é uma formalização em termos de linguagem que parte da experiência da linguagem do conhecimento jurídico e da linguagem do direito positivo, objeto desse conhecimento.

7. Estratificação do formal

Na teoria husserliana, a sintaxe ou gramática lógica era tomada como um nível formal indiferente aos valores veritativos. Podemos dizer que os valores eram tão somente o sentido e o sem-sentido sintáticos. Depois, vinham os estratos-lógica da consequência e lógica da verdade. Na lógica simbólica, a lógica é sintaxe de expressões com valores de verdade e falsidade. É certo que se pode ver o cálculo de predicados como menos formal que o cálculo de proposições. No cálculo de predicados se tem o conceito de conjunto ou classe, o qual se constrói conotativa ou denotativamente. Mas, a classe ou conjunto tem elementos que são os correspondentes, em nível formal, de entidades quaisquer do mundo. Os correspondentes semânticos dos elementos são objetos ou entidades. Já a proposição, tomada tão apenas em seus valores veritativos, sem exibição de sua estrutura interna, a estrutura lógica "algo ter a propriedade P" ou "algo pertencer ao conjunto A", que corresponde aos objetos, fica oculta. O formal-lógico tem aqui toda sua potência calculatória mais desembaraçada (ainda que segundo muitos lógicos não totalmente) de referências aos objetos: o universo das variáveis é o universo de proposições quaisquer, isto é, de símbolos de enunciados, cuja composição interna não importa, mas que apresentam valores veritativos.

Mas, há um nível de estratificação que a teoria husserliana não considerou, pois das formas lógicas retrocedeu para os atos ou nocsis do sujeito transcendental, atos em que se constituem as formas. É o nível que está sobre a lógica mesma. Basta considerar que a lógica tem um nível de linguagem, que em relação à linguagem-objeto que formaliza é metalinguagem. E a lógica como linguagem, pode se tornar linguagem-objeto de uma superior análise formal. Quer dizer, não como uma metalógica em sentido filosófico (uma ontologia do lógico, ou uma gnoseologia do lógico). Filosofia da lógica é metalinguagem material, é análise que vai além do logos mesmo, que o transcedente (lógica transcendental) em busca de elementos não-formais. Mas, análise formal como metalinguagem da linguagem-objeto da lógica, dando ainda, margem a toda a metalinguagem semiótica (não só sintática, mas semântica e pragmática). Se pusermos entre parênteses o não-sintático, essa análise formal da linguagem lógica vem a ser uma sintaxe onde se encontram símbolos-de-variáveis e símbolos-de-constantes e as regras sintáticas de formação e de transformação das expressões da linguagem lógica. Assim se as variáveis em nível lógico são "x", "y", "z"; "p", "q", "r", as variáveis sintáticas da metalógica são "X", "Y", "Z"; "P",

"Q", "R". Uma regra da sintaxe metalógica será a que prescreva que dados tais ou quais símbolos a um operador que os tome como argumento, o resultado será uma fórmula ou expressão válida do sistema metalógico. E se a linguagem lógica segue o cânon assim estabelecido obterá expressões válidas ao sistema lógico.

Com essas análises superpostas acerca do formal, a lógica simbólica alarga o campo de exploração das formas, o que não foi possível à fenomenologia, pois outro foi o caminho que seguiram suas investigações: seguiram a linha do transcendental, buscando além do logos mesmo o sujeito transcendental ou o ego puro, ou então o objeto enquanto objeto e, por isso, a lógica é, ao mesmo tempo, ontologia-formal.

8. Forma lógica, significação e objeto

É lícito falarmos de lógica formal jurídica – afastada a intepretação da lógica jurídica como lógica aplicada à ciência dogmática do direito e ao direito positivo – se admitirmos que a forma lógica, sem deixar de ser forma, se enriquece com significações e, com estas, envolvendo algo do universo especificado de objetos que constitui o direito. É certo, já na lógica formal (geral) os símbolos que integram o vocabulário lógico contêm um mínimo de significação. Quando sintaticamente distinguimos a forma como a estrutura reduzida a categoremas e sincategoremas, ainda que a pura forma lógica não faça referência especial a este ou aquele objeto, o ser sincategorama (quantificador, abstractor, conectivo ou functor veritativo) importa na atribuição de uma significação meramente operativa, é certo, mas é significação. Importa num mínimo de interpretação do símbolo-mesmo: no conferimento de significações que somente unidas a outras significações-de-objeto se completam (por isso são denominadas cosignificações). Se os símbolos são de argumento-sujeito, ou de predicado, então a dimensão semântica do símbolo se faz necessária. A lógica formal geral não é lógica de nenhuma região material de objetos, mas é lógica que implica a presença, nos símbolos desprovidos de significações concretas, desse mínimo de significação em geral, correspondente à ideia de objeto e geral. O sentido, o sem-sentido e contra-sentido sintáticos, ainda que meramente operativos, são ocorrências no universo das significações. As categorias sintáticas e toda a morfologia simbólica no universo da lógica são modalidades de significações e modalidades de operar com as significações (desenvolvemos esse aspecto em nosso ensaio, a título de anotações à margem de HUSSEL, Cf. LOURIVAL VILANOVA, *Teoria das formas sintáticas*, 1969).

Sob esse aspecto, tanto faz a fórmula da lógica clássica "S é P", quanto a da lógica simbólica, "f (x)". Se não se conferir uma significação a tais expressões, elas nada dizem, são meros dados da experiência sensorial. E a interpretação, i. é., a atribuição de um significado que representa o ato de segundo grau, fundado sobre o ato de primeiro grau que é a percepção sensorial, que dá ao corpo físico do signo a dimensão de um símbolo do universo das significações. A combinação "f (x). – f (x)" é inconsistente por ser um contra-sentido analítico, uma incompossibilidade significativa, a afirmação conjunta de significações mutuamente excludentes. A chamada WFF (formula bem formada) é uma construção sintaticamente correta, válida no interior do sistema formal porque respeita a constituição própria do mundo das significações. E, sabe-se, quando se quer depurar significativamente um sistema de símbolos até o limite de um puro cálculo, sempre é necessário a admissão de proposições com sentido, que se colocam sobre o cálculo, conferindo qualificação aos símbolos e de regras operatórias, articuladas em uma linguagem intuitiva, não pertencente ao cálculo como tal. Podemos dizer que o aparentemente vazio de uma fórmula lógica reside em ser ela – para nós a termos ao nível da proposição – verdadeira ou falsa para qualquer interpretação atribuída aos símbolos. Uma significação qualquer tem como *correlatum a quelque chose em general*.

Em suma, o que qualifica um sistema algorítimico em sistema lógico é a interpretação que se dá aos símbolos do sistema. E o sistema lógico é formal por ser independente de qualquer interpretação concreta ou especificada que se confira aos símbolos de sua linguagem. Não por ser desprovido de qualquer significação. Ser um símbolo de linguagem formal susceptível de significação qualquer é conter, como anotamos, variáveis e variáveis símbolos que percorrem um universo, onde se encontram os valores que as satisfazem. As constantes simbólicas têm uma interpretação fixa: são os functores do sistema (quantificadores e conectivos); as variáveis são termos susceptíveis de interpretações dentro de um campo ou domínio de objetos. Em rigor, não são os objetos mesmos os substitutivos das variáveis. Os objetos distribuem-se em várias regiões (são objetos físicos, culturais etc.); as variáveis são do domínio da linguagem formal. Nada impede que entidades do domínio formal sejam possíveis objetos de outras formas lógicas. Mas as referências semânticas aos objetos, estas são significações-de-objetos, não os objetos mesmos. Os objetos não comparecem em pessoa, por assim dizer, ao domínio da linguagem natural. Com a linguagem temos o suporte material simbólico das significações, específicas na linguagem natural, abstratas, não referentes a esta ou a aquela entidade em particular, na linguagem artificial da lógica. Entre o símbolo e o objeto há a significação como termo que faz referência ao objeto. A associação imediata entre símbolo e objeto, sem a mediação do significado, não exprime a estrutura de qualquer linguagem, seja a natural seja a algorítimica.

Se o que antecede é exato, a lógica jurídica formal é a teoria formalizada das estruturas de linguagem que se encontram quer na Ciência-do-Direito, quer no direito positivo. A ênfase na linguagem explica-se: a linguagem, natural ou algorítimica, é linguagem por conter essa tridimensionalidade: símbolos que são suportes físicos de significações com as quais temos conhecimento dos universos de objetos. O tratamento formal da linguagem corta metodologicamente, põe fora de tema as significações específicas (concretas) da linguagem natural (não-científica ou científica) e suas contrapartidas de objetos. Com o que obtém o núcleo formal, a estrutura universal de uma linguagem interpretável por uma linguagem qualquer, e, por isso mesmo, dotada de um mínimo de significabilidade e sem informar nada sobre o mundo. Esse descomprometimento com as significações e com as entidades do mundo se faz com mais desembaraço no uso de uma linguagem construída segundo regras precisas. Desde o momento em que falo de "p" e "q" como duas proposições diferentes quaisquer, ponho variáveis-de-enunciado que abrangem proposições concretas no sentido que se oferecem em incontável número na experiência, como conjuntos dentro de cuja extensão encontro os possíveis elementos a substituir aquelas variáveis. Dou a forma universal como falar sobre as coisas, mas nada informo o que as coisas mesmas sejam em particular. Ou em outros termos: se o sistema lógico é um teoria T que fala acerca de um universo U, tal universo não é imediatamente abrangente dos diversos universos, como subuniverso de U, mas o universo em geral dos objetos que são os contrapontos de referência das significações em geral.

9. A ideia de sistema nos três níveis – no direito

A tendência histórico-evolutiva do direito positivo é constituir-se em ordenamento global. As normas – e suas expressões de linguagem, as proposições normativas – aglutinam-se em plexos de sentido coerente. Não meramente se justapõem, ou se conflitam, ou se isolam uma das outras. As proposições normativas interligam-se tendendo à consistência interior no ordenamento. E se os ordenamentos positivos acolhem contradições normativas – entre normas constitucionais, entre estas e normas legais, nestas entre si, entre leis e regulamentos, entre sentenças e outras normas superiores, entre sentenças e sentenças e sentenças, enfim entre proposições gerais e proposições gerais de igual ou desigual nível, entre proposições gerais e preposições individuais – o ordenamento mesmo indica ou prescreve como solucionar o conflito de significações. O conflito lógico não se elimina apenas com recursos de lógica. O ordenamento adota princípios lógicos, fazendo-os congentes, exigido no interior do ordenamento, como faz congente, prescritivo, outros critérios não-lógicos de decisão dos conflitos interproposicionais. A teoria pura do direito constata como dado da experiência que nos ordenamentos há ou pode existir contradições. Quando se dá, é que o ordenamento mesmo o quer e uma proposição normativa prescreve a alternativa (KELSEN, General theory of Law and State, ps.   ); uma ou outra são válidas no ordenamento. No aplicar, a decisão opta por um dos membros da disjuntiva excludente.

Mas ainda que o ordenamento jurídico positivo não alcance a forma lógica ideal, a forma lógica típica de sistema, o sistema é uma vertente tendencial do direito, como modalidade racionalizada de impor ordem na conduta humana. Falam os juristas de sistema jurídico, de sistema normativo, de sistema positivo. Ainda que a presença da inconsistência (contraditoriedade) seja um sério obstáculo para se falar de sistema, concedamos que o ordenamento jurídico positivo tenha a forma lógica de sistema. Será um sistema de linguagem saturado de referências prescritivas à conduta, um sistema vinculado a um segmento da realidade. O ordenamento é um sistema real: a uma parte integrante do subuniverso do universo da cultura. Não existe de um lado, *per se stante*, o sistema de proposições normativas; no outro, a série de condutas reciprocamente interferindo-se. Aqui o sistema está compondo o dado experiência. O sistema de proposições da física não é parte componente do dado de experiência: os fatos físicos. Sob o ângulo da linguagem, o direito é um sistema de proposições prescritivas de conduta; sob o outro ângulo, é uma série de condutas ordenadas por proposições normativas. Há uma relação dialética de complementaridade (REALE). Um termo implica o outro. Co-implicam-se. Se conferimos um índice ao ordenamento como sistema, diremos que falam acerca dele é o sistema-objeto, o sistema-origem. No plano do conhecimento físico do mundo, o sistema origem acerca do qual se fala é o da ciência física. Quando falamos no *sistema dos fatos*, transportamos ao plano da realidade uma qualificação lógica que os fatos físicos, como tais, dela carecem. Aludimos a relações de ordem objetiva que os elementos do universo físico apresentam e que não advêm da linguagem em que fala sobre esses elementos. Mesmo se asseverarmos (como a teoria Kantiana) que o sujeito impõe ordem nos fenômenos, tal ordem é gnoseológica, categorial, como sabemos.

10. A ideia de sistema nos três níveis – no direito

Quando tomamos o sistema do direito positivo em sua estrutura interna, verificando de que partes consta, como as partes interligam-se etc., consideramos a sintaxe do sistema. Essa sintaxe toma duas vertentes: como analítica (sintaxe) das partes e analíticas do todo (a forma lógica de totalidade husserliana). A norma fundamental como começo lógico do sistema, como proposição inicial que dá origem à série de proposições normativas é nesse aspecto, uma tese sintática. A função sintática da proposição fundamental (que acolhe a norma fundamental) é marcar o limite não-deôntico do sistema: cortando o fáctico não juridicamente relevante e incidindo no GRUNDFAKTUM (o fato de uma revolução que triunfa, p.ex.). É o limite deôntico-positivo, face a outros sistemas deônticos (morais, religiosos). Não que a forma deôntica – o functor deôntico de dever-ser – seja vazia de valor. Ela contém valores-do-direito – a justiça, a ordem, a liberdade. Sintaticamente o functor deôntico é axiologicamente neutro: os valores ficam entre parênteses na consideração sintática. Um critério que tem seu aspecto sintático é o da pertinência de uma proposição normativa ao sistema. Não há proposições normativas soltas, em desnexo, postas em vigor. Seu modo específico de ser, sua validade, tem-na porque é referível a um sistema, cuja proposição inicial é a norma fundamental. Esse *rapporto di appar tenenza (Zugehoerigkeitsbeziehung)* é imprescindível para decidir se uma dada proposição normativa é válida, se existe no universo do direito. Se uma proposição tem apenas a forma sintática e não ostenta esse vínculo, pertence, como observa DEL VECCHIO, ao mundo das possíveis proposições, mas não é parte de direito positivo. Essa estrutura sintática é o que DEL VECCHIO chama de forma lógica ou forma da possibilidade da experiência jurídica. Nenhuma proposição é de direito positivo se não for reconduzível a outras normas positivas que lhe deram origem. Assim, uma lei ordinária existe se foi estabelecida de acordo com as proposições que regram o processo legislativo. Tais normas processuais, que são constitucionais em sentido formal, para se sobreporem às normas ordinárias e por estas não serem desfeitas, por sua vez, são proposições normativas válidas porque decorrem dos atos decisórios básicos que instituíram a Constituição. E no plano sintático, onde se não fala em decisão, a fonte das fontes de produção normativa é a norma fundamental, ou, com mais rigor, é a proposição normativa fundamental que eleva o primeiro fato a fato jurídico fundamental, em fato-origem de todo o ordenamento positivo (essa função sintática da proposição que recebe a norma fundamental temos posto em evidência em nosso estudo *Norma fundamental e revolução* a ser brevemente publicado).

Haveria margem a considerar se tais proposições que regram a produção de outras proposições não representam uma característica do sistema do direito positivo. Sintaticamente as regras que estatuem sobre a composição ou formação de proposições são de nível metalinguístico. No sistema do direito, todavia, elas estão no mesmo nível das proposições a formar. São, é certo, normas-de-normas, mas situam-se no interior do sistema do direito: são direito positivo. Em outros termos: não são metaproposições que falem sobre o sistema, quer provenientes da análise sintática, quer precedentes da Ciência-do-Direito. Assim, também, as normas de interpretação, ou as normas de reenvio. O sobre-direito (PONTES DE MIRANDA) é direito positivo.

11. A ideia de sistema nos três níveis – na ciência

Todo sistema tem sua lei de composição interna. Não é algo já feito, mas algo que está se fazendo. Sistemas formais não abertos à experiência dos fatos, ou sistemas reais que recolhem indutivamente seus objetos de um universo empírico de entidades, todo sistema exprime uma composição interior que procura satisfazer a consistência dos seus enunciados e a fundamentação desses enunciados. Quando levamos em consideração a referência intencional objetiva do sistema, sua relação com um universo-de-objetos, a relação de correspondência com as entidades sobre as quais fala, então não basta a sintaxe. Sem maior digressão: o que diferencia o sistema de direito positivo do sistema de ciência dogmática é justamente o modo de referência aos objetos. Sob ângulo ainda de metalinguagem semiótica: a diferença é semântica. O direito prescreve, a ciência jurídica descreve. Se reservarmos o qualificativo de teoria aos sistemas constituídos de enunciados só descritivos (teoréticos, declarativos), o sistema do direito positivo não é teoria. Então a ciência dogmática não vem a ser uma metateoria de uma teoria-objeto, mas um meta-sistema de um sistema-objeto. Mas, ainda que se tome o sistema de proposições deônticas como um modo de cognoscência de um universo de fatos de conduta – o deôntico como modo de conhecimento de um fato que se concretiza em sucessivas opções de liberdade, diferente do modo apofântico de apreensão em que se exprime a explicação causal dessa mesma conduta (na teoria egológica do direito) – a descritividade e a prescritividade são qualificações semânticas. Temos tais qualificações quando pomos os sistemas em relação com o universo-de-objetos a que se referem. Da mesma maneira quando assinalamos que o prescritivo tem como tipo de atos o querer ou o imperar, e o descritivo o pensar ou o conhecer ("eu quero que", ou "a comunidade mediante o órgão quer que" – o ego como empírico ou transcendental), qualificamos o sistema sob o ângulo pragmático, fazendo referência ao sujeito ou aos sujeitos que tecem entre si a comunidade do discurso.

Em estreita-conexão com o que dissemos, reside o problema dos valores das proposições prescritivas e das proposições descritivas. Caracterizar as primeiras como válidas ou não válidas e as segundas como verdadeiras ou falsas requer um ângulo semântico de análise. Pois tais valores são valores dos sistemas em relação com os objetos acerca dos quais falam. O *status* semântico transporta-se para o nível sintático quando temos em conta o comportamento de tais valores. Se eles são, quer a validade e a não validade, a verdade e a falsidade, exaustivos e mutuamente excludentes, entram nas operações sintáticas como puros valores de proposições, aos quais se aplicam diretamente – e não indiretamente como o fez KELSEN, *Teoria pura do Direito*, p.145, vol.I – a lei de não-contradição. O comportamento sintático de um grupo é isomórfico face o comportamento do outro, a tal ponto que se pode substituir tais valores pelos símbolos I e 0. Ainda que atribuíssemos valores veritativos às proposições prescritivas, o sistema de proposições da ciência jurídica dogmática não perderia sua diferença de nível: seria de metaproposição (material). Expressa ou implicitamente, o enunciado da ciência jurídica emite o preceito de direito como conteúdo de outro enunciado: "em conformidade com o direito X", "de acordo com o direito positivo Z em vigor". SCHREIBER destaca a forma "Es isr rechtens: R (a,b,l)" como a estrutura da proposição.

12. A ideia de sistema em nível da ciência

"R" expressa a variável-de-relação, cujos elementos estão encerrados nos parênteses. A forma da proposição normativa é relacional. A estrutura prefixa "é de direito" representa uma proposição sobre a proposição normativa (cf. *Logik des Rechts*, p.26/32). Acrescentemos esta observação: o valor veritativo da proposição composta ("é válida a norma N", "a norma N pertence ao sistema S", "o termo T na norma N tem tal significado") não advém da combinação dos valores da proposição descritiva da ciência jurídica com os valores da proposição do direito positivo. Na hipótese de serem diferentes tais valores-validade/não-validade, verdade/falsidade – uma função veritativa não se obteria com diferentes categorias valores de seus argumentos. Isto é, não poderíamos combinar valores descritivos com valores prescritivos e atribuir à proposição molecular resultante um valor veritativo (V ou F). As funções veritativas operam com valores veritativos. O valor veritativo da proposição molecular é função dos valores veritativos das proposições constituintes que entram com o papel de argumentos da função. A norma jurídica (*Rechtsnorm*) entra como situação objetiva a que faz referência a proposição jurídica (*Rechtssatz*). O que esta afirma ou nega daquela não é o ser verdadeiro ou o ser falso em sentido teorético, mas o estar ou não em vigência, o incidir ou não incidir sobre uma certa classe de fatos ou de atos, ou de sujeitos, o pertencer a um sistema ou a um subsistema desse sistema global, o ter ou não tal ou qual sentido, o inserir-se ou não neste ou naquele contexto normativo. Mais. Com base no material normativo, dado o conhecimento dogmático constrói as categorias da teoria geral: sujeito, ato, fato jurídico, imputabilidade, antijuridicidade, relação jurídica, objeto do direito, sanção, nulidade, anulabilidade, norma etc. As proposições da ciência dogmática tomam as proposições normativas do direito positivo e destas enunciam predicados empiricamente verificáveis. As normas e seus predicados empiricamente verificáveis são, para as proposições teóricas da ciência, *state-of-affairs* ou *Sachnverhalten* que cabe descrever. A uma atitude de política do direito cabe prescrever o prescritivo. A uma ciência teorética do direito positivo cabe descrever o prescritivo. Se a ciência prescrevesse, seus atos seriam então qualificáveis, como prescrições, de justos ou injustos, eficazes ou ineficazes, legais (válidos) ou ilegais. Ou ainda, se as proposições da ciência jurídica fossem prescritivas, ou estariam no interior do ordenamento e a ciência teria o papel de fonte formal ou técnica do direito; ou estaria fora do ordenamento (antes ou sobre), como metaproposições, então, funcionando como fontes materiais (reais ou ideais – deontológicas) do direito a ser feito. Se fonte formal, o fundamento de validade da ciência jurídica seria, em última instância, a norma fundamental do ordenamento. Se fonte material, nem seria verdadeira nem falsa, mas ideologia eficaz ou ineficaz na ordem dos fatos, e justa ou injusta em referência ao universo dos valores.

Se a Ciência-do-Direito for tida como produtora de regras jurídicas, como dissemos, seu *fundamento de validade* residirá na norma fundamental do ordenamento. Já não se trata do *fundamento de verdade*, que reside nos fatos da experiência, ou nas proposições axiomáticas e nas regras de transformação dedutiva, quando se trata de ciências formais.

Mas, se o conhecimento científico do direito (como no exercício do *jus respondendi* dos jurisconsultos da Roma Clássica) for por delegação de norma de direito positivo, fonte formal ou técnica do direito, e a última norma de delegação for a norma fundamental, temos que a norma fundamental não é a proposição hipotética gnoseologicamente posta pela Ciência-do-Direito como condição da experiência possível do direito positivo. Seria um círculo vicioso inadmissível: a norma fundamental operar como hipótese-limite do conhecimento que é a Ciência-do-Direito e a Ciência-do-Direito encontrar na norma fundamental o fundamento de validade para operar como fonte formal do direito. Haveria, ainda, uma mescla de dois planos: o da ciência e o do objeto da ciência, o da teoria e o da produção real e efetiva do direito. Seria criação epistemológica do objeto, como o pensa KELSEN, e produção fáctica de normas. A ciência mesma seria uma porção de competência legiferante e uma vez que competência pressupõe normas-de-organização, a ciência do direito ou o cientista, o jurista científico, seria órgão, i.é., agente ou titular investido de uma fração competencial. Isto não exclui o fato de que a Ciência-do-Direito influa na evolução do direito, que através dos órgãos criadores e aplicadores do direito positivo, ou da elaboração de direito novo, as teses científicas passem do descritivo para o prescritivo. É esta uma passagem de *status* lógico, que requer a mediação do próprio direito positivo.

Demais, se o direito se realiza quer no cumprimento espontâneo das normas primárias (secundárias na terminologia Kelseniana, perinomativas, no lexo cossiano), quer no cumprimento forçoso, na contenciosidade que faz valer as normas sancionadoras, certo é que na aplicação judicial adquire mais intensidade. E no ato jurisdicional o conhecimento científico está presente, circundando o ato propriamente de aplicar o direito positivo. Através do juiz e de quem participe cognoscitivamente, na relação litigiosa, o direito-ciência está presente. A separação entre ciência jurídica e realização do direito é um corte metodológico feito na experiência. A experiência do direito, como tem acentuado com vigor REALE, abrange fato, valor e norma e, também diremos, a experiência do direito que se integra com a Ciência-do-Direito. O direito e a Ciência-do-Direito são componentes da experiência do direito como processo de concrescência, quer dizer de normas abstratas ou construtivas de tipos (conjuntos de ações, de fatos, de sujeitos, no tópico de pressupostos ou de consequências) que vão se inserindo na realidade da existência, compondo a ordem exterior do mundo da conduta humana. (REALE, *O direito como experiência*, ps. 47/50).

Ainda há uma via sintática para ilegitimar a Ciência-do-Direito como fonte-formas e confundir, *ipso facto*, o descritivo com o prescritivo. Se a norma fundamental não é norma de direito positivo, mas pressuposta, quer dizer, em termos sintáticos, é uma proposição que não pertence ao mesmo nível do ordenamento que se compõe de proposições normativas. É proposição de uma linguagem que fala sobre a linguagem do direito. É uma metaproposição em relações às proposições -objeto do direito positivo. É uma metalinguagem teorética, que está no nível de Ciência-do-Direito e, por isso, não pode conferir a essa mesma ciência a qualificação de fonte formal ou técnica, que só proposições em nível das proposições normativas do direito positivo, da linguagem do direito mesmo, podem fazê-lo.

13. A ideia de sistema em nível da ciência

Uma das coisas que levam a ter a ciência jurídica como situada no mesmo nível do direito, objeto de conhecimento, é o fato de as proposições dessa ciência reproduzirem-se em termos das proposições-objeto, transportando vocábulos de linguagem-objeto para a metalinguagem em que se fala sobre essa linguagem. Não conduz a algo de novo simplesmente reproduz a proposição normativa. Permanece-se em nível prescritivo. É certo que o status semântico da proposição prescritiva não importa num só uso, digamos no uso imperativo. Pode-se como VON WRIGHT (Norm and Action, ps.93/106) anota, tomar o prescritivo da norma em *uso informativo*, o que exprime a relação pragmática do prescritivo com o utente. Quando vamos ao jurisconsulto para sabermos o que é de direito, ele nada prescreve, mas tão só descreve o que o direito prescreve, KELSEN (Teoria pura do direito, p.145, I) sente, todavia, a dificuldade do problema quando observa: "... o dever-ser da proposição jurídica não tem, como o dever-ser da norma jurídica, um sentido prescritivo, mas um sentido descritivo. Esta ambivalência da palavra "dever" (Sollen) é esquecida quando se identificam proposições normativas (Sollsaetze) com imperativos". Isto quer dizer que é possível um uso informativo do dever-ser e um uso imperativo do dever-ser. E quando a ciência jurídica declara que, de acordo com o sistema jurídico S, se alguém comete um furto, então deve ser punido, o que ocorre é, primeiro, a descrição de uma situação-objetiva de acordo com o sistema S, um pressuposto está unido a uma consequência como devendo ser; segundo, o dever-ser é *usado* e, ao mesmo tempo mencionado, enquanto normalmente na proposição do direito positivo, ele está apenas usado (nas modalidades de ter direito a, ser obrigado a, ou não ser permitido, de sorte que qualquer conduta encontra referência num dos três modos deônticas de relacionar intersubjetivamente as condutas). Essa ambivalência a que alude KELSEN, em rigor, é a dualidade de usar e mencionar o functor dever-ser. Em nível de metalinguagem científica (da ciência jurídica), funciona o dever-ser como nome de si mesmo, em emprego autônomo. Em nível formal e simbólico de linguagem sintática, pode-se fazer corresponder-lhe um sinal e, então, os níveis se destacam: de um lado, o nome que é usado ou empregado; de outro, o símbolo de linguagem formal que corresponde a esse nome (tomamos a palavra nome em sentido amplo, includente, como se vê, de meros sincategoremas aos quais não correspondem entidades ou objetos).

Somente pela ênfase no distinguir o sistema da ciência dogmática do direito ante o sistema do direito positivo é que a teoria pura do direito objeta contra a aplicação imediata do princípio de não-contradição entre as proposições normativas, que carecem de valores veritativos. Assim duas normas contradizem-se e não podem simultaneamente ser válidas se as proposições jurídicas (da ciência) que as descrevem se contradizem e não podem, *eo ipso*, ser simultaneamente verdadeiras. Igualmente, a relação consequencial do argumento vale entre normas porque entre proposições se dá a relação dedutiva. Isto significa: as leis sintáticas são aplicáveis à linguagem do direito através da linguagem da ciência jurídica. Aqui é de dizer com a gramática pura husserliana num plano anterior à questão da verdade, há combinações sintáticas que conduzem ao sem-sentido e ao contra-sentido, unicamente com base nas categorias de significação, unicamente com apoio nos tipos sintáticos de significar. A incompossibilidade passa-se num plano anterior ao problema da verdade ou da falsidade das composições sintáticas. Somente depois de decidir se a forma é sintaticamente possível é que se passa ao valor veritativo. A lei que manda evitar o contra-sentido independe, pois, do ser verdadeiro e do ser falso. Se assim é, então, aplica-se ao domínio das proposições de estrutura deôntica. Há tanto um sem-sentido quanto um contra-sentido formal deônticos prévios ao problema da validade e da não-validade. Ampliando a tese husserliana: temos uma morfologia pura apofântica, quanto uma morfolologia pura deôntica. Esse comportamento sintático homogêneo nos dois domínios faz prever que seja possível a aplicação das leis lógicas concernentes à verdade e à consequência em ambos os domínios, descabendo razão à tese Kelseniana da impossibilidade de direta aplicação do logos apofântico ao campo das proposições normativas. Quer dizer: há propriedades formais isomórficas nas estruturas "S é P" e "S deve-ser P", para empregarmos o simbolismo da lógica clássica.

E se, no final de contas, verdade/falsidade e validade/não-validade são meros valores positivos ou valores negativos no domínio do cálculo formal, as diferenças semânticas não seriam obstáculo para uma só sintaxe, abrangendo a sintaxe da linguagem da ciência jurídica e a linguagem do direito positivo. Se assim o for, as variáveis sintáticas encontrariam seus valores no domínio das proposições da Ciência-do-Direito e no domínio das proposições jurídicas. Teríamos a linguagem-objeto, ponto de partida da experiência jurídica, dada no direito positivo; depois a metalinguagem material fornecida pela Ciência-do-Direito e, por fim, a metalinguagem formal, a lógica como sintaxe de uma linguagem cuja interpretação conduziria às linguagens materialmente diferenciadas da experiência do direito. A possível conversão da sintaxe formal em linguagem-objeto de uma outra linguagem, conduziria a uma metalinguagem, àquela retroversão do logos sobre si próprio ou àquela autoexplicação da razão em nível de uma ulterior potência, autoexplicitação (Selbstdarstellung) do logos (HUSSERL) sobre si mesmo, que requer a experiência das formas, diversa da experiência dos objetos físicos, mas que nos atos de experiência sensível tem seu suporte e a eles regressa para se encher de concreção. Por sucessivos atos passamos do concreto ao abstrato e enquanto permaneçamos no mesmo domínio de objetos fazemos generalização. A formalização importa num ato de "reflexão lógica" que conduz a novo domínio: o das formas sintáticas (lógicas). O isolamento do formal é meramente temático. No ápice do sistema formal verifica-se a insuficiência do formal com o emprego de uma linguagem não-formal, de uma metalinguagem que está antes da sintaxe mesma. Depois, o formal requer a interpretação dos símbolos e o regresso à experiência. A *desformalização* é que mostra que há pelo menos um *modelo*, dado na experiência, que serve de interpretação ao formal. E com isso, os momentos sintático e semântico, separados abstratamente, se reúnem na experiência integral do objeto. No caso, na experiência do direito positivo, que é, ele mesmo, abstrateza e concrescência.

LÓGICA JURÍDICA E LÓGICAS JURÍDICAS

Paulo de Barros Carvalho

Professor Emérito e Titular das Faculdades de Direito da USP e da PUC/SP. Membro titular da Academia Brasileira de Filosofia. Presidente do IBET – Instituto Brasileiro de Estudos Tributários. Fundador e Editor-Chefe da Editora Noeses. Presidente de honra do Instituto Geraldo Ataliba – Instituto Internacional de Direito Público e Empresarial – IGA/IDEPE. Doutor *honoris causa* da Universidad Nacional Mayor de San Marcos (Peru).

Sumário: 1. Introdução – 2. A caminho da formalização – 3. As estruturas lógicas – 4. A chamada "lógica formal" e a metodologia – as estruturas do direito positivo – 5. Os valores lógicos da linguagem do direito positivo e seus modais.

1. Introdução

Construído pelo ser humano para implantar valores, organizando a vida em sociedade, o direito, como camada de linguagem prescritiva que se projeta sobre fatos e condutas interpessoais, inscreve-se na região ôntica dos objetos da cultura. Ora, os fatos sociais sobre que incidem as unidades normativas são processos de relação, fenômenos com sentido, de tal sorte que, sem ele (sentido), que lhes imprime direção, torna-se impossível compreendê-los. Os acontecimentos que o direito colhe nas prescrições jurídicas, assim na hipótese como no esquema relacional do consequente, são fenômenos físicos presididos pela lei de causa e efeito, mas com a indispensável presença do sentido, vale dizer, o fim jurídico que os acompanha. Daí falar-se que o método cognoscente próprio é o empírico-dialético, já que o intérprete se locomove incessantemente do plano da expressão literal para as alturas do sentido e dele retorna para conferir suas anotações. Não é puro fenômeno físico, pois vem impregnado de significação. Tanto na escolha dos fatos, que vão constar da hipótese, como na seleção modal dos operadores deônticos, que orientam a conduta devida, seja, ainda, pelo intenso relacionamento que tais entidades hão de manter para formar conjuntos e sobreconjuntos até chegar ao modo superior de sistema, nas estruturas jurídicas, vamos perceber uma densa rede de vínculos formais, elementos que servirão de suporte para a atribuição de significados por parte dos destinatários das mensagens normativas. Eis o plano sintático ou lógico da linguagem do direito, quer a do direito positivo, quanto à das metalinguagens que dele se ocupam. Aliás, tudo quanto se pode dizer do direito aplica-se, com as adaptações necessárias, a toda linguagem, tomada aqui como conjunto de signos utilizados para a comunicação. O desenvolvimento das ciências da linguagem, em particular a Semiótica, como ciência geral dos signos, deu impulso extraordinário à pesquisa filosófica, particularmente no campo da epistemologia. E o direito não poderia ficar à margem desse processo evolutivo. As especulações sobre a estrutura da norma, sua composição interna e suas relações com outras unidades do sistema receberam o influxo desses conhecimentos, propiciando conquistas importantes no domínio da Filosofia do Direito. Tornou-se possível uma sólida e consistente "teoria da norma jurídica", até então incipiente, ao lado da "teoria do fato" e da "teoria da relação jurídica", a essa altura mais elaboradas e sistematizadas. As recentes pesquisas sobre as dimensões lógico-sintáticas, semânticas e pragmáticas abriram largos horizontes para o estudo do direito, sem abandonar os respeitáveis caminhos da tradição. Surgiram como novos paradigmas para ensejar a investigação e a análise dos elementos jurídicos da realidade, terreno de certo modo já cansado pelos enfoques repetitivos das aproximações doutrinárias.

E é nesse tempo que começam a aparecer movimentos como "A escola retórica de Recife", "Autopoieses e direito", "Teoria da argumentação jurídica", "A teoria comunicacional do direito", bem como a proposta metodológica do "Constructivismo lógico-semântico". Interessa lembrar que esses meios de aproximação com o objeto "direito", longe de dificultar o acesso ao campo de investigação, favorecem, sobremaneira, o isolamento temático de uma multiplicidade de aspectos que, sem tais concepções, permaneceriam obscuras. De fato, são perspectivas novas que chegam ao espaço objetal com instrumentos poderosos de pesquisa.

Além disso, o objeto direito positivo pode ser observado por vários ângulos: histórico, sociológico, econômico, político, normativo, antropológico cultural, linguístico, autopoiético, dependendo da opção epistemológica do observador. E todas as perspectivas, certamente, serão válidas. Apenas o espírito emulativo do pesquisador é que vai preterir algumas em favor de outras. Mesmo dentro de uma tomada semiótica, por exemplo, há os que priorizam o plano lógico, outros, o semântico e ainda outros, o pragmático. Na verdade, são graus de especialização na escolha do setor a ser investigado, que consultam antes ao interesse e às simpatias do agente, do que, propriamente, a repartições efetivas que o terreno observado esteja por reclamar. Havemos de combater também o excesso, o entusiasmo incontido de quem avança com o método para além do que ele pode oferecer, provocando o *historicismo, o sociologismo, o normativismo, o semanticismo, o logicismo* etc. São cuidados imprescindíveis que, não observados, podem gerar conclusões extravagantes, comprometendo a lisura e a consistência do texto.

Uma proposta desenvolvida sob o ponto de vista lógico do direito, respeitados os limites de sua possibilidade, pode trazer um enriquecimento significativo para os estudos jurídicos. Se atinarmos para a circunstância de que não há direito sem linguagem; de que a boa organização lógica é condição para o sentido do enunciado; de que a mensagem do legislador se expressa em termos de juízos hipotéticos, categóricos e disjuntivos, porém todos, na função pragmática da linguagem; de que os juízos se compõem, internamente, por enunciados proposicionais quantificados logicamente; de que há modalizadores operacionais, tudo isso formando estruturas que, por sua vez, se associam a outras estruturas, para a organização de institutos; que, ainda, existem blocos que se ligam para formar subconjuntos, até chegar à noção de sistema, a forma de todas as formas, segundo E. Husserl; podemos sentir como é grande e complexa a presença lógica num ordenamento jurídico qualquer.

A lógica (do grego *logiké*) é, apenas, um ponto de vista sobre o conhecimento. Nesse sentido, expressaria a dimensão formal de toda e qualquer linguagem, representada pelo conjunto das regras morfológicas e sintáticas que presidem à composição dos signos, bem como o grupamento dos modos possíveis de associação entre tais unidades, tendo em vista a geração de estruturas cada vez mais complexas. É "lógica" também a ciência que estuda essa estrutura formal, analisando os entes e as relações que se verificam nesse setor do mundo ideal. Integra a parte da Filosofia que trata do conhecimento e, entre os gregos, inicialmente, assumiu a feição de arte ou dom de produzir argumentos de maneira habilidosa, com o fito de organizar a mensagem, ensejando o conhecimento. Evoluiu, em seguida, para tornar-se um conjunto de proposições cujo objetivo ia mais além, oferecendo critérios para a determinação da própria validade dos esquemas intelectuais que buscavam o valor "verdade". O núcleo das preocupações lógicas passou a estudar os mecanismos que governam o funcionamento do pensar humano, isolando-se a temática do pensamento naquilo que se podia considerar o quadro das relações possíveis entre as várias formas de manifestação do intelecto.

Mas, é importante dizer que por esse prisma de análise, a lógica existirá, única e exclusivamente, ali onde houver linguagem. Mais ainda, suas variações estarão ligadas às funções que a linguagem cumpre no contexto comunicacional, de tal maneira que as alterações do uso linguístico determinarão modificações relevantes nos padrões lógicos a serem empregados. Dito de outro modo, a pragmática da comunicação humana será o caminho imprescindível para a certificação do tipo de lógica com que devemos trabalhar. Para a linguagem utilizada na função crítico-descritiva de situações objetivas, a lógica é chamada "formal", "menor", "logica clássica", "alética" ou "apofântica", na qual os valores são a "verdade" e a "falsidade"; tratando-se da função interrogativa, teremos a "lógica erotética", com seus valores "cabível" ou "incabível", "pertinente" ou "impertinente"; se a função for a persuasiva, os valores serão "convincente" ou "não convincente"; para a linguagem empregada na função prescritiva de condutas, lidaremos com os valores "válido" e "não válido". Isso, nos horizontes das chamadas "lógicas bivalentes", porque na pesquisa do plano formal das linguagens, levando-se em conta suas oscilações funcionais, muitas lógicas foram criadas. Com o passar do tempo, apareceram estudos alentados sobre a matéria, de tal sorte que se fala, hoje, em muitas outras lógicas.

Pois bem, explorando a temática da linguagem, sob o enfoque da função pragmática do discurso, vamos aproximando-nos daquilo que chamamos de "lógica jurídica", expressão ambígua utilizada para mencionar a linguagem prescritiva do direito posto, mas também empregada para fazer referência à linguagem da Ciência do Direito e ao estudo do complexo de formas de argumentação, que surpreende o sentido retórico das comunicações jurídicas. Essas três "lógicas" se acomodam dentro do campo semântico da expressão "lógica jurídica", com os nomes, respectivamente, de "lógica deôntico-jurídica", "lógica da ciência jurídica" e "lógica da retórica jurídica".

Examinada como ciência, a lógica consiste num discurso linguístico que se dirige a determinado campo de entidades. Esse domínio é o universo das formas lógicas, situado na região ôntica dos objetos ideais, que, portanto, não têm existência concreta, real, não estão na experiência e são axiologicamente neutros. Apreendemo-los pelo ato gnosiológico da intelecção e o método que se lhes aplica é o racional dedutivo. Convém insistir, porém, que essas formas ideais só existem onde houver qualquer manifestação de linguagem, por insignificante que seja. Não há lógica na floresta, no fundo dos oceanos ou no céu estrelado: torna-se impossível investigarmos entes lógicos em qualquer outra porção da existência real que não seja um fragmento de linguagem. O saber lógico pressupõe a linguagem, que é seu campo de eleição, e a ela se dirige não como fim temático e sim como índice temático, para recolher a lição de E. Husserl, oportunamente lembrada por Lourival Vilanova (*As estruturas lógicas e o sistema do direito positivo*, São Paulo, 2010). Tudo porque o pensamento humano se acha indissociavelmente jungido à linguagem, meio exclusivo de fixar o produto da atividade cognoscitiva e de transmiti-lo nas situações comunicacionais. Ora, transportando essas considerações para o campo do direito, podemos falar numa lógica deôntico-jurídica que terá como objeto a linguagem dos enunciados prescritivos; de uma lógica da Ciência do Direito, preocupada com os enunciados crítico-descritivos, proferidos pelos juristas; e de uma lógica retórica, voltada para a força e a eficácia das combinações argumentativas.

2. A caminho da formalização

Toda vez que passamos da observação de objetos particulares para uma conclusão geral sobre todos os indivíduos de classe, estaremos diante do processo de generalização. O método que lhe convém é o indutivo, que parte de enunciados protocolares e, sem esgotar o universo de fatos da mesma índole, pretende extrair lei geral, válida inclusive para os acontecimentos não submetidos à experiência. O enunciado conclusivo seria explicativo do subconjunto dos enunciados protocolares examinados, bem como de seu complemento, isto é, aquele formado pelos eventos não empiricamente testados. O método indutivo ergue-se sobre a base da regularidade objetiva dos fenômenos do mundo e de sua cognoscibilidade pelo homem. Trilhando caminho oposto ao da dedução, pelo raciocínio indutivo, realizamos a síntese, ao passo que pelo dedutivo, elaboramos a análise. Mas, a indução de que falamos é a *incompleta*, roteiro iterativo e constante no quadro das ciências naturais, na Sociologia, na Psicologia etc. A chamada *indução completa*, cuja conclusão geral exaure a coleção dos objetos investigados, supõe universos finitos além de não muito numerosos.

Retomemos a generalização, enquanto processo, para dizer que em seu percurso, quer finito ou infinito o universo de objetos, desde o primeiro registro à conclusão generalizante, o observador não abandona, um momento que seja, o domínio demarcado. Em outras palavras, permanecerá operando no mesmo campo semântico, do começo ao fim. Se a área de verificação constituir-se de metais, por exemplo, sairá o interessado pesquisando, de espécie em espécie, até chegar ao conceito genérico que postula obter, mas conservar-se-á sempre, rigorosamente, dentro da região material dos metais. Caso dirigisse a pesquisa para o lado jurídico dos contratos e outro tanto ocorreria, pois o estudioso não cessaria de falar nessa figura, começando pelos tipos específicos que for encontrando, até surpreender os traços gerais integrantes de todo e qualquer contrato, sem jamais ultrapassar os limites que circunscrevem a matéria. Eis a característica da generalização: atua com conteúdos significativos constantes e uniformes, variando apenas os acidentes que identificam as espécies.

Formalizar, entretanto, é algo bem diferente. Nesse processo, deixamos de lado os núcleos específicos de significação das palavras, para ficarmos com signos convencionalmente estabelecidos, que não apontam para este ou para aquele objeto particular e sim para o objeto em geral. No lugar de

João ou de Pedro ou de Antonio ponho "S", que é o homem em geral, podendo ser substituído tanto por João, quanto por Pedro ou por Antonio. Trata-se de despojarmos a linguagem natural, técnica, científica ou qualquer outra, de seus teores estritos de significação, substituindo-os por símbolos que expressem os objetos em geral, os predicados em geral, além das partículas que cumprem funções meramente sintáticas ou operatórias. Desse modo, edificamos um sistema de conhecimentos reduzido às suas estruturas meramente formais, em que os conteúdos empíricos ou intuitivos são postos entre parênteses, para que surjam, à evidência, as relações sintáticas do discurso. É o instrumento eficaz para contemplarmos os vínculos associativos que ligam os vários signos de um mesmo sistema, expondo, às claras, o plano sintático daquele conjunto. Utilizando outros torneios, podemos dizer que é pela formalização que chegamos ao domínio das formas lógicas. Sim, porque generalizando não conseguimos nos desprender do campo de irradiação semântica de cada palavra, permanecendo, como já vimos, na região dos conteúdos materiais. Agora, na formalização, há um *descontinuum* que representa verdadeiro salto para o território das entidades lógicas. É por isso que depois de substituir "João é médico" por "S é P", em que "S" é o tópico dos objetos e "P", dos predicados, posso, perfeitamente, aplicar a proposição "S é P" em domínio estranho, para significar que "o próton é integrante do núcleo dos átomos", que "o metal é bom condutor de eletricidade", que "a água do mar é salgada", que "o homem é racional", que "a consciência é doadora de significado ao mundo". Note-se que os exemplos oferecidos ajustam-se todos à mesma forma proposicional, variando apenas a circunstância de o objeto, que é sujeito de uma predicação, estar num sintagma nominal mais ou menos complexo, e também assim no que concerne ao sintagma verbal, onde está o predicamento. Chegaremos então ao patamar das formas lógicas e o faremos pelo caminho da formalização. De lá, se quisermos, é fácil retroceder, bastando saturar as variáveis lógicas com as significações de uma linguagem-de-objetos qualquer. É o percurso inverso: a desformalização. Desapareçem os símbolos notacionais e, em seus lugares, surgem palavras carregadas de significação e pertencentes a certo domínio material. Vale a proporção segundo a qual a generalização está para a particularização assim como a formalização, para a desformalização.

Cabe advertir que a formalização a que nos referimos não se confunde com a atividade de abstração, usada com tanta frequência em todos os níveis da comunicação. Nesta última, a mente humana provoca um corte conceptual, de modo que logra separar o inseparável, como no isolamento de propriedades físicas de um objeto que percebemos pela intuição sensível.

A formalização ou abstração lógica tornou-se ferramenta indispensável ao matemático, ao lógico, ao filósofo, ao linguista, ao que lida com informática e a todos aqueles que pretenderem conhecer a fundo e aprimorar a organização de seu discurso, cuidando zelosamente da dimensão sintática da linguagem. Basta levarmos em conta os sistemas idiomáticos para ver, com clareza, a imprescindibilidade dos controles gramaticais, em grande parte responsáveis pelo sentido preciso das mensagens. Atinemos para que a boa construção da frase é pressuposto inafastável do entendimento comunicacional e as regras de seu uso adequado estão na sintaxe.

3. As estruturas lógicas

Generalizando, não atingiremos a região do *logos*, permanecendo envolvidos com os núcleos de significação de uma linguagens-de-objetos ou de metalinguagem material. Tão somente o processo de formalização libertar-nos-á da concretude imanente daquelas linguagens, propiciando o salto para o universo das formas lógicas, autônomo e irredutível. Nele, toparemos com entidades que convivem de modo harmonioso, formando um todo que se movimenta por força de combinações que o cálculo do conjunto admite. Sabemos da existência de unidades, como sabemos a maneira pela qual ocorrem as articulações possíveis entre essas unidades. Mas, sobre a natureza das formas lógicas, nada há para afirmar-se: são conceitos primitivos, situados na raiz do fenômeno do conhecimento, sendo, portanto, indefiníveis. Aliás, são indefiníveis não só as formas lógicas, como o próprio domínio que as recolhe e organiza. Por não consubstanciarem noções derivadas, e sim originárias, fundantes, ser-nos-á vedado o ingresso em sua ontologia: um véu espesso permanecerá encobrindo tais essências. O obstáculo, contudo, não é suficiente para tolher esforços no sentido de isolar esse cosmos e estudá-lo nas suas funções.

Naquilo que diz respeito à lógica da Ciência do Direito, o estudo das estruturas proposicionais nos conduz a uma visão interna das proposições em que se conjugam variáveis de objeto e variáveis de predicado, como *categoremas*; além de partículas que cumprem papéis meramente sintáticos dentro do esquema proposicional (operadores ou functores e quantificadores), isto é, *sincategoremas*. A fórmula clássica da estrutura proposicional, na Lógica Apofântica: S é P, mostra S e P como categoremas (S é variável de objeto e P variável de predicado), enquanto o "é", apofântico, faz as vezes de sincategorema. Há situações em que o termo-objeto, o termo-predicado ou ambos são compostos, aparecendo então conectivos como *e* e *ou*, ligando os símbolos integrantes. N'outras, o termo vem afetado por quantificador, do tipo *todos, nenhum, alguns, pelo menos um*.

O universo das formas lógicas, porém, não termina com as indagações intraproposicionais. Estas se integram em estruturas mais complexas, até alcançarem a condição limite de sistema, *a forma das formas*, no dizer de Husserl. E as associações se fazem por meio de conectivos (*negador, conjuntor, disjuntor-includente, disjuntor-excludente, condicional e bicondicional*). Outras regras sintáticas disciplinam a conjugação de proposições, numa combinatória apta para a elaboração de infinitas fórmulas, todas rigorosamente pertinentes ao sistema.

4. A chamada "lógica formal" e a metodologia – as estruturas do direito positivo

A Lógica de que vimos falando é a chamada Lógica Formal ou Lógica Menor, que tem por objetivo o estudo das formas do pensamento, isto é, das ideias, dos juízos e dos raciocínios, bem como de seus correlatos verbais, a saber, dos termos, das proposições e dos argumentos, fazendo-se abstração dos conteúdos significativos a que se aplicam aqueles esquemas. Trata-se de examinar as estruturas do conhecimento, independentemente do objeto mesmo do conhecimento, o que lhe outorga foros de validade universal, uma vez que suas leis estão prontas para incidir em qualquer província do saber. Observe-se, contudo, que a locução "Lógica Formal" não pode escapar da crítica de ser redundante, pois, como ficou registrado, o único caminho capaz de conduzir-nos ao domínio das formas lógicas é o da formalização. A linguagem da lógica é necessariamente formalizada, carecendo de sentido acrescentarmos o adjetivo "formal". Ao cabo de contas, toda lógica é formal.

Quando, porém, o homem se nutre dos recursos dessa lógica e se dirige a um determinado segmento especulativo, em atitude cognoscente, da aplicação daquelas leis universais ao campo particular proposto, surge a Lógica Aplicada, Lógica Maior, Lógica Material ou, simplesmente, Metodologia. Neste exato sentido, Metodologia significa adaptação da Lógica Menor a uma específica região material. Tenhamos presente que a Lógica Menor ou Lógica Apofântica ou Lógica Alética está credenciada tão só para revelar a sintaxe da linguagem com função descritiva de situações, não servindo à linguagem das ordens, das perguntas ou da linguagem poética.

Evoquemos, novamente, as considerações a respeito do rumo seguido para alcançar o estrato das formas lógicas: partimos da experiência do fato comunicacional e, pelo processo de formalização, fomos retirando os conteúdos de significação das palavras, até o ponto de despojarmos o fragmento de linguagem com que trabalhamos de todo sentido determinado. Remanesceram símbolos representativos do objeto em geral, do predicado em geral, além de partículas operatórias que exercem apenas função sintática. Nesse instante, atingimos as entidades lógicas, nuamente expostas, como estruturas abertas para receber qualquer tipo de objeto e qualquer tipo de predicado, o que lhes atribui *status* de universalidade.

O procedimento que nos leva ao formal é sempre o mesmo, variando somente o domínio de objetos a que nos dirigimos. Da multiplicidade dessas variações, advém a quantidade de métodos que os muitos setores reclamam em razão de suas peculiaridades existenciais. E, nesse meio, há de estar o jurídico, com seu modo específico de existir. Cada porção do real representa uma incisão profunda, mas abstrata, imposta pelo ângulo de análise que satisfaz o interesse do sujeito do conhecimento. Este, por sua vez, não ignora a natureza contínua e heterogênea do mundo que o envolve, procurando, enquanto sujeito transcendental, romper aquela continuidade extensiva e intensiva para extrair o descontínuo homogêneo sobre que fará incidir o feixe de suas proposições descritivas. Mas, é evidente que o objeto de tal maneira recortado reivindica um meio próprio de aproximação e de exploração cognoscitiva, em outras palavras, um método. Daí a insistente asserção, segundo a qual a cada ciência corresponde uma metodologia, ainda que um único método admita técnicas diferentes de implantação e de operação. A via racional-dedutiva, por exemplo, utilizada para a intelecção dos objetos ideais, não pode substituir o processo empírico-indutivo, empregado na explicação generalizadora das ciências naturais, em virtude de razões que provêm da própria ontologia objetal: enquanto os primeiros não têm existência espaço-temporal, não se prestando à experiência, os últimos são reais e empíricos, pouco importando o traço comum de neutralidade axiológica que une tais objetos. Ainda mais: os métodos racional-dedutivo (adequado ao plano dos objetos ideais) e empírico-indutivo (objetos naturais) não convêm à investigação dos objetos culturais, sempre valiosos, positiva ou negativamente. Aqui, o ato cognoscente já é outro – a compreensão – e o caminho a ser percorrido é o método empírico-dialético.

O direito positivo, como camada de linguagem prescritiva de condutas, é uma construção do ser humano, que está longe de ser um dado simplesmente ideal, não lhe sendo aplicável, também, as técnicas de investigação do mundo natural. As unidades normativas selecionam fatos e regulam condutas, fatos e condutas recolhidas no campo do social. Ora, o fato social, como processo de relação, é um fenômeno com sentido e, sem ele (sentido), que imprime direção aos fatos sociais, é impossível compreendê-los. Os fatos jurídicos, quer os previstos nos antecedentes das normas, quer os prescritos na fórmula relacional dos consequentes, apresentam-se na forma de fenômeno físico, relações de causas e efeitos, mais o sentido, isto é, o fim jurídico que os permeia. Sem a significação jurídica, que presidiu a escolha do evento e inspirou a regulação da conduta, não se há de falar em fatos jurídicos e relações jurídicas. Essa parte do mundo empírico pede tratamento especial, que atente para seu lado dinâmico de ações e reações, no esquema de causa e efeito, mas que o considere, fundamentalmente, naquilo que ele tem de significação, de sentido.

Quem se propuser conhecer o direito positivo não pode aproximar-se dele na condição de sujeito puro, despojado de atitudes ideológicas, como se estivesse perante fenômeno da natureza. A neutralidade axiológica impediria, desde o início, a compreensão das normas, tolhendo a investigação. Além do mais, o conhecimento jurídico já encontra no seu objeto uma autoexplicação, pois o direito fala de si mesmo e este falar-de-si é componente material do objeto. Daí a função reconstrutiva do saber jurídico, expressa nas proposições da Ciência do Direito.

5. Os valores lógicos da linguagem do direito positivo e seus modais

Válido e não válido são os dois (e somente dois) valores lógicos das proposições do direito posto, que não se confundem com os modalizadores das condutas intersubjetivas. Estes são três e somente três (lei deontológica do quarto excluído): obrigatório (Op), proibido (Vp) e permitido (Pp). O chamado comportamento facultativo (Fp) não é um quarto modal, precisamente porque se resolve sempre numa permissão bilateral: permitido cumprir a conduta, mas permitido também omiti-la (Pp . P-p).

Em linguagem formalizada, dirigindo a atenção para a norma jurídica, completa no seu mínimo deôntico, chegaremos a duas implicações: a da norma primária e a da norma secundária, unidas pelo conectivo disjuntor-includente. A título de exemplo, utilizando o sistema notacional inglês, de Bertrand Russel, podemos representá-la assim: D [(f → r) v (-r → s)], o que possibilita perceber a drástica redução que se promove nos textos do direito positivo, para alcançar a universalidade própria da lógica. Nesse primeiro contato, porém, não aparecem os functores deônticos intraproposicionais, que estão contidos no consequente das implicações. Comparece, todavia, o functor interproposicional, representado na fórmula pelo "D". Em termos de metalinguagem, diríamos: deve-ser que se ocorrer o fato "f", então se instaure a relação "r", ou se não for cumprida a conduta estabelecida na relação "r", seja aplicada a sanção "s".

Como se vê, a lógica é apenas um ponto de vista sobre o conhecimento, de modo que ultrapassar seus limites, conduz ao *logicismo*. Como salienta Geraldo Ataliba, ao prefaciar a citada obra de Lourival Vilanova, a experiência jurídica integral levará em conta todos os aspectos constituintes do dado: o *lógico* nos enunciados, o *empírico*, nos dados-de-fato, *valorativamente* selecionados da realidade física e social (que, por isso, se qualifica juridicamente, ou se torna juridicamente relevante). Considerações como essa nos permitem perceber que a lógica, por si só, não é suficiente para ir à concreção material da experiência jurídica, isolando, na integridade da amplitude empírica do direito, tão só os caracteres formais das normas.

A LÓGICA HODIERNA E A CIÊNCIA DO DIREITO

Newton C. A. da Costa

Doutor *Honoris Causa* pela UFPR, UFSC e UFPB. Professor Titular da USP e Professor emérito da UNICAMP.

Cesar Antonio Serbena

Doutor em Direito pela UFPR. Professor Associado da UFPR.

Mauricio Dalri Timm do Valle

Doutor em Direito pela UFPR. Professor do UniCuritiba.

Sumário: 1. Introdução – 2. A lógica atual – 3. Lógica deôntica e direito: 3.1 A lógica deôntica de G. H. Von Wright: formulações normativas, normas e proposições normativas; 3.2 O sistema clássico de lógica deôntica de Von Wright (1951); 3.3 Desenvolvimentos posteriores – 4. Exemplos de aplicação da lógica ao direito tributário: a regra-matriz de incidência tributária de Paulo de Barros Carvalho, e o modelo para os sistemas normativos de Carlos Alchourrón e Eugenio Bulygin: 4.1 Aplicação da regra-matriz de incidência tributária ao IPI; 4.2 Esquema lógico de representação formal da regra-matriz de incidência tributária do IPI; 4.3 O modelo para os sistemas normativos de Carlos Alchourrón e de Eugenio Bulygin; 4.4 A aplicação do modelo para os sistemas normativos de Carlos Alchourrón e de Eugenio Bulygin e a reconstrução do sistema normativo do IPI – Referências – Indicações bibliográficas.

1. Introdução

Nos cursos de Direito no Brasil, não é comum que a Lógica conste no rol das disciplinas tidas como preparatórias para as Disciplinas dogmáticas, como o Direito Civil, o Direito Penal, o Direito Processual, o Direito Constitucional etc., e que geralmente são ensinadas no primeiro ano dos cursos universitários. Como é sabido, são disciplinas obrigatórias dos currículos jurídicos: a Introdução ao Direito, a Economia Política, a Filosofia Jurídica, a Sociologia Jurídica, e a Metodologia Científica, entre outras. Algumas instituições de ensino jurídico optam ainda em ofertar, no núcleo preparatório, disciplinas como: o Português, Hermenêutica Jurídica e Argumentação, mas são raros os currículos que ofertam a Lógica.

Seria interessante investigar as causas desta omissão, porém, não será o propósito do presente artigo. Nele, pretendemos expor o quadro atual da Lógica, e como e por que ela deve ser considerada uma disciplina essencial para a Metodologia Jurídica e para a Teoria do Direito.

Uma das prováveis razões para o esquecimento da Lógica pelos juristas no Brasil foi a ingênua associação que se fez da sua vinculação ao Formalismo jurídico e ao que se considerou uma versão do Positivismo Jurídico. Considerou-se que a Lógica era um instrumento do formalismo, e ao privilegiar-se a interpretação do sentido lógico das normas jurídicas, o intérprete estaria deixando de lado ou mesmo omitindo o apelo da realidade social, que necessitava não de uma interpretação formalista, mas de uma interpretação realista e favorável ao que se consideravam as necessárias transformações sociais.

A Ciência do Direito Tributário Brasileiro curiosamente foi uma exceção a este contexto histórico. Com os estudos pioneiros no Brasil de Lourival Vilanova, Alfredo Augusto Becker, Geraldo Ataliba e Paulo de Barros Carvalho, os tributaristas brasileiros incorporaram o estudo da Lógica Jurídica e da Ciência do Direito como necessários e preliminares ao estudo da Ciência do Direito Tributário, sendo este um preceito metodológico mantido até os dias atuais.

A partir deste contexto, pretendemos, no presente artigo, expor o estado atual da Lógica, desfazendo algumas concepções equivocadas da Lógica que ainda persistem nos meios acadêmicos, e apontar resultados recentes que demonstram que a Lógica não é uma ciência pronta e acabada, mas que avança extraordinariamente nos dias atuais, em termos de resultados, complexidade e especialidades, além de oferecer modelos sofisticados para a análise das normas jurídicas e dos sistemas jurídicos.

2. A lógica atual

Basicamente, a Lógica atual deve ser entendida como o resultado de três processos ou fatores fundamentais: (1) A partir do final do século XIX, a lógica passou por uma profunda e revolucionária transformação, a partir dos trabalhos de Boole, Frege, Whitehead e Russell. A lógica deixou de ser uma disciplina exclusivamente filosófica para amalgamar-se com a matemática; (2) a relativização de alguns de seus pressupostos, presentes na lógica clássica, e que originou uma grande variedade de sistemas, dentre eles os sistemas não clássicos; e (3) a obtenção de resultados não triviais, fazendo com que a solução dos grandes problemas da lógica tivessem a mesma profundidade e alcance da solução dos grandes problemas matemáticos.

(1) Neste sentido, consiste em uma redundância atualmente definir a Lógica como Lógica Matemática, como se houvesse uma lógica que não fosse Matemática. A lógica atual é essencialmente de cunho matemático, formalizada com símbolos e técnicas que fazem parte do próprio desenvolvimento da Lógica enquanto disciplina.

A análise silogística, sendo uma parte da Lógica aristotélica e que anteriormente era ensinada nos cursos de Filosofia, continua tendo importância para as ciências humanas e o Direito, porém não se pode afirmar que o silogismo aristotélico esgota toda a Lógica, e que, quando observamos a Lógica atual, estamos tratando de uma Lógica para matemáticos e não para juristas ou filósofos.

Frege pretendeu demonstrar que a aritmética é parte da Lógica, derivando as propriedades fundamentais da aritmética a partir das leis da Lógica. Frege, ao introduzir em sua linguagem o uso de quantificadores para ligar variáveis, ao incorporar a teoria das relações no âmbito da lógica, ao formular uma terminologia para funções e argumentos derivada da matemática, iniciou uma abordagem que define o caráter matemático da Lógica atual.

(2) No século XX, surgiram sistemas de lógica alternativos aos sistemas clássicos. Pode-se entender por lógica clássica o cálculo proposicional usual, o cálculo clássico de predicados de primeira ordem, com ou sem igualdade, ou alguma de suas extensões, como o cálculo de predicados de ordem superior ou alguma teoria de conjuntos, como a teoria de Zermelo-Fraenkel. Os sistemas clássicos baseiam-se em vários princípios. Apenas para mencionar os principais, estes princípios seriam o princípio da contradição (ou não contradição), do terceiro excluído e da identidade. A formulação linguística destes princípios pode variar bastante, porém, podemos traduzi-los, sem muito rigor, pelas expressões "de proposições contraditórias, uma das quais é a negação da outra, uma delas é falsa", ou "dentre duas proposições contraditórias, uma delas é verdadeira, e não há uma terceira possibilidade", e ainda "todo objeto é idêntico a si próprio". Estas seriam as traduções do princípio da contradição, do terceiro excluído e da identidade, respectivamente.

As lógicas que derrogam os princípios acima mencionados podem ser denominadas de lógicas paracompletas, lógica paraconsistente e lógicas não reflexivas. As lógicas paracompletas admitem para as suas proposições, valores verdade que não se restringem ao verdadeiro e falso, podendo haver uma infinidade de valores intermediários, como é o caso das lógicas polivalentes. Para as lógicas paraconsistentes não vale, em geral, o princípio da contradição. Elas podem servir de lógica subjacente a teorias que admitem contradições ou inconsistências. A princípio, a lógica subjacente dos códigos de normas legais é paraconsistente, pois é usual que as normas legais não coincidam completamente e uma norma legal possa negar outra norma legal. E para dar um exemplo de lógica não reflexiva, o leitor poderá pensar em uma lógica para a noção de causa: se "p" causa "q", não faz sentido pensar "q" causa "p" ou que "p" causa "p".

Deste modo, até a primeira metade do século XX, supunha-se que havia apenas uma grande Lógica com os seus pressupostos clássicos. Durante o século XX e até os dias atuais, a Lógica desenvolveu-se em variadas direções, desde os sistemas que são extensões da Lógica clássica até sistemas que revisam e modificam um ou mais dos seus pressupostos.

No presente artigo, enfocaremos com mais detalhe a lógica deôntica, a qual foi desenvolvida originalmente como uma extensão da lógica clássica, a fim de incorporar os operadores deônticos obrigatório, proibido e permitido. Tais lógicas desenvolveram-se rapidamente a partir da década de 50 do século XX, e se estabeleceram como uma ferramenta conceitual e metodológica, essencial na análise das normas jurídicas e dos sistemas jurídicos.

(3) As histórias da matemática e da Lógica, no final do século XIX e nas primeiras décadas do século XX, revolucionaram profundamente estas duas disciplinas. Seria impossível em poucas linhas descrever todos os detalhes e episódios deste fascinante período. Sendo assim, mencionaremos superficialmente apenas dois tópicos, a fim de sensibilizar o leitor para o alcance da Lógica contemporânea na resolução de alguns grandes problemas da Matemática.

O primeiro deles foi o aparecimento dos paradoxos na teoria dos conjuntos, no final do século XIX, o qual originou uma das grandes crises da história da matemática. Um dos grandes problemas desta época era assentar os fundamentos da matemática em bases sólidas, que não envolvessem contradições. As tentativas de solução ao problema dos paradoxos que mais tiveram repercussão foram a axiomatização da teoria de conjuntos, feita inicialmente por Zermelo, e a formulação da teoria dos tipos por B. Russell.

O segundo compreende os teoremas atribuídos a K. Gödel, espelhando a sua importância como um dos maiores lógicos e matemáticos de todos os tempos. É comum entender-se que, por *teoremas de Gödel*, quer-se dizer *teoremas de incompletude de Gödel*, sendo publicados e conhecidos em 1931. Como sintetizou D. Krause:

> Em linhas gerais, estes teoremas estabelecem o seguinte: (1) Uma teoria matemática que seja consistente (isto é, não encerre contradições) e que seja suficientemente forte para que nela se possa exprimir pelo menos a aritmética elementar, não pode ser formalizada de modo *completo*, isto é, não poderemos derivar todas as suas "verdades" a partir de um conjunto de axiomas, por mais que se reforcem os axiomas iniciais, e (2) tais teorias não podem ser provadas consistentes com os recursos delas próprias, mas somente lançando-se mão de teorias *mais fortes*.[1]

Os resultados de Gödel causaram um grande impacto na matemática contemporânea, criando as técnicas para uma definição sensata de função recursiva, e para a análise da indecidibilidade e da computabilidade das teorias formalizadas.

Concluindo este breve tópico, basta mencionar que os resultados de Gödel abriram as portas para a moderna teoria da Computação de A. Turing e para a investigação do problema da verdade para as linguagens formalizadas por A. Tarski. Por isso, há muito tempo, a Lógica deixou de ser apenas o estudo das formas válidas de raciocínio, para constituir-se como uma disciplina tão avançada e sofisticada como a Matemática e a

---

1. D. KRAUSE. Aspectos da Lógica Atual, p. 225. *Revista Brasileira de Filosofia*, Vol. XXXVIII, fasc. 155, jul./ago./set. 1989.

Física atualmente o são, cobrindo uma vasta gama de disciplinas e teorias com um alto grau de especialização.

A lógica deôntica, como objeto central do presente artigo, é, portanto, apenas uma especialidade dentro do campo atual da Lógica Contemporânea. Nos próximos parágrafos, passaremos a expô-la com maiores detalhes.

3. Lógica deôntica e direito

A palavra *lógica* é ambígua. Ela pode denotar uma ciência ou uma estrutura de natureza determinada.[2] A lógica é um sistema teórico que recompila, generaliza, abstrai e reconstrói, em fórmulas, as relações aceitáveis entre as proposições, desconsiderando o seu conteúdo, ou seja, de modo formal. Lógica é "qualquer classe de cânones de inferência baseada num sistema de categorias".[3] Denominam-se *categorias* os conceitos muito gerais pertencentes aos vários ou a todos os ramos da ciência. A um dado sistema de categorias, que poderá fundamentar certas sistematizações racionais, associa-se uma lógica, que determina as inferências válidas naquele sistema de categorias. Qualquer lógica exige a fixação de uma família de linguagens. Isso porque, sem a linguagem, a lógica não poderia expressar suas regras.

Não há uma única lógica. Ao lado da *clássica*, que é a lógica usualmente subjacente às ciências da natureza, existem, por exemplo, a lógica intuicionista, a lógica polivalente e a lógica paraconsistente, que são as chamadas lógicas *hetorodoxas* ou *não clássicas* e podem ser consideradas como uma das maiores revoluções do nosso tempo.[4]

---

2. N. C. A. DA COSTA. *Lógica indutiva e probabilidade*. 3. ed. São Paulo: Humitec, 2008, p. 16.

3. N. C. A. DA COSTA. *Lógica...*, *op. cit.*, p. 14.

4. "...as novas lógicas mostraram que logicidade e racionalidade não se identificam; nas sistematizações racionais, podemos utilizar lógicas distintas da clássica ou ortodoxa, caso isso nos seja conveniente. As concepções tradicionais da razão se

Um sistema lógico L será não clássico ou heterodoxo se sua linguagem diferir da linguagem da lógica clássica, principalmente no que se refere à sua interpretação semântica; ou se alguns dos princípios centrais da lógica tradicional como, por exemplo, o do terceiro excluído, o da não contradição ou o da identidade, não valerem em L.

É importante lembrarmos que há lógicas heterodoxas que foram propostas como complemento da lógica clássica, como a lógica modal comum e a lógica do tempo, e lógicas heterodoxas formuladas com a pretensão de substituir a lógica clássica, como, por exemplo, a lógica intucionista e a lógica paraconsistente. Ressalte-se, entretanto, que mesmo estas podem não rivalizar com a lógica clássica, complementando-a.[5]

As primeiras investigações sobre as propriedades lógicas dos conceitos de modalidade, como "Necessário" e "Possível", remontam à Aristóteles, e tiveram um forte impulso durante a Idade Média. Porém, foi com Leibniz que a lógica das modalidades e a lógica deôntica adquiriram uma maior sistematização e maturidade. Alguns historiadores da filosofia, inclusive, apontam Leibniz como o principal fundador da Lógica Deôntica. No início do século XX foi E. Mally quem renovou o interesse dos filósofos e lógicos sobre o tema, investigando a lógica dos Imperativos. A formulação proposicional e axiomática da lógica deôntica contemporânea é devida a Miró Quesada, G. Kalinowski e a George Henrik von Wright, sendo este último o mais conhecido, debatido e difundido.

G. H. von Wright deixou uma vasta obra, cobrindo variados temas da Filosofia e da Epistemologia, como a probabilidade, a lógica modal, a lógica deôntica, a filosofia da ciência, a filosofia da linguagem e até a Ética. Estaria fora dos

---

evidenciaram impotentes para dar conta do novo estado de coisas, o que está originando, como não poderia deixar de ser, uma outra maneira de se encarar a indução. Por esta circunstância é que devemos nos ocupar dessas lógicas" - N. C. A. DA COSTA. *Lógica...*, *op. cit.*, p. 14.

5. N. C. A. DA COSTA. *Lógica....* *op. cit.*, p. 18.

propósitos da presente exposição abarcar toda a sua obra em lógica deôntica. Portanto, enfatizaremos apenas a Lógica da Ação e o primeiro sistema de Lógica deôntica de Von Wright, a fim de apresentar ao leitor as noções básicas da lógica deôntica e como, a partir dela, podem ser construídas aplicações interessantes para a análise das normas jurídicas e dos sistemas jurídicos, como apresentaremos ao final do artigo.

3.1 A lógica deôntica de G. H. Von Wright: formulações normativas, normas e proposições normativas

Uma importante distinção é aquela entre *norma, formulação da norma* e *enunciado normativo* ou *proposição normativa*. Trataremos, neste primeiro momento, da distinção entre *norma* e *formulação da norma*. Esta última, para Von Wright, é o signo ou o símbolo, ou melhor, o conjunto das palavras usadas para formular uma norma. A essa formulação, em determinados casos,[6] costuma-se chamar *promulgação*. Ainda tratando deste tema, o filósofo finlandês lembra a distinção entre as *dimensões semânticas* entre *sentido* (conotação, significado) e *referência* (denotação). Aquele diz respeito à proposição que a sentença descritiva expressa, enquanto a última é o fato que faz da proposição, expressada pela sentença descritiva, verdadeira. Entretanto, Von Wright é da opinião de que seria um equívoco examinar a diferença entre *normas* e *formulações das normas* considerando-as como dimensões semânticas. Isso porque as semânticas dos discursos prescritivo e descritivo são diferentes. E com base nisso, afirma Von Wright que não se deve pensar que as ferramentas conceituais aplicáveis ao discurso descritivo sejam perfeitamente aplicáveis ao discurso prescritivo. De fato, chama-lhe a atenção o fato de que as normas da espécie *prescrições* não são nem a *referência* e nem o *sentido* da correspondente *formulação da norma*, o que

---

6. A promulgação é o nome que frequentemente se atribui à formulação das prescrições, que são, para von Wright, um tipo de normas, no qual se enquadra o Direito Positivo, chamadas pelo filósofo finlandês de *leis do estado*.

o leva a questionar-se qual seria a relação entre a *formulação da norma* e a *norma*. Segundo ele – e tratando de prescrições – a *promulgação* seria uma ligação essencial no – ou parte do – processo por meio do qual a norma se origina ou passa a existir. Este seria o uso executivo da linguagem, que é imprescindível para o estabelecimento da relação entre a autoridade normativa e o sujeito normativo. Assim, as *prescrições* dependem da linguagem. Sua existência – das prescrições – pressupõe o uso da linguagem nas formulações das normas.[7]

Em seguida, e desconsiderando formulações de normas que sejam gestos ou sinais, Von Wright passa a analisar os *tipos gramaticais* de sentenças particularmente importantes para a linguagem das normas. São elas: i) as sentenças imperativas e ii) as sentenças deônticas.[8] As primeiras, orações no modo imperativo e, as segundas, sentenças que contenham verbos auxiliares deônticos, tais como *deve, pode* ou *tem que não*. No que se refere às relações entre as sentenças imperativas e as normas, Von Wright sustenta ser conveniente examiná-las respondendo a duas indagações: i) se as orações imperativas se usam exclusivamente como formulações de normas; e ii) se podem todas as normas formularem-se por meio de orações imperativas. A primeira pergunta é respondida de forma negativa. Isso porque, segundo o filósofo finlandês, ainda, que *imperativo* signifique, em sua origem, o mesmo que mandar, há vários usos dessa forma – imperativa – que não têm esse escopo, como, por exemplo, as preces, os pedidos e advertências. No que se refere à segunda pergunta, vem ela acompanhada de um complicador, qual seja, pelo fato de que

---

7. G. H. VON WRIGHT. *Norma y acción*. Madrid: Editorial Tecnos, 1970, p. 111-117.

8. É importante ressaltar que esses não são os únicos tipos gramaticais utilizados nas formulações de normas. Nas palavras do próprio autor: "No hay que pensar que las sentencias imperativas y deónticas son los únicos tipos gramaticales de sentencias que se usan en las formulaciones de normas. Sentencias indicativas que no son sentencias deónticas se usan también comúnmente para expresar normas. Cuando la norma es una prescripción y su expresión en palabras es una sentencia indicativa (ordinaria), se usa a menudo el tiempo futuro" - G. H. VON WRIGHT. *Norma...*, *op. cit.*, p. 116-117.

o caráter morfológico do modo imperativo é bastante confuso na maioria dos idiomas. De fato, para se dizer que um verbo está no modo imperativo é necessário, não raras vezes, examinar o contexto no qual ele está empregado, não sendo bastante a análise da forma gramatical, tão somente. É bem verdade que, usualmente, as sentenças imperativas utilizadas para a formulação de normas o são, principalmente, para enunciar *prescrições*. Isso, entretanto, não quer dizer que as sentenças imperativas sirvam, exclusivamente, para essa finalidade.[9]

---

9. "Las sentencias imperativas que se usan como formulaciones de normas se usan principalmente para enunciar prescripciones. Es hasta cierto punto plausible pensar que toda prescripción de carácter-O, es decir, mandatos y prohibiciones, puede expresarse por medio de una sentencia en modo imperativo – aunque parte de la plausibilidad nace de nuestra inclinación a hacer del significado de la sentencia un criterio para *llamar* imperativo a su modo –. Pero las prescripciones permisivas o prescripciones de carácter-P se expresan comúnmente por medio de sentencias deónticas, usando el verbo 'puede' en combinación con el verbo que expresa la acción permitida. Si tomamos los permisos por prohibiciones dirigidas a un 'tercero', podríamos argüir que pueden formularse indirectamente en términos de imperativos ('no intervenga...', 'permítale hacer...'). Pero aun así, subsiste el hecho de que los permisos, cuando se dirigen directamente al titular, se expresan normalmente por medio de sentencias-'puede'. Hay, si embargo, una especie de sentencias imperativas cuya función normal parece ser la de enunciar permisos. Me refiero a sentencias de la forma 'haga esto-y-esto, si quiere', o 'haga esto-y-esto, por favor'. Ocasionalmente, las sentencias imperativas de la forma categórica 'haga esto-y-esto' expresan también permisos y mandatos o prohibiciones. Si cuando voy andando por la calle y llego a la esquina el semáforo indica 'cruce ahora', la norma (prescripción) que se me dirige con estas palabras es un permiso para cruzar la calle y no un mandato de que lo haga. Sería pedante decir que un permiso está formulado incorrectamente porque está en el modo imperativo. Pero parece plausible considerar las sentencias imperativas de la forma categórica 'haga esto-y-esto', cuando se usan para enunciar permisos, como formas abreviadas o elípticas de sentencias imperativas hipotéticas: 'Haga esto-y-esto, si lo desea'. Así, pues, la luz del semáforo 'cruce ahora' dirigida a los peatones, es la abreviatura de 'cruze ahora, si lo desea'. Aunque las sentencias imperativas, en tanto que formulaciones de normas, se usan *principalmente* para enunciar las normas que llamamos prescripciones, sería un error pensar que se usan, en tanto que formulaciones de normas *exclusivamente* para ese propósito. Decir 'si quieres hacer la cabaña habitable, entonces caliéntala', no es gramaticalmente menos correcto que decir 'si quieres hacer la cabaña habitable, entonces debes calentarla'. Ambas sentencias se entendería ordinariamente que significan lo mismo. No sería correcto decir que con la primera sentencia se da un mandato y con la segunda una regla relativa a los medios para un fin. La función del modo imperativo es 'si quieres hacer la cabaña habitable, entonces caliéntala', y en 'si empieza a llover, entonces cierra la ventana', es diferente. La primera sentencia imperativa expresa una norma técnica, la segunda una prescripción (mandato,

Ao tratar das relações entre as sentenças deônticas e as normas, Von Wright propõe-se a responder às mesmas perguntas enfrentadas por ocasião do exame das relações entre as sentenças imperativas e as normas, ou seja: i) se se usam as sentenças deônticas principal e exclusivamente como formulações de normas; e ii) se podem todas as normas ser formuladas em termos de sentenças deônticas. O primeiro alerta de Von Wright é o de que ao responder a tais perguntas, deve-se atentar para o fato de que tanto a natureza do conceito de sentença deôntica como aquela do conceito de norma, são pouco precisas. A resposta à primeira pergunta, para o autor, é negativa, na medida em que as sentenças deônticas são utilizadas não somente para formulações normativas, como também para enunciar relações anankásticas – enunciados que indiquem que uma coisa é, ou não é, uma *condição necessária* para outra coisa – e, também, como *enunciados normativos*, sobre os quais trataremos adiante. Ao enfrentar a segunda pergunta, diz ser razoável pensar que sua resposta é afirmativa. Isso porque, em seu entender, as *sentenças deônticas* possuem uma *capacidade semântica* muito mais rica, enquanto formulações de normas, que as sentenças imperativas, por dois motivos. O primeiro deles, pela ausência de uma forma peculiar de "imperativo permissivo", que corresponde à palavra deôntica "pode". E, por fim, pelo fato de que, diferentemente do que ocorre com as sentenças imperativas, o uso das sentenças deônticas não se restringe à formulação de *prescrições*, mas sim de todo e qualquer tipo de norma.[10]

Examinemos, agora, aquilo que Von Wright chamou de *enunciado normativo*. O enunciado normativo, que é um sentença descritiva, tem por escopo *dar uma informação* sobre o *caráter* e o *conteúdo* de determinada norma, ou seja, se determinada ação é permitida, proibida ou obrigatória.[11] Este

---

orden) hipotética" – G. H. VON WRIGHT. *Norma...*, op. cit., p. 111-114.
10. G. H. VON WRIGHT. *Norma...*, op. cit., p. 115-117.
11. Nas palavras do autor: "Un enunciado normativo, en términos esquemáticos, es un

enunciado será verdadeiro ou falso e seu *fundamento veritativo* será uma resposta verdadeira à pergunta do porque a ação em questão deve, pode, ou tem que ser realizada. A resposta poderia ser a de que existe uma norma que permite, proíbe ou obriga a realizar aquela ação. Assim, o *fundamento veritativo* do *enunciado normativo* é a existência dessa norma. A proposição de que uma determinada norma existe chama-se *proposição-norma*. Os fundamentos veritativos tanto dos *enunciados normativos* quanto das *proposições-norma* são determinados *fatos*, como, por exemplo, o fato de a norma realmente existir.[12]

Antes disso, entretanto, é importante mencionar que não foi Von Wright quem por primeiro apontou a ambiguidade das sentenças deônticas. Diz o autor que, em seu entender, esta *ambiguidade sistemática* foi sublinhada pela primeira vez pelo filósofo sueco Ingemar Hedenius em seu *Om ratt och moral*, de 1941, no qual distinguiu os usos das sentenças deônticas em *sentenças legais genuínas*, utilizadas para formular as próprias normas, e em *sentenças legais espúrias*, empregadas para elaborar enunciados existenciais sobre as normas.[13] Assim como a questão não foi descoberta por Von Wright, também não se esgotou em seu trabalho. Vários outros autores examinaram a questão como, por exemplo, Carlos Alchourrón e Eugenio Bulygin.

3.2 O sistema clássico de lógica deôntica de Von Wright (1951)

A doutrina[14] costuma apontar a publicação, em 1951, do

---

enunciado que tiene como resultado que algo deba o pueda o tenga que no hacerse (por algún agente o agentes, el alguna ocasión o en general, incondicionalmente o si determinadas condiciones se cumplen)" - G. H. VON WRIGHT. *Norma...*, op. cit., p. 120.

12. G. H. VON WRIGHT. *Norma...*, op. cit., p. 119-121.

13. G. H. VON WRIGHT. *Norma...*, op. cit., p. 120.

14. BULYGIN, Eugenio; e MENDONCA, Daniel. *Normas y sistemas normativos*. Ma-

famoso artigo *Deontic Logic*, de autoria de Von Wright, como a data de nascimento da lógica deôntica.[15] Mesmo sendo um artigo curto, com apenas 15 [quinze] páginas, possui densidade teórica e originalidade inquestionáveis. Apesar de parte das ideias lançadas em seu artigo estarem superadas – como, por exemplo, a atribuição de valores verdade às normas –, a sua importância, como ponto de partida para os estudos de lógica deôntica, não só autoriza como impõe o seu estudo detalhado. Von Wright inicia seu artigo, que tem como objetivo delinear uma lógica formal elementar das modalidades deônticas, afirmando que os chamados conceitos modais podem ser convenientemente agrupados em 3 [três] ou 4 [quatro] grupos principais. São eles: i) os modais aléticos, também chamados de modais de verdade; ii) os modais epistêmicos ou modais de conhecimento; iii) os modais deônticos ou modais de obrigação; e iv) os modais existenciais ou modais de existência. No primeiro grupo, encontram-se conceitos como o necessário, o possível e o contingente. No segundo grupo, conceitos como verificado, incerto e falseado. No terceiro grupo, estão os conceitos de obrigatório, permitido e proibido. E, por fim, no quarto grupo, os conceitos de universalidade, existência e vazio.[16] Segundo Von Wright, entre esse vários grupos principais há semelhanças essenciais mas há, também, características diferentes, sendo que todos eles merecem tratamento especial.[17]

---

drid: Marcial Pons, 2005, p. 25.

15. G. H. VON WRIGHT. Deontic. logic. *Mind*. v. 60, n. 237, jan/1951, p. 1-15.

16. Nas palavras do próprio von Wright: "There are the alethic modes or modes of truth. These are concepts such as the necessary (the necessarily true), the possible (the possible true), and the contingent (the contingently true). There are the epistemic modes or modes of knowing. These are concepts such as the verified (that which is known to be true), the undecided, and the falsified (that which is known to be false). There as the deontic modes or modes of obligation. These are concepts such as the obligatory (that which we ought to do), the permitted (that which we are allowed to do), and the forbidden (that which we must not do). As a fourth main group of modal categories on might add the existential modes or modes of existence. These are concepts such as universality, existence, and emptiness (of properties or classes)" – G. H. VON WRIGHT. Deontic..., *op. cit.*, p. 1.

17. "The treatment of the existential modes is usually known as quantification

Superada a parte introdutória, Von Wright diz que uma questão preliminar deve ser estabelecida. A questão é a de se saber quais são as "coisas" as quais são pronunciadas obrigatórias, permitidas proibidas etc. Ele as chamará – as "coisas" – de atos, entendidos como *act-qualifying properties*, algo semelhante às *propriedades que qualificam atos*, que é denominado, pelo próprio Von Wright, anos mais tarde, como *categorías-acto*. E é desses atos que as "palavras deônticas" são predicadas.[18] À realização ou não desses atos, por um certo agente, Von Wright chama de *performance-values* [valores-de-realização] para aquele agente. O ato será chamado uma *performance-function* [função-de-realização] de outro ato se seu valor-de-realização para qualquer outro agente dependa unicamente dos valores-de-realização desses outros atos para o mesmo agente. O conceito de *performance-function* é estritamente análogo ao conceito de função-de-verdade na lógica proposicional.[19]

Von Wright, então, afirma que funções-de-realização particulares podem ser definidas em estrita correspondência a

---

theory. The treatment of the alethic modes covers most of what is traditionally known as modal logic. The epistemic modes have not to any great extent and the deontic modes hardly at all been treated by logicians"- G. H. VON WRIGHT. Deontic..., *op. cit.*, p. 1.

18. "The word 'act', however, is used ambiguously in ordinary language. It is sometimes used for what might be called act-qualifying properties, *e.g.* theft. But it is also used for the individual cases which fall under these properties, *e.g.* the individual thefts. The use of the word for individual cases is perhaps more appropriate than its use for properties. For the sake of verbal convenience, however, we shall in this paper use 'act' for the properties and not for individuals. We shall say that theft, murder, smoking etc. are acts. The individual cases that fall under theft, murder, smoking etc. we shall call act-individuals. It is of acts and not act-individuals that deontic word are predicated" - G. H. VON WRIGHT. Deontic..., *op. cit.*, p. 2. O nome *categorías-acto* está presente no prefácio, escrito pelo próprio autor, em G. H. VON WRIGHT. *Norma*..., *op. cit.*, p. 15.

19. "The performance or non-performance of a certain act (by an agent) we shall call performance-values (for that agent). An act will be called a performance-function of certain other acts, if its performance-value for any given agent uniquely depends upon the performance-values of those other acts for the same agent. The concept of a performance-function is strictly analogous to the concept of a truth-function in propositional logic" - G. H. VON WRIGHT. Deontic..., *op. cit.*, p. 2.

particulares funções-de-verdade. Começa as definições pela negação, passando pela conjunção, pela disjunção, pela implicação e pela equivalência, finalizando pela tautologia e pela contradição. Estabelece a seguinte simbologia: "~A" para o nome-negação de A; "$A\&B$" para o nome-conjunção; "AvB" para o nome-disjunção; "$A{\rightarrow}B$" para o nome-implicação; e "$A{\leftarrow}{\rightarrow}B$" para o nome-equivalência de A e B.[20]

Aos nomes de atos que não são nem o nome-negação de outros nomes de atos, nem o nome-conjunção, o nome-disjunção, o nome-implicação ou o nome-equivalência de outros dois nomes de atos, Von Wright chama de *atomic names* [nomes atômicos]. Por *molecular complex of n names of acts* [complexo molecular de n nomes de atos], entende como qualquer um dos n nomes, eles mesmos, e qualquer um dos seus nomes-negação; ou, ainda, o nome-conjunção, o nome-disjunção, o nome-implicação e o nome-equivalência de quaisquer dois dos n nomes; ou, por fim, o nome-negação de qualquer complexo molecular de n nomes, e o nome-conjunção, o nome-disjunção, o nome-implicação e o nome-equivalência de quaisquer dois complexos moleculares de n nomes.[21] Esses n

---

20. "Thus by the negation (-act) of a given act we understand that act which is performed by an agent, if and only if he does not perform the given act. Foe example: the negation of the act of repaying a loan is the act of not repaying it. If A denotes (is the name of) an act, ~A will be used as a name of its negation(-act). Similarly, we can define the conjunction-, disjunction-, implication- and equivalence-act of two given acts. (The implication-act, *e.g.*, two given acts is the act which is performed by an agent, if and only if it is not the case that the first act is performed and the second act is not performed by the agent in question.) If A and B denotes acts, $A\&B$ will be used as a name of their conjunction, AvB as a name of their disjunction, $A{\rightarrow}B$ as a name of their implication, and $A{\leftarrow}{\rightarrow}B$ as a name of their equivalence. Finally, we can define the tautology- and contradiction (-act) of n given acts. The first is the act which is performed and the second the act which is not performed by an agent, whatever be the performance-values of the n given acts for the agent in question" - G. H. VON WRIGHT. Deontic..., *op. cit.*, p. 2-3.

21. "A name of as act which is neither the negation-name of another name of an act, nor the conjunction--, disjunction-, implication-, or equivalence-name of two other names of acts we shall call an atomic name. By a molecular complex of n names of acts we understand: (i) Any one of the n names themselves and any one of their negation-names. (ii) The conjunction-, disjunction-, implication-, and equivalence-name of any two of the n names. (iii) The negation-name of any molecular complex of

nomes são chamados de *constituents* [constituintes] de seus complexos moleculares. Se se tratar de nomes atômicos, serão chamados de *atomic constituents* [constituintes atômicos]. Ainda neste ponto, VON WRIGHT, para afastar a utilização dos parênteses, adota a convenção de que o símbolo "&" possui um força de combinação mais forte que "v", "$\rightarrow$" e "$\leftrightarrow$"; que o símbolo "v" tem maior força que "$\rightarrow$" e "$\leftrightarrow$"; e, por fim, que o símbolo "$\rightarrow$" é mais forte que "$\leftrightarrow$", de modo que para $(((A\&B)vC)\rightarrow D)\leftrightarrow E$ escreverá apenas $A\&BvC\rightarrow D\leftrightarrow E$. Ainda, tratando da simbologia, diz que os símbolos "&", "v", "$\rightarrow$" e "$\leftrightarrow$", são ambíguos, na medida em que são utilizados tanto para as funções-de-verdade como para as funções-de-realização. Esta ambiguidade, entretanto, não é grave a ponto de levar a qualquer confusão, o que autoriza sua utilização preferencialmente à introdução de dois conjuntos de símbolos especiais.[22]

Ao iniciar o trato das categorias deônticas, Von Wright introduz como *undefined deontic category* [categoria deôntica indefinida] o conceito de permissão, ressaltando que esta é a única categoria deôntica da qual ele precisa. Diz que se um ato não é permitido, ele será chamado de proibido. Se a negação de um ato é proibida, o ato, em si, é chamado de obrigatório, ou seja, devemos fazer aquilo que não estamos autorizados a não fazer.[23] Um determinado ato será chamado de (moralmente) *indifferent* [indiferente] – que é categoria mais restrita que a permissão – se tanto o ato como a sua negação forem ambos permitidos. Estes conceitos deônticos aplicam-se a atos singulares ou a funções-de-realização dos atos.[24]

---

the *n* names, and the conjunction-, disjunction-, implication-, and equivalence-name of any two molecular complexes of the *n* names" - G. H. VON WRIGHT Deontic..., *op. cit.*, p. 3.

22. G. H. VON WRIGHT. Deontic..., *op. cit.*, p. 3.

23. "We *ought* to do that which we are *not allowed not to* do" - G. H. VON WRIGHT. Deontic..., *op. cit.*, p. 3.

24. "It should be observed that indifference is thus a narrower category than permission. Everything indifferent is permitted, but everything permitted is not

Há, também, conceitos deônticos que se aplicam a pares de atos. O raciocínio desenvolvido por Von Wright é o seguinte: dois atos são moralmente incompatíveis se a sua conjunção for proibida e, compatíveis, se ela for permitida. O exemplo que ele utiliza é "fazer uma promessa e não a manter são atos moralmente incompatíveis". Diz, ainda, que fazer um ato compromete-nos a fazer outro, se a implicação dos dois atos for obrigatória. Exemplificativamente: "fazer uma promessa compromete-nos a mantê-la". Neste momento, Von Wright trata dos *deontic operators* [operadores deônticos] P e O. Inicia estabelecendo que a proposição que o ato nominado por A é permitida será expressada em símbolos por PA. Aquela em que o ato nominado por A é proibido, é a negação da proposição em que ele – ato – é permitido, podendo, dessa forma, ser simbolizado por $\sim(PA)$. A proposição em que o ato nominado por A é obrigatória, é a negação da proposição em que a negação do ato é permitida, que será simbolizada por $\sim(P\sim A)$ ou, ainda, pela expressão OA. A proposição de que um ato nominado por A é moralmente indiferente pode ser simbolizada por $(PA) \& (P\sim A)$. A proposição de que atos nominados por A e por B são moralmente incompatíveis pode ser simbolizada por $\sim(PA\&B)$. A proposição de que a realização do ato nominado por A compromete-nos a realizar o ato nominado por B pode ser simbolizada por $OA \to B$. Mas, lembremo-nos que $OA \to B$ significa o mesmo que $\sim(P\sim(A \to B))$, ou, ainda, $\sim(PA\&\sim B)$. Aqui, estabelece a noção de sentenças do tipo "P", ou *P-sentences* [sentenças-P], e do tipo "O", ou *O-sentences* [sentenças-O]. Essa são as sentenças nas quais o nome do ato ou de um complexo molecular de nomes de atos deve ser inserido no espaço em branco.[25]

---

indifferent. For, what is obligatory is also permitted, but not indifferent. (the difference between the permitted and the indifferent among the deontic modes is analogous to the difference between the possible and the contingent among the alethic modes)" - G. H. VON WRIGHT. Deontic..., *op. cit.*, p. 3-4.

25. "P and O are called the deontic operators. Sentences of the type 'P ', where a name of an act (or a molecular complex of names of acts) has to be insert in the blank, we shall call *P-sentences*. Similarly, we shall call sentences of the type 'O'

As *P-sentences* e as *O-sentences* – ou os complexos moleculares formados por tais sentenças – são justamente a forma como as proposições deônticas são expressadas no sistema de lógica deôntica. E essas proposições deônticas (bem como a função-de-verdade dessas proposições), sobre o obrigatório, o permitido, o proibido e sobre outro caráter deôntico de atos (e a função-de-realização dos atos), são o objeto de estudo do Sistema de Lógica Deôntica delineado por Von Wright em seu artigo.[26]

Em seguida, o mesmo autor afirma que uma tarefa de particular importância que a Lógica Deôntica se impõe é a de desenvolver uma técnica para decidir se as proposições deônticas são logicamente verdadeiras ou não. Segundo ele, por vezes, os complexos moleculares de *P-sentences* ou de *O-sentences* expressam verdades lógicas por razões independentes do caráter específico dos conceitos deônticos. Neste caso, a verdade das proposições pode ser estabelecida ou provada por meio de uma tabela-verdade da lógica proposicional. Outras vezes, entretanto, esses complexos moleculares expressam verdades lógicas por razões que dependem do específico caráter lógico dos conceitos deônticos. Von Wright afirma que é a *"existência de verdades lógicas que são peculiares aos conceitos deônticos o que faz o estudo da Lógica Deôntica interessante"*. Neste último caso, em que os complexos moleculares expressam verdades por razões dependentes

---

O-sentences. As to the use of brackets it should be remarked that P- and O-sentences as constituents of molecular complexes of sentences should be enclosed within brackets in order to avoid confusion. It should further be observed that a deontic operator before a molecular complex of names of acts refers to the whole complex and not to its first constituent only. Thus, *e.g.*, *PAvB* means that the act named by *AvB* is permitted" - G. H. VON WRIGHT. Deontic..., *op. cit.*, p. 4-5.

26. "The system of Deontic Logic, which we are outlining in this paper, studies propositions (and truth-functions of propositions) about the obligatory, permitted, forbidden, and other (derivative) deontic characters of acts (and performance-functions of acts). We shall call the propositions which are the object of study deontic propositions. The sentences, in which they are expressed in our system, are *P*- and *O*-sentences or molecular complex of such sentences" - G. H. VON WRIGHT. Deontic..., *op. cit.*, p. 5.

da natureza específica de conceitos deônticos, a verdade das proposições não pode ser estabelecida por meio da lógica proposicional, apenas. Surge, dessa forma, a seguinte questão: qual é o critério necessário e suficiente ao qual as *P-sentences* e as *O-sentences* devem satisfazer para expressar uma proposição logicamente verdadeira?[27]

Von Wright estabelece como os dois valores deônticos: o "permitido" e o "proibido". Explica que um ato será denominado de *deontic function* [função deôntica] de certos outros atos, se o valor deôntico daquele depender exclusivamente do valor deôntico destes. Afirma, ainda, que nem todo ato que é uma função-de-realização de certos atos será, também, uma função deôntica destes. Caso assim não fosse, a lógica dos conceitos deônticos seria, nas palavras do autor, trivial. Após utilização de vários exemplos envolvendo a comparação da negação, da conjunção e da disjunção[28] da realização de atos, com

---

27. "A task of particular importance which Deontic Logic sets itself is to develop a technique for deciding, whether the propositions it studies are logically true or not. (The decision problem). Sometimes molecular complexes of *P*- and *O*-sentences express truths of logic for reasons which have nothing to do with the specific character of deontic concepts. For instance: If *A* is permitted, if *B* is permitted, then *B* is forbidden, if *A* is forbidden. In symbols: $((PB) \rightarrow (PA)) \rightarrow (\sim (PA) \rightarrow (\sim (PB))$. This is a truth of logic. It is an application of a variant of the so called *modus tollens* which is valid for any sentences, whether deontic or not. It is, therefore, a trivial truth from the point of view of our Deontic Logic. Sometimes, however, molecular complexes of *P*- and *O*-sentences express truths of logic for reasons which depend upon the specific (logical) character of deontic concepts. For instance: If *A* is obligatory and if doing A commits us to do *B*, then *B* is obligatory too. In symbols: (OA) & $(OA \rightarrow B) \rightarrow (OB)$. It is intuitively obvious that this is a truth of logic, *i.e.* something which is valid on purely formal grounds. It is, however, not an application of any scheme which is valid for *any* sentences, whether deontic or not. The existence of logical truths which are peculiar to deontic concepts is what makes the study of Deontic Logic interesting. If a molecular complex of *P*- and *O*-sentences expresses logical truth for reasons which are independent of the specific nature of deontic concepts, then its truth can be established or proved in a truth-table of propositional logic. If, however, a molecular complex of *P*- and *O*-sentences expresses logical truth for reasons which depend on the specific nature of deontic concepts, then its truth cannot be established by the means of propositional logic alone. The question therefore arises: What is the necessary and sufficient criterion which a molecular complex of *P*- and/or *O*-sentences must satisfy in order to express a logically true proposition?" – G. H. VON WRIGHT. Deontic..., *op. cit.*, p. 5-6.

28. O "ou" utilizado por Von Wright é neutro: "The meaning of "or" in ordinary

os seus respectivos valores deônticos, VON WRIGTH conclui que as funções deônticas são semelhantes às funções-de-realização no que diz respeito à disjunção, mas não no que se refere à negação e à conjunção. Diante disso, estabeleceu o chamado *Principle of Deontic Distribution* [Princípio da Distribuição Deôntica], de acordo com o qual "*If an act is the disjunction of two other acts, then the proposition that the disjunction is permitted is the disjunction of the proposition that the first act is permitted and the proposition that the second act is permitted*", ou seja, se um ato é a disjunção de dois outros atos, então a proposição de que esta disjunção é permitida é a disjunção da proposição de que o primeiro ato é permitido e a proposição de que o segundo ato é permitido.[29]

---

language is not quite settled. When we say that we are permitted to do A or B, we sometimes mean, by implication, that we are allowed to do both. Sometimes, however, we mean that we are allowed to do one and one only of the two acts. Which meaning the "or" conveys by implication depends upon the material nature of the individual case, in which it is used. It ought to be stressed that our use of "or" in this paper is neutral with regard to such material differences in the individual situations. That we are permitted to do A or B means here that we are permitted to do at least one of the two acts, and neither excludes nor includes, by implication, the permission to do both" – G. H. VON WRIGHT. Deontic..., *op. cit.*, p. 7, n. 1.

29. Eis os exemplos utilizados: "Consider first the negation of a given act. From the fact that A is performed, we can conclude to the fact that $\sim A$ is not performed. But from the fact that A is permitted, we can conclude nothing as to the permitted or forbidden character of $\sim A$. Sometimes $\sim A$ is permitted, sometimes not. If A is what we have called indifferent, then $\sim A$ is also permitted, but if A happened to be obligatory as well as permitted, then $\sim A$ would be forbidden. In the smoking compartment, *e.g.*, not-smoking is permitted and also smoking. But in the non-smoking compartment, not-smoking is permitted and smoking is forbidden. Consider next the conjunction of two acts. From the fact that A and B are both performed, it follows that $A\&B$ is performed. But from the fact that A and B are both permitted, it does not follow that $A\&B$ is permitted. Sometimes $A\&B$ is permitted, sometimes not. For, A and B may both be permitted, but doing either of them may commits us not to do the other. I may be free to promise and also not to promise to give a certain thing to a person, and free to give and also not to give this thing to him, but forbidden to promise to give and yet not give it. Consider, finally, the disjunction of two acts. From the fact that at least one of the two acts A and B is performed, it follows that AvB is performed, and from the fact that none of the two acts A and B is performed, it follows that AvB is not performed. Similarly, from the fact that at least one of the acts is permitted, it follows that their disjunction is permitted, and from the fact that both acts are forbidden, it follows that their disjunction is forbidden. In other words: the disjunction of two acts is permitted, if and only if at least one of the

3.3 Desenvolvimentos posteriores

A partir do artigo *Deontic Logic* de Von Wright de 1951, a Lógica deôntica desenvolveu-se rapidamente e estabeleceu-se como um campo da lógica autônomo da Lógica modal. Nas décadas seguintes, as investigações de Von Wright chamaram a atenção não somente dos filósofos da Ética e da Moral, mas sobretudo os filósofos do Direito. Hans Kelsen, que havia intentado construir uma Teoria Positivista do Direito em sua *Teoria Pura do Direito*, empregava as noções básicas do silogismo para explicar como o intérprete raciocina com as normas jurídicas e como, por exemplo, deduz a norma particular, aplicável a um caso concreto, da norma geral estabelecida em uma determinada Lei. Kelsen também foi um dos primeiros filósofos do Direito a enfatizar a distinção entre normas e proposições normativas. Em sua concepção, as normas não poderiam ser objeto de valores de verdade e falsidade; já as proposições normativas poderiam.

Os trabalhos de Von Wright supriram uma lacuna metodológica presente nos trabalhos de Kelsen, pois este não aprofundava nem dava maiores detalhes de como entendia as peculiaridades da Lógica Deôntica ou de uma lógica especial aplicável às normas jurídicas. Foram os juristas posteriores a Kelsen, que com os trabalhos de Von Wright, puderam refinar e aclarar os pontos da teoria de Kelsen que não estavam bem fundamentados ou esclarecidos.

Dentre estes juristas, possuem especial importância os membros da Escola Analítica do Direito da Universidade de Buenos Aires, os professores: Carlos Eduardo Alchourrón, Eugênio Bulygin e Roberto José Vernengo (Alchourrón já falecido; Bulygin e Vernengo estão em atividade atualmente).

---

acts is permitted. Speaking loud or smoking is permitted in the reading-room, if and only if speaking loud is permitted or smoking is permitted". – G. H. VON WRIGHT. Deontic..., *op. cit.*, p. 6-7.

DIREITO E LÓGICA

Roberto Vernengo, conjuntamente com o primeiro autor do presente artigo, publicaram uma série de trabalhos em colaboração conjunta no final dos anos 80 e início dos anos 90 do século passado. Um dos resultados interessantes alcançados nestes trabalhos foi a análise das relações entre o Direito e a Moral, do ponto de vista lógico, formalizando estas relações com o uso de operadores deônticos distintos para o Direito e para a Moral, e por consequência, para as noções deônticas de obrigatório e proibido juridicamente e obrigatório e proibido moralmente.[30]

Foram também formuladas nesta série de trabalhos as lógicas deônticas paraconsistentes, aptas a formalizar e manipular os dilemas deônticos e as contradições presentes internamente nos códigos legais ou mesmo entre normas de diferentes códigos jurídicos válidos em um mesmo sistema jurídico. Do ponto de vista da lógica deôntica tradicional, a presença de contradições implica a trivialização e a explosão do sistema. Já nas lógicas deônticas paraconsistentes, é possível representar e formalizar as contradições normativas, sem que elas trivializem ou colapsem o sistema lógico.[31]

Em outro artigo,[32] os autores também exploraram as relações entre lógicas deônticas e lógicas da preferência, construindo uma semântica para os operadores deônticos com a lógica da preferência de Von Wright. Neste sistema, proposições como "a obrigação p é preferível à obrigação q" são passíveis de representação e de cálculos lógicos ao nível proposicional.

Para maiores detalhes, remetemos o leitor interessado às referências presentes ao final.

---

30. Cf. L.Z. PUGA; N. C. A. DA COSTA; R. J. VERNENGO. *Normative logics, morality and law*, in *Experts systems in law*. A. Martino ed. Elsevier Sc. Pv., 1992.

31. L.Z. PUGA; N. C. A. DA COSTA; R. J. VERNENGO. *Sobre algunas lógicas paraclásicas y el análisis del razonamiento jurídico*. Doxa, Alicante, n. 19, p. 183-200, 1996.

32. L.Z. PUGA; N. C. A. DA COSTA; R. J. VERNENGO. *Derecho, moral y preferencias valorativas*. Theoria, Segunda Época, Ano V, n. 12-13, novembro, p. 9-29, 1990.

Outro grande desenvolvimento da lógica deôntica posterior ao artigo de Von Wright é devido à obra de Alchourrón e Bulygin intitulada *Introduccíon a la metodología de las ciencias jurídicas y sociales* (ou *Normative Systems* – NS- em inglês). NS foi publicado originalmente na década de 70 do século passado, e foi reconhecida por Von Wright como uma das melhores aplicações da lógica deôntica e da lógica das normas à Teoria do Direito. Alchourrón e Bulygin, nesta obra, estenderam a lógica deôntica ao campo de análise das normas e dos sistemas jurídicos, assim como propuseram modificações e algumas críticas aos sistemas de Von Wright.[33]

Para ilustrar o poder de análise dos conceitos de NS, no próximo item, reconstruiremos formalmente o sistema jurídico brasileiro do Imposto sobre Produtos Industrializados, segundo o modelo da Regra-Matriz de Incidência de Paulo de Barros Carvalho, amplamente conhecido pelos tributaristas brasileiros, e segundo o modelo de Alchourrón e Bulygin proposto em NS. A comparação de ambos os modelos revela resultados interessantes, que ao final serão explicitados.

4. Exemplos de aplicação da lógica ao direito tributário: a regra-matriz de incidência tributária, de Paulo de Barros Carvalho, e o modelo para os sistemas normativos de Carlos Alchourrón e Eugenio Bulygin

No Brasil, entre os tributaristas, a regra-matriz de incidência tributária, desenvolvida por Paulo de Barros Carvalho, goza de grande prestígio há pelo menos três décadas. É possível dizer, inclusive, que é uma das doutrinas mais utilizadas para a identificação – ou construção – da norma de incidência tributária dos mais diversos tributos. Da leitura das obras de Paulo de Barros Carvalho sobre a regra-matriz de incidência

---

33. Esta obra, praticamente, é um clássico da Teoria do Direito e possui traduções em alemão, espanhol, italiano, francês, e foi recentemente traduzida para o russo. Infelizmente, ela ainda não foi traduzida para o português.

tributária, principalmente na *Teoria da norma tributária* e no *Curso de direito tributário*, percebe-se uma forte influência da doutrina argentina, como, por exemplo, de Roberto Vernengo. Neste tópico, apresentar-se-á a regra-matriz de incidência tributária, segundo o modelo de Paulo de Barros, e demonstrar-se-á que a mesma pode ser reconstruída com o modelo de Alchourrón e Bulygin, aplicando, brevemente, ambas à reconstrução da norma de incidência do Imposto sobre Produtos Industrializados – IPI – especificamente aquela *relativa à realização de operações com produtos industrializados*, construída a partir dos art. 153, IV e § 3º, II e III; do art. 155, §2º, XI, da Constituição Federal; do art. 46, II; do 47, II; do art. 51, II e III, do Código Tributário Nacional; e do art. 2º, II e § 2º; e do art. 35, I, da Lei 4.502, de 30 de novembro de 1964. Não se analisará, portanto, as normas de incidência relativas à reimportação de produtos industrializados e à arrematação de produtos industrializados.

A regra-matriz de incidência tributária é um ferramental para que se possam identificar todos os critérios informadores da norma geral e abstrata de conduta que prescreve a incidência do tributo. Para Paulo de Barros Carvalho

> a regra-matriz de incidência tributária é u'a norma geral e abstrata que atinge as condutas intersubjetivas por intermédio do ato jurídico administrativo de lançamento ou de ato do particular, veículos que introduzem no sistema norma individual e concreta.[34]

Na visão de Paulo de Barros Carvalho, as normas jurídicas são estruturadas como um juízo hipotético condicional. É a homogeneidade lógica das unidades do sistema, à qual alude.[35] Sobre o assunto, afirma Irving Copi:

---

34. *Direito tributário: fundamentos jurídicos da incidência*. 7. ed. São Paulo : Saraiva, 2009, p. 38.

35. Segundo Paulo de Barros Carvalho, de acordo com a homogeneidade lógica das unidades do sistema, "...todas as regras teriam idêntica esquematização formal", ou seja, todas elas seriam compostas pela "...descrição de um fato 'F' que, ocorrido no

> Se dois enunciados se combinam mediante a colocação da palavra "se" antes do primeiro e a inserção da palavra "então" entre eles, o resultante enunciado composto é um *condicional* (também chamado *enunciado hipotético, implicativo* ou uma *implicação*). Num enunciado condicional, o componente que se encontra entre o "se" e o "então" tem o nome de *antecedente* (ou o *implicante* ou – raramente – a *prótase*) e o componente que se segue à palavra "então" tem o nome de *consequente* (ou o *implicado*, ou – raramente – *apódose*).[36]

A regra-matriz de incidência tributária é formada a partir da revelação de diversas proposições prescritivas que, não raras vezes, encontram-se esparsas por numerosos diplomas normativos. Na visão de Paulo de Barros Carvalho, estrutura-se da seguinte forma: na hipótese da norma – também chamada de descritor, antecedente ou suposto – haverá a descrição hipotética de um evento portador de expressão econômica. Os critérios que a compõem são o material, espacial e temporal. No critério material, haverá a descrição hipotética de um comportamento humano futuro. Essa é a razão pela qual o verbo que forma o núcleo do critério material deve estar no tempo futuro ou, se redigido em tempo presente, seja relativo a ações futuras. Este comportamento humano será limitado por coordenadas de espaço, presentes no critério espacial, e de tempo, identificadas no critério temporal.[37]

O consequente normativo – também denominado de prescritor – prescreve os efeitos irradiados, caso aconteça o fato abstratamente descrito na hipótese. O prescritor será formado pelos critérios pessoal e quantitativo. Este, formado pela base de cálculo e alíquota; aquele, composto pelos sujeitos ativo e passivo.[38]

---

plano da realidade físico-social, fará nascer uma relação jurídica (S' R S") entre dois sujeitos de direito modalizada com um dos operadores deônticos: obrigatório, proibido ou permitido (O, V ou P)" - *Direito tributário: fundamentos..., op. cit.*, p. 9.

36. *Introdução à lógica*. 2. ed. São Paulo: Mestre Jou, 1979, p. 234.

37. *Direito tributário:* fundamentos..., *op. cit.*, p. 116.

38. *Direito tributário:* fundamentos..., *op. cit.*, p. 112-114; *Curso de direito tributário.*

A regra-matriz de incidência não é o único modelo possível para a reconstrução formal das normas jurídicas e tributárias. Não há um único modelo, o mais correto é falar-se em modelos, no plural. Nas ciências, há diversos modelos para o mesmo fenômeno, como, por exemplo, há diversos modelos de mecânica quântica. Portanto, como explicitado nos primeiros capítulos de *Normative Systems*, é possível, para o mesmo fenômeno (as normas jurídicas e tributárias), a apresentação e a formulação de mais de um modelo ou de modelos alternativos.

4.1 Aplicação da regra-matriz de incidência tributária ao IPI

a) Os critérios da hipótese de incidência tributária do IPI

O critério material contém a descrição do comportamento que, se ocorrido em determinadas coordenadas de tempo e de espaço, fará irromper o vínculo jurídico prescrito pelo consequente. É bem verdade que qualquer comportamento é condicionado por tais coordenadas de espaço e de tempo. Entretanto, para a análise do critério material, o chamado núcleo da hipótese, faz-se necessário afastar tais circunstâncias pelo processo da abstração.

Atualmente, Paulo de Barros Carvalho, desenvolvendo o posicionamento anterior, analisa os comportamentos humanos sob o viés da teoria aristotélica dos movimentos, no cerne da qual os movimentos são divididos em voluntários, involuntários e reflexos. Segundo seu entender, dentro dessas três possibilidades "qualquer forma de manifestação estará certamente contida, possibilitando a livre escolha do objeto da disciplina jurídica". Não servem, para compor o critério material

---

19. ed. São Paulo: Saraiva, 2007, p. 260-261.

da hipótese de incidência, os verbos impessoais e aqueles sem sujeito, pois "comprometeriam a operatividade dos desígnios normativos, impossibilitando ou dificultando seu alcance".[39] Lembre-se que se o comportamento previsto no critério material é pessoal, diverso não pode ser o verbo que o exprime. Assim, concluímos que o verbo deve ser pessoal. Afastam-se, portanto, verbos impessoais como, por exemplo, chover, anoitecer, fazer frio. Nesses casos, ensinam Celso Cunha e Lindley Cintra, inexiste sujeito na oração; ou, como prefere Evanildo Bechara, a oração é sem sujeito explícito. Esse verbo pessoal não pode ser intransitivo. Sua predicação deve ser incompleta, sendo imprescindível a presença de um complemento.[40]

Para a identificação do critério material da específica hipótese de incidência do IPI eleita, deve-se partir da análise das prescrições constitucionais. Pelo exame do art. 153, IV, da Constituição Federal, conclui-se que a União é competente para instituir um imposto sobre produtos industrializados, ou seja, que tenham sido submetidos a um processo de industrialização.[41] Percebe-se, portanto, que a tributação recai sobre momento ulterior. Não é o *industrializar* que é passível de incidência do imposto, e sim algo – uma conduta – que lhe é posterior. Cabe indagar, então, qual conduta que, se realizada com o produto industrializado, ensejará a tributação pelo IPI. Conclui-se pela leitura do art. 153, §3º, II – ao fazer menção a *operações*[42] – e do art. 155, §2º, XI – ao mencionar a expressão

---

39. *Curso...*, op. cit., p. 287. Sobre o posicionamento pretérito, vide *Teoria da norma tributária*. 4. ed. São Paulo: Max Limonad, 2002, p. 124-130.

40. C. CUNHA e L. CINTRA. *Nova gramática do português contemporâneo*. 5. ed. Rio de Janeiro: Lekiton, 2008, p. 143; E. BECHARA, *Moderna gramática portuguesa*. 37. ed. Rio de Janeiro: Nova Fronteira, 2009, p. 408.

41. Não será objeto deste trabalho investigar se as espécies de industrialização previstas no Decreto n. 7.212., de 15 de junho de 2010 (Regulamento do IPI) – transformação, beneficiamento, montagem, acondicionamento ou reacondicionamento e renovação ou recondicionamento - são, de fato, sujeitas à incidência do IPI ou do ISS. Sobre essa discussão, o leitor poderá consultar JOSÉ ROBERTO VIEIRA, *A regra-matriz de incidência do IPI: texto e contexto*. Curitiba: Juruá, 1993, p. 83-96

42. Entende-se *operação* como sinônimo de *negócio jurídico*.

operação realizada –, ambos da Constituição Federal, que a conduta procurada é *realizar operações*.

Após o exame dos enunciados da Constituição Federal, deve-se analisar aqueles da legislação infraconstitucional. Tanto o Código Tributário Nacional, em seu art. 46, II, quanto a Lei 4.502/1964, em seu art. 2º e §2º, prescrevem que a *saída do produto do estabelecimento industrial* constitui a hipótese de incidência do imposto. Ocorre que, como será visto, a *saída do estabelecimento industrial* é apenas o momento da conduta que enseja a tributação, e não a conduta em si. Quando muito, poderá ser considerada um condição para que se considere a conduta efetivamente realizada. Assim, como não é suficiente a mera saída do produto industrializado do estabelecimento industrial para que incida o IPI, também não basta a mera realização da operação com esse produto industrializado sem que se dê a sua *saída jurídica decorrente do negócio jurídico realizado*.

Isso conduz à conclusão de que o critério material do IPI é realizar operações com produtos industrializados da qual decorra a saída do estabelecimento industrial.

O critério temporal é aquele no qual se encontram as coordenadas de tempo, em que, se ocorrer o fato descrito no critério material, irromperá a relação jurídica prescrita pelo consequente. Critério de fundamental importância, pois é o que permite a identificação do preciso instante em que nasce o vínculo jurídico que liga o sujeito ativo e o sujeito passivo numa relação de direitos e deveres. O sujeito ativo é o titular do direito subjetivo de exigir do sujeito passivo uma determinada prestação que este último tem o dever jurídico de cumprir.[43]

---

43. "[...] grupo de indicações, contidas no suposto da regra, e que nos oferecem elementos para saber, com exatidão, em que preciso instante acontece o fato descrito, passando a existir o liame jurídico que amarra devedor e credor, em função de um objeto – o pagamento de certa prestação pecuniária" – P. B. CARVALHO, *Curso...*, *op. cit.*, p. 293; "[...] coordenada que limita, no tempo, a ocorrência factual" – J. R. VIEIRA, *A regra-matriz...*, *op. cit.*, p. 63.

Geraldo Ataliba defende que o estabelecimento dessas coordenadas temporais é atividade discricionária do legislador infraconstitucional. Ressalta, entretanto, que ela é limitada por balizas estabelecidas constitucionalmente. Segundo ele, o critério (aspecto) temporal não pode ser fixado em momento "anterior à consumação (completo acontecimento) do fato". Da sua afirmação, de que o critério temporal não pode ser fixado em momento anterior à consumação do fato, concluímos que o limite ao qual se refere, nesse momento, é o da *ocorrência do fato em si*. E isso por uma razão simples. Se for estabelecido como critério temporal um momento anterior à própria ocorrência do fato não haverá subsunção do conceito do fato ao conceito da norma, e, consequentemente, não haverá incidência, pois ela se dá somente no momento da ocorrência do fato.

Lembre-se, ainda, da anotação do grave problema que acomete o legislador no momento político de desenhar a hipótese de incidência dos diversos tributos. Não raras vezes, percebe-se que insiste no equívoco de estabelecer como hipótese de incidência do tributo o seu critério temporal, considerando a parte como se o todo fosse. Essa circunstância leva Paulo de Barros Carvalho a escrever que "São muitas as ocasiões em que o legislador assevera que a hipótese de incidência das exações é aquilo que denominamos critério temporal do suposto normativo".[44]

O legislador estabeleceu a *saída do produto do estabelecimento industrial ou a ele equiparado* – art. 46, II, do Código Tributário Nacional e art. 2º, II, da Lei 4.502/1964 – como seu critério temporal, e não o momento da realização da operação com o produto industrializado.

As coordenadas de espaço estabelecidas pelo legislador como local em que, se se concretizar o comportamento presente no núcleo da hipótese de incidência tributária, nascerá

---

44. J. R. VIEIRA, *A regra-matriz...*, op. cit., p. 64 e 102, respectivamente; e P. B. CARVALHO, *Curso...*, op. cit., p. 295.

a relação jurídica prescrita pelo consequente normativo, chamam-se critério espacial.[45]

Entretanto, nem sempre tais coordenadas estarão explícitas nos enunciados prescritivos produzidos pelo legislador. Mas é possível identificá-las, ainda que minimamente, nos textos legislados. Como afirma Paulo de Barros Carvalho, "haverá sempre um plexo de indicações, mesmo tácitas e latentes, para assinalar o lugar preciso em que aconteceu aquela ação, tomada como núcleo do suposto normativo".[46]

No que se refere à materialidade eleita – realizar operações com produtos industrializados – tem-se que o fato se poderá realizar em qualquer ponto do território nacional. Entretanto, como alerta José Roberto Vieira, "isso só acontecerá, regra geral, quando o produto industrializado deixar o estabelecimento industrial".[47] O estabelecimento é a *coordenada específica de espaço*, enquanto o território nacional é a *coordenada genérica*. Lembre-se, também, que o art. 3º da Lei 4.502/1964 considera estabelecimento produtor todo aquele que industrializar produtos sujeitos ao IPI.

b) Os critérios do consequente normativo do IPI

As fixações de quem serão os sujeitos da relação jurídica encontram-se no critério pessoal ou, ainda, determinação subjetiva. Marçal Justen Filho ensina que nela está contido "o mandamento acerca dos sujeitos ativo e passivo da relação jurídica".[48]

---

45. "[...] o reconhecimento da condição que marca, no espaço, o acontecimento do fato jurídico tributário, adstringindo-o a determinada extensão do território"- J. R. VIEIRA, *A regra-matriz...*, op. cit., p. 63.

46. P. B. CARVALHO. *Curso...*, op. cit., p. 289.

47. J. R. VIEIRA, *A regra-matriz...*, op. cit., p. 104.

48. *O imposto sobre serviços na Constituição*. São Paulo: Ed. RT, 1985, p. 53.

Apesar de Geraldo Ataliba entender que essa determinação – na sua doutrina, aspecto pessoal – é parte integrante da hipótese de incidência tributária, seus ensinamentos sobre essa determinação são semelhantes aos de Marçal Justen Filho, vez que entende que o *aspecto pessoal* "determina os sujeitos da obrigação tributária, que o fato imponível fará nascer", indicando expressamente o sujeito ativo e estabelecendo os critérios para a identificação do sujeito passivo.[49] Assim como Geraldo Ataliba, Marçal Justen Filho é da opinião de que a determinação é "individualizada e genérica, concomitantemente", pois o sujeito ativo é conhecido "*a priori*", enquanto o sujeito passivo apenas "*a posteriori*", por ocasião da análise das circunstâncias fáticas.[50] No mesmo sentido entende José Roberto Vieira, segundo o qual "a determinação do sujeito ativo é somente normativa e anterior ao fato jurídico tributário, ao passo que a do sujeito passivo é normativo-fática e posterior àquele evento".[51] Paulo de Barros Carvalho ensina que

> O critério pessoal é o conjunto de elementos, colhidos no prescritor da norma, e que nos aponta quem são os sujeitos da relação jurídica – sujeito ativo, credor ou pretensor, de um lado, e sujeito passivo ou devedor, do outro.[52]

Como visto, um dos sujeitos possui um direito subjetivo de exigir uma determinada prestação em face de outro, a quem cabe o cumprimento de um dever jurídico.

O sujeito ativo é aquele que possui o direito subjetivo de exigir o cumprimento da prestação objeto da relação jurídica. Regra geral, será sujeito ativo a pessoa jurídica competente para instituir o tributo. Isso é o que ocorre, geralmente, se a lei que instituiu o tributo for omissa sobre esse particular.

---

49. *Hipótese de incidência tributária*. 6. ed. São Paulo: Malheiros, 2005, p. 80 e 82.
50. M. JUSTEN FILHO, *O Imposto...*, op. cit., p. 53.
51. *A regra-matriz...*, op. cit., p. 66.
52. *Curso...*, op. cit., p. 314

É possível, entretanto, que a lei estabeleça outra pessoa, que não o detentor da competência tributária, para figurar como sujeito ativo da relação jurídica tributária. Nesses casos, a lei deve designá-lo explicitamente.

Tanto pessoas jurídicas de direito público interno – portadoras de capacidade legislativa ou não – como as de direito privado – as entidades paraestatais engajadas na realização do interesse público, por exemplo – podem figurar no polo ativo da relação jurídico-tributária. Nada impede, inclusive, afirma Paulo de Barros Carvalho, que pessoa física ocupe tal posição desde que "desempenhe, em determinado momento atividade exclusiva e de real interesse público".[53]

O art. 153, IV, da Constituição Federal, bem como o art. 46 do Código Tributário Nacional, estabelecem ser a União o sujeito ativo do IPI.

O sujeito passivo, por sua vez, é o integrante da relação jurídica – sujeito de direitos dotado de personalidade jurídica – sobre os ombros do qual recai o dever jurídico relativo ao cumprimento de uma determinada prestação em favor de outrem, denominado sujeito ativo, titular do direito subjetivo de ver adimplida a prestação, como afirma Paulo de Barros Carvalho.[54]

O Código Tributário Nacional disciplina a sujeição passiva tributária a partir do parágrafo único do art. 121. E este prescreve que:

> Art. 121. Sujeito passivo da obrigação principal é a pessoa obrigada ao pagamento de tributo ou penalidade pecuniária.
>
> Parágrafo único. O sujeito passivo da obrigação principal diz-se:

---

53. *Curso...*, op. cit., p. 330.

54. "Sujeito passivo da relação jurídica tributária é a pessoa – sujeito de direitos – física ou jurídica, privada ou pública, de quem se exige o cumprimento da prestação: pecuniária, nos nexos obrigacionais; e insuscetível de avaliação patrimonial, nas relações que veiculam meros deveres instrumentais" - *Curso...*, op. cit, p. 333.

I – contribuinte, quando tenha relação pessoal e direta com a situação que constitua o respectivo fato gerador;

II – responsável, quando sem revestir a condição de contribuinte, sua obrigação decorra de disposição expressa de lei.

Paulo de Barros Carvalho esclarece que, assim como a obrigação da figura do responsável tributário, a concernente ao contribuinte também decorre de expressa disposição legal. Dessa forma, não há como se utilizar da origem da obrigação como parâmetro diferençador entre as duas figuras.[55]

O art. 34 da Lei 4.502/1964 estabelece que

> É contribuinte do Imposto do Consumo toda pessoa natural ou jurídica de direito público ou privado que, por sujeição direta ou por substituição, seja obrigada ao pagamento do tributo.

Quando o art. 34 se refere à sujeição direta está a tratar do contribuinte. Ao mencionar sujeição por substituição, refere-se aos responsáveis, tanto os tributários quanto os administrativos.

Como visto, é contribuinte aquele que, nos termos do art. 121, I, do Código Tributário Nacional, *"[...] tenha relação pessoal e direta com a situação que constitua o respectivo fato gerador"*. Será, assim, aquele que, possuindo personalidade jurídica, realizar o fato abstratamente descrito na hipótese de incidência tributária. Prescreve o art. 51, II e III, do Código Tributário Nacional, que são contribuintes do IPI o *"industrial ou a quem a lei a ele equiparar"* e *"o comerciante de produtos sujeitos ao imposto, que os forneça ao industrial ou a quem for a ele equiparado"*.

O art. 35, I, "a", da Lei 4.502/1964, por sua vez, prescreve que são contribuintes do IPI o

> produtor, inclusive os que lhe são equiparados pelo art. 4º - com relação aos produtos tributados que real ou ficticiamente,

---

55. *Curso...*, op. cit., p. 333.

saírem de seu estabelecimento observadas as exceções previstas nas alíneas "a" e "b" do inciso II do art. 5º.[56]

Lembremo-nos que o tema da responsabilidade tributária, assim como todos aqueles ligados à sujeição passiva tributária, é de difícil compreensão. Ressalte-se que o Código Tributário Nacional, no inciso II do art. 121, prescreve que o sujeito passivo será considerado responsável "quando, sem revestir a condição de contribuinte, sua obrigação decorra de disposição expressa de lei". O art. 128 do Código Tributário Nacional, por sua vez, prescreve, estabelecendo uma *disposição geral* para a responsabilidade tributária:

> Sem prejuízo do disposto neste Capítulo, a lei pode atribuir de modo expresso a responsabilidade pelo crédito tributário a terceira pessoa, vinculada ao fato gerador da respectiva obrigação, excluindo a responsabilidade do contribuinte e atribuindo-a a este em caráter supletivo do cumprimento total ou parcial da referida obrigação.

Note-se, da leitura de ambos os enunciados, que a responsabilidade prevista no inciso II do art. 121 é diversa daquela prevista no *caput* do art. 128 do Código Tributário Nacional.

Enquanto a primeira nada menciona acerca da vinculação do responsável com o "fato gerador", a segunda, constante do *caput* do art 128, expressamente prescreve que o legislador poderá estabelecer que *terceira pessoa vinculada ao fato gerador da respectiva obrigação* será responsável pelo crédito tributário. Isso quer dizer que a escolha do legislador

---

[56]. Lembre-se que esta equiparação é realizada pelo art. *4º, da Lei 4.502/1964*: "Art. 4º Equiparam-se a estabelecimento produtor, para todos os efeitos desta Lei: I – os importadores e os arrematantes de produtos de procedência estrangeira; II – as filiais e demais estabelecimentos que exercerem o comércio de produtos importados, industrializados ou mandados industrializar por outro estabelecimento do mesmo contribuinte; III – os que enviarem a estabelecimento de terceiro, matéria-prima, produto intermediário, moldes, matrizes ou modelos destinados à industrialização de produtos de seu comércio; IV – os que efetuem vendas por atacado de matérias-primas, produtos intermediários, embalagens, equipamentos e outros bens de produção. [...]."

em relação ao terceiro a ser posto na posição de responsável *tributário* é limitada à "moldura do sucesso descrito pela norma".[57] Deve, necessariamente, ser terceira pessoa *vinculada* ao fato jurídico tributário. É bem verdade que esse laço, ou vinculação, é indireto – pois se direto fosse, a figura seria a do contribuinte –, mas inegavelmente existente. Esse é o chamado *responsável tributário*.

Mas não são poucos os casos em que o legislador, na escolha do sujeito passivo, transborda os confins do fato jurídico tributário, elegendo pessoa que com ele não possui vinculação alguma.

Mas que responsabilidade é essa? Qual será sua natureza jurídica?

De saída, pode-se afirmar que não se trata de responsabilidade tributária, uma vez que ela exige a vinculação indireta do responsável com o fato jurídico tributário, conforme expressamente prevê o art. 128 do Código Tributário Nacional. Seu cunho é sancionador. Paulo de Barros Carvalho a considera caso de sanção administrativa pelo descumprimento de deveres de observância obrigatória por parte daquele que não é contribuinte: "Nosso entendimento é no sentido de que as relações jurídicas integradas por sujeitos passivos alheios ao fato tributado apresentam a natureza de sanções administrativas".[58] A confusão se estabelece porque o valor da sanção administrativa imposta coincide com o montante da obrigação tributária.

O exemplo esclarecerá a questão.

Imaginemos que seja realizada uma operação com produto industrializado e que esse produto seja entregue no domicílio do adquirente por uma transportadora contratada para tal fim. O art. 35, II, "a", da Lei 4.502/1964 estabelece que

---

57. PAULO DE BARROS CARVALHO. *Curso...*, op. cit., p, 351.

58. *Ibidem*, p. 353. No que é acompanhado por JOSÉ ROBERTO VIEIRA, *A regra-matriz...*, op. cit., p. 113.

o transportador, que transportar produtos industrializados tributados que estejam desacompanhados da documentação comprobatória de sua procedência, será responsável pelo pagamento do tributo.

Nesse caso, é mais que evidente que o transportador não participou do fato jurídico tributário. É completamente estranho a ele. Entretanto, será alçado à condição de responsável. Essa responsabilidade não é espécie de responsabilidade tributária. É, em verdade, uma *responsabilidade administrativa de cunho sancionador*, em razão do descumprimento do dever de certificar-se da regularidade da transação.

O art. 35, II, da Lei 4.502/1964, utilizando nomenclatura equivocada – contribuintes substitutos – estabeleceu os responsáveis tributários pelo IPI. São eles, de acordo com as alíneas do inciso II do art. 35:

> *a)* o transportador com relação aos produtos tributados que transportar desacompanhados da documentação comprobatória de sua procedência;

> *b)* qualquer possuidor – com relação aos produtos tributados cuja posse mantiver para fins de venda ou industrialização, nas mesmas condições da alínea anterior.

Com relação ao *transportador*, lembremo-nos que somente será considerado responsável tributário se mantiver vinculação com o fato jurídico tributário, ou seja, se for um dos sujeitos do negócio jurídico realizado com o produto industrializado. Eis a razão pela qual José Roberto Vieira entende que só tem cabimento essa responsabilidade, nos casos em que o transportador for o próprio industrial ou o adquirente do produto industrializado. Caso contrário, não terá vinculação alguma com o fato jurídico tributário.[59]

---

59. *A regra-matriz...*, op. cit., p. 113.

E, em não tendo vinculação com o fato, a responsabilidade não será tributária, e sim da espécie *administrativa de cunho sancionador*. De fato, o transportador que descurar da análise da retidão da documentação comprobatória da procedência do produto industrializado que transporta, sofrerá sanção administrativa, cujo montante coincidirá com o montante do crédito tributário.

No que se refere a *qualquer possuidor*, assim como no caso do transportador, é preciso distinguir entre duas espécies de possuidor, o que os enquadra como responsáveis tributários ou como responsáveis administrativos. São eles, como bem alerta José Roberto Vieira, o primeiro, o adquirente e os demais, estranhos à relação.[60] O primeiro, adquirente, inegavelmente, estará diretamente ligado ao fato jurídico tributário, pois terá participado da operação jurídica, do negócio jurídico. Nesses casos, a responsabilidade será tributária. Caso não seja o primeiro, adquirente, faltar-lhe-á a necessária vinculação, ainda que indireta, à realização do fato jurídico tributário, o que nos desautoriza impingir-lhe a adjetivação de responsável tributário. A responsabilidade, nesses casos, será aquela administrativa de cunho sancionador, em razão da inobservância de um dever de cuidado.

Ainda sobre o consequente normativo, a doutrina costuma utilizar a expressão *critério quantitativo* para se referir aos elementos utilizados para individualizar o valor da prestação a ser cumprida pelo sujeito passivo. Essa expressão é rechaçada por Marçal Justen Filho afirmando ser ela "terminologia inadequada cientificamente".[61] Prefere a expressão *determinação objetiva* que, em seu entender, "consiste na imposição de uma conduta, devida pelo sujeito passivo em benefício do ativo", que poderá ser um *dar*, um *fazer*, ou um *não fazer*.[62] E, aqui, também se encontram os componentes que, conjugados,

---

60. *Ibidem*, p. 112.
61. *O Imposto...*, *op. cit.*, p. 53.
62. *Ibidem*, p. 53.

permitem a individualização da prestação pecuniária, objeto da relação jurídica tributária, que deverá ser exigida pelo sujeito ativo em face do sujeito passivo.[63] Paulo de Barros Carvalho, referindo-se não à determinação objetiva, mas a *critério quantitativo* afirma que ele

> [...] nos fala do objeto da prestação que, no caso da regra-matriz de incidência tributária, se consubstancia na base de cálculo e na alíquota. É no critério quantitativo que encontraremos referências às grandezas mediante as quais o legislador pretendeu dimensionar o fato jurídico tributário, para efeito de definir a quantia a ser paga pelo sujeito passivo, a título de tributo.[64]

Esses componentes são a base de cálculo e a alíquota. O prazo e local para o recolhimento do tributo são postos, por alguns, na determinação objetiva. Parece-nos, entretanto, que estes não dizem respeito ao momento da incidência, mas sim a momento posterior – o do recolhimento do tributo.[65]

A base de cálculo é, inegavelmente, um dos mais importantes elementos da regra-matriz de incidência tributária. Apesar de Geraldo Ataliba defender que a base de cálculo, base tributável ou, ainda, base imponível, encontraria domicílio na hipótese de incidência – o que impõe a menção breve de que desta posição se diverge, por considerá-la parte integrante do prescritor da norma jurídica – seus ensinamentos são de grande valia. Define-a como

> uma perspectiva dimensível do aspecto material da h. i. que a lei qualifica, com a finalidade de fixar critério para a determinação, em cada obrigação tributária concreta, do *quantum debeatur*.[66]

---

63. JOSÉ ROBERTO VIEIRA, *A regra-matriz...*, op. cit., p. 66.

64. *Curso...*, op. cit., p. 314.

65. GERALDO ATALIBA e JOSÉ ARTUR LIMA GONÇALVES, Carga tributária e prazo de recolhimento do tributo, *Revista de direito tributário*, n. 45, p. 25.

66. *Hipótese...*, op. cit., p. 108.

Esse posicionamento é criticado por Aires Fernandino Barreto, com o argumento de que a hipótese de incidência, enquanto abstração, não contém nenhum dado concreto, não podendo, portanto, ser medida. Em razão disso, prefere definir a base de cálculo como "o padrão, critério ou referência para medir um fato tributário". Defende que, pela correta leitura do "'*de*', na expressão "*base de cálculo*", extrai-se um verdadeiro "*para*", que indica uma relação atributiva de finalidade ou de aplicação.[67]

Geralmente, a base de cálculo refere-se a um valor. Há casos, entretanto, que unidades de medida são alçadas à condição de base de cálculo. Como se resolve a questão? Aires Fernandino Barreto sustenta que, mesmo nesses casos, há, ainda que de forma indireta, uma relação com um *valor*. Em suas palavras: "A base de cálculo não é o metro, o litro, o alqueire, mas o valor ou o custo, ou o preço por unidade de medida a ser entregue ao Estado".[68] Classifica-as em base de cálculo *direta* e *indireta*. As primeiras são as que aludem ao preço ou valor. As segundas serão de primeiro grau se, não se reportando ao preço, reportarem-se a outro valor e, ainda, de segundo grau, se se referirem a unidades de medida.[69]

A função da base de cálculo não se restringe à determinação do montante devido a título de tributo. Quatro são as suas funções. As três identificadas por Paulo de Barros Carvalho – [i) *função mensuradora (medir as reais proporções do fato)*; ii) *função objetiva (compor a específica determinação da dívida)* ; e iii) *função comparativa (confirmar, infirmar ou afirmar o verdadeiro critério material da hipótese de incidência tributária)*] –, some-se aquela identificada por Misabel Derzi, seguida por Aires Fernandino Barreto, de iv) possibilitar a identificação

---

67. *Base de cálculo, alíquota e princípios constitucionais*. 2. ed. São Paulo: Max Limonad, 1998, p. 51-52.

68. *Ibidem*, p. 65.

69. *Idem*.

da capacidade contributiva.⁷⁰ A primeira das funções – mensuradora – guarda relação com a grandeza ínsita à ocorrência concreta da conduta ou ao seu objeto, descritos hipoteticamente no antecedente normativo, escolhida pelo legislador para servir como base sobre a qual atuará a alíquota, caso a descrição da hipótese se concretize. A função objetiva – compor a específica determinação da dívida – diz respeito à apuração do valor do objeto da prestação que, por sua vez, é objeto da relação jurídica tributária. É por meio da conjugação da base de cálculo com a alíquota que se determina o valor exato da dívida tributária a cargo do sujeito passivo. A função comparativa, na qual a base de cálculo serve para confirmar, infirmar ou afirmar o critério material da hipótese de incidência tributária, pensa-se ser a mais importante dentre as funções que desempenha a base de cálculo. Por fim, a quarta e última função da base de cálculo é a de possibilitar a identificação da capacidade contributiva. Com efeito, é pela análise da base de cálculo que se identificarão os reais contornos do montante tributável, e é por meio dela que se estabelecerá se determinado sujeito passivo possui ou não capacidade contributiva.

A base de cálculo do IPI é fixada pelo art. 47 do Código Tributário Nacional e pelo art. 14 da Lei 4.502/1964. Lembre-se que, em caso de incompatibilidade entre a disciplina estabelecida pelo art. 47 do Código Tributário Nacional e aquela da Lei 4.502/1964, é a primeira que deverá prevalecer, pois, mesmo estando em idêntico patamar hierárquico, a disciplina do Código é posterior e trata de forma detalhada do tema da base de cálculo, no que se refere ao IPI.

Prescreve o art. 47, II, do Código Tributário Nacional, que a base de cálculo do IPI será, nos casos da realização de operações com produtos industrializados, o *valor das operações de que decorrer a saída da mercadoria* – alínea "a". Na falta desse valor, a base de cálculo será *o preço corrente da*

---

70. P. B. CARVALHO, *Curso...*, op. cit., p. 361-366; M. A. M. DERZI, *Do imposto sobre a propriedade predial e territorial urbana*. São Paulo: Saraiva, 1982, p. 252 et seq.; A. F. BARRETO, *Base...*, op. cit., p. 116.

mercadoria, ou sua similar, no mercado atacadista da praça do remetente – alínea "*b*".[71]

No que se refere à *alíquota*, não é corrente vermos estudos que dela tratem especificamente. O vocábulo alíquota geralmente é associado com a ideia de fração ou percentual. Define-a, Geraldo Ataliba, após afirmar que a alíquota é "um termo do mandamento da norma tributária", dizendo que sua designação

> sugere a ideia que esteve sempre na raiz do conceito assim expresso: é a quota (fração), ou parte da grandeza contida no fato imponível que o estado se atribui (editando a lei tributária.[72]

Entretanto, nem sempre a alíquota será parte ou fração de algo. Precisas são as lições de Aires Fernandino Barreto, para o qual a alíquota "não é fatia, mas critério para sua obtenção", ou seja, é a alíquota ferramenta que permite a identificação do valor devido a título de tributos. E explica que não se pode conceber a alíquota como fração da base de cálculo, pois há casos em que a base de cálculo será uma medida física, de comprimento, largura, massa etc.[73] Nesses casos, se a alíquota for considerada como fração ou parte da base de cálculo, não haveria lugar para entrega de dinheiro, mas sim para a entrega de um percentual do comprimento, da largura ou da massa, o que, como se sabe, não ocorre. Assiste, portanto, razão a José Roberto Vieira, que a vê como o "....*fator aritmético de quantificação*...".[74] Lembre-se que, nos casos em que a base de cálculo não for expressa em um valor em dinheiro, a alíquota certamente o será, na medida em que o *quantum*

---

71. Não será, aqui, examinada a base de cálculo prevista pelo art. 14 da Lei 4.502/1964, como também não serão examinadas as discussões que acarreta como, por exemplo, a da impossibilidade da inclusão do frete, dos juros das vendas financiadas, descontos incondicionais com produtos bonificados, na base de cálculo do IPI.

72. *Hipótese...*, op. cit., p. 114.

73. *Base...*, op. cit., p. 127

74. *A regra-matriz...*, op. cit., p. 68.

objeto da prestação, objeto, por sua vez, da relação jurídica tributária, sempre será um valor em dinheiro. A alíquota pode ser expressa nas seguintes formas: i) valor fixo ou variável, em função da base de cálculo; e ii) em forma de percentual, o qual poderá ser invariável, proporcional progressivo ou proporcional regressivo. Será ela uma proporção invariável quando, modificando-se a base de cálculo, reste inalterada a alíquota. Será proporcional progressiva nos casos em que, elevando-se a base de cálculo, majora-se também a alíquota. Por fim, será proporcional regressiva nos casos em que a alíquota diminua à medida que a base de cálculo aumente.[75] Assim, nos casos em que a alíquota for um valor em dinheiro, "o nome alíquota briga com a sua etimologia".[76]

A alíquota é, lembre-se, na maioria dos casos, aquele percentual que será aplicado sobre a base de cálculo para se alcançar o montante devido a título de tributo. Essa é a prescrição do art. 13 da Lei 4.502/1964: "O imposto será calculado mediante aplicação das alíquotas constantes da Tabela anexa sobre o valor tributável dos produtos, na forma estabelecida neste Capítulo" (sic).

4.2 Esquema lógico de representação formal da regra-matriz de incidência tributária do IPI

Paulo de Barros Carvalho dedica o item 2 do capítulo XI do seu *Curso de direito tributário* para explicar a formalização da regra-matriz de incidência tributária. Diz ele:

> Agora, podemos dar um passo adiante, procurando formalizar a linguagem, o que se consegue pela substituição das palavras por símbolos que as representem. Feito isso, teremos a regra-matriz de incidência tributária nuamente exposta no seu esquematismo formal e plenamente apta para retratar o fenômeno do impacto jurídico de todo e qualquer tributo. Para tanto, será suficiente

---

75. BARRETO. Aires Fernandino. *Base...*, *op. cit.*, p. 128-130.

76. CARVALHO, Paulo de Barros. *Curso...*, *op. cit.*, p. 372.

substituir as variáveis lógicas pelas constantes do direito positivo, na operação inversa.[77]

Eis o esquema:

$$N_{jt} \begin{cases} H_t \equiv C_{m(v \cdot c)} \cdot C_e \cdot C_t \\ \quad \downarrow \; DS_n \qquad\qquad \xleftrightarrow{DS_m} \\ Cs_t \equiv C_p (S_a \cdot S_p) \cdot C_{q(b_c \cdot a_l)} \end{cases}$$

A explicação de Paulo de Barros Carvalho para o simbolismo é a seguinte:

N_{jt} = norma jurídica tributária – regra-matriz de incidência

H_t = hipótese tributária, antecedente, suposto normativo, proposição hipótese ou descritor

$\equiv$ = equivalência

C_m = critério material da hipótese – núcleo da descrição fáctica

v = verbo – sempre pessoal e de predicação incompleta

. = conectivo lógico conjuntor

c = complemento do verbo

C_e = critério espacial da hipótese – condicionante de lugar

---

77. *Curso de direito tributário*. 24. ed. São Paulo: Saraiva, 2012, p. 417-419.

C_t = critério temporal da hipótese – condicionante de tempo

Cs_t = consequência tributária, consequente, proposição consequente, prescritor normativo

C_p = critério pessoal do consequente, onde estão os sujeitos da relação jurídica obrigacional

S_a = sujeito ativo da obrigação tributária, credor, sujeito pretensor

S_p = sujeito passivo da obrigação tributária, devedor

C_q = critério quantitativo da obrigação tributária – indicador da fórmula de determinação do objeto da prestação

b_c = base de cálculo – grandeza mensuradora de aspectos da materialidade do fato jurídico tributário

a_l = alíquota – fator que se conjuga à base de cálculo para a determinação do valor da dívida pecuniária

DS_n = dever-ser neutro – conectivo deôntico interproposicional. É representado por um vetor → e significa que, ocorrida a hipótese, deve-ser a consequência.

DS_m = dever-ser modalizado – operador deôntico intraproposicional. É representado por dois vetores sobrepostos, com a mesma direção, porém sem sentidos contrários. Significa a obrigação do sujeito devedor de cumprir a prestação e, ao mesmo tempo, o direito subjetivo de que é titular o sujeito pretensor ↔

Aplicando-a ao IPI:

H_t = hipótese de incidência tributária do IPI

$C_{m(v.c)}$ = realizar operações com produtos industrializados

C_e = no território nacional

C_t = a saída do produto do estabelecimento industrial

Cs_t = consequência tributária, consequente, proposição consequente, prescritor normativo

231

$C_{p(Sa+Sp)}$ = critério pessoal do consequente

S_a = União

S_p = contribuinte (industrial) / responsável (transportador ou possuidor)

C_q = critério quantitativo

b_c = valor das operações de que decorrer a saída da mercadoria

a_l = percentual constante da Tabela de Incidência do IPI - TIPI

4.3 O modelo para os sistemas normativos de Carlos Alchourrón e de Eugenio Bulygin

O ponto de partida adotado por Alchourrón e Bulygin para a explicação do conceito de sistema normativo é a construção de um modelo, que aqui será chamado de NS, destinado a reproduzir, ainda, que de forma simplificada, isto é, mais abstrata, um problema real tomado pelo direito civil. Isso não impede a sua adoção para a aplicação no Direito Tributário brasileiro.

Para a construção do modelo, Carlos Alchourrón e Eugenio Bulygin elegeram um problema muito discutido no direito civil argentino. Trata-se da reinvindicação de coisas imóveis contra terceiros possuidores. O problema surge quando alguém, que não é legítimo possuidor da coisa, transfere-a a terceiro, a título oneroso ou gratuito. A questão que surge é: em que circunstâncias pode o proprietário do imóvel reivindicá-lo do possuidor. A resposta é encontrada ao se descobrir se a ação é obrigatória ou não. Esta ação pode se realizar dentro de um conjunto de situações ou estado de coisas que será chamado de *Universo de Discurso* (UD). Todos os elementos do UD compartilham certa propriedade que é definidora do UD. No modelo dos autores, o UD é a de ser uma alienação de um imóvel que pertence a um terceiro.

DIREITO E LÓGICA

Um problema normativo pode ser considerado como uma pergunta acerca do status deôntico de certas ações ou condutas, isto é, sua permissão, proibição ou obrigatoriedade. Todo conjunto finito de ações básicas constitui o que os autores chamam de *Universo de ações* (UA). No modelo apresentado pelos autores, há apenas uma ação básica do terceiro adquirente: a de devolver o imóvel ao proprietário. Essa ação será chamada de Restituição (R). Assim, o UA desse modelo é um conjunto unitário que possui apenas o elemento R. O UD e o UA delimitam o problema. Toda variação do UD e toda a variação do UA modificam o problema. Se o UD permanece constante então a identidade do problema estará determinada pelo UA.[78]

O *problema normativo* aqui eleito é aquele relativo a quando alguém está obrigado ao pagamento do Imposto sobre Produtos Industrializados, tanto com contribuinte quanto como responsável. Ou, ainda, em que casos o Estado pode exigir o pagamento do Imposto sobre Produtos Industrializados?

Neste caso, interessa-nos o *status* deôntico da ação de estar obrigado ou não ao pagamento do tributo. Esta ação poderá realizar-se dentro de um conjunto de situações ou estados de coisas que é chamado de Universo de Discurso (UD). Nosso UD é o estado de coisas em que alguém realiza uma certa operação. O Universo de Ações (UA) é, nesse caso, um conjunto unitário composto pela ação básica de pagar o Imposto sobre Produtos Industrializados ao Estado, que chamaremos de IPI.

A resposta ao problema depende da valoração das diversas circunstâncias que devem ser consideradas. Nem todas as propriedades possíveis são relevantes para o problema, mas a sua seleção é uma questão valorativa. Se certas propriedades parecem ser totalmente irrelevantes para o problema, isso ocorre apenas em razão de um consenso mais ou menos unânime a respeito de certos valores; fato, este, meramente

---

78. *Sistemas normativos: introducción a la metodología de las ciencias jurídicas*. 2. ed. Buenos Aires: Astrea, 2012, p. 14-15.

contingente. As propriedades identificadas – ou eleitas – dividem os elementos do Universo do Discurso em duas classes: aquela em que a propriedade está presente e aquela nos quais ela está ausente. A ausência da propriedade equivale à presença da propriedade complementaria, que é a negação da propriedade em questão. Todo o conjunto de propriedades que poderá estar presente ou ausente nos elementos do UD denominar-se-á Universo de Propriedades (UP). Toda propriedade de um UP e todo composto veritativo-funcional de tais propriedades, sempre que não se esteja diante de um sistema contraditório ou tautológico, define um caso possível. Essa propriedade definitória poderá ser simples ou complexa.

Em nosso modelo, as seguintes propriedades compõe o UP:[79] i) a realização de uma operação – negócio jurídico – (NJ); ii) que a operação seja com um produto (PD); iii) que esse produto tenha sido submetido a um processo de industrialização (IN); iv) que a operação importe na saída do produto do estabelecimento industrial ou equiparado (SEI); e v) que essa operação ocorra em território nacional (TN).

Quando a propriedade definitória é uma conjunção que contém todas as propriedades do UP ou suas negações, mas não ambas, diremos que esse caso é elementar. Aqueles que não sejam elementares chamam-se complexos. O conjunto de todos os casos elementares correspondentes a um UP

---

79. "Um conjunto de propriedade (ou de predicados que designem essas propriedades) formam uma divisão (ou partição) se, e somente se, cumprem as três condições seguintes: a) As propriedades são logicamente disjuntas (exaustivas do UD). Isto significa que todo elemento do UD tem necessariamente (por razões lógicas) algumas das propriedades do conjunto;   b) Cada par de propriedades distintas é logicamente excludente. Isto quer dizer que as propriedades que formam uma divisão são mutuamente excludentes (imcompatíveis por razões lógicas); c)   Nenhuma das propriedades é logicamente vazia. Isto quer dizer que nenhuma das propriedades é logicamente impossível, ainda que possa dar-se o caso de que resulte, de fato, vazia. Pode-se definir, agora, o Universo de Casos como todo conjunto de casos que formam uma divisão." - *Sistemas normativos: introducción a la metodología de las ciencias jurídicas*. 2. ed. Buenos Aires: Astrea, 2012, p. 41 (tradução livre dos autores).

denominar-se-á de Universo de Casos (UC).[80] O número de todos os casos elementares possível pode ser facilmente determinado, pois é função das propriedades do UP. Se "n" é o número de propriedade do UP, o número dos casos elementares, dos casos correspondentes ao UC é 2^n. A noção de UC é, junto com o número dos casos elementares, relativa a um determinado UP. O conjunto de todos os casos possíveis determina o que se chama de âmbito fático do modelo. Todo elemento do UD pertence a um e apenas um caso elementar.[81]

O âmbito normativo do problema é onde se consideram quais as respostas possíveis ao problema. Uma resposta satisfatória é uma solução do problema. As respostas possíveis constituem o conjunto das soluções possíveis. Toda ação do UA e todo composto veritativo-funcional de tais ações serão chamados de conteúdo normativo ou deôntico. Seus caracteres ou modais deônticos – das ações – são o permitido ["P"], o obrigatório ["O"], o proibido ["Ph"] e o facultativo ["F"]. Diz-se deônticamente determinado um conteúdo normativo

---

80. "Em primeiro lugar, os casos do UC são casos mínimos: não admitem uma subdivisão ulterior, e todos os demais casos são equivalentes a disjunções de casos do UC; portanto, são expressáveis em termos destes últimos. Isto permite afirmar que todos os casos não elementares são reduzíveis a casos elementares, fato que, por sua vez, permite prescindir dos casos complexos. Em segundo lugar, os casos do UC são mutuamente excludentes. Esta propriedade é importante, pois permite controlar facilmente a coerência do sistema. Para assegurar-se de que o sistema é coerente, basta comprovar que nenhum dos casos do UC está correlacionado com dois ou mais soluções incompatíveis; se o sistema é coerente em cada um dos casos do UC, o é também com respeito a todos os casos possíveis, tanto genéricos como individuais. Isto é assim porque em virtude do caráter excludente dos casos do UC nenhum caso individual pode pertencem a dois casos do UC conjuntamente, e todo caso genérico não elementar equivale a uma disjunção (mas nunca a uma conjunção) de casos elementares. Em terceiro lugar, os casos do UC são conjuntamente exaustivos dos elementos do UD, ou seja, dos casos individuais. Isto quer dizer que todo caso individual pertence necessariamente a algum caso elementar. De tal maneira, a solução de todos os casos elementares assegura a completude do sistema no sentido de que todos os casos individuais possíveis (todos os elementos do UD) restam solucionados (ainda que algum dos casos não elementares careçam de solução). Desta maneira, se vê que o carácter excludente dos casos do UC está ligado à ideia de coerência e seu carácter exaustivo à de completude." - *Sistemas..., op. cit.*, p. 46 (tradução livre dos autores).

81. *Sistemas..., op. cit.*, p. 16-18.

precedido de um modal deôntico. Quando a solução determina todos os conteúdos correspondentes a um UA, chama-se solução maximal e o conjunto destas chama-se Universo de Soluções Maximais (USmax), que nada mais é do que o conjunto de todas as respostas completas à pergunta formulada. As soluções que não forem maximais serão chamadas de parciais.[82]

Analiticamente, com base nos dados anteriores, é possível reconstruir o sistema normativo, que, para Alchourrón e Bulygin, é formado por enunciados que correlacionam casos com soluções. A partir dos enunciados prescritivos do direito positivo, os autores constroem o que denominam de matriz, que nada mais é do que o gráfico representativo de um sistema. Nesse quadro, aparecem os casos elementares possíveis em um determinado sistema e as demais colunas representam as normas do sistema. Nas intersecções são encontradas as soluções. Quando na linha correspondente a um caso não aparece nenhuma solução, dir-se-á que esse caso é uma lacuna normativa, ou seja, o sistema será incompleto. Caso não tenha nenhuma lacuna, será dito completo. O sistema será

---

82. *Sistemas...*, *op. cit.*, p. 18-20. Sobre o assunto, bem esclarece Bruno Periolo Odahara: "Tanto a noção de constituinte deôntico, como aquela de par deôntico, importam para a determinação dos dois tipos de soluções (genéricas): a solução maximal e a solução minimal. Aquela é definida como 'a *conjunção* formada por um constituinte de cada Par Deôntico, sempre que essa conjunção não seja deonticamente contraditória', e o conjunto de todas elas constituirá o Universo de Soluções Maximal (USmax) [*Maximal Universe of Solutions*] de um UA. A solução minimal, a seu turno, é 'a *disjunção* formada por um constituinte de cada Par Deôntico, sempre que essa disjunção não seja deonticamente tautológica', e o conjunto de todas elas constituirá o Universo de Soluções Minimal (USmin) [*Minimal Universe of Solutions*] de um UA. Enquanto o USmax servirá para determinar se um sistema é completo, o USmin terá relevância quando o objetivo for 'determinar se um conjunto de enunciados (por exemplo, uma lei) estabelece alguma correlação entre um UC e um USmin dados, vale dizer, se possui alguma consequência normativa para certos casos. Em tal situação, não importa que as soluções não sejam maximais (e que haja, por conseguinte, lacunas parciais), pois o que interesse é determinar se há *alguma* solução'. Cumpre assinalar, nessa senda, que não há contraditoriedade entre os conceitos de solução maximal e minimal, ante a possibilidade de existência de soluções que não se encaixam em nenhum deles. Toda solução que não seja maximal será dita parcial, sendo as soluções minimais um subconjunto delas" – *Das normas aos sistemas normativos em Eugenio Bulygin*, p. 70, n. 241 e ss.

incoerente caso apareçam soluções incompatíveis na mesma linha [diante de um mesmo caso]. Caso não haja incoerências, o sistema será coerente. Será redundante o sistema que apresente a mesma solução, em mais de uma norma, no mesmo caso.

4.4 A aplicação do modelo para os sistemas normativos de Carlos Alchourrón e de Eugenio Bulygin e a reconstrução do sistema normativo do IPI

Em NS, encontramos que a resposta àquela nossa pergunta original "em que casos o Estado pode exigir o pagamento do Imposto sobre Produtos Industrializados?" depende da valoração das distintas circunstâncias que devem ser consideradas. Trata-se de um problema valorativo. Cabe-nos, portanto, relembrar que o Universo de Propriedades, no caso em análise é i) a realização de uma operação – negócio jurídico – (NJ); ii) que a operação seja com um produto (PD); iii) que esse produto tenha sido submetido a um processo de industrialização (IN); iv) que a operação importe na saída do produto do estabelecimento industrial ou equiparado (SEI); e v) que essa operação ocorra em território nacional (TN). Baseado no UP, estabelece-se o "UC", conforme a Tabela 1:

Tabela 1 – Universo de Casos – séries de *todos os casos possíveis* – Contexto factual do modelo

Universo de Casos	Universo de Propriedades				
	NJ	PD	IN	SEI	TN
1	+	+	+	+	+
2	+	+	+	+	-
3	+	+	+	-	+
4	+	+	+	-	-
5	+	+	-	+	+
6	+	+	-	+	-
7	+	+	-	-	+
8	+	+	-	-	-
9	+	-	+	+	+
10	+	-	+	+	-
11	+	-	+	-	+
12	+	-	+	-	-
13	+	-	-	+	+
14	+	-	-	+	-
15	+	-	-	-	+
16	+	-	-	-	-
17	-	+	+	+	+
18	-	+	+	+	-
19	-	+	+	-	+
20	-	+	+	-	-
21	-	+	-	+	+
22	-	+	-	+	-
23	-	+	-	-	+
24	-	+	-	-	-
25	-	-	+	+	+
26	-	-	+	+	-
27	-	-	+	-	+
28	-	-	+	-	-
29	-	-	-	+	+
30	-	-	-	+	-
31	-	-	-	-	+
32	-	-	-	-	-

DIREITO E LÓGICA

O âmbito normativo do problema, lembre-se, diz respeito a todas as respostas possíveis à pergunta. Diz respeito ao *status* normativo da ação que, no caso, é estar obrigado ao pagamento do Impostos sobre Produtos Industrializados {IPI}. Neste caso, há dois conteúdos normativos ou deônticos possíveis: IPI e ~IPI (estar obrigado ao pagamento e não estar obrigado ao pagamento). Essa conduta IPI sempre será precedida de um dos modais deônticos, que se chamam *soluções*. São eles: **P** (permitido), **O** (obrigatório), **Ph** (proibido) e **F** (facultado).

As normas são enunciados que correlacionam casos com soluções. Todo o conjunto de normas constitui um Sistema Normativo. Aqui, portanto, precisamos identificar os enunciados que vão compor nosso sistema de normas. Eles serão selecionados tanto na Constituição Federal, quanto no Código Tributário Nacional, bem como na Lei 4.502/1964, todos relativos ao Imposto sobre Produtos Industrializados. A representação simbólica de cada norma está abaixo de cada norma selecionada:

a) Constituição Federal Brasileira:

> Art. 153. Compete à União instituir impostos sobre:
>
> [...]
>
> IV – produtos industrializados;
>
> [...]
>
> § 3º. O imposto previsto no inciso IV:
>
> III – não incidirá sobre produtos industrializados destinados ao exterior; [...].

> Art. 155 [...]
>
> XI – não compreenderá, em sua base de cálculo, o montante do imposto sobre produtos industrializados, quando a operação, realizada entre contribuintes e relativa a produto destinado à industrialização ou à comercialização, configure fato gerador dos dois impostos;

Do art. 153, IV, tem-se   - **N₁: PIPI/PD.IN**[83]

Do inciso III do § 3º, tem-se   - **N₂: OIPI/TN**

Do inciso XI do art. 155, tem-se   - **N₃: OIPI/NJ.PD**

b) Lei Federal 4.502, de 30 de Novembro de 1964:

> Art. 1º O Imposto de Consumo incide sobre os produtos industrializados compreendidos na Tabela anexa.
>
> Art. 2º Constitui fato gerador do imposto:
>
> II – quanto aos [produtos] de produção nacional, a saída do respectivo estabelecimento produtor.
>
> [...]
>
> § 2º O imposto é devido sejam quais forem as finalidades a que se destine o produto ou o título jurídico a que se faça a importação ou de que decorra a saída do estabelecimento produtor. [...].

Do art. 1º, tem-se   - **N₄: OIPI/PD.IN**

Do inciso II do art. 2º, tem-se   - **N₅: OIPI/PD.SEI**

Do § 2º do art. 2º, tem-se   - **N₆: OIPI/NJ.PD.SEI**

---

83. Aqui, menciona-se que o "permitido" em razão da facultatividade da competência tributária.

c) Código Tributário Nacional Brasileiro:

> Art. 46. O imposto, de competência da União, sobre produtos industrializados tem como fato gerador:
>
> II – a sua saída dos estabelecimentos a que se refere o parágrafo único do art. 51;[84]

Do *caput* do art. 46, tem-se   - **N7: OIPI/PD.IN**

Do inciso II do art. 46, tem-se   - **N8: OIPI/SEI**

Por conseguinte, as normas identificadas são as seguintes:

    N_1: **PIPI/PD.IN**

    N_2: **OIPI/TN**

    N_3: **OIPI/NJ.PD**

    N_4: **OIPI/PD.IN**

    N_5: **OIPI/PD.SEI**

    N_6: **OIPI/NJ.PD.SEI**

    N_7: **OIPI/PD.IN**

    N_8: **OIPI/SEI**

Utilizando as normas acima como base, pode-se construir a matriz do sistema (Tabela 2) e, com isso, identificar as suas propriedades:

---

[84]. Art. 51. Contribuinte do imposto é: I – o importador ou quem a lei a ele equiparar; II - o industrial ou quem a lei a ele equiparar; III – o comerciante de produtos sujeitos ao imposto, que os forneça aos contribuintes definidos no inciso anterior; IV –o arrematante de produtos apreendidos ou abandonados, levados a leilão. Parágrafo único. Para os efeitos deste imposto, considera-se contribuinte autônomo qualquer estabelecimento de importador, industrial, comerciante ou arrematante.

LÓGICA E DIREITO

Tabela 2 – Universo de Casos e Universo de Soluções correspondente:

Universo de Casos	Normas							
	N_1	N_2	N_3	N_4	N_5	N_6	N_7	N_8
	P/ PD.IN	O/ TN	O/ NJ.PD	O/ PD.IN	O/PD. SEI	O/ NJ.PD. SEI	O/ PD.IN	O/ SEI
1) NJ.PD.IN.SEI.TN	P	O	O	O	O	O	O	O
2) NJ.PD.IN.SEI.~ TN	P		O	O	O	O	O	O
3) NJ.PD.IN.~ SEI.TN	P	O	O	O			O	
4) NJ.PD.IN.~ SEI.~ TN	P		O	O			O	
5) NJ.PD.~ IN.SEI.TN		O	O		O	O		O
6) NJ.PD.~ IN.SEI.~ TN			O		O	O		O
7) NJ.PD.~ IN.~ SEI.TN		O	O					
8) NJ.PD.~ IN.~ SEI.~ TN			O					
9) NJ.~ PD.IN.SEI.TN		O						O
10) NJ.~ PD.IN.SEI.~ TN								O
11) NJ.~ PD.IN.~ SEI.TN		O						
12) NJ.~ PD.IN.~ SEI.~ TN								
13) NJ.~ PD.~ IN.SEI.TN		O						O
14) NJ.~ PD.~ IN.SEI.~ TN								O
15) NJ.~ PD.~ IN.~ SEI.TN		O						
16) NJ.~ PD.~ IN.~ SEI.~ TN								
17) ~ NJ.PD.IN.SEI.TN	P	O	O		O		O	O
18) ~ NJ.PD.IN.SEI.~ TN	P		O		O		O	O
19) ~ NJ.PD.IN.~ SEI.TN	P	O	O				O	
20) ~ NJ.PD.IN.~ SEI.~ TN	P		O				O	
21) ~ NJ.PD.~ IN.SEI.TN		O			O			O
22) ~ NJ.PD.~ IN.SEI.~ TN					O			O
23) ~ NJ.PD.~ IN.~ SEI.TN		O						
24) ~ NJ.PD.~ IN.~ SEI.~ TN								
25) ~ NJ.~ PD.IN.SEI.TN		O						O
26) ~ NJ.~ PD.IN.SEI.~ TN								O
27) ~ NJ.~ PD.IN.~ SEI.TN		O						
28) ~ NJ.~ PD.IN.~ SEI.~ TN								
29) ~ NJ.~ PD.~ IN.SEI.TN		O						O
30) ~ NJ.~ PD.~ IN.SEI.~ TN								O
31) ~ NJ.~ PD.~ IN.~ SEI.TN		O						
32) ~ NJ.~ PD.~ IN.~ SEI.~ TN								

Universo de Soluções

A partir da análise acima, podemos afirmar que o Sistema Normativo considerado do IPI é, do ponto de vista da lógica deôntica de Alchourrón e Bulygin, em NS: *Incompleto*, pois existem lacunas nos casos, ou, em outras palavras, há casos para os quais aparentemente não há solução como, por exemplo, os casos 12, 16, 24, 28 e 32. *Incoerente*, pois há soluções diferentes para um mesmo caso, como por exemplo, os casos 1, 2, 3, 4, 17, 18, 19 e 20, ainda que não sejam propriamente incompatíveis. E, finalmente, *redundante*, pois a mesma solução aparece mais de uma vez em uma linha correspondente a um caso particular como, por exemplo, os casos 5, 6, 7, 9, 13, 21, 22, 25 e 29.

Da análise exposta acima, conclui-se que as normas jurídicas podem ser reconstruídas formalmente por vários modelos alternativos, e não somente por um modelo único. O modelo da Regra-Matriz de Incidência é de ampla utilidade na determinação das propriedades relevantes do sistema jurídico em questão, identificando os critérios material, espacial e temporal da hipótese de incidência tributária. O modelo de Alchourrón e Bulygin, ao incluir as matrizes na análise do sistema jurídico, complementam o modelo anterior e adicionam-lhe novas informações, como as soluções possíveis e identifica com precisão os casos de completude, redundância e coerência ou incoerência do sistema.

Outro resultado interessante do modelo de Alchourrón e Bulygin é que, por meio dele, fica evidenciada a complexidade dos sistemas jurídicos. Os casos considerados foram exemplos com poucas propriedades relevantes. A maioria dos sistemas jurídicos opera com um número muito maior de propriedades relevantes, o que torna a análise combinatória e matricial impossível de ser utilizada na prática do raciocínio do jurista. Sendo assim, o raciocínio jurídico continua a utilizar-se como ferramental metodológico, além da lógica, da experiência e da intuição em seu sentido comum.

Na presente exposição, esperamos que o leitor tenha assimilado o panorama da lógica atual, da lógica deôntica e de como ambas constituem-se em uma ferramenta metodológica essencial para a análise das normas jurídicas, dos sistemas jurídicos e do raciocínio jurídico em sentido amplo.

Referências

ALCHOURRÓN C. E.; BULYGIN, E. *Sistemas normativos:* introducción a la metodología de las ciencias jurídicas. 2ª. ed. Rev. Buenos Aires, Bogotá: Astrea, 2012.

ATALIBA, Geraldo e GONÇALVES, José Artur Lima. Carga tributária e prazo de recolhimento do tributo, *Revista de direito tributário*, n. 45.

ATALIBA, Geraldo. *Hipótese de incidência tributária.* 6ª. ed. São Paulo: Malheiros, 2005.

BARRETO, Aires Fernandino. *Base de cálculo, alíquota e princípios constitucionais.* 2ª. ed. São Paulo: Max Limonad, 1998.

BECHARA, Evanildo. *Moderna gramática portuguesa.* 37. ed. Rio de Janeiro: Nova Fronteira, 2009.

BULYGIN, Eugenio; e MENDONCA, Daniel. *Normas y sistemas normativos.* Madrid: Marcial Pons, 2005.

CARVALHO, Paulo de Barros. *Curso de direito tributário.* 19. ed. São Paulo: Saraiva, 2007.

_____ . *Curso de direito tributário.* 24. ed. São Paulo : Saraiva, 2012.

_____ . *Direito tributário:* fundamentos jurídicos da incidência. 7ª. ed. São Paulo: Saraiva, 2009.

_____ . *Teoria da norma tributária.* 4ª. ed. São Paulo: Max Limonad, 2002.

COPI, Irving. *Introdução a lógica.* 2ª. ed. São Paulo: Mestre Jou, 1979, p. 234.

COSTA, Newton Carneiro Affonso da. *Lógica indutiva e probabilidade.* 3. ed. São Paulo: Hucitec, 2008

CUNHA, Celso e CINTRA, Lindley. *Nova gramática do português contemporâneo*. 5. ed. Rio de Janeiro: Lekiton, 2008.

DERZI, Misabel. *Do imposto sobre a propriedade predial e territorial urbana*. São Paulo: Saraiva, 1982.

JUSTEN FILHO, Marçal. *O imposto sobre serviços na Constituição*. São Paulo: Ed. RT, 1985.

KRAUSE, Décio. Aspectos da lógica atual. *Revista Brasileira de Filosofia*, Vol. XXXVIII, fasc. 155, jul./ago./set. 1989, p. 225.

ODAHARA, Bruno P. *Das normas aos sistemas normativos em Eugenio Bulygin*. Dissertação de Mestrado em Direito da UFPR. Curitiba: UFPR, 2011. Disponível em: <http://goo.gl/AE4RSl>. Acesso em: 01 abr. 2016.

PUGA, L.Z.; DA COSTA, N.C.A.; VERNENGO, R.J. *Derecho, moral y preferencias valorativas*. Theoria, Segunda Época, Ano V, n. 12-13, novembro, p. 9-29, 1990.

_____ . *Normative logics, morality and law*, in Experts systems in law. A. Martino ed. Elsevier Sc. Pv., 1992.

_____ . *Sobre algunas lógicas paraclásicas y el análisis del razonamiento jurídico*. Doxa, Alicante, n. 19, p. 183-200, 1996.

VIEIRA, José Roberto. *A regra-matriz de incidência do IPI:* texto e contexto. Curitiba: Juruá, 1993.

VON WRIGHT, Georg Henrik. Deontic logic. *Mind*. v. 60, n. 237, jan/1951, p. 1-15.

_____ . *Norma y acción*: una investigación lógica. Madrid: Editorial Tecnos, 1970.

Indicações bibliográficas

DA COSTA, N.C.A. A importância Filosófica da Lógica Paraconsistente. Trad. Décio Krause. *Boletim da Sociedade Paranaense de Matemática*, 1990. Publicado originalmente em *Journal of Non Classical Logic*, v. 1, n. 1, p. 1-19, 1982.

_____. *New systems of Predicate Deontic Logic. The Journal of Non Classical Logic*, v. 5, n. 2, novembro, p. 75-80, 1988.

_____. Novos Fundamentos para a lógica deôntica. *Boletim da Sociedade Paranaense de Matemática*, Curitiba, 2ª série, v. 11, n. 1, p. 5-9, 1990.

_____. *O conhecimento científico*. São Paulo: Discurso Editorial, 1997.

_____. *Pragmatic probability. Erkenntnis*, 25, p. 141-162, 1986.

_____. *Sistemas formais inconsistentes*. Curitiba: Editora da UFPR, 1993.

DA COSTA, N.C.A.; FRENCH, S. *Science and partial truth: a unitary approach to models and scientific reasoning*. Oxford: Oxford University Press, 2003.

_____;BUENO, O. Quasi-truth, paraconsistency, and the foudations of science. *Synthese*, v. 154.

_____;PUGA, L.Z. *Sobre a lógica deôntica não clássica. Crítica*, XIX, n. 55, México.

_____;As lógicas não clássicas. Folhetim (Suplemento do Jornal Folha de São Paulo) 331, de 22-05-1983. Reproduzido em R. Carrion e N. C. A. da Costa. *Introdução à lógica elementar*. Ed. UFRGS, 1998.

_____. *Ensaio sobre os fundamentos da lógica*. São Paulo: Hucitec, Editora da Universidade de São Paulo, 1980.

PUGA, L. Z. *Uma lógica do querer* – Preliminares sobre um tema de Mally. Tese para doutoramento em Matemática. São Paulo, Pontifícia Universidade Católica de São Paulo, 1985.

____; DA COSTA, N.C.A. Lógica deôntica e direito. *Boletim da Sociedade Paranaense de Matemática*, 2ª série, vol. 8, 1987.

SOBRE AS DEFINIÇÕES

Tárek Moysés Moussallem

Universidade Federal do Espírito Santo – UFES.

Sumário: 1. Os juristas e suas disputas (verbais) – 2. A estrutura lógica das definições – 3. Principais tipos de definições – 4. Algumas regras técnicas para as definições – 5. Definições legais e definições científicas: 5.1 Definições legais; 5.2 Definições científicas – Referências.

1. Os juristas e suas disputas (verbais)

A maioria das discordâncias entre os juristas é, em rigor, proveniente de desajuste linguístico nos significados dos signos por eles usados.

A pergunta "Você é jusnaturalista?" envolve inexoravelmente saber, em um primeiro momento, qual a significação atribuída ao termo (suporte físico) "jusnaturalista". Contudo, sem antes definir o conceito de "jusnaturalista", os juristas se lançam em debates calorosos, desprovidos de sentido, em virtude de atribuírem à mesma *palavra* vários *conceitos* diferentes (às vezes até opostos), e pior, sem se darem conta.

E assim várias outras discussões jurídicas se perdem no labirinto da linguagem. "Que é ação?", "Que é tributo?",

"Que é ato jurídico?", "Que é personalidade?", "Que é igualdade?" São todas elas perguntas perigosas que, se não forem devidamente analisadas, tornam o discurso dos juristas circular, sem nada explicar. Exemplo disso é a resposta para a última pergunta sobre a "igualdade". A definição do conceito de "igualdade", dado por Aristóteles e amiúde repetido nas salas de aula é, mais ou menos, assim: "*Igual*dade é tratar *igual*mente os *iguais* e des*igual*mente os des*iguais*, na medida de suas des*igual*dades".

Ora, tal explicação, embora pareça acalentar os anseios acadêmicos pela "justiça", "igualdade" etc., afigura-se errônea pelo ponto de vista lógico-estrutural uma vez que mantém inexplicado o conceito de "igualdade". Emprega-se cinco vezes a palavra "igual" (e suas variantes com o prefixo "des") para definir o conceito de "igual". Em linguagem mais simples, equivaleria a dizer assim: "igualdade = igualdade". Por outro as palavras usadas para "esclarecer" a definição de "igualdade" são exatamente as mesmas que se procura definir.

Outro caso interessante é a definição do conceito de "decisão interlocutória". Conforme definição legal do Novo CPC em seu art. 203, § 2º "Decisão interlocutória é todo pronunciamento judicial de natureza decisória que não se enquadre no § 1º." Observe-se que a palavra "decisão" foi empregada para definir o conceito de "decisão" a tornar inexplicável seu significado. Todas essas incompreensões fazem os discursos dos juristas carecerem de certa objetividade, clareza, concisão e coerência.

As discussões jurídicas se transformam em verdadeiras disputas verbais na linha preconizada por JOHN HOSPERS:

> Cuando usamos una palabra, a menudo no tenemos presente con claridad qué características designa la palabra y, por consecuencia de esto, nos vemos arrastrados a confusiones y a disputas innecesarias.[1]

---

1. *Introducción al análisis filosófico*. Buenos Aires: Editorial Machi, 1964, p. 39.

A situação se agrava quando ocorre a baralhada de planos (níveis) do discurso jurídico entre a linguagem do direito positivo (linguagem objeto) e a linguagem da Ciência do Direito (metalinguagem).

A transição dos "conceitos" entre os níveis de linguagem não se dão sem a via da recepção. Para que um conceito seja juridicamente relevante, ele deve estar no interior do sistema do direito positivo. Por exemplo, determinada teoria sobre "personalidade", "tributo" ou "ação" não ingressa no âmbito do direito sem que uma norma (linguagem prescritiva) a contemple. O direito positivo não "adota" teorias: *cria-as*. Aliás, pelo ponto de vista normativo, muitos "conceitos" jurídicos são distintos daqueles atribuídos pela linguagem ordinária do dia a dia. "Funcionário público" para fins do Código Penal brasileiro tem sentido diverso daquele atribuído pelo contexto social ou político.[2] Da mesma forma, a locução "a propriedade atenderá sua função social" empregada pelo art. 5º, XXIII, da Constituição Federal não contempla os anseios puramente populares sem proteção pelo direito positivo.

Aqui, o nível de estorvo se torna ainda mais presente. Conceitos oriundos da Ciência do Direito (e até mesmo de outras searas do conhecimento) são inseridos no direito positivo sem a devida adequação.

Enfim, não há como se trabalhar qualquer conceito seja qual for o campo de conhecimento sem operar com a categoria lógica da definição.

Qual é o propósito da definição? Quando se quer uma definição e o que ela alcança, se tiver êxito? Como satisfazê-la? Existem regras para isso? Quais as diferenças entre as normas jurídicas e as definições empreendidas pelo direito positivo?

---

2. "Art. 327. Considera-se funcionário público, para os efeitos penais, quem, embora transitoriamente ou sem remuneração, exerce cargo, emprego ou função pública.
§ 1º. Equipara-se a funcionário público quem exerce cargo, emprego ou função em entidade paraestatal, e quem trabalha para empresa prestadora de serviço contratada ou conveniada para a execução de atividade típica da Administração Pública. [...]."

E as distinções entre estas e aquelas realizadas pela Ciência do Direito? É tarefa do direito positivo definir?

Estes são os objetivos do presente trabalho.

2. A estrutura lógica das definições

As palavras são símbolos (convencionais ou arbitrários) que representam algo no mundo físico ou imaginário. De certa maneira, os homens as utilizam para, por assim dizer, "cortar" o mundo em pedaços e reduzir complexidades na realidade.[3] Nomear é separar. A palavra "carro" é usada para significar "veículo que trafegue sobre rodas". Com isso, separa-se aquilo que se denomina "carro" do que não se enquadre no conceito ("não carro").

A relação palavra – realidade é denominada *significado*. Ao atribuírem significados às palavras, os seres humanos *criam* essa relação. Os significados das palavras não são descobertos pelos utentes da linguagem, mas sim, atribuídos.

Distinguem os lógicos, dois sentidos para a palavra "significado": (i) conotação (ou designação) e (ii) denotação.

Denomina-se conotação, a indicação dos critérios de uso de uma determinada palavra com a eleição de suas características definitórias. Características definitórias são aquelas sem as quais (*sine qua non*) uma palavra não é aplicada ao objeto. Assim, ao conotar a palavra "carro" como "veículo que trafegue sobre rodas" elege-se o critério de "trafegar sobre rodas" como definitório para se aplicar a palavra "carro". Dessa maneira, "automóvel" e "carro de boi" formam subclasses da palavra-de-classe "carro". Embora existam variantes entre os exemplos de "carros" acima expostos, (características concomitantes "ser puxado por boi", "ser movido à gasolina"), todos

---

[3]. Trata-se aqui apenas dos substantivos, excluindo-se, por óbvio, as preposições, advérbios, adjetivos, conectivos e outras classes de palavras.

eles caem sobre aquele *discrimen* eleito pelo sujeito enunciador da conotação, qual seja, "trafegar sobre rodas". "Ser puxado por boi" ou "movido à gasolina" são características acidentais, ou seja, mesmo sem elas, o *definiendum* continua como *definiendum*.

Já a denotação, são todas as coisas particulares (elementos da classe) referidas pela palavra-de-classe. Assim, são denotações de "carro", a famosa McLaren de Ayrton Senna, a Ferrari de Michael Schumacher ou o carro de boi referido por Manuel Timborna no conto *Sagarana* de Guimarães Rosa.

O significado conotacional das palavras é dado pelo ato de definir. Como leciona IRVING COPI, definir (conotativamente) é "indicar o significado de um termo" com o objetivo de (i) eliminar ambiguidades (dois ou mais significados), (ii) aclarar o próprio significado (quando esse esteja confuso), (iii) explicações teóricas, ou seja, formular uma caracterização teoricamente adequada ou cientificamente útil dos objetos a que deverá ser aplicado e (iv) influenciar atitudes.[4]

Todo enunciado definitório é composto de duas partes: o *definiendum* e o *definiens*. A palavra cujo conceito se busca definir se chama *definiendum* e as palavras usadas para definir se denominam *definiens*.

Dessarte, toda definição assume a seguinte estrutura lógica:

"..." *significa* (ou, se define como) "---"

onde, os pontos entre aspas do lado esquerdo "..." é o *definiendum* e os traços entre aspas à direita da fórmula "---" é o *definiens*. No exemplo "carro: veículo que trafegue sobre rodas", tem-se a palavra "carro" como *definiendum* e "veículo que trafegue sobre rodas" como *definiens*.

---

4. *Introdução à lógica*. São Paulo: Mestre Jou. 3.ª ed. 1981, p. 105 *usque* 109.

Embora essa fórmula possa sofrer algumas variações (como será o caso das *definições estipulativas*), tal arquétipo demonstra que o *definiens* deve ser equivalente (em significação) ao *definiendum*.

Em termos conotativos, o *definiens* deve conter as características definitórias para se usar o *definiendum*.

Daí ter observado L.S. STEBBING que a estrutura lógica do enunciado definitório demonstra que o *definiens* não deve ser mais amplo nem mais estreito que o *definiendum*.[5]

3. Principais tipos de definições

As definições podem ser das mais variadas espécies. Algumas até em certo desuso, como aquelas denominadas *reais* em relação às quais se contrapunham as *verbais* ou *nominais*. Enquanto estas definiriam um nome (ou melhor, um conceito por ele designado), aquelas descreveriam coisas. Ora, por óbvio que a definição é sempre uma operação linguística entre palavras carecendo de sentido falar em "definição da realidade". A realidade se descreve (ou se constitui linguisticamente), mas não se define.

Decorrente disso é a equivocada distinção também realizada entre *definição ostensiva* e *verbal*. A *verbal*, conforme já afirmado, comunica o significado de uma palavra mediante outras palavras. A *ostensiva*, por sua vez, equivale ao ato de indicar, apresentar ou introduzir o objeto ao qual há de aplicar-se o nome, ou seja, tende a mostrar exemplos.[6] Assim, *v.g.*, poderia se definir "papel" apontando para uma folha de

---

5. *Introducción a la lógica moderna*. Cidade do México: Fondo de Cultura Económica, 1975, p. 159. Nesse sentido que REINCHENBACH emprega o termo *equisignificance*: "The relation of equality by definition can be considered a special case of the relation of equisignificance, i.e., of having the same meaning". (*Elements of symbolic logic*. New York: Free Press Macmillan Company, 1966, p. 21).

6. GUIBOURG, GHIGLIANI e GUARINONI, *Introducción al conocimiento científico*, Buenos Aires: EUDEBA, 1993, p. 55.

papel, uma página de um livro ou ainda um pergaminho.

Nesse pormenor, é certeira a anotação de L. S. STEBBING:

> El proceso de señalar (ya sea metaforicamente o de otra forma) el referendo no es un proceso de definición, puesto que el referendo no es otra expresión (en este caso el símbolo demostrativo) expresa. En otras palabras, aprender la aplicación de una palabra no equivale a aprender su definición.[7]

Embora seja usada no dia a dia (*v.g.* quando um pai ensina algo para um filho) a "definição ostensiva" não é recomendável em termos científicos.

Quanto à função, a definição pode ser *informativa* ou *estipulativa*. O critério diferençador está na *função da linguagem* exercida pelo ato de definir. Enquanto na *informativa*, a função da linguagem é *descritiva*, na *estipulativa*, a função primordial é *prescritiva/operativa*. Tudo de acordo com o *contexto*.

A *definição informativa* também chamada *descritiva* ou *lexicográfica* descreve (relata) os usos possíveis que determinada comunidade faz de uma palavra dada. Por isso, GUIBOURG *et alli* afirmam que ela se refere a um fato linguístico porque "informa sobre un hecho objetivo (la costumbre linguística de cierta comunidad), porque describe el hecho sobre el que informa".[8] Definições de tal tipo aparecem nos dicionários.

Já a *definição estipulativa* não busca oferecer informação alguma, mas sim *estabelecer* um significado especial a um termo com base na liberdade de estipulação do utente da linguagem. Aqui, basta lembrar que as palavras não são as coisas, são como rótulos que atribuímos aos objetos do mundo.

---

7. *Introducción moderna a la lógica*. Cidade do México: UNAM, 1965, p. 479.

8. GUIBOURG, GHIGLIANI e GUARINONI, *Introducción al conocimiento científico*, Buenos Aires: EUDEBA, 1993, p. 60.

Esse termo pode ser *novo*, criado pelo usuário para designar parte da realidade que ele pretende se referir ou pode ser oriundo de ato de *redefinição* para evitar ambiguidades (dois ou mais significados) e vaguidades (imprecisões linguísticas).

Assim, a definição *estipulativa* permite introduzir novos termos ou precisar os limites daqueles já conhecidos.[9] Como exemplos temos as palavras "miocárdio", "bacilo", "acoplamento estrutural" e inúmeros outros símbolos.

Interessante observação fazem GUIBOURG *et alli* a respeito da divisão das definições em informativa/estipulativa: "Muchas definiciones que hoy son informativas fueran en su origen introducidas estipulativamente".[10]

Também, cabe distinguir as *definições conotativas* (ou por designação) das *definições denotativas* (ou por extensão).

Na definição denotativa, como o próprio nome informa, enumeram-se os objetos que formam a denotação da palavra, ou seja, enunciam-se os elementos da classe ("$x \in K$" onde se lê: "x" – elemento – pertence à classe "K"). Assim, se alguém pergunta o significado de "planeta" pode se responder: "Mercúrio", "Vênus", "Terra", "Marte" etc. Da mesma forma, a pergunta "Que é causa excludente de ilicitude?" A resposta pode ser: "Legítima defesa", "estado de necessidade" e "estrito cumprimento do dever legal".

Por outro lado, a definição conotacional, como antes exposto, indica as características definitórias das coisas sob as quais a palavra se subsome. São normalmente aquelas dadas pelos "dicionários" ou no exemplo do "funcionário público" do art. 327 do Código Penal Brasileiro ou de "tributo" no art. 3º do Código Tributário Nacional.

Na forma clássica, ela opera por *gênero próximo* e *diferença específica*. Essas expressões podem ser explicadas em

---

9. Idem, p. 62.

10. Idem, ibidem.

termos de teoria das classes na lição de IRVING COPI: "A classe cujos membros se dividem em subclasses é o *gênero* e as diversas subclasses são as *espécies*".[11] À guisa de exemplo, "triângulo" (cujo significado é "polígono de três lados") é "gênero", ao passo que "equilátero" (def. = polígono de três lados de tamanhos iguais), "isósceles" (def. = polígono de três lados com dois lados de tamanhos iguais) e, "escaleno" (def. = polígono de três lados todos com tamanhos diferentes) são "espécies". Assim, toda "espécie" possui as características definidoras do gênero (*gênero próximo*) mais a sua própria (*diferença específica*).

4. Algumas regras técnicas para as definições

A definição conotacional *genus* e *differentia specifica* é aquela mais recomendada para os usos científicos.

Tradicionalmente, existem certas regras sintáticas para se proferir uma definição mais ou menos correta.

a) Uma definição deve estabelecer a conotação convencional do termo a definir

A conotação deve indicar as características definitórias daquele objeto cujo termo, a ele referente, o agente busca definir. Nessa senda, afirmam COHEN e NAGEL: "Qué característica de un sujeto se tomará como definición depende de consideraciones extralógicas".[12]

---

11. *Introdução à lógica*, p. 128. Deve se atentar para a *relatividade* dos termos "gênero" e "espécie" no processo divisório. Atento a tal volatilidade, afirmava A. A. LUCE: "A *differentia* is that which distinguishes one species in a *genus* from another species." (*Logic*. London: The English Universities Press, 1953, p. 30) Para maiores informações sobre os conceitos de classe, subclasse, gênero, espécie e processo de divisão ver nosso artigo "Classificação dos tributos: uma visão analítica." In: Paulo de Barros Carvalho. (Org.). *Tributação e Processo*. São Paulo: Noeses, 2007, v. 1, p. 601-637.

12. *Introducción a la lógica y al método científico*. Amorrotu: Buenos Aires, 1968, p. 57.

Assim, deve-se evitar usar como característica definitória somente a função (por exemplo: "sofá: objeto utilizado para sentar"), a causa ("pólvora é aquilo que causa explosão") ou a consequência ("água é o elemento que entra em ebulição a 100º Celsius").

Corolário dessa regra é que o *definiens* deve ser equivalente ao *definiendum*.

b) O definiens deve conter apenas termos conhecidos de antemão

Se assim não fosse, a definição perderia sentido. O *definiens* deve trazer termos já conhecidos pelo usuário da linguagem, pois a definição se presta a apresentá-lo a quem ainda não o conhece.

Na esteira do pensamento de LEÔNIDAS HEGENBERG:

> Parte do papel das definições é explicar o significado de termos definidos, mas isso requer uso da linguagem tal como se apresenta para a comunidade; ora, não se pode esperar esclarecer o significado de um termo mediante definições encaradas como regras de substituição, se a substituição envolve termos que são mais complicados do que o termo a definir.[13]

O *definiens* só pode conter termos de apreensão simples e imediata não sendo recomendável empregar palavras cujos conceitos antes não tenham sido definidos.

c) Uma definição não deve conter no *definiens* termos que estão no *definiendum*

Erro comum nas definições é usar a mesma palavra a ser definida no enunciado definidor. Por outro giro, o *definiendum* não pode aparecer no *definiens*.

---

13. *Definições:* termos teóricos e significados. São Paulo: Cultrix, 1974, p. 58.

Isso é conhecido como "círculo vicioso da definição" ou "definição circular" como alerta TARSKI:

> En particular, no deberá aparecer en el definiens, ni la constante a definir, ni ninguna expresión definida com su ayuda; en tales casos, la definición no seria correcta, contendría um error conocido com CÍRCULO VICIOSO EN LA DEFINICIÓN.[14]

E nesse jogo de "definições circulares" há uma espécie de cientista imbatível: o jurista.

Definir "*igual*dade" como "tratar *igual*mente os *iguais* e des*igual*mente os des*iguais* na medida de suas des*igual*dades" nada explica. Como algures afirmado, usa-se no *definiens* cinco vezes a mesma palavra ("igual") para definir a palavra "igualdade". Trata-se de exemplo claro de círculo vicioso na definição.

Tal qual, definir "*decisão* interlocutória" como "pronunciamento judicial de natureza decisória" avilta a regra (c). E a situação piora quando a Ciência do Direito acresce à expressão esta outra: "que resolve questão incidente." Agora, fere de morte a regra (b), pois em momento algum seu conceito é explanado.

d) Uma definição não deve ser excessivamente ampla nem excessivamente estreita

Essa regra decorre daquela exposta no item "a" acima. Grande quantidade de termos no *definiens* pode tornar a definição despropositada uma vez que as ocorrências no mundo fenomênico seriam ínfimas. Por exemplo: "homem é todo animal racional do sexo masculino com barba e bigode". Se assim fosse, poucos seres humanos poderiam ser considerados "homem". O excesso no *definiens* traz complicações. Também, definir o conceito de "homem" como "bípede implume" faz

---

14. *Introducción a la lógica*. Madrid: Espasa-Calpe, 1968, p. 59

com que "uma galinha sem penas" se torne um "homem", como quiseram alguns sucessores de Platão segundo IRVING COPI.[15] Na mesma direção, está a definição de "lide" como "conflito de interesses". Assim, uma "luta de boxe" se transformaria numa "lide".

Ainda que sejam conceitos altamente vagos, o excesso ou a restrição em demasia do *definiens* tornam a definição inútil.

Aqui, vigora a regra: quanto maior a conotação, menor a denotação (em rigor, extensão), quanto menor a conotação, maior a denotação (em rigor, extensão).[16]

e) O definiens não deve estar expresso em linguagem ambígua, obscura ou figurada

Se a definição tem por intuito esclarecer ou estipular um sentido para determinado termo, o uso de palavras com vícios da anfibologia, vaguidade ou sentido figurativo pode tornar inútil seu propósito.

Se é certo que as palavras são necessariamente vagas e potencialmente ambíguas como dizia ALF ROSS, os *definiens* devem reduzir ao máximo tais cargas.

Definir "sentença" como "ato pelo qual o juiz põe fim ao processo" viola tal regra já que a palavra "processo" possui vários sentidos tais quais: "autos", "procedimento", "relação jurídica processual" entre alguns outros.

Da mesma forma, os conceitos de "proporcionalidade" e "razoabilidade". Aliás, a definição do conceito de todo e qualquer "princípio" encontra-se amiúde eivada de tal vício.

---

15. *Introdução à lógica*, p. 132.

16. Mais uma vez, ver nosso artigo "Classificação dos tributos: uma visão analítica". In: Paulo de Barros Carvalho. (Org.). *Tributação e processo*. 1ed. São Paulo: Noeses, 2007, v. 1, p. 601-637.

Definir "pão" como "sustento da vida" é usar linguagem figurativa que explica muito pouco o significado da palavra.

Por isso, as definições devem evitar o uso de termos problemáticos no *definiens*, pois do contrário, elas podem se tornar despiciendas.

f) O *definiens* não deve ser negativo em significação, ao menos que o *definiendum* seja primordialmente negativo em sua significação

O uso da partícula negadora ("não") no *definiens* apresenta-se como equivocado, pois outorga o sentido do que não é o *definiendum* podendo ser uma infinidade de coisas.

Por exemplo, definir "sofá" como "o que não é cadeira nem banco" leva a construção possível de que "sofá" pode ser "mar" ou "maçã" ou todos os demais objetos do mundo.

Com precisão, assevera COPI: "A razão para esta regra é que uma definição deve explicar o que um termo significa e não o que ele não significa."[17]

A definição pela negativa só tem razão de ser quando a negação for característica definitória do *definiendum*. Assim, *v.g.*, "órfão" pode ser definido como "filho que *não* possui pai nem mãe". Aqui, a negatividade (não ter pais vivos) é uma das características definitórias da palavra "órfão".

A negatividade também tem funcionalidade nas definições decorrentes de *classes complementares*. De acordo com **LEÔNIDAS HEGENBERG**, classe complementar de A é o "conjunto formado por elementos (do universo) não pertencentes à classe A".[18] Simboliza-se a classe e sua complementar pelas letras K e K', respectivamente. Então, se "K" é a classe dos homens, "K'" é a classe dos não homens. Dentro do

---

17. *Introdução à lógica*, p. 133.
18. *Lógica simbólica*. São Paulo: Herder, 1966, p. 274.

universo do discurso dos fatos jurídicos (classe universal – "V"), temos a classe "K" cujos membros são os "fatos jurídicos lícitos" e a classe "K'", cujos elementos são "fatos jurídicos ilícitos". Isso decorre do fato de que toda classe complementar K' é a negação da original K. Logo, a negatividade é característica intrínseca à classe complementar.

5. Definições legais e definições científicas

No âmbito do conhecimento jurídico, estão presentes dois *corpi* linguísticos: a linguagem-objeto do sistema do direito positivo (L_0) e a metalinguagem do sistema da Ciência do Direito (L_1).

O direito positivo é basicamente vazado em linguagem prescritiva de condutas humanas cujos valores atribuídos às suas proposições são válidos ou inválidos (típico das linguagens prescritivas). A Ciência do Direito tem, dentre suas inúmeras funções, aquela primordial de descrever o direito positivo. Por isso, suas proposições adquirem valores de verdade ou falsidade.

Daí, pode-se distinguir dois tipos de definições na seara jurídica: a definição legal (expressa no direito positivo) e a definição científica (levada a cabo pela doutrina ou ciência do direito).

5.1 Definições legais

Por ser prescritiva de condutas humanas, a linguagem do direito positivo deve ser elaborada para ser compreendida para aquele a quem é dirigida, ou seja, toda a coletividade. Isso faz com que seja plasmada em linguagem natural, usada no dia a dia, muito embora sejam empregados alguns termos mais precisos não pertencentes ao discurso ordinário. Esse tipo de linguagem é denominado *"técnica"*, segundo PAULO DE BARROS CARVALHO:

> *Linguagem técnica* é toda aquela que se assenta no discurso natural, mas aproveita em quantidade considerável de palavras e expressões de cunho determinado, pertinentes ao domínio das comunicações científicas.[19]

Assim, na construção das definições legais, o legislador usa indistintamente aquela que melhor lhe aprouver dentre as várias espécies de definições, sendo as mais comuns, as conotativas – por *gênero e diferença específica* – e as denotativas, ambas sempre com caráter estipulativo.

Por estarem inseridas no âmbito de uma linguagem técnica, as definições dadas pelo sistema do direito positivo, embora relevantes para a construção do sentido normativo, não podem ser checadas em face das seis regras estabelecidas acima para o processo definitório (ver tópico 4). Isso porque o legislador em sua pluralidade constitutiva (principalmente em um Estado democrático) não possui formação teórica para tal. O legislador opera em linguagem técnica (não científica), onde a vagueza e a ambiguidade se tornam constantes.

Daí, as definições legais ganharem contornos relativos, pois embora defina o conceito de um termo (em determinado dispositivo legal), nenhuma garantia existe de que o legislador o empregará no mesmo sentido em textos subsequentes. Essa é a lição de ALCHOURRÓN y BULYGIN:

> Aunque el legislador haya formulado una definición explícita en el texto de la ley, es decir, haya *dicho* que va a usar un término en uno sentido determinado, no hay garantías que lo haya *hecho realmente*, pues puede haber una definición y logo haber usado el término en cuestión en otro sentido.[20]

Contudo, tal relatividade, não retira o caráter vinculante das definições legislativas que, na linha adotada por **VICTORIA ITURRALDE SESMA**:

---

19. *Direito tributário*: linguagem e método. São Paulo: Noeses. 2ª. ed. 2008, p. 57.
20. ALCHOURRÓN, Carlos E.; BULYGIN, Eugenio. Definiciones y normas. In: *Análisis lógico y derecho*. Madrid: Centro de Estudios Constitucionales, 1991, p. 451.

> Significa que el intérprete esta sujeto a ellas en la misma medida en lo que está respecto de cualquier otro enunciado normativo y que, en el momento interpretativo-aplicativo de la ley, no puede hacer abstracción de lo que en ellas se disponga.[21]

As definições legais podem ser vistas como atos de fala cujos aspectos perlocucionários sejam *influenciar* ou *dirigir* a atividade do intérprete na construção de sentido normativo.

O fato decisivo é que sempre cabe a possibilidade de uma discrepância entre o que o legislador *faz* e o que *diz que faz*, "o que tiene por efecto que ninguna definición legal sea um elemento de prueba concluyente para la identificación de la norma".[22] Isso significa dizer que as definições legais, mesmo possuindo caráter prescritivo, funcionam para *contribuir* na construção de uma norma. Porém, não excluem outros sentidos possíveis de serem construídos (ao mesmo termo – suporte físico) com base em outros enunciados prescritivos. O fato de usar o mesmo suporte físico em dois ou mais sentidos em nada retira o caráter sistemático do direito positivo cujos enunciados possuem valor de validade/invalidade e não de verdade/falsidade.

A "coerência" do legislador (ou do direito positivo) somente ganha *status* de "postulado do sistema" se visto pelo prisma da validade/invalidade.

Isso não significa dizer que o legislador não deva definir os conceitos que lhe aprouver. O direito positivo como sistema

---

21. *Lenguaje legal y sistema jurídico*: cuestiones relativas a la aplicación de la ley. Madrid: Tecnos, 1989, p. 60.

22. Idem. ibidem. As definições legais enquanto *enunciados* estariam no plano da expressão (como um artigo, parágrafo ou inciso) de determinado texto legal, ao passo que, o sentido construído pela leitura de um enunciado definitório, estaria naquele subsistema S_2 de significações isoladas a que faz alusão PAULO DE BARROS CARVALHO quando do estudo do percurso gerador de sentido no sistema jurídico. (*Direito tributário:* linguagem e método. São Paulo: Noeses. 2ª. ed. 2008, p. 183). Assim o debate sobre se as "definições legais" são "normas" envolve necessariamente esclarecer o conceito de "norma". Contudo, isso não retira, em hipótese alguma, o caráter prescritivo da definição legal.

que se manifesta em linguagem opera inexoravelmente como texto e, portanto, com definições.

Definir conceitos é atividade inerente aos utentes de qualquer linguagem que, em certos limites, corta abstratamente o mundo em pedaços. Nessa tarefa (de estabelecer contornos à realidade normativa) não só *pode*, mas muitas vezes, *deve* o legislador inserir novos conceitos ou redefinir antigos (ambos em sentido estipulativo/operativo) para imprimir fronteiras à atividade do destinatário da mensagem do direito positivo (intérprete/aplicador).[23]

À conta disso, se afigura equivocada a afirmação de que a tarefa definitória caberia apenas à doutrina e não ao legislador, como a bom recado esclarecem ALCHOURRÓN e BULYGIN:

> Y desde luego la tan difundida creencia de que el legislador no debe incluir definiciones en el texto legal, dejando la tarea de definir a la doctrina, es un gravísimo error. Cuanto más definiciones contenga un texto legal, tanto más precisa serán sus normas – siempre, claro está, que el mismo legislador use sus propias definiciones – y tanto mayor será lá seguridad jurídica que ofrecerán sus normas.[24]

Em rigor, ambos definem: doutrina e legislador. Fazem-no dentro de seus respectivos jogos de linguagem.

Isso explica o porquê de as definições normativas não serem do tipo *lexical* ou *informativo,* porquanto incompatível com o caráter prescritivo da linguagem do direito positivo.

---

23. Daí que VICTORIA ITURRALDE SESMA afirma: "Con carácter general podemos decir que las definiciones legislativa son redefiniciones, puesto que, cuando el legislador define un término, no lo hace atribuyéndole un significado totalmente diferente del que tiene en el lenguaje común, sino sólo alterándolo en parte." *Lenguaje legal y sistema jurídico*: cuestiones relativas a la aplicación de la ley. Madrid: Tecnos, 1989, p. 57. Assim ocorre *v.g.* com os vocábulos "quadrilha" "injúria", "comerciante" e "tributo", todos (re)definidos legalmente.

24. ALCHOURRÓN, Carlos E.; BULYGIN, Eugenio. Definiciones y normas. In: *Análisis lógico y derecho.* Madrid: Centro de Estudios Constitucionales, 1991, pp. 455-456.

5.2 Definições científicas

O sistema da ciência do direito é caracterizado por ser um conjunto de enunciados descritivos cujo objeto de estudo é o direito positivo. Sempre opera em sobrenível discursivo, ou seja, em metalinguagem.

Por ser vazado em linguagem descritiva dotada de termos específicos e precisos (sem ambiguidade e vaguidade), o sistema da ciência do direito deve obedecer às regras lógicas da não contradição, do terceiro excluído e da identidade.

Na observação dessas regras, as definições científicas exercem importante função, pois ocupam as posições centrais do *núcleo rígido* da teoria a ser desenvolvida.

Os juristas, de há muito, se preocupam com conceitos como "natureza dos institutos jurídicos" ou ainda "regime jurídico" quando, em verdade, a "natureza" ou "regime jurídico" decorrem sempre de atos decisórios de definição.

A busca pela "natureza" dos "institutos" jurídicos tem por consequência os infindáveis debates estéreis a que se referiam GUIBOURG, GHIGLIANI e GUARINONI:

> Y en este juego de inventar debates estériles hay verdaderos campeones: los hombres de leyes, dedicados desde hace muchos siglos a inventar clasificaciones y a trazar sutiles (y siempre convenientes) distinciones, escriben extensos argumentos sobre la *naturaleza jurídica* del matrimonio, del préstamo a la gruesa o de las asignaciones familiares. Todos estos problemas son insolubles si se los plantea de esa manera, porque su solución no depende de la realidad ni de la naturaleza sino de ciertas decisiones clasificatorias y lingüísticas.[25]

Na ciência do direito, a tomada de posição do sujeito cognoscente depende de decisões linguísticas de definições e não de "natureza jurídica" dos "institutos".

---

25. *Introducción al conocimiento científico*, 1993, p. 40.

A eleição do objeto de estudos, mediante a abstração isoladora, é, em si mesma, resultado de definição científica do tipo estipulativa/operativa. Ela demarca o objeto de estudos.

Segundo aduz GOFFREDO TELLES JUNIOR:

> Em suma, a definição tem por função *delimitar* o definido. De grande valor, pois, é a definição na investigação científica: ela demarca o objeto a estudar, impossibilitando o risco de se tomar um objeto por outro.[26]

A partir daí, a ciência do direito labora conceptualmente. Por meio de definições conotativas, lexicais ou denotativas, o ato de definir é visceralmente intrínseco ao conhecimento jurídico.

As definições da Ciência do Direito possuem força (ilocucionária) informativa (verdadeiras ou falsas) e vinculam o cientista a adotá-la sempre que for chamado a manter a coerência do discurso descritivo evitando assim a contradição (ou seja, observar a lei lógica da não contradição).

Por isso, há de ser observado o alerta dado por JOHN HOSPERS:

> Una vez que se han asignado algunos nombres [a determinadas coisas], a menudo resulta *conveniente* guiarse, en el proceso ulterior de asignación de nombres, por aquellos que ya se han atribuído.[27]

Por consequência, não é recomendável ao jurista definir o conceito de determinado termo "x" como "y" e ao depois empregá-lo em sentido "a", "b" ou "c". A liberdade "conferida" ao legislador não é dada ao cientista.

As definições são, de certo modo, o elemento central e aglutinador do sistema da ciência do direito. Para elas,

---

26. *Tratado da consequência*, 1962, p. 325.

27. *Introducción al análisis filosófico*. Buenos Aires: Editorial Machi, 1964, p. 39.

convergem todas as demais proposições descritivas.

Logo, as regras lógicas para definição devem ser estritamente observadas pelo sujeito cognoscente sob pena de o discurso científico carecer de concisão e precisão.

À vista disso, é de bom alvitre repeti-las:

a) Uma definição deve estabelecer a conotação convencional do termo a definir;

b) O *definiens* deve conter apenas termos conhecidos de antemão;

c) Uma definição não deve conter no *definiens* termos que estão no *definiendum*;

d) Uma definição não deve ser excessivamente ampla nem excessivamente estreita;

e) O *definiens* não deve estar expresso em linguagem ambígua, obscura ou figurada;

f) O *definiens* não deve ser negativo em significação, ao menos que o *definiendum* seja primordialmente negativo em sua significação.

A violação de quaisquer dessas regras torna problemática a definição e acarreta confusão linguística que demonstra *desconhecimento* do objeto de estudos.

No âmbito da ciência do direito, o jurista deve preferir as definições conotativas (por gênero e diferença específica) às denotativas por serem mais adequadas ao conhecimento científico.

Por óbvio, isso não afasta o emprego das definições lexicais (informativas) e as constantes operações de redefinições sempre com vistas à construção de um *corpus* coerente de linguagem descritiva.

Referências

ALCHOURRÓN, Carlos E.; BULYGIN, Eugenio. Definiciones y normas. In: *Análisis lógico y derecho*. Madrid: Centro de Estudios Constitucionales, 1991, p. 451.

CARVALHO, Paulo de Barros. *Direito tributário*: linguagem e método. 2ª. ed. São Paulo: Noeses. 2008, p. 57.

COHEN; NAGIL. *Introducción a la lógica y al método científico*. Amorrotu: Buenos Aires, 1968, p. 57.

COPI, Irving. *Introdução à lógica*. São Paulo: Mestre Jou. 3.ª ed. 1981, p. 105 *usque* 109.

GUIBOURG; GHIGLIANI e GUARINONI. *Introducción al conocimiento científico*, Buenos Aires: EUDEBA, 1993, p. 60.

HEGENBERG, Leônidas. *Definições:* termos teóricos e significados. São Paulo: Cultrix, 1974, p. 58.

_____. *Lógica simbólica*. São Paulo: Herder, 1966, p. 274

HOSPERS, John. *Introducción al análisis filosófico*. Buenos Aires: Editorial Machi, 1964, p. 39.

ITURRALDE SESMA, Victoria. *Lenguaje legal y sistema jurídico:* cuestiones relativas a la aplicación de la ley. Madrid: Tecnos, 1989, p. 57, 60.

LUCE, A. A. *Logic*. London: The English Universities Press, 1953, p. 30.

MOUSSALLEM, Tárek Moysés. Classificação dos tributos: uma visão analítica." In: Paulo de Barros Carvalho. (Org.). *Tributação e Processo*. São Paulo: Noeses, 2007, v. 1, p. 601-637.

STEBBING, L. S. *Introducción a la lógica moderna*. Cidade do México: Fondo de Cultura Económica, 1975, p. 159.

_____. *Introducción moderna a la lógica*. Cidade do México: UNAM, 1965, p. 479.

TARSKI, Alfred. *Introducción a la lógica*. Madrid: Espasa-Calpe, 1968, p. 59.

TELLES JR., Goffredo. *Tratado da consequência*. São Paulo: Editora Jose Bushatsky, 1962, p. 325.

PARTE 3
A LÓGICA NO DIREITO

LÓGICA DA MOTIVAÇÃO E LÓGICA DA CONVICÇÃO NA DECISÃO JUDICIAL

Tercio Sampaio Ferraz Jr.

Doutor em Filosofia pela Johannes Gutenberg Universität zu Mainz. Doutor em Direito pela Faculdade de Direito da USP. Professor Titular aposentado da Faculdade de Direito da USP. Professor da Faculdade de Direito da PUC/SP. Professor emérito da Faculdade de Direito da USP – Ribeirão Preto.

Como bem assinalou Castanheira Neves (cf. *Metodologia jurídica*, Coimbra, 1993, p. 147), a decisão jurídica pode ser vista como o resultado de uma *techné* judicativa que procura "razões" ou fundamentos para um caso concreto, sendo a lei mesma, mais propriamente, concebida como *"decisão concreta de concretos casos jurídicos futuros"*. Contudo, diz ele noutro passo, *justa* deve ser toda a *"normativo-constitutiva realização do direito"*. Assim,

> se a interpretação jurídica concorre para essa realização, então quer isto dizer que também **não é cognitiva ou teoreticamente**, mas antes **normativa e praticamente** que essa interpretação se deve intencionalmente compreender e metodicamente definir, de modo que a "boa" ou válida interpretação não será aquela que numa intenção da verdade (de cognitiva objectividade) se proponha a exegética explicitação ou a compreensiva determinação da significação dos textos-normas como objeto, mas aquela que

numa **intenção de justiça** (de prática justeza normativa) vise a obter do direito positivo ou da global normatividade jurídica as soluções judicativo-decisórias que melhor realizam o sentido axiológico fundamentante que deve ser assumido pelo próprio direito, em todos os seus níveis e em todos os seus momentos. (O actual problema metodológico da interpretação jurídica – I, Coimbra, 2003, p. 102: destaques meus).

Aqui se observa, de plano, um problema de racionalidade peculiar. Poder-se-ia indagar se o estágio final do ato de julgar **não opõe** o caso particular, de um lado, e o universal da lei, de outro, **mas se articula** a universalidade *objetiva* do *logos* (a lei) com a universalidade *subjetiva* e concreta, de tal modo que o *logos* assume no ato de julgar como tendo atualizado sua condição de *lógon* échon, ou seja, como pronúncia de uma *ratio*, percebida/sentida no *senso do justo*, não no círculo fechado da existência gregária, mas *no espaço livre da existência política* (VAZ, 2002, p. 205 e ss.).

Entende-se, nesses termos, porque, a princípio, a palavra *sentença*, pela qual se pronuncia o juízo, tenha relação com *sentir*. Ou, como assinala Couture (*Introdução ao Estudo do Processo Civil*, Rio de Janeiro, 3ª edição, p. 75), o sentimento é o conteúdo da sentença, "originariamente é algo que foi sentido, daí seu nome sentença", que não se confunde com o documento que temos em mãos, prolatado pelo juiz.

Interessante notar aqui, como o faz Taruffo (La motivazzione della sentenza civile, Padova, 1975, p. 209 e ss.), que o *iter* da formação do juízo, pelo juiz, conhece uma estrutura conforme "um sistema orgânico de escolhas, ligado segundo uma certa ordem, e finalizadas (as escolhas) por uma escolha última que coincide com a verdadeira e própria decisão" (p. 218). Há uma racionalidade nesse procedimento, em dois momentos: um, que se refere não ao que "o juiz pensou", mas à racionalidade "das razões que ele aduz para justificar o que decidiu", sendo este o momento da motivação; outro, é o da racionalidade do que ele pensa, ao proceder à escolha entre o justo e o injusto.

Não há, necessariamente, à primeira vista, uma identidade evidente desses dois momentos e é isso que faz mister ressaltar.

O momento da motivação, assim, é, nos julgamentos jurídicos, memória e organização conceitual. Obedece a regras (processuais) e a cânones metódicos. Exige fundamentação e argumentação (momento das razões da motivação), citações, esquemas de raciocínio, usados como um fator em proveito de uma persuasão a ser obtida. Esse momento tem, assim, o sentido de uma forma de **poder**, que se revela na imposição imperativa da decisão, argumentação como *poder persuasivo*, cujo resultado imperativo se submete ao controle processual. Donde, em contraposição, a exigência da clareza, da possibilidade de recursos, como os de embargos de declaração, de apelação etc. Esses controles servem para compor o discurso decisório, como um arranjo concatenado, mas singular, eficiente, mas utilitário. Daí o risco da burocracia decisória. Pois a mera aplicação de métodos argumentativos expõe a possibilidade de concatenações padronizadas, o fenômeno do juiz burocratizado, quase máquina, ou a sentença reduzida a modelos computadorizados que se repetem. Daí o pressentimento, no mundo contemporâneo, de que sentenças são produtos submetidos à avaliação por sua utilidade econômica, isto é, pelas vantagens ou desvantagens que proporciona, não por força de uma racionalidade/justeza intrínseca.

Isso não reduz o ato de julgar a uma espécie de objeto de uso, embora, ao mesmo tempo, um julgamento inútil não tenha nenhuma valia. Daí, a tentação de reduzi-lo às suas materializações e, por consequência, à sua utilidade. Donde resulta o tratamento do julgamento posto como decisão motivada (ordem de razões justificadoras), que se altera, se corrige e se abandona quando inútil, tornando-se jurisprudência velha, ultrapassada. Essa sensação não se altera, ao contrário, se reforça quando se lê o disposto no art. 489 do Novo CPC, no qual se pretende, por imposição normativa, padronizar a motivação, ao estabelecer-lhe critérios reguladores.[1]

Mas, se fosse verdadeiro que o ato de julgar se reduz à decisão normativamente posta, ou seja, uma espécie de decisão estabelecida pela autoridade constituída e reduzida a um texto, então os computadores poderiam substituir realmente os julgadores.

Por essa razão, no julgamento, a convicção não pode ser apenas uma consequência subjetiva e individual na ordem racional da motivação.

Essa característica, a *convicção*, deixa transparecer o modo pelo qual o jurista julga e reflete, reflete e julga. Como se o fluxo do pensamento, expresso no processo, não conhecesse, ao formar-se a convicção, as limitações de um tempo fracionado. O direito é, nos julgamentos jurídicos, memória e organização conceitual. Obedece a regras (processuais) e a cânones metódicos. Exige fundamentação e argumentação. Mas o recurso à técnica argumentativa e a obediência às exigências de fundamentação, conforme art. 93, IX, da CF/88, comuns nas sentenças, não devem significar um render-se acrítico à força informadora e conformadora de uma exigência objetiva, como se pensar convictamente e agir metodicamente fossem

---

1. Estabelece o art. 489, §1º, do Novo CPC:
Art. 489. São elementos essenciais da sentença:
(...)
§ 1º Não se considera fundamentada qualquer decisão judicial, seja ela interlocutória, sentença ou acórdão, que:
I – se limitar à indicação, à reprodução ou à paráfrase de ato normativo, sem explicar sua relação com a causa ou a questão decidida;
II – empregar conceitos jurídicos indeterminados, sem explicar o motivo concreto de sua incidência no caso;
III – invocar motivos que se prestariam a justificar qualquer outra decisão;
IV – não enfrentar todos os argumentos deduzidos no processo capazes de, em tese, infirmar a conclusão adotada pelo julgador;
V – se limitar a invocar precedente ou enunciado de súmula, sem identificar seus fundamentos determinantes nem demonstrar que o caso sob julgamento se ajusta àqueles fundamentos;
VI – deixar de seguir enunciado de súmula, jurisprudência ou precedente invocado pela parte, sem demonstrar a existência de distinção no caso em julgamento ou a superação do entendimento.

a mesma coisa. No âmago do julgamento, esconde-se a convicção, o pensar convicto, não o método (motivação).

A peculiaridade racional do ato de julgar que, no momento da motivação, está submetida a controles intersubjetivos, não conhece, porém, os mesmo controles quando se fala do momento da escolha convicta. A convicção, presente na decisão, parece constituir um cerne indiscutível, um momento meramente subjetivo no ato de julgar, em que o julgador está apenas consigo mesmo. É essa subjetividade que nos põe diante do problema de uma *ratio* ou peculiar ou impossível. A *ratio* impossível é afirmada pelos positivistas. A hipótese de uma *ratio* da convicção coloca o tema da justiça e do seu controle intersubjetivo.

Para uma posição positivista, a principal diferença entre o momento do pensar a própria convicção e o momento da justificação metódica (métodos interpretativos, argumentativos) está em que naquele sente-se a necessidade de uma avaliação vista como *subjetiva*, da valorização e desvalorização dos argumentos (ordem argumentativa da motivação) para então transformá-la em uma *convicção*. Porém a *ratio* dessa convicção parece obedecer somente a um impulso interno, sem universalização, como se o fluxo do pensamento, expresso no processo de julgar, não conhecesse, naquele momento, as limitações de um tempo fracionado, portanto, não submetido a um controle racional.

Contra essa posição positivista, levanta-se a hipótese de o momento da convicção não constituir um ato ensimesmado, mas um ato de pensar num contexto comunicativo.

Mesmo num mundo de valorações reduzidas à subjetividade, é possível, assim, perceber aquilo que se perde para o observador positivista e que, não poucas vezes, irrompe, dramaticamente, no espírito honesto do julgador quando chega à sua convicção. Pois, ao contrário, o juiz que exerce seu poder persuasivo de argumentação (motivação), ao julgar, **ainda que minimamente**, também pensa, isto é, exercita aquela faculdade de que nos dá conta Kant, comum ao juízo jurídico e ao juízo estético, que para este é a capacidade de apreciar e fruir: o gosto estético, e, para aquele, é a capacidade de avaliar e decidir com convicção: o senso de justiça.

A percepção desse momento da convicção como um articulado de escolhas, que vai do julgador ao mundo comum ao mundo do *senso* comum (sensibilidade), e deste ao julgador é que faz, no ato de julgar, propriamente, do *sentimento* o conteúdo da sentença (*sentire*). É como se fosse incorporada aí a lição kantiana: a pessoa que julga apenas pode "suplicar a aquiescência de cada um dos demais" na esperança da sua concordância. Ou, como diz Dworkin (*Natural Law Revisited*, 34, University of Florida Law Review, 1982, p. 165),

> juízes devem decidir casos difíceis, interpretando a estrutura política de sua comunidade do seguinte e talvez especial modo: tentando encontrar a melhor "justificação"que possam achar, em princípios de moralidade política, em favor da estrutura, como um todo, a partir das mais profundas regras e arranjos constitucionais para os detalhes, por exemplo, do direito penal ou privado do contrato.

Como, no entanto, proceder à análise desse momento da convicção? Que instrumentos analíticos nos permitem mostrar-lhe o sentido de uma articulação discursiva que nos permita apontar essa racionalidade do senso de justiça?

Esse é o tema da motivação da sentença como uma recodificação racional do jogo das codificações e recodificações entre legislador e destinatário final, de um *iter* analítico capaz de revelar e até submeter-se a um parâmetro lógico.

Parte-se da presunção de que o juiz pressupõe que, no discurso normativo do legislador, que ele leva em conta, são fornecidas razões (motivos) para agir de um certo modo e não de outro, razões essas que se destinam a uma tomada de posição diante de diferentes possibilidades nem sempre congruentes, ao contrário, em conflito no caso concreto.

O juiz, ao aplicar a lei, pressupõe, assim, que o legislador age motivadamente; e assim atribui significação ao seu discurso. Nessa linha, ele constrói uma motivação da sentença.

Essa atribuição de uma significação motivada à sentença ocorre mediante recodificação.

A interpretação jurídica aparece assim como raciocínio que cria condições para tornar decidível o conflito significativo gerado pelas codificações normativas de que se parte, ao trabalhá-las como relação entre regras e situações potencialmente conflitivas.

O que se busca na interpretação jurídica é, pois, alcançar um *sentido* supostamente válido não meramente para o texto normativo (relato), mas para a **imposição** *normativa* (relação de autoridade). Trata-se, portanto, de captar o relato normativo (matar alguém/pena), dentro da relação (dever-ser vinculante).

Na identificação ou reconstrução dessa mensagem diretiva (relato comunicativo) e dessa relação de autoridade (cometimento, dever vinculante), há sempre a potencialidade de erupção da questão sobre a legitimidade do sentido da própria codificação e, portanto, da própria relação de autoridade, o que leva à questão da racionalização da comunicação e do seu estatuto lógico-analítico.

Veja-se, por exemplo, a denúncia de petição de princípio no julgamento de uma lide.

A petição de princípio (*circulus in probandum*) ocorre quando uma hipótese (uma afirmação) deve ser provada mediante ela mesma: propõe-se demonstrar a afirmação, mas que é dada como provada desde o princípio. Por exemplo: afirma-se a credibilidade da afirmação de uma testemunha (*o réu praticou o ato incriminatório*), tendo como premissa maior do raciocínio a presunção de credibilidade da própria testemunha, o que é contestado pelo réu. Nesse caso, a credibilidade da testemunha se prova pela credibilidade de sua afirmação testemunhal e a credibilidade da afirmação testemunhal pressupõe a credibilidade da própria testemunha: se a testemunha também participou do ato incriminado, ao incriminar-se, ela é veraz. Donde, seu testemunho é veraz. E seu testemunho é veraz, porque afirma a prática que também a incrimina.

A estrutura lógica da petição de princípio é simples: X = X, isto é, X implica X (X>X). Do ângulo lógico-sintático, isso constitui uma tautologia, isto é, uma proposição sempre verdadeira, mas cuja implicação é vazia: nada se conclui; a afirmação da testemunha é verdadeira porque a afirmação prova que ela é veraz e sua afirmação é verdadeira porque a testemunha, ao emiti-la, é veraz (KLUG, 1966, p. 153 e ss).

Mas a petição de princípio é condenada como forma de raciocínio não apenas porque contenha uma implicação falsa, ou seja, porque, em termos de *justiça* fere a exigência de *justeza* (cálculo proporcional, momento da motivação), mas porque contém uma ilusão conclusiva em termos de um ato de *enganar*: *aquilo que tem de ser provado* é demonstrado conclusivamente com *aquilo que tem de ser provado*. A denúncia da petição de princípio numa argumentação mostra, para além do fundamento sintático, um fundamento pragmático: o *engano*. Na análise pragmática do engano, está a questão da *justiça* como *senso do justo*, o momento da convicção.

Ou seja, o raciocínio desenvolvido pelo juiz, que lhe permite sacar conclusões do material normativo, como algo que já estava lá, implícito no que o legislador (racional) *quis dizer*, constitui uma forma de pensar/interpretar que não pode ser reduzido ao raciocínio interpretativo ordinário (motivação, argumentos motivadores), podendo-se falar efetivamente também de uma "lógica da justiça" (*ratio* da convicção). Nesse sentido, o concluir motivadamente e o julgar com convicção confluem: a norma individual prolatada pelo juiz é norma motivadamente emitida (momento analítico), conforme um senso de convicção (momento pragmático). E o justo juízo deve atender tanto à percepção de *justeza* quanto ao *senso de justo*.

Em suma, a *ratio* do ato de julgar é comandada por duas percepções.

A primeira é um modo que organiza o conjunto das normas vigentes (sistema) como uma relação que vai do genérico ao particular, conforme graus de generalidade. *Generalidade* significa *extensão* normativa, sendo geral a norma que se dirige, proporcionalmente, ao maior número de sujeitos. Assim, a sentença é norma individual, limitada ao caso concreto. Nesses termos, fundamentar a sentença significa pressupor que a *lógica* da ordem está na razão da delimitação da competência da autoridade como condição da autonomia dos sujeitos e de sua igualdade perante a lei, não importa, primariamente, quais sejam os seus conteúdos: conjunto normativo como sistema formal.

A segunda organiza o conjunto das normas vigentes (sistema) como uma relação uniforme que *vai do universal ao específico, conforme graus de universalidade. Universalidade* significa *intensão* normativa, sendo universal a norma que abarca, na sua abstração, a maior amplitude de conteúdo. Assim, a ordem é *lógica* na medida em que consegue delimitar os conteúdos normativos, conforme um princípio material abrangente de inclusão ou exclusão. Aqui, a eleição de um princípio argumentativo gera, conhecidamente, diversos posicionamentos, ora falando-se em bem comum, ora em necessidades vitais, ora em respeito à dignidade do homem, ou como cidadania ou como desígnio divino etc. A *lógica* dessa ordem está na razão da delimitação dos conteúdos normativos a partir de um critério de supremacia (o antecedente como um *prius*), não importa a competência da autoridade ou o grau da autonomia de ação de um sujeito em face de outro.

Tanto num quanto noutro conjunto, a proporcionalidade do *valer um pelo outro* é um fator essencial na *ratio* jurídica. Mesmo quando o termo é tratado em sentido estrutural ou funcional, o papel da proporcionalidade nas equiparações e diferenciações não deixa de ser relevante. Na busca dessa proporcionalidade entra em discussão, afinal, a racionalidade lógica.

Uma questão jurídica doutrinária diz respeito a uma solução normativa (dever, permissão ou proibição) de uma determinada conduta em um caso hipotético. Tal solução é identificada com respeito à presença ou ausência de determinadas propriedades ou condições consideradas relevantes (ALCHOURRÓN; BULYGIN, 1971). Assim, a resposta sobre uma ação particular para um caso, com determinada propriedade, deve ser coerente com a solução encontrada para aquela mesma ação na hipótese de ausência daquela propriedade; ou que seja ainda coerente com a solução encontrada para outras ações análogas àquela primeira ação considerada ou relacionada com ela. Isso leva a doutrina jurídica a uma reconstrução de um sistema normativo com soluções coerentes para casos hipotéticos relevantes.

A exigência de sistematização e coerência das codificações e decodificações (comunicação normativa), mediante soluções identificadas pelo intérprete impõe uma racionalização do material normativo levado à decisão do juiz. Evidentemente, como as leis são de fato originadas de fontes diversas e não necessariamente codificadas mediante um único tipo de codificação (às vezes, mediante códigos formais, outra mediante códigos materiais), a interpretação é levada a cabo a partir da ficção de unidade codificadora da vontade do legislador, que é, então, idealmente conceitualizada na figura do chamado "legislador racional".

E aqui, uma última palavra: sobre figura do legislador racional como cerne da motivação da sentença.

Não obstante tratar-se de um instrumental retórico a serviço da ideologia de separação de poderes, a figura do legislador racional fornece a base para a fundamentação da atividade de interpretação dogmática (NOWAK, 1969, p. 65); (ZIEMBINSKI, 1978); (ZIEMBINSKI, 1985).

Ao reconstruir o ordenamento, a doutrina pressupõe determinados padrões de racionalidade e postulados acerca do comportamento do legislador, que organizam e lhe permitem conceitualizar o conjunto de normas como decorrente de uma codificação forte, isto é, de sistema unitário e racional de conhecimentos e preferências. Assim, se não for possível um método que nos permita apontar um sentido correto ou verdadeiro para as normas, na linha de autores céticos como Kelsen e Alf Ross, ao menos seria possível identificar interpretações justificadas ou não justificadas a partir de certos *postulados de competência ou máximas de racionalidade* retiradas da própria finalidade da atividade de legislação como relação assimétrica e de decisão de conflitos por meio de mensagens jurisdicionais.

Na verdade, a hipótese do legislador racional não é isenta de uma tomada de posição ideológica, que se baseia no modo como se atribui relevância aos valores principais do sistema normativo (ideologia como valoração e hierarquização de valores). Essa ideologia, implícita na atividade hermenêutica, pode ser estática ou dinâmica (DASCAL, 2006, p. 375). Ela é estática, quando a hipótese do legislador racional favorece valores como a certeza, a segurança, a previsibilidade e a estabilidade do conjunto normativo. Ela é dinâmica, quando favorece a adaptação das normas, a operacionalidade das prescrições normativas.

No próprio recurso ao legislador racional reside uma determinada ideologia política segundo a qual somente ao poder legislativo, como representante do povo, cabe a determinação das soluções prévias para os conflitos dentro de uma comunidade, não sendo dado nem ao juiz, muito menos ao jurista (com uma função meramente teórica) modificá-las. Por meio desse instrumental, a dogmática jurídica exerce um astuto poder paralelo, verdadeiro "poder de violência simbólica", através do qual controla e uniformiza o ordenamento.

Desse para-poder se vale o juiz, afinal, ao motivar sua sentença.

No exercício desse *para-poder*, afastam-se possíveis justificações para ações como meramente "subjetivas", relevando outras como "objetivas" e imediatamente decorrentes da vontade do legislador, *i.e.*, atua-se com o único propósito prático de restringir os critérios de decisão e eliminar soluções normativas possíveis. Vale dizer, a interpretação dogmática reduz a indeterminação inerente do sistema normativo, por meio de valorações próprias, mas como se estas decorressem de um esforço "científico" de identificação do seu sentido "real" e, dessa forma, cumpre sua função de "domesticar" o sentido das normas.

Com isso, o legislador racional entra num jogo comunicativo das codificações/decodificações.

Como nem sempre o legislador emite a norma mediante uma codificação *forte* do seu sentido (denotativamente unívoca), isto provoca problemas para a motivação do juízo emitido no julgamento jurídico. Veja-se, como ilustração, o seguinte exemplo.

O Código Penal Brasileiro pune o estupro (art. 213) nos seguintes termos:

> Art. 213. Constranger alguém, mediante violência ou grave ameaça, a ter conjunção carnal, ou a praticar ou permitir que com ele se pratique outro ato libidinoso.
>
> Pena – reclusão de 6 (seis) a 10 (dez) anos. [Redação dada pela Lei 12.015/2009].

Há aqui uma indefinição sobre o que se considera violência ou grave ameaça. Todavia, com relação a menores, era estipulada uma presunção absoluta, com precisão numérica (art. 224): *"Presume-se a violência, se a vítima não é maior de 14 (catorze) anos"*. [Redação revogada pela Lei 12.015/2009].

Não obstante o aparente nível de determinação alcançado a partir dos recursos disponíveis, na linguagem ordinária na qual a norma foi formulada (código forte: *"sexo com mulheres com menos de 14 anos é punido com reclusão"*), com base em redação anterior, hoje revogada, o Supremo Tribunal Federal no *Habeas Corpus* HC 73.662-9 MG, garantiu a liberdade a réu que havia mantido relação com menina de 12 anos, nos seguintes termos do Ministro Relator:

> Nos nossos dias não há crianças, mas moças de doze anos. Precocemente amadurecidas, a maioria delas já conta com discernimento bastante para reagir ante eventuais adversidades, ainda que não possuam escala de valores definida a ponto de vislumbrarem toda a sorte de consequências que lhes pode advir.

A codificação forte é decodificada pelo juiz mediante uma codificação fraca, o que faz perceber uma interpretação que surge em função do modo como se constrói o legislador racional.

Exatamente porque a intenção do legislador não é um estado mental particular que possa ser investigado objetivamente, mas é, antes, uma criação ou reconstrução do intérprete a partir de regras de uso e pautas morais ou de políticas públicas compartilhadas na comunidade, que lhe permite realizar inferências (não dedutivas: implicaturas) sobre o que seria mais coerente admitir como propósito da lei, a indeterminação tem a ver, antes, com uma sistematização.

Na construção do legislador racional busca-se, assim, uma decodificação capaz de lidar com codificações do legislador empírico.

Esse dilema, trabalhado pelo intérprete e decidido pelo juiz, traduz, afinal, uma escolha racional (motivação) dentro de um conflito fundamental entre fazer aquilo que é *correto* e aquilo que é *bom*, que dentro da filosofia moral se expressa, por exemplo, na divisão entre teorias deontológicas e teleológicas. As teorias deontológicas correspondem ao ideal de vida humana consistente em agir corretamente segundo as leis e princípios morais, nas quais as ideias de dever e correção (justiça formal) são os temas centrais. As teorias teleológicas correspondem a um ideal de vida humana, consistente na tentativa de satisfação de determinados fins considerados bons. E, nesse ponto, a ideia de justo (justiça como senso de convicção) constitui o tema central para entender a *lógica* da decisão.

Em regra, o princípio da igualdade – nuclear para a justiça – oferece uma *medida* racional para a repartição do que cabe a cada um nas relações bilaterais. Num primeiro momento, é importante o aspecto *formal* da igualdade (proporção), que se afirma de modo precedente ao *que* caiba a cada um ou ao que possa vir a ser determinado como *algo* que deva ser repartido. Trata-se da percepção da justiça como uma questão de **justeza**. Por exemplo, em sede de direito civil, o pagamento de perdas e danos, às vezes, é efeito da obrigação de indenizar, que nasce com um inadimplemento imputável. Para recorrer a um aforismo clássico, trata-se de *recolocar a vítima na situação em que se encontraria se o prejuízo não tivesse sido produzido*. Essa recolocação da vítima tem a ver com a *justeza* da medida correspondente (NEVES, 2003).

Já outros princípios da justiça, "a cada qual conforme sua dignidade", ou "sua dignidade social" etc. constituem determinações que nos deveriam dar, presumidamente, a premissa racional para a identificação daquilo que deva ser repartido proporcionalmente e a quem. Mas a percepção da justiça como atendimento à dignidade implica não justeza, mas **senso do justo**; trata-se de um valor, padrão superior posto de modo absoluto, a partir do qual se entendem os demais valores (e em função do qual se relativizam): por exemplo, o reconhecimento da dignidade da pessoa humana como sentido nuclear da justiça. É o caso das exigências de *justiça social*, em que, por exemplo, o salário não há de ser mera retribuição pelo equivalente trabalho, mas algo que mantenha a dignidade humana, ainda que à custa da mera remuneração do capital (sobre o esforço de Kant em defesa da dignidade humana) (COMPARATO, 2006, p. 303).

Assim, na racionalização dos conflitos em nome do legislador racional (motivação da sentença), os critérios formais da justiça como justeza representam um *código forte de justiça*: isto é, as noções do *suum cuique tribuere*, da proporcionalidade aritmética e geométrica, do tratar igualmente os iguais e desigualmente os desiguais, constituem articulações relativamente unívocas, com um só sentido para as suas prescrições. Ao contrário, os critérios materiais da justiça como senso do justo representam um *código fraco*; isto é, ideias como o *justo é o que serve à vida, justiça como amor/caritas, justiça como o que satisfaz aos interesses da classe proletária*, constituem articulações vagas e ambíguas, com dubiedade para as suas determinações.

Deste modo, na construção do legislador racional (motivação) está a exigência de conferir ao código forte de justiça (justeza) um sentido compatível com o código fraco (senso do justo), base da convicção.

No jogo da motivação/convicção, o juiz elabora sua convicção em que o código forte de justiça (justeza) é adequado ao código fraco, elabora, pois, uma codificação conforme esquematismos binários, mas na qual o código débil (discricionariedade, uso de conceitos indeterminados, prevalência de princípios) também é levado em consideração, de tal modo que o sistema passa a admitir também espaço para a desconfirmação, assumindo esquematismos plúrimos, em que a imprecisão é tolerada como condição da sentença justa.

Nesse jogo, em que o código forte da justiça/justeza relacional abre espaço para o código fraco da justiça/senso absoluto do justo, o legislador racional, base da motivação, se apresenta na forma de uma racionalidade não exclusiva e logicamente coerente, mas **congruente** com relações de justeza proporcional, em termos de razoabilidade equitativa, em face do senso de justo (em nome de um padrão superior). Nessa lógica da convicção, a inclusão do princípio da igualdade na motivação da sentença mediante a construção do legislador racional, introduz, nas codificações do legislador, um limite à imprecisão conotativa e denotativa da discricionariedade. E a inclusão nela do princípio da dignidade da pessoa humana como senso do justo possibilita, simultaneamente, formas casuísticas de equidade.

LÓGICA E DIREITO

Por exemplo: o atendimento de um cidadão que reclama do Estado a prestação de um serviço de saúde, mediante fornecimento de medicamento importado de alto custo, pode levar a cálculos de utilidade, comparação com o atendimento da massa de usuários do sistema público de saúde, dentro de uma interpretação do sentido da garantia constitucional de acesso universal e igualitário de todos às ações e serviços para a promoção da saúde (CF, art. 196).

Mas a adequação do sistema ao código fraco da justiça como senso do justo faz do legislador racional uma construção em que o princípio da igualdade proporcional assume uma função dependente. Por exemplo, na interpretação do art. 196 da CF, que garante a todos o acesso à saúde, para o caso de fornecimento de medicamento de alto custo, não obstante a falta de justeza (proporcionalidade), se torna possível afirmar a noção de *vida,* a qual representa a exigência de levar-se em conta a pessoa do doente, sua dignidade, o risco de *sua* vida, em detrimento de outros fatores como a desigualdade social da decisão, o prejuízo à economia nacional, à previdência médica bem distribuída entre todos etc.

Nesses termos, se signos linguísticos admitem usos pragmáticos diferentes, que afetam o seu sentido semântico, o sentido da convicção do juiz, em termos de justiça, afeta o exercício da motivação da sentença e, por consequência, o sistema do legislador racional que lhe fornece a base.

Em conclusão, a racionalidade da motivação admite uma variabilidade de interpretação dogmática na construção do legislador racional, que não repousa apenas nas dificuldades semânticas de se obter uma denotação e uma conotação mais precisas (momento da motivação da sentença). Repousa, também, no uso pragmático da codificação e sua decodificação no jogo da comunicação humana, conforme padrões de justiça e sua função (momento da convicção).

Referências

ALCHOURRÓN, Carlos; BULYGIN, Eugenio. *Normative Systems*, Springer Verlag, 1971.

COUTURE, Eduardo J. *Introdução ao estudo do processo civil*. 3ª ed. Rio de Janeiro: Editor José Konfino.

COMPARATO, Fábio. *Ética*. São Paulo: Cia. das Letras, 2006.

DASCAL, Marcelo. *Interpretação e compreensão*. São Leopoldo/RS: Ed. Unisinos, 2006.

DWORKIN. *Natural Law Revisited, 34 University of Florida Law Review*, 1982.

KLUG, Ulrich. *Juristische Logik*, Berlin, Heidelberg, New York, 1966.

NEVES, Castanheira A. *O atual problema metodológico da interpretação jurídica*. Coimbra Editora, 2003.

NOWAK, L. *De la rationalité du législateur comme élément de l'interprétation juridique*, em *Logique et Analyse*, 45, Mars 1969, Louvain/Paris, p. 65 et s. 1969.

TARUFFO, Michele. *La motivazzione della sentenza civile*. Padova, 1975.

VAZ, Henrique de Lima. *Ética e direito*. São Paulo: Edições Loyola, 2002.

ZIEMBINSKI, Zygmunt. *La notion de rationalité du législateur*, in *Archives de philosophie du Droit: Formes de rationalité en droit*, Sirey, 1978.

_____. *Two Concepts of Rationality in Legislation*, in *Rechtstheorie*, Beiheft 8: *Juristische logik, Rationalität und Irrationalität im Recht/ Juristic logic, Rationality and Irrationality in Law*, pp. 139-150. 1985.

A ESTRUTURA LÓGICA DAS NORMAS JURÍDICAS

Fabiana Del Padre Tomé

Doutra e Mestra em Direito Tributário pela PUC/SP. Professora nos cursos de graduação e pós-graduação em Direito da PUC/SP. Professora nos cursos de extensão e de especialização em Direito Tributário, promovidos pelo IBET – Instituto Brasileiro de Estudos Tributários. Advogada.

Sumário: 1. Alguns esclarecimentos sobre a estrutura e função das normas jurídicas: o falso dilema da forma *versus* conteúdo – 2. Sobre a homogeneidade sintática e heterogeneidade semântica das normas jurídicas – 3. A estrutura lógica das normas jurídicas – 4. A sanção como elemento eidético do direito – 5. Considerações finais – Referências.

1. Alguns esclarecimentos sobre a estrutura e função das normas jurídicas: o falso dilema da forma *versus* conteúdo

Todo enunciado linguístico apresenta forma e função. Orientar a atenção para as *formas da linguagem* significa ingressar no âmbito gramatical do idioma, mais especificamente em sua sintaxe, entendida como parte da gramática que examina as possíveis opções no que concerne à combinação das palavras na frase. As funções dos enunciados, entretanto, não se encontram presas à forma pela qual estes se exteriorizam. Como acentua Irving M. Copi,[1] as estruturas gramaticais oferecem apenas precários indícios a respeito da função, sendo lícito ao emissor utilizar uma determinada forma para expressar diferentes funções, conforme o contexto. O art. 3º do CTN, por exemplo, *define* o conceito de tributo, dispondo que:

> Art. 3º. Tributo é toda prestação pecuniária compulsória, em moeda ou cujo valor nela se possa exprimir, que não constitua sanção de ato ilícito, instituída em lei e cobrada mediante atividade administrativa plenamente vinculada.

Não obstante a forma declarativa desse enunciado, sua função é prescritiva, encerrando a ordem de que, ao ser instituído o tributo, este deve apresentar determinados caracteres.

Para identificar a função linguística, necessário se faz que o intérprete abandone a significação de base inerente a toda palavra, buscando a compreensão do discurso dentro da amplitude contextual em que se encontra, examinando-o segundo os propósitos do emissor da mensagem (plano pragmático).

É preciso deixar bem claro que nenhuma manifestação de linguagem exerce uma única função. Há, sempre, uma função dominante e diversas outras que a ela se agregam no enredo comunicacional, tornando difícil a missão de classificá-las. Para superar esse obstáculo, sugere Alf Ross[2] que tomemos o *efeito imediato* como critério classificatório:

> A função de qualquer ferramenta deve ser determinada por seu efeito próprio, isto é, o efeito imediato a cuja produção a ferramenta está diretamente adaptada. São irrelevantes quaisquer outros efeitos ulteriores na cadeia causal subsequente.

Partindo do critério do *efeito imediato* ou *função*

---

1. *Introdução à lógica*. Tradução de Álvaro Cabral. São Paulo: Mestre Jou, 1974, p. 55.

2. *Lógica de las normas*. Madrid: Tecnos, 1971, p. 28 (tradução livre).

dominante, podemos classificar as linguagens com base no *animus* que move o emissor da mensagem, identificando as seguintes funções: (i) descritiva; (ii) expressiva de situações subjetivas; (iii) prescritiva de condutas; (iv) interrogativa; (v) operativa; (vi) fática; (vii) persuasiva; (viii) afásica; (ix) fabuladora; e (x) metalinguística. Interessa-nos, por ora, analisar os caracteres predominantes da função linguísticas prescritiva de condutas.

A linguagem prescritiva, inerente ao direito positivo, serve à expedição de ordens, comandos dirigidos ao comportamento humano, intersubjetivo ou intrassubjetivo. É a função linguística predominante nas proposições jurídico-positivas, que se direciona às condutas intersubjetivas para alterá-las. Norberto Bobbio,[3] esclarecendo a distinção entre forma gramatical, entendida como o modo pelo qual a proposição é expressa, e sua função, consistente no fim a que se propõe alcançar aquele que a pronuncia, conclui ser a função prescritiva própria da linguagem normativa, consistente em "dar comandos, conselhos, recomendações, advertências, influenciar o comportamento alheio e modificá-lo". Lourival Vilanova,[4] enfatizando essa finalidade, leciona:

> Altera-se o mundo físico mediante o trabalho e a tecnologia, que o potencia em resultados. E altera-se o mundo social mediante a linguagem das normas, uma classe da qual é a linguagem das normas do Direito.

Essas são perspectivas funcionais do direito, muito enaltecidas na atualidade. A despeito disso, é preciso sempre considerar que não há como examinar a função do ordenamento sem considerar seu aspecto estrutural. Do mesmo modo que

---

[3]. *Teoria da norma jurídica*. Tradução de Fernando Pavan Baptista e Ariani Bueno Sudatti. Bauru/SP: Edipro, 2001, p. 77-78.

[4]. *As estruturas lógicas e o sistema do direito positivo*. São Paulo: Noeses, 2005, p. 3-4.

Paulo de Barros Carvalho[5] anuncia a impossibilidade lógica de segregar-se "forma" e "conteúdo", também não se separam "estrutura" e "função" normativas. É o que pontua Mario Losano, em prefácio à edição brasileira da obra *Da estrutura à função*, de Norberto Bobbio:[6]

> Aceitar a função como elemento essencial do direito não implica, contudo, a rejeição de uma visão estrutural do direito. Trata-se, não de um repúdio, mas sim de um completamento: a explicação estrutural do direito conserva intacta a sua força heurística, mas deve ser completada com uma explicação funcional do direito, ausente em Kelsen porque este último seguira com rigor a escolha metodológica de concentrar-se no aspecto estrutural do direito, e não no aspecto funcional.

Estrutura e função se complementam e só podem ser compreendidas se consideradas em seu conjunto. Afinal, a função do direito, consistente genericamente em disciplinar as condutas intersubjetivas para realizar os valores desejados pela sociedade, só pode ser implementada mediante a expedição de enunciados prescritivos que, tomados em sua estrutura lógica, desencadeiem um juízo hipotético-condicional, enlaçando, no consequente, dois sujeitos de direito.

Com tais dizeres, queremos evidenciar o fato de que tomar-se como imprescindível a análise estrutural da norma jurídica não implica desconsiderar seu aspecto semântico e pragmático, e, muito menos, o contexto em que o preceito normativo se insere. Como pontua Edgar Morin,[7]

> todo o conhecimento opera por selecção de dados significativos e rejeição de dados não significativos: separa (distingue ou desune) e une (associa, identifica); hierarquiza (o principal, o secundário) e centraliza (em função de um núcleo de noções mestras).

---

5. Entre a forma e o conteúdo na desconstituição dos negócios jurídicos simulados. *Revista de Direito Tributário* nº 113, São Paulo: Malheiros, 2011.

6. *Da estrutura à função:* novos estudos de teoria do direito. Barueri: Manole, 2007.

7. *Introdução ao pensamento complexo*, 5ª ed. Lisboa: Instituto Piaget, 2008, p. 14.

Daí a necessidade e utilidade do estudo analítico.

Por outro lado, a unidade do ordenamento é algo indeclinável. Como resolver, então, esse dilema? Que seria mais importante: um estudo analítico-estrutural ou a compreensão do objeto em toda sua complexidade conteudística?

Em resposta, diríamos que esse é um falso dilema. Não há graus de relevância entre essas perspectivas. Há, entre elas, relação de complementariedade: "o simples é apenas um momento, um aspecto entre várias complexidades (microfísica, macrofísica, biológica, psíquica-social)."[8] A forma é somente um dos ângulos presentes no todo que é o ordenamento, mas sem o qual não se tem como acessar e compreender o fenômeno jurídico.

2. Sobre a homogeneidade sintática e heterogeneidade semântica das normas jurídicas

O direito positivo, na qualidade de objeto cultural, apresenta elevado grau de complexidade, nele se conjugando elementos estruturais e axiológicos. Por isso mesmo, comporta diversas perspectivas de observação, fazendo-se necessário adotar um método para seu exame.

Nessa linha de raciocínio é que se insere o trabalho analítico-hermenêutico, desenvolvido em duas etapas: uma primeira etapa, consistente na redução de complexidades, mediante decomposição analítica;[9] e uma segunda etapa, em que se procede à retomada da visão integral do fenômeno jurídico. Tudo isso, é preciso deixar bem claro, considerando que o intérprete exerce atividade construtiva de sentido, o que lhe dá o toque do pragmatismo. Abandona-se, assim, a ideia de ser possível uma interpretação ingenuamente imparcial e não valorativa.

---

8. *Ibidem*, p. 54.

9. É o que fez Paulo de Barros Carvalho ao edificar a teoria da regra-matriz de incidência tributária (*Curso de direito tributário*, 26. ed. São Paulo: Saraiva, 2014).

O dialogismo, entendido como processo de interação de textos e, por assim dizer, de interlocutores, está sempre presente. Tal ordem de considerações já permite entrever a inadmissibilidade de examinar as normas jurídicas com suporte unicamente na literalidade textual. Esse há de ser apenas o ponto de partida: inicia-se o estudo pelo ângulo sintático (relação dos signos entre si), indo, porém, em direção aos aspectos semântico (conteúdo atribuído aos signos) e pragmático (modo de utilização dos signos). Essas três perspectivas são indissociáveis, até mesmo porque não há como atribuir conteúdo a um vocábulo sem que se tenha em conta o momento social vivido (contexto). Os horizontes da cultura, vistos como as circunstâncias que recuperam e contextualizam o ser humano na sociedade, possibilitam essa visão integral e dinâmica do sistema do direito positivo.

A título ilustrativo, porém sem fazer juízo de admissibilidade quanto à correção interpretativa, podemos citar a discussão travada nos autos da ADI-MC nº 1.945,[10] no Supremo Tribunal Federal, em que a Colenda Corte manifestou-se pela incidência do ICMS sobre *softwares* adquiridos por transferência eletrônica. Para tanto, considerou existir uma abertura semântica dos termos empregados pela Constituição, possibilitando sua adaptação aos novos tempos. Nessa esteira, a "mercadoria" não seria restrita a "bem corpóreo", também preenchendo tal requisito o bem de natureza "incorpórea", como um programa de computador. Todo esse recente debate conceitual em torno do que seja "mercadoria" mostra bem a heterogeneidade e a abertura semântica. Mas, para que se possa chegar a esse nível de discussão, faz-se mister, primeiramente, desempenhar estudo analítico do texto a ser interpretado.

Se, por um lado, a análise (*analysis*) indica operações redutoras, por outro, o processo interpretativo não se restringe a esse procedimento. A despeito disso, empregar a técnica

---

10. Disponível em: <http://goo.gl/foZ1sV>. Acesso em: 21 mar. 2016.

analítica, como ponto de partida, mostra-se imprescindível para a compreensão dos comandos normativos. Nessa esteira, significativa é a explicação de Boaventura de Sousa Santos:[11]

> o método científico assenta na redução da complexidade. O mundo é complicado e a mente humana não o pode compreender completamente. Conhecer significa dividir e classificar para depois poder determinar relações sistemáticas entre o que se separou.

Eis o percurso que empreendemos: *separamos* as partes do todo, mas sempre cientes da sua *indissociabilidade*. O isolamento da norma jurídica e da sua estrutura formal, identificando a homogeneidade sintática, não implica o desprezo pela complexidade do sistema como um todo. Assim é que Miguel Reale, um dos principais expoentes do culturalismo no Brasil, alude a uma estrutura normativa constante em seus aspectos sintáticos, no âmbito da qual o fato e o valor estão integrados. Acerca da estrutura da norma jurídica, exemplifica esse autor:[12]

"a) Se F é, deve ser P; b) Se não for P, deverá ser S."

Em seguida, dá-lhe contornos semânticos:

> Há, por exemplo, norma legal que prevê o pagamento de uma letra de câmbio na data de seu vencimento, sob pena do protesto do título e de sua cobrança, gozando o credor, desde logo, do privilégio de promover a execução do crédito. Logo, diríamos: a) se há um débito cambiário (F), deve ser pago (P); b) se não for quitada a dívida (não P), deverá haver uma sanção (S).

Ora, se dizemos que as normas jurídicas disciplinam o comportamento humano, no convívio social, regulando as condutas das pessoas, nas relações de intersubjetividade, sua estrutura deve apresentar os elementos necessários para que

---

11. *Um discurso sobre as ciências*. 16ª ed. Lisboa: Afrontamento, 2010, p. 28.
12. REALE, Miguel. *Lições preliminares de direito*, 27. ed. São Paulo: Saraiva, 2003, p. 65.

isso ocorra, indicado os *aspectos fáticos* que desencadeiam determinada *relação jurídica* entre dois sujeitos de direito.

Por isso mesmo, conhecer e considerar a estrutura das normas jurídicas é uma etapa indeclinável para a construção de sentido normativo, necessária à compreensão do ordenamento.

3. A estrutura lógica das normas jurídicas

A norma jurídica, unidade irredutível de manifestação do deôntico, é, nos dizeres de Lourival Vilanova, "uma estrutura lógico-sintática de significação".[13] Consiste na significação construída na mente do intérprete, resultante da leitura dos textos do direito positivo, apresentando a forma de um juízo hipotético.

Como, porém, o revestimento verbal das normas jurídicas não obedece a padrão algum, haja vista as peculiaridades de cada idioma e as variadas estruturas gramaticais, necessário se faz reduzir as múltiplas modalidades verbais à estrutura formalizada da linguagem lógica, pois apenas por meio da linguagem formal obtém-se precisão e finura na análise.

Para alcançarmos as formas lógicas, precisamos abstraí-las da linguagem natural que as reveste, deixando de lado a *matéria* que as cobre, ou seja, as significações determinadas das palavras, e substituindo-as por variáveis lógicas. Uma estrutura formal é composta por variáveis e constantes, símbolos substituíveis por nomes de objetos e símbolos que exercem funções operatórias fixas, respectivamente.

A estrutura reduzida da norma jurídica é uma proposição condicional, que determina a relação de implicação entre hipótese e consequência:

---

13. Norma jurídica – proposição jurídica (significação semiótica), *Revista de Direito Público*. São Paulo: Ed. RT, 61:12-33, 1982, p. 16.

- a hipótese descreve os critérios identificadores de um fato e funciona como implicante da consequência;

- a consequência prescreve o regramento de uma conduta intersubjetiva.

A norma jurídica, portanto, apresenta estrutura lógica específica composta por uma hipótese, também denominada antecedente, suposto, prótase ou descritor; e por uma consequência, que pode igualmente receber o nome de consequente, mandamento, estatuição, apódose ou prescritor. E, para que se configure a "causalidade jurídica", no âmbito da qual a hipótese implica deonticamente a consequência, existem dois operadores chamados functor-de-functor e functor implicacional, perfazendo a seguinte estrutura lógica:

$$D (H \rightarrow C)$$

Nessa referência simbólica, **D** é o functor-de-functor; **H** é a hipótese; $\rightarrow$ é o functor implicacional e **C** é a consequência.

Expliquemos cada um desses elementos.

a) *Functor-de-functor*

O functor-de-functor é indicador da operação deôntica incidente sobre o liame de implicação interproposicional (deve-ser o vínculo implicacional); é ele que constitui o nexo jurídico das proposições normativas (hipótese e consequência), distinguindo a causalidade física da jurídica. Pontifica Lourival Vilanova que "tanto a causalidade natural como a causalidade jurídica encontram na proposição implicacional sua adequada forma sintática".[14] A diferença entre esses dois tipos de causalidade não reside no functor de implicação, mas em um functor que afeta a proposição implicacional em seu conjunto: o functor-de-functor.

---

14. *Causalidade e relação no direito*. 4ª ed. São Paulo: Ed. RT, 2000, p. 47.

No plano da causalidade física, relativa aos fenômenos da natureza ou aos fenômenos sociais, há relações de implicação exprimindo um nexo formalmente necessário entre os fatos naturais ou sociais e seus efeitos. Já no universo jurídico, inexiste necessidade lógica ou factualmente fundada de a hipótese implicar a consequência, sendo a própria norma quem estatui o vínculo implicacional, por meio do "dever-ser".

Enquanto na lei da causalidade natural a relação entre hipótese e consequência é descritiva, na lei de causalidade jurídica é o sistema jurídico positivo que determina, dentre as possíveis hipóteses e consequências, as relações que devem se estabelecer. É o ato de vontade da autoridade que legisla, expresso por um "dever-ser" neutro, isto é, que não aparece modalizado nas formas "proibido", "permitido" e "obrigatório", o responsável pela conexão deôntica entre hipótese e consequência.

Com efeito, a incidência do functor-de-functor é sobre a relação implicacional, que inexistiria sem este, e não apenas sobre a proposição consequente. Esse o motivo por que a estrutura lógica da norma jurídica se expressa pela fórmula D (H → C), e não H → D (C).

b) *Hipótese normativa*

Hipótese é a parte da norma de direito que tem a função de descrever uma situação objetiva de possível ocorrência, descrição esta feita mediante a indicação de notas (conotação) que, coincidentes com os caracteres apresentados em determinados fatos, permite seu ingresso no universo jurídico. "O fato se torna fato jurídico porque ingressa no universo do direito através da porta aberta que é a hipótese".[15]

A realidade social, porém, é manifestamente mais rica que a realidade jurídica, sendo impossível cogitar de uma

---

15. VILANOVA, Lourival. *As estruturas lógicas e o sistema do direito positivo*, p. 89.

descrição capaz de captar o fato em seus diversos predicados. A hipótese, como todo conceito, é seletora de propriedades, operando como redutora das complexidades inerentes aos acontecimentos por ela recolhidos. E, a referida seleção de propriedades apresenta caráter eminentemente axiológico, sendo efetuada segundo o ato de valoração que preside a feitura da hipótese da norma. Desse modo, apenas alguns aspectos do fato social de possível ocorrência são acolhidos pela hipótese normativa, passando a fazer parte da realidade jurídica.

O fato descrito na hipótese normativa é escolhido segundo a vontade daquele que a elabora, devendo, porém, respeitar o limite ontológico da possibilidade, ou seja, necessário se faz que a escolha recaia sobre acontecimentos pertencentes ao campo do possível. Não se pode descrever, na hipótese, fatos de impossível ocorrência, pois nesse caso a consequência nunca se verificará, tornando-se inoperante para a regulação das condutas intersubjetivas. O lado semântico da hipótese ficaria comprometido, resultando em um sem-sentido deôntico.

Cuida ressaltar, também, que a hipótese normativa não determina que a situação factual por ela descrita necessariamente ocorra, nem estabelece que deve ocorrer. Por isso, cumpre a função de um descritor: "descreve uma possível ocorrência, de fato ou de conduta, à qual liga, por uma implicação, uma estrutura relacional".[16]

Sendo a hipótese normativa descritora de uma possível ocorrência, poder-se-ia imaginar ser ela suscetível da valoração típica das proposições teoréticas, quais sejam: verdade e falsidade. Tal situação, contudo, não ocorre. A hipótese normativa, conforme acima mencionado, não é coincidente com a realidade, motivo pelo qual lhe falta o *status* semântico de enunciado veritativo. A hipótese é válida antes mesmo da ocorrência do fato por ela descrito, permanecendo como tal

---

16. VILANOVA, Lourival. *Norma jurídica* – proposição jurídica (significação semiótica), p. 25.

ainda que nunca venha a verificar-se, ou que, ocorrendo, não se cumpra o preceituado na consequência. Ambas as partes da proposição normativa – hipótese e consequência – sujeitam-se às valências "validade" e "não validade", e, com isso, mantém-se a homogeneidade estrutural do sistema do direito positivo.

c) *Functor implicacional*

O functor implicacional simboliza o nexo de implicação existente entre a hipótese e a consequência, ou seja, entre a proposição implicante e a implicada. Trata-se de um operador lógico indicador da forma sintática que une as duas proposições componentes da norma jurídica. Sendo a hipótese e a consequência normativas ligadas entre si por meio do functor implicacional, é impossível a ocorrência da primeira sem a instauração da segunda. Ocorrido o fato descrito na hipótese, necessariamente instaura-se a relação jurídica prescrita na consequência.

Conforme mencionado anteriormente, o functor implicacional, por si só, não indica a existência de causalidade normativa, pois tanto nesta como na causalidade física existe o conectivo condicional (implicação) atrelando a hipótese à consequência. Esse o motivo por que se faz necessária a presença de um functor-de-functor incidindo sobre a relação implicacional, atribuindo-lhe caráter deôntico.

d) *Consequência normativa*

Consequência é a parte da norma que tem por função prescrever condutas intersubjetivas, apresentando-se como uma proposição relacional que enlaça dois ou mais sujeitos de direito em torno de uma conduta regulada como proibida, permitida ou obrigatória.

A LÓGICA NO DIREITO

Para melhor análise da composição interna da consequência normativa podemos desdobrar a estrutura lógica da norma jurídica expressa pela fórmula D (H →C), perfazendo a estrutura D [H →R(S', S")], onde **D** é o functor-de-functor; **H** é a hipótese; → é o functor implicacional; **R** é o relacional deôntico; **S'** e **S"** são sujeitos de direito.

Essa fórmula revela que os sujeitos de direito integrantes da consequência normativa encontram-se conectados por um dever-ser intraproposicional, que se apresenta necessariamente modalizado em obrigatório (O), permitido (P) e proibido (V). R, portanto, é uma variável functoral, cujos valores substituintes são as constantes deônticas "obrigação", "permissão" e "proibição".

No que concerne ao aspecto semântico, a consequência da norma jurídica, igualmente ao que se verifica na hipótese normativa, assenta-se no modo ontológico da possibilidade. Se a norma prescrever uma conduta impossível ou uma conduta necessária, carecerá de sentido deôntico, pois só haverá sentido em proibir, permitir ou obrigar a prática de determinada ação, se existirem dois ou mais comportamentos possíveis. Trata-se de um limite semântico, restringindo os conteúdos normativos àquilo que seja factualmente possível e que não seja factualmente necessário.

> Com tais explanações, temos uma visão geral acerca da norma jurídica, tomada em sua estrutura lógica. E a importância dessa análise estrutural persiste ainda que se pretenda examinar a função promocional do direito, como esclarece Norberto Bobbio:[17] "Aquilo que Kelsen disse com relação à estrutura do ordenamento resta perfeitamente válido mesmo depois dos desenvolvimentos mais recentes da análise funcional."

Nem poderia ser diferente, pois se o direito se volta, funcionalmente, para regular as condutas intersubjetivas, há de fazê-lo por intermédio de determinada forma, estipulando

---

17. *Struttura e funzione in Kelsen*, p. 215, *apud* Norberto Bobbio, *Da estrutura à função:* novos estudos de teoria do direito. Barueri: Manole, 2007, p. XLIII.

hipóteses normativas que desencadeiem obrigações, proibições ou permissões nos laços entre sujeitos de direito.

4. A sanção como elemento eidético do direito

Quando o assunto diz respeito aos aspectos estruturais das normas jurídicas, uma indagação que surge é a concernente à existência de normas jurídicas sem sanção. O deslinde de tal dúvida, porém, demanda que se estabeleça qual o sentido de "sanção" a que se refere. Trata-se de palavra polissêmica, o que gera confusões interpretativas, pois conforme o significado que se atribua, estar-se-á aludindo a aspectos diversos do sistema de direito.

Sobre a diversidade de significados desse vocábulo, assim anotou Eurico Marcos Diniz de Santi:[18]

> Assim, 'sanção' pode denotar: (i) a relação jurídica consistente na conduta substitutiva reparadora, decorrente do descumprimento de um pressuposto obrigacional (de fazer, de omitir, de dar – genericamente prestações do sujeito passivo Sp); (ii) relação jurídica que habilita o sujeito ativo Sa a exercitar seu direito subjetivo de ação (processual), para exigir perante o Estado-juiz Sj a efetivação do dever constituído na norma primária e (iii) a relação jurídica, consequência processual deste "direito de ação", preceituada na sentença condenatória, decorrente do processo judicial.

Diz-se "sanção" da norma que estabelece consequência punitiva a quem tenha descumprido um dever. Mas, como visto, não é essa a única acepção, assim como não foi esse o conceito referido por Hans Kelsen[19] para dizer que toda norma jurídica liga-se, no ordenamento, a uma sanção por seu descumprimento. Esse autor toma a sanção como *garantia da*

---

18. *Lançamento tributário*, 3ª ed. São Paulo: Saraiva, 2010, p. 39.

19. *Teoria geral das normas*. Tradução de José Florentino Duarte. Porto Alegre: Ed. Sergio Antonio Fabris, 1986, p. 30 e 182.

eficácia das ordens normativas, configurando, por conseguinte, um elemento imprescindível ao ordenamento jurídico:

> O Direito é essencialmente ordem de coação. Prescreve uma certa conduta de modo que, como consequência, liga um ato de coação à conduta contrária do ser-devido. (...) Nisto se expressa o decisivo papel que a sanção existente num ato de coação desempenha no Direito como uma *ordem de coação*. A estatuição desta sanção é tão essencial que se pode dizer: o Direito impõe uma conduta determinada *somente por* ligar à conduta contrária um ato de coação como sanção (...).

Partindo de semelhantes pressupostos, afirma Norberto Bobbio[20] que para toda violação de uma regra primária, é estabelecida a respectiva sanção. Por certo, não alude às sanções extrajudiciais, que podem estar presentes ou não, tendo sua aparição contingente, determinada pela heterogeneidade semântica das normas jurídicas.

A sanção a que, com suporte nos citados autores, nos referimos para dizer da sua imprescindibilidade, é aquela de caráter jurisdicional, representada pela possibilidade do uso da coação com o escopo de obter o cumprimento do dever prescrito na consequência normativa. A esse conceito denomina-se "norma secundária", sendo o preceito que veicula, na sua consequência, uma relação de cunho jurisdicional, onde o Estado comparece como juiz para obter coativamente a conduta descumprida.

Eis a inseparável unidade do ordenamento que, para fins analíticos, suscita o desmembramento em (i) normas primárias e (ii) normas secundárias. Ambas são compostas por hipótese e consequência, apresentando a estrutura lógica normativa representada pela fórmula D (H $\rightarrow$ C). Todavia, enquanto a hipótese da norma primária descreve os critérios identificadores de um fato de possível ocorrência, a hipótese da norma secundária descreve a não realização da conduta

---

20. *Teoria do ordenamento jurídico*. Brasília: UNB-Polis, 1989, *passim*.

prescrita na consequência da primeira norma; ao passo que a consequência da norma primária estatui direitos e deveres, se e quando acontecer o fato que se enquadre na hipótese, o consequente da norma secundária estabelece uma providência sancionatória, aplicada pelo Estado-Juiz, em caso de inobservância da conduta prescrita na norma primária. É o que esclarece Lourival Vilanova,[21] ao discorrer sobre a norma secundária:

> Na segunda, a hipótese fática de incidência é o não-cumprimento do dever do termo-sujeito passivo. Ocorrendo o não cumprimento, dá-se o fato cujo efeito (por isso o não cumprimento é fato jurídico) é *outra* relação jurídica, na qual o sujeito ativo fica habilitado a exigir *coativamente* a prestação, objeto do dever jurídico.

Em síntese, a norma primária tem em sua hipótese a conotação de um fato de possível ocorrência, ao passo que a hipótese da norma secundária descreve a não observância da conduta prescrita no consequente da primeira. E, enquanto aquela estatui direitos de deveres correlatos, esta prescreve a sanção mediante o exercício da coatividade estatal. A norma primária estabelece relação jurídica de direito material (substantivo); a norma secundária, relação jurídica de direito formal (adjetivo ou processual).

Analisando a arquitetura lógica interna das normas primária e secundária, observa-se que a norma primária prescreve, em sua consequência, uma relação jurídica entre dois sujeitos de direito, perfazendo a seguinte estrutura formal $D [H \rightarrow R'(S', S'')]$.[22] A consequência da norma secundária, por sua vez, prescreve outra relação jurídica em que o sujeito

---

21. *Causalidade e relação no direito*, p. 192.

22. Explicando a fórmula: D é o functor-de-functor, que afeta a relação implicacional; H é a hipótese, descritora de um fato lícito de possível ocorrência; $\rightarrow$ é o functor implicacional, que denota o caráter condicional da fórmula; $R'(S', S'')$ é a consequência, prescritora de uma conduta intersubjetiva entre dois sujeitos de direito, onde R' é o relacional deôntico e S' e S'' são os sujeitos da relação (sujeito ativo e sujeito passivo, respectivamente).

ativo é o mesmo da primária, havendo, porém, um terceiro sujeito S''' integrando o polo passivo da relação jurídica: o Estado, exercitando sua função jurisdicional. Apresenta, a norma secundária, a seguinte forma:

$$D\,[\text{-}R'(S', S'') \to R''(S', S''')].^{23}$$

As normas primária e secundária, entretanto, não se apresentam simplesmente justapostas. O relacionamento entre ambas dá-se por meio de conectivos com função lógica, dos quais o mais apropriado, segundo nossa opinião, é o disjuntor includente (v), que suscita um trilema: uma ou outra ou ambas. O emprego desse conectivo tem a propriedade de mostrar que tanto a norma primária como a norma secundária são válidas, mas que a aplicação de uma exclui a da outra.[24] Podemos, portanto, representar a estrutura lógica da norma completa pela fórmula:

$$D\,\{[H \to R'(S', S'')] \lor [\text{-}R'(S',S'') \to R''(S', S''')]\}.$$

Eis aquilo que se denomina "estrutura da norma jurídica completa". Mas, vale sempre a ressalva de que essa completude dá-se apenas como pressuposto gnosiológico, já que a cadeia de entrelaçamento normativo, se considerados os aspectos semântico e pragmático, pode ser bem mais complexa e extensa. No âmbito do direito tributário, por exemplo, entre a norma primária que institui o tributo (regra-matriz de incidência tributária) e a norma secundária, há um plexo normativo que disciplina o processo de positivação para que se constitua a obrigação tributária, assim como um conjunto de normas jurídicas que assegura o direito de petição na

---

23. Interpretando a estrutura lógica: D é o functor-de-functor, que afeta a relação implicacional; -R(S', S'') é a hipótese, que se caracteriza por descrever o não-cumprimento da conduta intersubjetiva prescrita pela norma primária; → é o functor implicacional, que denota o caráter condicional da fórmula; R''(S', S''') é a consequência, que prescreve uma relação jurídica R'' entre S' e S''' (sujeito ativo da norma primária e o Estado exercitando sua função jurisdicional, respectivamente).

24. VILANOVA, Lourival. *As estruturas lógicas e o sistema do direito positivo*, p. 134-136; CARVALHO, Paulo de Barros. *Direito tributário*: fundamentos jurídicos da incidência, p. 32-33.

esfera administrativa e o direito de o particular ver decidido seu pleito (todos esses direitos, é certo, tendo, no polo adverso, o respectivo ente da Administração Pública).

Qualquer que seja o entrelaçamento normativo, conforme as peculiaridades semânticas de cada caso, o certo é que as normas jurídicas caracterizam-se como tal por sua coercibilidade e pela coatividade: coercibilidade, pela circunstância de impor-se uma sanção na hipótese do seu descumprimento; e coatividade, por admitir-se a execução forçada da sanção.

Consoante os ensinamentos de Miguel Reale,[25] as normas jurídicas não podem ficar à mercê da boa vontade e da adesão espontânea dos destinatários, sendo necessário estipular-se a possibilidade do seu cumprimento obrigatório. Também, Paulo de Barros Carvalho[26] registra a imprescindibilidade de tais caracteres no ordenamento jurídico:

> Só o direito coage mediante o emprego da força, com a aplicação, em último grau, das penas privativas de liberdade ou por meio da execução forçada. Essa maneira de coagir, de garantir o cumprimento dos deveres estatuídos em suas regras, é que assinala o Direito, apartando-o de outros sistemas de normas.

Dito isso, temos, para nós, que são traços intrínsecos ao sistema jurídico: a coercitividade e a coatividade. Eis o motivo pelo qual as sanções, na acepção acima indicada, como prescritivas do exercício da função jurisdicional pelo Estado, são elementos eidéticos do direito positivo.

5. Considerações finais

A função predominante nas proposições jurídico-normativas é aquela direcionada às condutas intersubjetivas, com o escopo de discipliná-las e de alterá-las. Para atingir tal

---

25. *Lições preliminares de direito*, p. 69-72.
26. *Teoria da norma tributária*. 5ª ed. São Paulo: Quartier Latin, 2009, p. 33.

desiderato, as normas jurídicas estruturam-se sintaticamente de forma homogênea: apresentam-se nos moldes de um juízo hipotético-condicional, em que determinada previsão fática implica deonticamente uma relação jurídica entre dois sujeitos de direito, modalizada por operador permissivo, obrigatório ou proibitivo.

Por outro lado, a heterogeneidade semântica salta aos olhos. Podem ser escolhidos diversos fatos, a eles atrelando-se relações jurídicas de conteúdos variados, conforme os valores que o legislador pretenda positivar, e, pelo instrumental jurídico, dar concretude.

O direito positivo, com suas particularidades, implica específica rede de comunicações, em que o emissor transmite mensagens deônticas ao receptor para, por esse meio, alterar as condutas deste último, a fim de que faça ou deixe de praticar certos atos. Assim, tendo a norma jurídica, por finalidade de regulação das condutas humanas intersubjetivas, há de apresentar uma estrutura tal que seja apta para delinear certas circunstâncias que, uma vez concretizadas, darão ensejo a liames jurídicos, com critérios igualmente pré-estipulados.

Desse modo, toda norma jurídica há de veicular uma hipótese, descrevendo os aspectos identificadores de um fato de possível ocorrência e funcionando como implicante do consequente. Este, por sua vez, precisa prescrever o regramento de condutas intersubjetivas, apresentando-se como uma proposição relacional que enlaça dois ou mais sujeitos de direito em torno de uma conduta regulada como proibida, permitida ou obrigatória, fazendo-o por meio de um "dever-ser" intraproposicional modalizado.

Mas não é só. Para que uma proposição com tal estrutura apresente juridicidade, há de estar inserta no ordenamento, vinculando-se a ela sanção para o caso de seu descumprimento. Essa sanção, indispensável para que se tenha uma norma jurídica, há de ser entendida como a "norma secundária" de Kelsen, descrevendo, na hipótese, a inobservância da conduta prescrita na consequência de outra norma jurídica (a "primária"), e dispondo sobre a sanção a ser aplicada pelo Estado-Juiz (coatividade).

Daí a assertiva de que toda norma do direito liga, por imputação (causalidade jurídica), um fato (ou sua previsão abstrata) a uma relação jurídica (ou a critérios para sua determinabilidade).[27] E, considerada a unidade do ordenamento, a toda norma jurídica corresponde uma sanção, consistente na possibilidade de sua aplicação coativa por meio do Judiciário.

Referências

BOBBIO, Norberto. *Teoria da norma jurídica*. Tradução de Fernando Pavan Baptista e Ariani Bueno Sudatti: Bauru/SP: Edipro, 2001.

_____. *Da estrutura à função:* novos estudos de teoria do direito. Barueri: Manole, 2007.

_____. *Teoria do ordenamento jurídico*. Brasília: UNB-Polis, 1989.

CARVALHO, Paulo de Barros Carvalho. *Curso de direito tributário*. 26. ed., São Paulo: Saraiva, 2014.

_____. *Direito tributário:* fundamentos jurídicos da incidência. 10. ed. São Paulo: Saraiva, 2013.

_____. Entre a forma e o conteúdo na desconstituição dos negócios jurídicos simulados. *Revista de Direito Tributário nº 113*, São Paulo: Malheiros, 2011.

_____. *Teoria da norma tributária*, 5ª ed. São Paulo: Quartier Latin, 2009.

---

27. Conforme se trate de norma concreta ou abstrata, individual ou geral.

COPI, Irving M. *Introdução à lógica*. Tradução de Álvaro Cabral, São Paulo: Mestre Jou, 1974.

KELSEN, Hans. *Teoria geral das normas*. tradução de José Florentino Duarte, Porto Alegre: Ed. Sergio Antonio Fabris, 1986.

MORIN, Edgar. *Introdução ao pensamento complexo*. 5ª ed. Lisboa: Instituto Piaget, 2008.

REALE, Miguel. *Lições preliminares de direito*. 27. ed. São Paulo: Saraiva, 2003.

ROSS, Alf. *Lógica de las normas*. Madrid: Tecnos, 1971.

SANTI, Eurico Marcos Diniz de. *Lançamento tributário*. 3ª ed., São Paulo: Saraiva, 2010.

SANTOS, Boaventura de Sousa. *Um discurso sobre as ciências*. 16. ed., Lisboa: Afrontamento, 2010.

VILANOVA, Lourival. *As estruturas lógicas e o sistema do direito positivo*. São Paulo: Noeses, 2005.

____. *Causalidade e relação no direito*. 4ª ed. São Paulo: Ed. RT, 2000.

____. Norma jurídica – proposição jurídica (significação semiótica). *Revista de Direito Público*. São Paulo: Ed. RT, 61:12-33, 1982.

SOBRE O USO DE DEFINIÇÕES E CLASSIFICAÇÕES NA CONSTRUÇÃO DO CONHECIMENTO E NA PRESCRIÇÃO DE CONDUTAS

Lucas Galvão de Britto

Mestre e Doutorando em Direito Tributário pela PUC-SP. Professor dos cursos de especialização em Direito Tributário do IBET e PUC-SP. Advogado.

"O Direito é uma técnica de esquematizar classes de condutas para poder dominar racionalmente a realidade social. Generaliza em esquemas abstratos a vida em sua concreção existencial, para ofertar a possibilidade de previsão de condutas típicas, indispensável à coexistência social."

– Lourival Vilanova

Sumário: Introdução — 2. O cindir é desde o início — 3. Proposição, juízo e critério: *viver é recortar o mundo* – 4. O que é classificar: 4.1 Das regras que devem presidir o processo classificatório — 5. Mas onde "vivem" as classes — 5.1 Que há em um nome? — Denotação e conotação, intensão e extensão de um conceito; 5.2 Que são elementos de uma classe? — Ou "por que não podemos trabalhar nem com uma ontologia ingênua, nem com um niilismo desesperado?" — 6. Algumas designações especiais de conjuntos: 6.1 O conjunto "universo" (U ou V) — o tudo nunca é o todo; 6.2 O conjunto vazio (Æ) – a diferença entre o objeto e a amostra na experiência; 6.3 Os conjuntos unitários — os nomes próprios; 6.4 O conjunto "complemento" (Ā ou A') – o contrário de preto não é branco; 6.5 Gênero e espécie – 7. Classes, critérios e definições: que relação há entre o classificar e definir?: 7.1 Os nomes e as definições; 7.2 Os nomes e as classes; 7.3 Duas advertências: ambiguidade e vagueza; 7.4 Sobre a elucidação e os problemas para construir uma definição útil — 8. A norma jurídica como instrumento para *definir* e *classificar* condutas; 8.1 A definição do fato jurídico; 8.2 *"Divide et impera"* — As classificações e os regimes jurídicos — Referências.

1. Introdução

Durante um bom tempo na tradição dos estudos jurídicos, afirmou-se que as definições e classificações pertenciam ao domínio da ciência. Por isso mesmo, dispositivos como a definição de tributo posta no art. 3º do CTN, a classificação das competências constitucionais em privativas, concorrentes e comuns eram consideradas excrecências de um legislador desatento.

O avanço das investigações lógicas para além do domínio da *alethea*, alcançando também as manifestações deônticas, logo mostrou que, a despeito de alguns ajustes necessários quanto aos modais e a função desempenhada pelo discurso jurídico, muitos princípios e categorias lógicas poderiam ser utilizadas com bom proveito para examinar analiticamente o direito.

O meu propósito neste trabalho é tratar de duas operações lógicas fundamentais: a definição e a classificação, ilustrando como o direito vale-se delas para atingir o seu desígnio de prescrever condutas e implementar valores numa dada sociedade. Mais do que simplesmente mostrar as potencialidades do emprego dessas categorias, pretendo demonstrar como – quer nos apercebamos disso ou não – o legislador e o estudioso *necessariamente* valem-se dessas operações para conhecer e ordenar a realidade com a qual lidam.

O leitor mais arguto poderia logo indagar: mas se tais atividades são *necessárias* à forma humana de agir e as praticamos a todo instante, até mesmo quando não nos damos conta delas, de que serve estudá-las?

O esforço, como de resto qualquer trabalho sobre epistemologia, justifica-se pelo ganho em precisão discursiva que o conhecimento dessas categorias oferece. Devemos *afiar a lâmina do conhecimento sobre a pedra da epistemologia*,[1] pois só assim poderemos produzir cortes acurados e profundos sobre o objeto a que dedicamos nossa atenção.

Este, portanto, é um trabalho de epistemologia, encontrando assim bom abrigo em meio a um compêndio de textos que tratam sobre o constructivismo lógico-semântico enquanto método de investigação do fenômeno jurídico. Com efeito, a preocupação com o emprego preciso das categorias lógicas, sem, no entanto, descuidar das perspectivas semântica e pragmática da linguagem, tem-se mantido no centro das atenções dos autores que lidam com esse método. Dessa maneira, é no intuito de oferecer algumas reflexões a respeito desses expedientes que entrego à obra o presente escrito.

2. O cindir é desde o início

Começar algo, qualquer coisa que seja, da mais importante à mais insignificante, significa também *romper*. É essa a imagem que Isaac Newton evoca com a primeira de suas célebres leis ao enunciar que

> Todo corpo continua em seu estado de repouso ou de movimento uniforme em uma linha reta, a menos que seja forçado a mudar aquele estado por forças aplicadas sobre ele.[2]

---

1. ROBLES MORCHÓN, Gregorio. *Epistemología y derecho*. Madrid: Piramide, 1982, p. 19.

2. Para aqueles que prefiram o original, ei-lo: "*Corpus omne perseverare in statu suo quiescendi vel movendi uniformiter in directum, nisi quatenus a viribus impressis cogitur statum illum mutare*".

Tudo que é novo é, também, ora em maior, ora em menor medida, uma ruptura. Ainda que se faça tal esforço "apenas para conhecer" e escrever sobre alguma coisa, sem a pretensão de interferir sobre ela, o ato de conhecimento não prescinde de uma quebra, uma mudança, como na linha de Rickert: por meio do ato gnosiológico, cinde-se um descontínuo homogêneo a partir de um contínuo heterogêneo. Corta-se do fluxo de acontecimentos que a sensibilidade ininterruptamente nos apresenta certos traços, separando mentalmente alguns elementos dessa "realidade" para sobre eles – e somente eles – repousar a atenção (ou seria mais preciso dizer, *inquietar* a atenção).

Ninguém pode com o todo. Dele sempre temos somente partes. É assim com cada um de nossos sentidos e, também, com nossa consciência, que transcorre como um fluxo, sucessivamente desempenhando atos de consciência (*noeses*), praticando o esforço de vertê-los num corpo (uma forma de consciência), para nos fazer acreditar que conhecemos algo (o *noema*), como já dizia Edmund Husserl.

Por vezes, realizamos esses procedimentos, reiterámo-los desde os primeiros dias aos últimos suspiros de nossas vidas. Tantas que, com efeito, em algumas ocasiões esquecemos que o todo, ao qual cremos conhecer, é sempre uma parte, pois tudo que sabemos começa com um corte, ou, na feliz expressão de Pontes de Miranda: "o cindir é desde o início."[3] Até mesmo os contos infantis precisam de um corte inicial, o "era uma vez" posto sempre no princípio do texto, apto a dispensar o narrador de maiores digressões para contar sua história; e também de um final: "e viveram felizes para sempre (...)".

Que retenhamos isso: não se pode submeter algo à consciência a não ser por meio de um corte. Aquele que deseja investigar um objeto qualquer, deve primeiro realizar as operações mentais aptas a abstrair todos os demais elementos da

---

3. PONTES DE MIRANDA, Francisco Cavalcanti. *O problema fundamental do conhecimento*. Porto Alegre: Globo, 1937.

experiência que não sejam, propriamente, o objeto ao qual se pretende conhecer. Essa "separação" do objeto e dos demais dados de seu entorno é sempre operada por meio de instrumentos intelectivos (as vezes em combinatória com outros aparatos físicos, tal como o microbiologista que necessita, além de seu pré-conhecimento sobre o assunto, de um microscópio) que lhe permitem suspender a atenção, em seu experimento, dos elementos estranhos ao alvo de seu interesse. Dessa maneira, é apropriado afirmar que esses pré-conhecimentos, esse sistema de referência, ajuda a dar forma ao objeto mesmo ainda quando sua pretensão seja "apenas observar".

No espaço desse texto, tratarei de duas maneiras complementares de operar esse corte imprescindível ao conhecimento, tomando o cuidado de, ao longo e especialmente ao final do texto, relacioná-las à atividade do cientista do direito e, também, dos sujeitos competentes para regrar o comportamento intersubjetivo por meio das normas jurídicas. São elas: as classificações e as definições. A tomada de consciência sobre esses processos potencializa o seu desempenho. É esforço que se quadra no campo da *gnosiologia*, o estudo desse processo chamado conhecimento, em cujo âmbito se encontra também a *epistemologia*, dedicada àquele tipo de saber que os gregos antigos chamavam de *episteme* e que, em sua feição presente, remete-nos aos estudos de metodologia, lógica e filosofia da ciência.[4]

3. Proposição, juízo e critério: *viver é recortar o mundo*

A cada interação com os objetos no mundo, faz-se necessário o corte gnosiológico básico de que falava Rickert. Isso

---

4. "Epistemologia, aliás, é termo mais restrito que Teoria Geral do Conhecimento ou Gnosiologia, pois seu foco temático não é o simples conhecimento (doxa = crença, opinião), mas o saber qualificado como científico (episteme = conhecimento científico + logos = estudo, pensamento, reflexão)." (CARVALHO, Paulo de Barros. *Direito tributário, linguagem e método*. São Paulo: Noeses, 2011, p. 21.)

porque, toda ação humana sobre o estado de cosias do mundo circundante, para que seja *consciente*, pressupõe um *quantum* de conhecimento sobre o objeto manipulado. O agir humano, na acepção que lhe adjudica Georg von Wright,[5] pressupõe um prévio ato de conhecimento – ainda que muito rudimentar – para isolar do todo o objeto que se pretende movimentar. Não haverá ação onde inexistir consciência.

Isso, contudo, não se restringe à atividade mecânica que a expressão "movimento" aparenta sugerir em sua acepção de base na língua portuguesa. Faz-se sentir, especialmente, no trato dos objetos cuja própria existência e lida acontece no intelecto dos homens: é assim na matemática, nas narrativas de ficção. Vale notar que uma das traduções para a expressão latina *cogito*, do célebre dito Descartiano *"cogito ergo sum"*, é justamente *movimentar, mexer, agitar*. No domínio da consciência, o movimento, sempre é atrelado ao pensamento. Não há forma de consciência sem a *noeses* que lhe construa, para dizer o mesmo em termos de Husserl. E é precisamente o uso da consciência, doando sentido ao mundo, que nos torna humanos: que nos faz *viver* e não meramente *existir*, para valer-me aqui da comparação feita por Paulo de Barros Carvalho em seu prefácio ao livro *Ciência Feliz* de José Souto Maior Borges.[6]

O corte de que falamos é parte do pensamento e, por meio dele (corte), determina-se o movimento – seja ele físico, psíquico ou mesmo psicofísico – consciente. Essa atividade intelectiva, delineadora da atividade da consciência, excludente de tudo aquilo que, no instante, não interessa, perfaz a todo momento o papel de juiz de nossa atenção. Pelo corte, separamos logo dois conjuntos: aquilo para onde dirigimos nossa consciência e o seu complemento, ou seja, tudo que *não é objeto* para nossa consciência. É sobre esse objeto cindido, que

---

5. WRIGHT, Georg H. von. *Norm and* action. Londres: Routledge, 1963, p.35.

6. In: BORGES, José Souto Maior. *Ciência feliz*. São Paulo: Quartier Latin, 2007, p. 15.

fazemos recair nossos esforços, daí a *utilidade* do corte.

Ao construir conjuntos *classificamos*. Ao explicar aquilo que nos permitiu isolar o objeto, erguendo as barreiras que lhe conferem unidade em meio à heterogeneidade do mundo, *definimos*. Definição e classificação são operações lógicas que muito se aproximam e, em certo sentido, coimplicam-se, como veremos adiante. Importa, nesse átimo, ver-lhes o traço comum: ambas são maneiras de que nossa consciência se vale para restringir a atenção apenas aos objetos que pretendemos lidar. É isso que Pontes de Miranda, em seu estilo perspicaz e conciso, escreve na singeleza de uma bem urdida frase "viver é recortar o mundo".[7]

Porque *viver*, sendo mais que apenas *existir*, significa assumir uma postura *consciente* ante o mundo, pressupõe esse incansável esforço de *recortá-lo* e, portanto, vivemos a classificar nossas experiências, definindo objetos. Assim ocorre até mesmo quando nem conhecemos o sentido que o idioma outorga às expressões *definir* e *classificar*. Simplesmente fazemos isso.

É precisamente a respeito da abrangência desses conceitos e do delineamento das diretivas lógicas dessas operações que prosseguirei a exposição. Este passo mostra-se indispensável para podermos regressar, com alguma propriedade, ao domínio do jurídico e exemplificar o emprego dessas categorias nesse campo, alcançando, assim, o objetivo enunciado no princípio deste escrito.

4. Que é classificar?

A definição que acode aos dicionaristas da língua portuguesa para o verbo *classificar* costuma ser muito *abrangente* e *circular*, como ilustra a primeira acepção do célebre Dicionário Houaiss da Língua Portuguesa: "distribuir em

---

7. PONTES DE MIRANDA, Francisco Cavalcanti. *O problema fundamental do conhecimento*. Porto Alegre: Globo, 1937, p. 27.

classes e nos respectivos grupos, de acordo com um sistema ou método de classificação". Sucede o mesmo nas diversas línguas ocidentais com os verbos empregados em cada idioma para designar essa operação lógica. Por quê?

A explicação para a *abrangência*, que se costuma associar à vagueza, encontra raiz na própria condição que falamos acima: vivemos a classificar, fazendo e refazendo essa operação inúmeras vezes no curso de nossa existência, de modo que a multiplicidade de elementos que se deve designar com o termo *reclama essa vagueza*.

Já a circularidade, poderíamos explicá-la, fazendo recurso às ideias de Irving Copi sobre a "classe", expressão que designa a unidade da atividade classificatória: *a ideia de classe é básica demais para ser definida em termos de conceitos mais fundamentais*,[8] daí a dificuldade percebida no esforço dos dicionaristas.

Se avançarmos na tentativa de definição, inquirindo agora os elementos do enunciado definitório acima referido, veremos que *classe* é palavra empregada para designar o conjunto que reúne elementos segundo um método, sistema ou, como melhor se costuma designar nos manuais de lógica, um *critério*. O termo grego κριτήριον (*kritérion*), que se encontra na etimologia da palavra portuguesa, prestava-se para designar no idioma clássico a "faculdade de julgar, regra para distinguir o verdadeiro do falso";[9] outros registros etimológicos associam o étimo a um "tribunal, lugar de julgamento". Que julgamento é esse?

Porque a classe é o conjunto *abstratamente* constituído para reunir certos elementos segundo um critério, a *pertinência* de um objeto a um dado conjunto é resultado de um juízo, *binário* (i.e. pertence ou não pertence, sem espaço para

---

8. *Apud* MOUSSALLEM, Tárek. *Revogação em matéria tributária*. São Paulo: Noeses, 2011, p. 44.

9. HOUAISS. *Dicionário Houaiss da Língua Portuguesa*. Edição Eletrônica.

terceira possibilidade), sobre a propriedade (ou conjunto delas)[10] em questão. Com efeito, explica Cezar Mortari, há uma relação *muito estreita* entre ter uma certa propriedade e pertencer a um certo conjunto, a ponto de ser possível afirmar, *grosso modo*, que "uma propriedade determina um conjunto"[11] e, contrariamente, não tê-la, determina um segundo conjunto.

Classificar, sendo a operação que permite reunir em conjuntos certos elementos, pressupõe a habilidade de *julgar, valorar, estimar,* positiva ou negativamente, tais elementos segundo critérios. Pressupõe, portanto, a *diferença*: pode-se classificar ali onde exista espaço para julgar e somente pode haver um *valor* ali onde houver um *desvalor*[12] ou, em termos de lógica clássica, onde, ao lado da proposição p, possa se verificar $-p$ (*não p*). E, ainda, o *fracionamento* ou *divisibilidade* do todo submetido a esse julgamento (ainda que meramente em termos gnosiológicos, sem correspondente separabilidade no "correspondente natural"). O absoluto, se é que dele podemos falar algo, é inclassificável.

4.1 Das regras que devem presidir o processo classificatório

Porque vivemos a recortar o mundo, vivemos a classificá-lo, voltando nossa atenção a diferentes quinhões da experiência para apreendê-la em nossos processos conscientes. As classificações surgem como expedientes que nos permitem, a um só tempo, (a) segregar novas espécies a partir do universo

---

10. Haveria aqui, a bem do rigor, uma pluralidade de critérios e operações classificatórias que se poderia combinar de modo a coordená-las ou subordiná-las umas às outras, sequencialmente.

11. MORTARI, Cezar. *Introdução à lógica*. São Paulo: UNESP, 2001, p. 44.

12. "Com efeito, há, pode dizer-se duas características essenciais da primeira [a existência ôntica dos valores] que convém nunca perder de vista. Em primeiro lugar, a sua estrutura polar. Dentro da ordem dos valores dá-se, por assim dizer, uma polaridade essencial. Esta consiste na oposição entre valores positivos e negativos, entre valor e desvalor". (HESSEN, Johannes. *Filosofia dos valores*. Coimbra: Armênio Amado, 1967, p. 60.)

de um discurso e (b) articular esses fragmentos do mundo numa teia conceptual, relacionando-os uns com os outros, segundo certos critérios para compor a forma lógica de sistema. Daí seu uso tão difundido em todas as áreas do saber e nos vários setores da vida cotidiana.

Tantos e tão diversos são os intentos classificatórios que muito se diz não existirem classificações certas ou erradas, mas sim úteis ou inúteis. Há, no entanto, a possibilidade de que a divisão apresente falácias, resultado da inobservância de alguns requisitos lógicos que devem orientar esse tipo de trabalho.

Paulo de Barros Carvalho identifica as seguintes regras, que devem presidir o processo divisório e cuja inobservância provocará erros capazes de macular o raciocínio e prejudicar a comunicação:

> 1) A divisão há de ser proporcionada, significando dizer que a extensão do termo divisível há de ser igual à soma das extensões dos membros da divisão. 2) Há de fundamentar-se num único critério. 3) Os membros da divisão devem excluir-se mutuamente. 4) Deve fluir ininterruptamente, evitando aquilo que se chama "salto na divisão".[13]

Daqui, já poderíamos avançar para o tema dos critérios e falar de como uma estudo das classificações se aproxima do capítulo que lógicos como Irving Copi dedicam às definições. Penso, porém, que alguns esclarecimentos adicionais sobre as classes são necessários para compreender o papel dessas categorias em meio a uma postura metodológica nos moldes do constructivismo lógico-semântico.

---

13. CARVALHO, Paulo de Barros. *Direito tributário linguagem e método*. São Paulo: Noeses, 2011, p. 120.

5. Mas onde "vivem" as classes?

Que a pertinência seja resultado de um juízo e, portanto, proveniente de uma ação humana de valorar positiva ou negativamente um dado critério para, assim, enunciar a continência ou não continência de uma espécie num dado conjunto, é algo digno de notas adicionais.

Justamente porque depende da formação de uma ideia acerca do objeto que se pretende examinar, ou melhor, de uma valoração do sujeito a respeito dos atributos desse objeto, segundo certos critérios, a classe, por definição, *não pode existir fora da mente dos sujeitos*.

As classes são, portanto, construções intelectivas que não encontram correspondentes na natureza. "Não vemos as classes, criam-se, linguisticamente as classes", como lembra Tárek Moussallem. O professor capixaba acode, em nota de rodapé, a um exemplo de Goethe, cuja citação faz-se aqui bem oportuna para ilustrar o argumento: "Que é humanidade? Que coisa mais abstrata! Não vemos a humanidade, mas, sim, os homens".[14]

Para dizê-lo com rigor, é incorreto afirmar que uma nova classe (ou classificação) foi *descoberta*, pois elas só existem na medida em que são *criadas* pelos autores das proposições que as documentam e, também, novamente *criadas*[15] na mente dos sujeitos que interpretam esses enunciados. Eis o problema ontológico das abstrações: não lhes basta ser apenas

---

14. MOUSSALLEM, Tárek. *Revogação em matéria tributária*. São Paulo: Noeses, 2005, p. 41.

15. Nunca, porém, é o caso de mera *recriação*, ainda que o discurso corrente e o bom entendimento muitas vezes pretendam assumir essa feição em nome da objetividade. Cada sujeito recorta o objeto também circunscrito em sua *circunstância* (como chama Ortega y Gasset) que, ora mais ora menos, compromete a igualdade dos resultados, evidenciando as diferenças nos sistemas de referência dos intérpretes. Com algo mais de poesia, escreveu-o bem Frei Beto: "*cada ponto de vista é a vista de um ponto*", pontos que nunca coincidem inteiramente, comprometendo as observações, que nunca serão exatamente iguais, tal como as águas que nunca são as mesmas no rio de Demócrito.

conteúdo, nem se exaurem na forma, pois só existem no encontro dessas duas dimensões.

Se as classes são o resultado de juízos e estes somente têm lugar na consciência dos sujeitos, como então comunicá-los? É preciso verter-lhes numa forma, num corpo limite, que *signifique* (ponha em signos) esse objeto ideal, conferindo-lhe o indispensável suporte físico para sua existência intersubjetiva. É necessário, para tanto, que o *juízo* seja vertido em sua correspondente forma intersubjetiva de *proposição* para que sobre elas possamos conversar.

5.1 Que há em um nome? – Denotação e conotação, intensão e extensão de um conceito

Na célebre passagem de Shakespeare, "aquilo a que chamamos de rosa, por qualquer outro nome, cheiraria igualmente doce".[16] De fato, muitas são as formas de nomear uma mesma coisa. Mas ao contrário do que sugere este gigante da literatura inglesa, nenhum nome quer dizer *exatamente* a mesma coisa.

Expliquemos.

Próximo à virada para o século XX, ao estudar a relação que entretêm a palavra e o objeto por ela designado, Gottlob Frege enfrentou o problema de *diferentes termos que possuíam um mesmo referente*. Manfredo Araújo de Oliveira resume assim o raciocínio estabelecido por Frege no que diz respeito ao tema:

> Todo nome designa algo e, além disso, possui um sentido. A linguagem humana possui três dimensões: a *dimensão significativa* (expressão linguística, sinais linguísticos), a *dimensão objetiva* (o objeto designado) e a *dimensão significativa* (a dimensão do sentido). Que é, então, sentido em sua distinção para denotação? O sentido é a maneira como se manifesta o objeto. Por exemplo,

---

16. "*What's in a name? That which we call a rose / by any other name would smell as sweet*" Romeo and Juliet. 2º Ato, Cena 2.

na expressão "estrela da manhã", o planeta Vênus nos é manifestado de um modo diferente do que quando dizemos "estrela vespertina". Há aqui uma *identidade de objeto* (daí a mesma denotação) e uma diversidade de manifestação (daí a diversidade de sentido). A *denotação* de um mesmo objeto pode ser feita por meio de várias palavras ou outros sinais.[17]

Justamente porque a *denotação* e o *sentido* (também chamado de *conotação*) não são a mesma coisa, já dizia Frege, pode-se falar vários nomes (sinais), com distintos sentidos, para aludir a um "mesmo ente", tal qual o exemplo de Vênus. É também graças a essa separação de nome/sentido/coisa que passam a *ter sentido* certas expressões linguísticas que carecem de denotação (mula-sem-cabeça, saci-pererê, fantasmas...).

É também em função dessa tripartição que se pode falar que um mesmo étimo tem diferentes significados, variando em contexto, remetendo a diferentes coisas em cada um deles. É isso que sucede, por exemplo, com a palavra "manga" que num contexto alude à parte de uma camisa, n'outro, a uma fruta.

Assim também a rosa de Shakespeare não *significa* a mesma coisa que o cientista chama *Rosa gallica officinalis*: ao escritor, a rosa interessa pelo aroma doce enquanto metáfora do amor romântico que a cultura ocidental simboliza com aquela flor; ao botânico, valem mais pela morfologia e outros traços característicos. Um e outro, ante o "mesmo dado-bruto" recortam a "realidade" de maneira diferente, segundo os interesses de sua comunicação e os padrões (contexto) da cultura em que escrevem seus textos.

Um nome pressupõe todo esse conjunto de associações que a cultura compartilhada pelos seus usuários atribui a ele.[18] Eis que há em um nome: uma relação culturalmente

---

17. OLIVEIRA, Manfredo Araújo. *Reviravolta linguístico-pragmática na filosofia contemporânea*. São Paulo: Loyola, 1996, p. 63.

18. Não se ignora aqui a possibilidade de que, num dado contexto, um nome seja estipulado e imposto aos utentes de certa linguagem. Veremos mais adiante, no

estabelecida entre sua instância material (fonemas, grafemas ou quaisquer outro suporte físico), o significado e sua significação.

Essas noções ganham especial relevância para este trabalho quando nos damos conta de que a todo nome – isto é, a palavra usada para designar algo – corresponde uma significação e, com ele, um conjunto mais ou menos extenso – ou até mesmo vazio – dos objetos por ele significados. Desse modo, todo nome forma duas classes: a das coisas que podem ser por ele nomeadas e aquela complementar, das coisas que não podem ser por ele designadas.

Mas se essas coisas não são, propriamente, significação de um nome como falava Frege, que são elas?

5.2 Que são os elementos de uma classe? – Ou "por que não podemos trabalhar nem com uma ontologia ingênua, nem com um niilismo desesperado"?

Pois bem, vimos logo acima que as classes não são conjuntos *pré*-existentes na natureza, prestes a serem *des-cobertos*, mas, sim, criados pelo homem por meio de operação lógica que reúne certos elementos com fundamento em um critério. Mas que são propriamente esses objetos reunidos?

É certo que a classe não é o mesmo que a mera somatória dos indivíduos que a compõem. Por isso mesmo, separa-se o conceito de *classe* (*class*) daquel'outro *coletividade* ou *conjunto* (*set*). Para enumerar os *elementos* – também chamados *indivíduos* ou *membros* – que pertencem a uma classe, fala-se em *extensão* – ou *denotação* –, já para falar das condições de pertinência à classe que abrange estes indivíduos, fala-se em *intensão* – ou *conotação*. Para ilustrar a diferença, vale lembrar o exemplo de Susan Stebbing: a morte de um homem

---

item 7.1., que é esse, precisamente, o caso das definições estipulativas.

pode mudar a denotação, mas em nada altera a conotação da classe "homem".[19]

Os elementos pertencem à classe na medida em que *denotam* as características por ela (classe) *conotadas*. De modo que é correto afirmar que o critério de pertinência a um dado conjunto consiste em *ter uma certa característica (ou conjunto delas) ou não tê-la*, sem que haja terceira possibilidade. Uma classe, portanto, é um modo de *falar* sobre um conjunto de elementos, quer eles existam como coletividade, ou até mesmo quando não exista denotação alguma deles. Desse modo, pode existir *classe* sem a correspondente *coletividade*.

Mas sem indivíduos que se subsumam ao critério, ainda assim, falaríamos de uma classe?

Ainda que a singeleza dos termos faça aparentar, esta não é uma questão simples. Para que possamos entender melhor as dificuldades para dar uma boa resposta à essa questão, convém, nesse instante, esclarecer o uso feito pelos manuais de lógica das expressões *classes de primeira ordem* e *classes de segunda (ou n) ordem*. Alfred Tarski[20] esclarece que

> [...] classes of individuals are called CLASSES OF THE FIRST ORDER. Relatively more rarely in our investigations we come upon CLASSES OF THE SECOND ORDER, that is, upon classes which consist, not of individuals, but of classes of the first order. Sometimes even CLASSES OF THE THIRD, FOURTH, and HIGHER ORDERS have to be dealt with.

Haveria, em meio à teoria das classes, segundo os parâmetros da lógica clássica, duas sortes de elementos possíveis: (a) os indivíduos ou membros, *i.e.* as coisas-do-mundo-que-se-classifica, ou (b) classes menores que se incluem em

---

19. "La intención, por lo tanto, son clases, no individuos; la denotación es los miembros de las clases, no las clases. De aquí que cuando un hombre muere, la intención de 'hombre' no se vea afectada de modo alguno." STEBBING, L. Susan. *Introducción moderna a la lógica*. México: UNAM, 1965, p. 143.

20. TARSKI, Alfred. *Introduction to Logic and to the Methodology of the Deductive Sciences*. New York: Oxford, 1994, p. 63.

outras, maiores, estas são usualmente chamadas *superclasses*, aquelas *subclasses*. Conquanto os princípios que regem a lógica dessas classes sejam os mesmos, é curioso observar que, ao falar de classes de primeira ordem, tratamos de operações de *pertinência* (matematicamente representadas pelos símbolos matemáticos derivados do grego ∈ – *pertence* – ou ∉ – *não pertence*), já quando tratamos das relações das classes umas com as outras, falamos um conjunto *está contido em outro* (representados pelos símbolos matemáticos ⊂ e ⊄) ou que uma classe *contém outra* (em linguagem formal ⊃).

Ocorre que, ao adotar as premissas como aquela de Vilém Flusser, segundo a qual "aquilo que contamos, o que compilamos e comparamos, e o que computamos, enfim, a matéria-prima de nosso pensamento, consiste, em sua maioria, de palavras",[21] a noção de que podemos trabalhar com classes de primeira ordem, que se referem, diretamente, aos indivíduos ou às coisas-do-mundo para classificá-los, restará, no mínimo, tormentosa.

Com efeito, todo nome finda por inaugurar uma classe: a dos objetos que podem ser designados por aquele nome. A circunstância de existirem *vários*, *um* ou *nenhum* indivíduo na realidade examinada que atenda por aquele nome é, como vimos, incapaz de invalidar a classe, pois ela pode muito bem existir sem a correspondente coletividade.

Equiparando, brevemente para os fins da continuidade da exposição, *"nome"* à *"palavra"*, voltemos ao que escrevia Flusser:

> As palavras são apreendidas e compreendidas como símbolos. Isto é, como tendo significado. Substituem algo, apontam para algo, são procuradores de algo. O que substituem, o que apontam, o que procuram? A resposta ingênua seria: "em última análise, a realidade". A resposta mais sofisticada dos existencialistas e dos logicistas seria provavelmente: "nada". A resposta deste trabalho será: "Já que apontam para algo, substituem algo

---

21. FLUSSER, Vilém. *Língua e realidade*. São Paulo: Annablume, 2007, p. 40.

e procuram algo além da língua, não é possível falar-se deste algo".[22]

De fato, se o que dispomos para falar do mundo, apreendê-lo, compreendê-lo, fazê-lo passar do *caos das sensações* kantiano a *mundo, realidade*, são as palavras, nenhuma tentativa de falar sobre algo além da língua será bem sucedida. Seja para afirmar a existência de algo fora da linguagem, como fazem os "ontólogos", seja para infirmá-lo como pretendem os "niilistas", nos servimos de palavras.

Sem dúvida trata-se de problema que envolve boa dose de abstração. Para ajudar sua compreensão, penso ser oportuno darmos um exemplo. Imaginemos um acontecimento simples: o nascimento de uma pessoa. Aos olhos do médico obstetra, está ali um *feto vivo do sexo masculino (ou feminino), pesando X quilos, com Y centímetros de tamanho, sendo o parto normal (ou cesariano)*, um fato fisiológico; aos olhos do oficial do registro civil, pouco interessará saber, por exemplo, da modalidade de parto ou mesmo do peso e tamanho da criança, precisa, no entanto, de um *nome* (informação esta que sequer adentrou o atestado do médico obstetra), fez-se com seu relato um fato jurídico. Mas afinal de contas: eis aí um fato jurídico ou um fato fisiológico? O que seria o "fato-puro" do nascimento dessa criança? Qual, ao fim das contas, a "realidade objetiva"?

Sendo herdeiros de uma cultura fortemente influenciada pelo iluminismo, sentimo-nos fortemente inclinados a dizer que a realidade *objetiva, absoluta*, seria algo diverso dessas representações parciais, desses "relatos" jurídicos ou médicos. Os pais, os médicos, os enfermeiros e tantos outros *viram* a criança nascer, *essa é a realidade*. Ocorre que mesmo o relato de qualquer dessas pessoas é, também, fruto da atividade de seu intelecto, que reúne todos os *dados brutos* chegados do entorno, nos limites de uma frase. Tudo o que temos, tudo que

---

22. FLUSSER, Vilém. *Língua e realidade*. São Paulo: Annablume, 2007, p. 41.

não se esvai no fluxo ininterrupto dos acontecimentos, são as interpretações, nunca o evento, a *realidade objetiva*. Mas será que poderíamos chamar uma tal realidade de *objetiva*?

Continuemos com Flusser:

> A imagem que se oferece é a seguinte: a realidade, este conjunto de dados brutos, está lá, dada e brutal, próxima do intelecto, mas inatingível. Este, o intelecto, dispõe de uma coleção de óculos, a realidade "parece ser" diferente. A dificuldade dessa imagem reside na expressão "parece ser". Para ser, a realidade precisa parecer. Portanto, toda vez que o intelecto troca de língua, a realidade é diferente. Mas uma ontologia que opera com uma infinidade de sistemas de realidade, substituíveis é intolerável. É preferível abandonar o conceito da realidade como conjunto de dados brutos. É preferível dizer, como o fiz nos parágrafos anteriores, que os dados brutos se realizam somente quando articulados em palavras. Não são realidade, mas potencialidade. A realidade será, em consequência, o conjunto das línguas.[23]

Deixamos de usar a língua como *retrato* de uma realidade, para falar que ela *cria* uma realidade ao organizar certos "dados brutos" em torno de relatos. Os nomes, portanto, *criam* as coisas na medida em que nos permitem falar a respeito delas. Já os "dados brutos"-*em-si*, não podemos falá-los.

Voltando ao problema dos indivíduos e das classes, disse há pouco que cada nome corresponde à classe mais ou menos extensa dos indivíduos que se pode designar por meio dele. Se já não mais podemos falar dos dados brutos, mas apenas das palavras que nos permitem ordenar esses relatos, poderíamos ainda assim falar em classes de *primeira ordem*? Ou para levar a indagação a termos mais concretos: que tamanho precisa ter a classe "oceanos da terra"?

Firmadas as premissas que expus até aqui, fica difícil fazê-lo: se não conhecemos nada a não ser por intermédio dos nomes e estes, por sua vez, sempre formam classes, estaremos sempre a classificar esses nomes e as interpretações que

---

23. FLUSSER, Vilém. *Língua e realidade*. São Paulo: Annablume, 2007, p. 52-53.

deles fazemos, segundo os critérios de uma cultura, nunca as coisas-em-si. As classes, portanto, sempre tratam de incluir outras classes, montando a base de um sistema classificatório. A esse respeito, vale conferir essa passagem de Paulo de Barros Carvalho:

> [...] *as unidades desses sistemas sígnicos, em grande parte nomes, gerais e próprios, são classes que exprimem gêneros ou espécies e, como tais, passíveis de distribuição em outras classes*, segundo, evidentemente, as diretrizes do critério escolhido para a divisão. Com os recursos da classificação, o homem vai reordenando a realidade que o cerca, para aumentá-la ou para aprofundá-la consoante seus interesses e suas necessidades, numa atividade sem fim, que jamais alcança o domínio total e a abrangência plena.[24] (Grifos nossos).

Vivemos, portanto, a organizar aquilo que recortamos do mundo em meio a palavras, formando, com elas, classes que se articulam, umas com as outras, por meio de sistemas classificatórios. Se, como enuncia Dardo Scavino: "não existem fatos, somente interpretações",[25] nunca classificamos as coisas-em-si, sempre fazemos recair nossos critérios sobre nossas interpretações, pois é somente a elas que podemos submeter os critérios de nossas classificações. Assim, já podemos ficar tranquilos: mesmo a classe "oceanos" cabe ela, inteira, em nossas mentes.

6. Algumas designações especiais de conjuntos

São muitas as formas de trabalhar os conjuntos, podemos defini-los, uni-los, separá-los, complementá-los, interseccioná-los... em meio a essas operações, no entanto, emergem algumas propriedades lógicas interessantes, cuja apreciação fez com que os estudiosos do assunto dedicassem, aos conjuntos

---

24. CARVALHO, Paulo de Barros. *Direito tributário, linguagem e método*. São Paulo: Noeses, 2011, p. 121.

25. SCAVINO, Dardo. *La filosofia actual:* pensar sin certezas. Buenos Aires: Paidós, 2010, p. 21.

que manifestavam essas peculiaridades, certas nomenclaturas especiais.

Neste item, pretendo falar de algumas delas, mostrando sua serventia à construção do raciocínio jurídico.

6.1 O conjunto "universo" (U ou V) – o tudo nunca é o todo

Um dos princípios que orientam a lógica clássica é o princípio da identidade: *algo é igual a si mesmo* (a = a). Firmada tal premissa, poderíamos descrever uma classe dos indivíduos "x" que fossem iguais a si próprios. Nessas condições, um tal conjunto seria formado por todos os objetos do universo. Eis a formulação clássica do conjunto denominado *Universo*, geralmente representado nos livros de lógica pelos símbolos: *U* ou *V*.

No princípio desse texto, no entanto, vimos que nossa atividade cognoscente tem, por imprescindível, o corte, de maneira que o *todo* é sempre incognoscível. Com efeito, falar em um *todo* seria o mesmo que dirigir nossa atenção a *nada*, pois coisa alguma seria digna de maior atenção do que o seu entorno. Como então entender o conjunto *U*?

Cezar Mortari logo esclarece que

> Na verdade, não existe um conjunto universal, contendo todas as entidades do universo – o qual incluiria os outros conjuntos e também a si mesmo. Assim, *ao falarmos de "conjunto universo", queremos com isso indicar apenas o conjunto das entidades que nos interessa estudar num certo momento: o universo do discurso de uma certa situação.* [...] o assim chamado conjunto universo é sempre relativo a uma situação específica.[26] (Grifos nossos).

Trabalhar com um conjunto universo firma as possibilidades de conhecimento da experiência e, dessa maneira,

---

26. MORTARI, Cezar. *Introdução à lógica*. São Paulo: UNESP, 2001, p.45.

A LÓGICA NO DIREITO

potencializa o trabalho cognoscitivo, impedindo que o intérprete trabalhe com elementos estranhos ao seu campo de trabalho. A fixação de um *universo do discurso*, porém, é como toda definição de um ponto de partida, uma escolha do intérprete e, por isso mesmo, uma manifestação de sua conveniência aos propósitos da pesquisa. É o que Alfred Tarski explica sucintamente:

> Instead of dealing with all individuals and specifying which of them fall within the framework of a particular mathematical theory, *it can be more convenient to restrict the consideration from the beginning to the class of those individuals which the theory in question involves; such a class will be denoted again by "V" and will be called the UNIVERSE OF DISCOURSE of the theory*. In arithmetic, for instance, it is the class of all numbers which forms the universe of discourse.
>
> It should be emphasized that V is the class of all individuals but not the class containing as elements all possible objects, among which are classes of the first order, of the second order, and so on.[27] (Grifos nossos).

Curioso observar que nem mesmo a estipulação de um conjunto "universo" prescinde de um corte. Confirmando o que dizia Pontes de Miranda, *o cindir é desde o início*. Antes mesmo de realizar cortes analíticos, decompondo os elementos que pretendemos estudar, precisamos desse corte inicial, que demarque o universo, especificando, naquela situação, quais são os elementos postos em consideração, qual o universo sobre o qual pode versar o discurso. Portanto, a fixação de um conjunto universo, o universo de um discurso é um *pressuposto para o conhecimento*.

Se de posse de tais conhecimentos, voltarmos nossa atenção à ciência jurídica, podemos melhor apreciar a grandiosidade da contribuição de Kelsen e sua *norma hipotética fundamental* na Teoria Pura do Direito. Tal expediente, na condição de *pressuposto do conhecimento jurídico*, fixa o universo das

---

27. TARSKI, Alfred. *Introduction to Logic and to the Methodology of the Deductive Sciences*. New York: Oxford, 1994, p. 68.

normas jurídicas (e, logo, do discurso sobre o direito) a partir das relações de derivação que têm as unidades desse sistema até, na representação piramidal de Merkel, culminarem na norma hipotética fundamental.

A norma hipotética fundamental, portanto, não é – como pensam alguns – a constituição, ou mesmo algo *posto* no ordenamento: é *pressuposto*, como explica Lourival Vilanova:

> A norma fundamental, como condição da possibilidade do conhecimento dogmático do Direito (sua função gnoseológica) é, sintaticamente, proposição situada fora do sistema de Direito positivo. *Quando Kelsen diz, repetidamente, que não é norma posta (estatuída por uma autoridade ou pelo costume), mas pressuposta*, podemos traduzir isso em termos de Lógica moderna: a norma fundamental é uma proposição de metalinguagem; não está ao lado das outras proposições do Direito positivo, não proveio de nenhuma fonte técnica; carece de conteúdo concreto e, relativamente à matéria das normas positivas, é *forma condicionante delas (forma cognoscente, hipótese epistemológica)*. O sistema da ciência jurídica tem na norma fundamental a condição de conhecimento do objeto (o Direito positivo).[28] (Grifos nossos).

A norma hipotética fundamental de Kelsen, tal como o conjunto universo, na lógica, não é resultado da experiência, mas condição para ela.

6.2 O conjunto vazio (∅) – a diferença entre o objeto e a amostra na experiência

Ao lado do conjunto *U*, faz-se referência ao *conjunto vazio* que se costuma fazer representar pelo símbolo ∅. Tal conjunto consiste precisamente no inverso de *U* e, ante o já citado princípio da identidade ($a = a$), poder-se-ia defini-lo como o conjunto formado por todo "x" tal que "x" seja diferente de si mesmo. Tal conjunto seria vazio em sua *extensão*, ainda que tenha *intensão*.

---

28. VILANOVA, Lourival. *As estruturas lógicas e o sistema de direito positivo*. São Paulo: Noeses, 2005, pp. 164-165.

Desse modo, o *ser um conjunto vazio* está relacionado à contingência de nenhum elemento do universo do discurso satisfazer o critério de pertinência à classe.

6.3 Os conjuntos unitários – os nomes próprios

Por detrás dos cortes classificatórios, está sempre o interesse de reduzir o universo do discurso para concentrar a atenção sobre um dado objeto. Diz-se unitário o conjunto que em sua extensão reúne *um e apenas um elemento*. À classe que segrega de tal maneira o conjunto U, chama-se também *nome próprio*.

No direito, as tentativas de produzir uma tal individualização dos sujeitos assumem várias formas: os nomes completos, os números de registro geral (RG), os cadastros de pessoas físicas e pessoas jurídicas, os números de matrícula estaduais e municipais etc.

6.4 O conjunto "complemento" ($\bar{A}$ ou A') – o contrário de preto não é branco

Consideremos que um conjunto A está contido em U, como, aliás, é preciso para que se possa dele conhecer, já que U é sempre pressuposto. Diz-se que o *complemento* de A – também chamado de *contraconjunto* e simbolizado por $\bar{A}$ ou A' – consiste em todos os elementos que satisfaçam os critérios de (i) estar em U e (ii) não pertencer a A.[29] Em termos formais, teríamos:

$$\bar{A} \stackrel{\text{def}}{=} \{x \mid x \in U \text{ e } x \notin A\}$$

Um exemplo pode auxiliar a compreensão: consideremos

---

[29]. "Uma terceira operação é a de complemento: dado um universo U e um conjunto A contido em U, o complemento de A, em símbolos $\bar{A}$, é o conjunto de todos os elementos que não pertencem a A. Ou seja: $\bar{A} =_{df} \{x \mid x \in U \text{ e } x \notin A\}$"(MORTARI, Cezar. *Introdução à lógica*. São Paulo: UNESP, 2001, p. 48.).

o conjunto U dos automóveis e o conjunto A dos automóveis de cor preta. No conjunto complemento $\bar{A}$, devem figurar todos os elementos que satisfaçam a condição de ser automóvel (critério de pertinência em U) e *não satisfaçam* a condição necessária para figurar em A (ter a cor preta). Logo se vê que o contraconjunto de A não é formado apenas por carros da cor branca, mas de toda e qualquer cor que não seja o preto.

Os conjuntos-complemento se fazem perceber de maneira muito intensa no linguajar jurídico com os chamados princípios ontológicos do direito, que *permitem, ao particular, a permissão para desempenhar qualquer ato que não esteja expressamente proibido e vedam, à administração pública, a realização daquilo que não lhe tenha sido expressamente autorizado*. Tais prescrições, logo se vê, imputam a permissão ou a proibição às condutas que se definem justamente como conjunto-complemento das condutas expressamente previstas na legislação. Dessa maneira, emprestam, ao direito, *completude*, permitindo-lhe ordenar até mesmo as situações intersubjetivas que, mesmo compreendidas no universo de seu discurso, não tenha o legislador sobre elas expressamente versado.

6.5 Gênero e espécie

A contingência de poder uma classe integrar a extensão de outra faz com que tenhamos as chamadas classes de segunda e n ordens. A classe que engloba as demais chama-se *superclasse*, a incluída, *subclasse*.

A circunstância de falar-se em *superclasse* ou *subclasse* depende tão somente do ponto de vista. Nos exemplos dados acima, tanto A como $\bar{A}$ consistem em subclasses de U. Se, porém, construíssemos a classe dos automóveis pretos e conversíveis (chamemos de C), logo teríamos uma nova subclasse de A, que, em relação a C, seria sua superclasse. Poderíamos ainda traçar outras subdivisões, elencando outras diferenças, como o câmbio automático, ar condicionado, vidros elétricos... enfim, tantas poderiam ser as espécies (e subespécies) quantas fossem as diferenças que conseguíssemos apontar.

As expressões *gênero* e *espécie* designam, respectivamente, à *superclasse* e *subclasse*. Há, entre elas, a mesma relação de continência: todos os elementos que pertencem à espécie têm as notas comuns ao gênero, porém nem todos os elementos que integram o gênero denotam as características da espécie. Há, em cada espécie, a soma de todos os traços do gênero *mais* uma diferença que as demais espécies do gênero não têm: a chamada *diferença específica*.

Saber se estamos diante de uma situação que melhor se amolda à prescrição do *gênero* ou da outra *espécie* é indispensável para que possamos bem identificar o comando jurídico prescrito numa dada circunstância. Um *homicídio*, sendo situação geral, é punido com reclusão de seis a vinte anos, um *homicídio praticado em legítima defesa*, mesmo tendo todos os traços do gênero homicídio, mais a diferença específica da legítima defesa, não terá a mesma consequência. Com efeito, somente se justifica o esforço intelectivo de discernir a espécie quando ela receba tratamento diverso do gênero.

7. Classes, critérios e definições: que relação há entre classificar e definir?

7.1 Os nomes e as definições

No curso deste texto, já falamos da importância do corte, dos processos classificatórios, dos elementos que formam as classes e até mesmo de certos conjuntos aos quais os cultores da lógica dedicam não apenas atenção maior como lhes outorgam certos nomes especiais. É chegada a hora de relacionar todas essas noções com a ideia de definição.

Para cada ideia, atribuímos um *nome*, um *termo* que a represente numa instância física, para que então possamos usar e mencionar essa noção em meio a um discurso qualquer.

Paulo de Barros Carvalho explica que a definição é:

> [...] operação lógica demarcatória dos limites, das fronteiras, dos lindes que isolam o campo de irradiação semântica de uma ideia, noção ou conceito. Com a definição, outorgamos à ideia sua identidade, que há de ser respeitada do início ao fim do discurso.[30]

A expressão definição, como tantas outras, padece da ambiguidade processo-produto, ora referindo-se ao processo de que fala Paulo de Barros Carvalho, ora aludindo ao enunciado encarregado de documentar a realização de tal operação lógica e registrar essa *identidade* do conceito.

Tomada a expressão em sua segunda voz, percebe-se que a definição costuma-se exprimir sob a forma alética clássica, *sujeito é predicado*, que se costuma expor em linguagem formalizada desse modo: $S(p)$. O termo a ser definido, ocupa a posição de sujeito, o(s) elemento(s) definitório(s), que registra(m) os cortes realizados para isolar o objeto, perfazem o papel de predicado.

É comum, nos livros de lógica, a notação que reserva à primeira parte do enunciado definidor, que comporta o termo a ser definido, o nome *definiendum* e à segunda, que apresenta o(s) predicado(s) utilizados para delimitar o *campo de aplicabilidade* do *definiendum*, chama-se *definiens*.

Vale aqui tecer uma importante nota: assim como a classe não se confunde com os indivíduos que a integram, também as definições não se devem confundir com os elementos que se pretendem definir. Aquilo que se definem são os *conceitos*, nunca as *coisas-em-si*. Para demonstrá-lo, cito um exemplo de Irving Copi:

---

30. CARVALHO, Paulo de Barros. *Direito tributário, linguagem e método*. São Paulo: Noeses, 2011, p. 120.

> [...] as definições são sempre símbolos, pois somente os símbolos têm significados que as definições explicam. Podemos definir a palavra "cadeira", porque tem um significado; mas, conquanto possamos sentar-nos nela, pintá-la, queimá-la ou descrevê-la, não podemos definir uma cadeira em si mesma, pois é um artigo de mobiliário, não um símbolo com um significado que devamos explicar.[31]

As definições, mesmo quando adotam a via da extensão, buscando a denotação "exaustiva" dos elementos de uma classe, tal como um relatório extenso que descreva à miúde a prática de um delito por um indivíduo, não perde nunca seu *status* de *representação*. De símbolo se trata, sempre.

Paulo de Barros Carvalho, com a perspicácia que lhe marca o estilo, bem observa que:

> [...] ao inventar nomes (ou ao aceitar os já inventados), traçamos limites na realidade, como se cortássemos idealmente em pedaços e, ao assinalar cada nome, identificássemos o pedaço que, segundo nossa decisão, corresponderia a esse nome.[32]

A palavra "decisão" opera aqui um importante papel. Com efeito, o *definiendum* liga-se ao *definiens* por meio de (a) uma cópula alética que nos é dada pela cultura (e que aceitamos para participar dela) ou de (b) uma cópula deôntica decorrente de um ato de vontade por parte de um sujeito apto para tanto.

Para designar esse segundo modo de definir um termo, os lógicos cunharam a expressão *definição estipulativa*. Explica-a Irving Copi:

> Uma definição estipulativa não é verdadeira nem falsa, mas *deve ser considerada uma proposta ou uma resolução de usar o definiendum de maneira que signifique o que o definiens significa, ou como um pedido ou uma ordem*. Nesta acepção, uma definição

---

31. COPI, Irving M. *Introdução à lógica*. São Paulo: Mestre Jou, 1981, p.112.

32. CARVALHO, Paulo de Barros. *Direito tributário, linguagem e método*. São Paulo: 2011, p. 122.

estipulativa tem o caráter mais diretivo do que informativo.³³ (Grifos nossos).

São duas maneiras bem distintas de definir um termo: na primeira, denominada **definição lexicográfica**, busca-se *reconhecer* um uso já estabelecido numa cultura, por isso mesmo cabe inquirir a *verdade* da definição; na segunda, prescreve-se um uso, ainda que não coincida com aquele já registrado num certo contexto, cabendo apenas indagar a respeito de sua *validade*.³⁴

7.2 Os nomes e as classes

Vimos de ver que todo conceito, ideia ou noção faz-se exprimir por um termo, um nome. Quando conhecemos o conceito, seus *fins, confins e limites*, sabemos a que objetos podemos atribuir o termo e a quais não podemos. Há, desse modo, uma relação muito próxima entre o ter as propriedades de um conceito e pertencer a um conjunto, como anota Cezar Mortari:

> Há uma relação muito estreita entre ter uma certa propriedade e pertencer a um certo conjunto (e, como você vai ver depois, entre relações em geral e certos tipos de conjuntos). *De fato, poderíamos dizer que, grosso modo, uma propriedade determina um conjunto*.³⁵ (Grifos nossos)

---

33. COPI, Irving M. *Introdução à lógica*. São Paulo: Mestre Jou, 1981, p.114.

34. Por suposto, a divisão entre definições conotativas *lexicográficas e estipulativas* não é "completa". O próprio Irving Copi chama atenção ainda às definições *aclaradoras*, que ocupariam um lugar intermediário entre a liberdade absoluta de estipulação e os usos já estabelecidos de um termo numa certa cultura, as *teóricas* e as *persuasivas*. (COPI, Irving. *Introdução à lógica*. São Paulo: Mestre Jou, 1981. pp.116-119) O número de classes numa proposta classificatória, como já falamos, tem limite apenas na capacidade humana de encontrar uma diferença que justifique a divisão do gênero em novas espécies.

35. MORTARI, Cezar. *Introdução à lógica*. São Paulo: UNESP, 2001, p. 44.

Se a definição,[36] como vimos acima, consiste no enunciado que exprime os critérios *necessários e suficientes* para quadrar um determinado objeto em meio a um conceito, parece claro que os conceitos se comportam como classes: segundo os critérios da definição (sua *intensão*), os elementos pertencem ou não pertencem à extensão daquela ideia.

Com efeito, Irving Copi registra ideia semelhante:

> Num certo sentido, o significado de um termo consiste na classe de objetos a que o termo pode ser aplicado. Este sentido da palavra "significado", o seu sentido referencial, tem recebido tradicionalmente o nome significado *extensivo* ou *denotativo*. Um termo genérico ou de classe *denota* os objetos a que pode corretamente ser aplicado, a coleção ou classe desses objetos constitui a *extensão* ou *denotação* do termo.
>
> Contudo, o precedente não constitui o único sentido da palavra "significado". Compreender um termo é saber como aplicá-lo corretamente, mas, para isso, não se torna necessário conhecer todos os objetos a que se pode corretamente aplicar. Somente requer que se tenha um critério para decidir se qualquer objeto cabe ou não dentro da extensão do termo. Todos os objetos que pertencem à extensão de um certo termo possuem algumas propriedades ou características comuns que são, justamente, o que nos induz a usar o mesmo termo para denotá-los. As propriedades possuídas por todos os objetos que cabem na extensão de um termo recebem o nome de *intensão* ou *conotação* desse termo. Os termos genéricos ou de classe têm um significado *intensivo* ou *conotativo* e um *extensivo* ou *denotativo*. Assim, a intensão ou conotação do termo "arranha-céu" consiste nas propriedades comuns a todos os edifícios que ultrapassam uma certa altura, ao passo que a extensão ou denotação desse termo é uma classe que contém o *Empire State Building*, o *Chrysler Building*, a *Wrigley Tower* etc.[37]

---

36. Advirto que se reconhece, nos estudos de lógica, também as chamadas definições extensivas, isto é, que delimitam o conjunto dos objetos pela enunciação exaustiva, exemplificativa ou ostensiva de seus elementos. Os propósitos e limites do presente texto, porém, impedem que seu trato mais detalhado. Para estudá-las, recomendo a leitura do trabalho já citado de Irving Copi.

37. COPI, Irving M. *Introdução à lógica*. São Paulo: Mestre Jou, 1981, p. 119-120.

A atividade definitória, sendo o meio pelo qual se demarca o campo de aplicabilidade de um conceito, atua ora pela extensão – por meio das definições denotativas – ora pela intensão – as chamadas definições intensivas ou conotativas. Numa e noutra, demarca-se uma classe: nas primeiras, ao elencar seus elementos, nas segundas, ao dar os critérios para que se possa submeter os objetos da experiência à prova, ainda que não os conheçamos todos de antemão.

Não é mera coincidência que, no domínio das teorias matemáticas sobre classes, uma das operações básicas consiste justamente na *definição de conjuntos*. Isto é, no trabalho de identificar as funções proposicionais (a intensão) que permitem isolar os elementos integrantes dessa classe, ou seja, explicitar os critérios para a pertinência dos elementos ao conjunto (para assim demarcar sua extensão). Em tais procedimentos, usamos o sinal gráfico $=_{df}$ ou $\stackrel{\text{def}}{=}$, que significam "igual por definição", tal como, para falar da operação que traça o conjunto complemento, usamos a expressão matemática:

$$\bar{A} \stackrel{\text{def}}{=} \{x \mid x \in U \text{ e } x \notin A\}$$

Saltará, logo à vista do leitor, que as definições conotativas prestam-se bem ao labor jurídico de cunhar os *tipos* e as previsões *genéricas e abstratas* normalmente postas nas leis. Com efeito, é possível estipular um tipo penal "x" ainda que nenhuma ocorrência dessa conduta tenha se dado na sociedade que se pretende regrar. Com a propositura da lei já haverá *intensão*, ainda que inexista *extensão*. Quando, porém, acontecer de alguém praticar conduta que se quadre a cada uma das notas da intensão desse tipo "x", estaremos diante de um fato jurídico, inaugurando a extensão.

Vale observar, ainda, que os próprios documentos lavrados para atestar que a conduta praticada por um indivíduo adequa-se à descrição do tipo "x" são, eles também, definições. Tomam, porém, o caminho da extensão ao trazer não mais a linguagem em sua vertente conotativa, mas termos pormenorizados, *concretos*, *individualizados*, para *denotar* os mesmos critérios expostos *conotativamente* no tipo.

7.3 Duas advertências: ambiguidade e vagueza

Algumas páginas atrás, registrei as regras que devem ser observadas na construção de uma classificação logicamente correta. Dentre elas, estava a necessidade de que fosse eleito um critério e que tal expediente pudesse ser submetido à inteireza dos elementos para dividi-los proporcionadamente. Mas que é um critério?

Um critério, explica Max Black[38] é:

> [...] a test wich can be used in determining whether the word in question should be rightly applied to a given specimen. Such a test will normally mention some character (or "constuctive factor" as we shall later call it) that the specimen is required to have.

Ocorre que, no mais das vezes, não nos limitamos a apenas um critério para tecer nossas propostas classificatórias. Combinamos ora concomitante ora sucessivamente diferentes critérios para compor modelos com várias classes, cada uma delas resultado combinado da satisfação desses vários cortes classificatórios.

Tomemos agora o exemplo de uma sala de aula: estando presentes os alunos posso dividi-los quanto à sua idade entre alunos com mais de 30 anos e outros com menos de 30. Seguindo as regras classificatórias, formarei dois grupos. Posso ainda, segregá-los entre alunos que usam óculos e alunos que não os usam, formando também duas novas classes. Coordenando esses critérios, formarei, quatro grupos: (a) menos de 30 anos com óculos; (b) menos de 30 anos sem óculos;

---

38. BLACK, Max. Definition, pressuposition, and assertion. In: *Problems of Analysis*. Londres: Routledge, 1954, p. 26.

(c) mais de 30 anos com óculos e (d) mais de 30 anos sem óculos. Idealmente, cada um de meus alunos figuraria em um – e apenas – um desses grupos.

O problema, porém, é que todos os termos de uma linguagem natural como lembra Alf Ross[39] são vagos e potencialmente ambíguos,[40] mesmo aqueles mais objetivos, como os que tentei empregar no exemplo acima: como classificar aqueles que, valendo-se de lentes de contato, não usam óculos? A qual classe pertencem aqueles alunos que, completando seu 30º aniversário no dia em que os divido, ainda não chegaram à hora exata de seu nascimento?

É bem provável que, ainda assim, a maior parte dos alunos quadrar-se-á, sem muitas dúvidas, a um dos conjuntos montados a partir dos critérios eleitos no exemplo. O problema está justamente nas zonas limítrofes entre o *ter a propriedade x* e o *não tê-la*. Genaro Carrió explica esse problema com uma elucidativa metáfora. Para seguir o seu exemplo, imaginemos uma definição tal como se fosse uma lanterna a lançar suas luzes sobre a classe definida:

> Hay un foco de intensidad luminosa donde se agrupan los ejemplos típicos, aquellos frente a los cuales no se duda que la palabra es aplicable. Hay una mediata zona de oscuridad circundante donde caen todos los casos en los que no se duda que no lo es. El tránsito de una zona a otra es gradual; entre la total luminosidad y la oscuridad total hay una zona de penumbra sin límites precisos. Paradójicamente, ella no empieza ni termina en ninguna parte, y sin embargo existe. Las palabras que diariamente

---

39. ROSS, Alf. *Sobre el derecho y la justicia*, Buenos Aires: Eudeba, 1963, p. 130.

40. Vagueza e ambiguidade são expressões que não se podem confundir: "Embora a mesma palavra possa ser, ao mesmo tempo, vaga e ambígua, vagueza e ambiguidade são duas propriedades muito distintas. Um termo é ambíguo num determinado contexto, quando tem dois significados distintos e o contexto não esclarece em qual dos dois se usa. Por outro lado, um termo é vago quando existem 'casos limítrofes' de tal natureza que é impossível determinar o termo se aplica ou não a eles. Neste sentido, a maioria das palavras é vaga." (COPI, Irving. *Introdução à lógica*. São Paulo: Mestre Jou, 1981. pp. 107-108)

usamos para aludir al mundo en que vivimos y a nosotros mismos llevan consigo esa imprecisa aura de imprecisión.[41]

Se todos os termos com que construímos nossa linguagem parecem carregar essa imprecisão, como podemos lidar com ela ao construir definições?

7.4 Sobre a elucidação e os problemas para construir uma definição útil

Uma primeira saída para lidar com o problema da imprecisão causada pela vagueza e pela ambiguidade consiste naquilo que Rudolf Carnap chamou de *elucidação*.[42] Para este pensador, elucidar um termo consiste em elaborar, de forma mais detalhada, as suas definições e, assim, melhor circunscrever o objeto que se pretende descrever por meio da combinação de mais predicados e, logo, mais juízos sobre novas propriedades. Essa proposta fundamenta-se num princípio lógico chamado *lei de variação inversa*, segundo o qual

> se os termos forem dispostos em ordem de intensão crescente, suas extensões estarão em ordem não crescente, isto é, se as extensões variam de algum modo, variarão de maneira inversa com suas intensões.[43]

Em outras palavras, quanto mais propriedades atribuímos a um conceito, menos serão os elementos que poderão satisfazer as condições de pertinência à classe por ele inaugurada.

---

41. CARRIÓ, Genaro. *Notas sobre derecho y lenguaje*. Buenos Aires: Abeledo-Perrot, 1994, pp. 33-34.

42. CARNAP, Rudolf. *Introduction to Philosophy of Science*. Nova Iorque: Dover, 1996, p. 73.

43. COPI, Irving M. *Introdução à lógica*. São Paulo: Mestre Jou, 1981, p. 122.

As chamadas *definições por gênero e diferença*, tidas pelo discurso científico como as mais adequadas, procuram fazer esse itinerário: ao alocar o conceito de uma espécie em meio a um gênero, faz-se referência a todos os atributos próprios daquele gênero, acrescendo-se a diferença específica para restringir o campo de aplicabilidade e falar apenas da espécie. A cada vez que o cientista quer falar de uma coisa, alude a um gênero e, a partir dele, mostra as particularidades do conceito que pretende examinar (suas diferenças específicas).

Trata-se de expediente que imprime maior racionalidade e objetividade ao discurso científico, na medida em que exime o autor da mensagem do dever de descrever a miúde os atributos do gênero, voltando sua atenção tão somente às diferenças das espécies.

Ocorre que um tal sistema pressupõe que tanto o autor como o destinatário da mensagem compartilham *o mesmo entendimento a respeito das características do gênero*. Essa condição, com efeito, é difícil de ser apurada no costumeiro silêncio dos interlocutores e, daí mesmo, advém muitas discussões a respeito da validade de sistemas classificatórios.

Exemplo disso é a disputa no estudo do direito tributário que há entre aqueles que afirmam a existência de três espécies de tributos (impostos, taxas e contribuições de melhoria) e aquel'outros que tratam de cinco modalidades (impostos, taxas, contribuições de melhoria, empréstimos compulsórios e contribuições).[44]

Ao examinar o critério eleito pelos primeiros, perecebe-se a preferência por traços *intrínsecos à norma de tributação*, isto é, se a relação entre o fato descrito na hipótese e os sujeitos prescritos no consequente se dá em função de um certo tipo de atuação própria da administração (taxas), se independe dela (impostos) ou se deriva da combinação de ambos

---

44. Há, ainda, outras tantas propostas que sugerem mais classes, essas duas, sendo as mais difundidas, já bastam para ilustrar o argumento.

(contribuições de melhoria). Os segundos dizem que a constituição se valeu de disposições alheias à só norma-padrão de incidência para dividir os tributos também em função da destinação específica de seus recursos e da previsão de sua restituição, havendo assim critérios construídos com várias normas.

A raiz da divergência está no conceito de que ninguém fala: *que é o tributo que se divide em espécies? Qual é o gênero a ser fracionado?* Ora, para os primeiros, esse conjunto se esgota na norma que institui a incidência. Para os segundos, trata-se de conceito mais abrangente, um instituto ao redor do qual gravitam não apenas as normas encarregadas da instituição do gravame, mas também aquelas que versam sobre a destinação do produto arrecadado e da possibilidade de restituição, além de outras tantas que o Código Tributário Nacional chamou de obrigações acessórias. São conceitos diferentes para um mesmo termo (ambiguidade) que montam *universos de discurso* distintos e, por isso mesmo, não se podem comparar no que diz respeito à sua correção ou procedência. O juízo que pode orientar o intérprete na adoção de um ou outro modelo é o da pertinência, serventia, ou utilidade de um ou outro modelo classificatório de acordo com o propósito da experiência, ou seja, se tais classificações servem ao propósito de descrever precisamente os efeitos que se quer compreender ou demarcar.

Se o problema da ambiguidade dos termos, que se faz apresentar, de maneira reiterada, no discurso científico e no direito positivo, parece encontrar remédio com a elucidação, algo mais difícil é o tema da vagueza.

Em princípio, o tema da vagueza parece ser também solucionado pela elucidação. Dada a lei de variação inversa: um termo deixaria de ser vago a medida em que aumentemos sua intensão, reduzindo, assim, sua extensão apenas às coisas que pretendemos designar. A questão da vagueza, portanto, seria resultado da insuficiência de traços conotativos eleitos na definição e poderia, portanto, ser facilmente suplantada pelo esforço do sujeito encarregado de realizar tal definição.

Entretanto, uma tal ideia teria de partir da premissa de que a língua que usamos é, toda ela, *conhecível* e *invariável*, e, assim, *finita*. De ver está que tais condições são inalcançáveis: a língua, nunca a conhecemos em sua totalidade, pois é sempre mutante e está em contínua expansão, como bem diz Vilém Flusser:

> Cada palavra, cada forma gramatical é não somente um acumulador de todo o passado, mas também um gerador de todo o futuro. Cada palavra é uma obra de arte projetada para dentro da realidade da conversação a partir do indizível, em cujo aperfeiçoamento colaboram as gerações incontáveis dos intelectos em conversação e a qual nos é confiada pela conversação a fim de que a aperfeiçoemos ainda mais e a transmitamos aos que virão, para servir-lhes de instrumento em sua busca do indizível.[45]

Para ilustrá-lo, pensemos num exemplo intrigante trazido por Max Black. Hoje, dispomos de um bom número de nomes para designar as raças caninas, conhecemos os pastores alemães, poodles, collies... tantas são as variedades conhecidas que parece mesmo ser difícil encontrar um exemplar que não se subsuma às características de uma ou outra. No entanto, a variação do universo que se quer rotular é constante, a todo momento surgem mutações que forçam a modificação dos critérios de pertinência à raça e, em alguns casos, tamanha é a ruptura que justifica a criação de uma nova classe inteira, com seu correspectivo novo nome. Parece, no entanto, haver a necessidade de um *quantum* de vagueza para que um conceito como "raça x" possa ser empregado para descrever um fenômeno sempre cambiante:

> The flexibility of even the technical use of the breed name is demanded by the complexity and variability of the phenomena to be described. *Absence of a necessary and sufficient criterion is not a symptom of inadequacy of the language, but accurately*

---

45. FLUSSER, Vilém. *Língua e Realidade*. São Paulo: Annablume, 2007, p. 199.

reflects the complexity and continuous variability of the subject matter to which the language refers. [46] (Grifos nossos).

É precisamente esse *quantum* de vagueza que permite abstrair apenas alguns elementos da *irrepetibilidade e infinitude de aspectos do real* e tratar de semelhanças, ignorando as diferenças específicas que os propósitos da classificação levaram a desprezar. A conotação será sempre marcada por algum grau (sempre positivo) de vagueza, pois precisa abranger os elementos de um conjunto que não se entrega pronto e acabado, muito menos conhecido em todos os seus infindáveis aspectos.

É por isso que certos termos como *tipo penal, hipótese tributária, contrato de compra e venda,* são expressões que encerram *sempre* alguma vagueza, pois precisam permanecer *abertas* à variabilidade e infinitude do fenômeno que pretendem descrever.

8. A norma jurídica como instrumento para *definir* e *classificar* condutas

Uma das definições mais concisas e felizes do fenômeno jurídico encontra-se no texto de Lourival Vilanova, trata-se de

> [...] uma técnica de *esquematizar classes de condutas para poder dominar racionalmente a realidade social*. Generaliza em esquemas abstratos a vida em sua concreção existencial, para ofertar a possibilidade de previsão de condutas típicas, indispensável à coexistência social. [47] (Grifos nossos).

Durante um bom tempo, foi dito que a definição e classificação não eram atribuições do legislador, mas sim, da ciência do direito. Como, porém, seria possível explicar a atividade

---

46. BLACK, Max. *Definition, Pressuposition, and Assertion.* In: *Problems of Analysis.* Londres: Routledge, 1954, p. 28.

47. VILANOVA, Lourival. *As estruturas lógicas e o sistema do direito positivo.* São Paulo: Noeses, 2005, p. 252.

do legislador, ao segregar certas condutas do conjunto universo das relações intersubjetivas, para rotulá-las como ilícitas, deixando as demais (o seu conjunto complemento) marcadas pela licitude? Como identificar os sujeitos de uma relação, ou mesmo isolar do universo de coisas existentes na realidade social o próprio núcleo de um comando jurídico, a prestação pretendida, senão pelo caminho das definições? Não há como construir tais esquemas jurídicos sem uso de definições e classificações.

É bem verdade que a definição meramente *descritiva* não é o caminho do discurso do direito positivo, tampouco tem a classificação ali realizada apenas propósitos gnosiológicos. Trata-se de discurso *prescritivo*, que se serve desses expedientes lógicos para dar ordens. É com esse cuidado que devemos tratar das expressões *definição* e *classificações* no direito positivo, ainda que a forma dos enunciados com que se apresentem possa ser alética, a proposição jurídica terá sempre a forma deôntica, uma vez que os enunciados sejam articulados na estrutura de uma norma jurídica.

8.1 A definição do fato jurídico

Vejamos aqui o termo antecedente de uma norma jurídica. Muitas vezes chamada de *descritor* ou *suposto*, a hipótese normativa encarrega-se de "delimitar um fato que, se verificado, ensejará efeitos jurídicos [...] e no desempenho desta função, ela estabelece as notas que certos acontecimentos têm que ter para serem considerados fatos jurídicos",[48] como explica Aurora Tomazini de Carvalho. Se cotejarmos tal descrição com todas as noções que vimos até o momento sobre a operação lógica de definir, parece claro que, invariavelmente, o legislador ao construir um fato jurídico desempenha a operação lógica de marcar os fins, os confins e os limites do *campo*

---

48. CARVALHO, Aurora Tomazini de. *Curso de teoria geral do direito*. São Paulo: Noeses, 2009, p. 280.

de aplicabilidade daquele conceito.

O fato jurídico, portanto, é um conceito que se define nas prescrições do direito positivo. Define-se não em nome do conhecimento de uma *verdade*, define-se em função do poder que tem o autor do *definiendum* para estipular seus termos, define-se pela *validade*. É caso de definição estipulativa e, por isso mesmo, não está adstrita à coincidência com os conceitos empregados na realidade social, como diz o Prof. Lourival Vilanova:

> [...] nem tudo da realidade física ou social entra no quadro esquemático da *hipótese* da proposição normativa, que a multiplicidade intensiva e extensiva do real requer a operação conceptual normativa, forçosamente simplificadora, inevitavelmente abstrata, pelo processo de esquematização ou tipificação do fáctico. A hipótese ou o pressuposto é a via aberta à entrada do fáctico no interior do universo-do-Direito. Fato da natureza ou fato de conduta entram se há pressupostos ou hipóteses que os recolham, e entram na medida em que o sistema o estabelece. O tipo, que está na hipótese, é o conjunto de fatos que satisfazem a predicação, isto é, a conotação seletivamente construída. Por isso, o *fato jurídico* pode ou não coincidir com o *suporte fáctico total*.[49]

É preciso, como vimos que o legislador, ao criar as hipóteses abertas das normas gerais e abstratas, faça uso de linguagem conotativa, conservando uma certa dose de vagueza, apta a acomodar as variações do real. Em certos domínios, como no direito do trabalho, deixa-se mais espaço à vagueza, noutros, como no direito penal e no direito tributário, os termos precisam ser circunscritos com mais rigor. Num e noutro, porém, persiste a vagueza em algum grau, já que a precisão absoluta inexiste seja no mundo do ser, seja no domínio do dever-ser.

Quando da produção da linguagem das provas, já não se procura a *intensão* do conceito definido, mas sua *extensão*. Isto é, as notas que foram grafadas na lei com linguagem

---

49. VILANOVA, Lourival. *As estruturas lógicas e o sistema do direito positivo*. São Paulo: Noeses, 2005, p. 202.

conotativa devem aparecer agora em linguagem denotativa para evidenciar que o fato alegado integra a classe inaugurada com a definição intensiva da hipótese normativa.

Nada, porém, mais acertado que dizer que tanto a hipótese da norma geral e abstrata como o fato jurídico da norma individual e concreta consistem em definições e, como tal, não se podem confundir com o acontecimento que pretendem designar, tal como o conceito de uma coisa não é a própria coisa-em-si.

A subsunção, que é operação lógica entre classes (um conjunto está contido ou não está contido em outro), nunca se dá, portanto, entre o acontecimento do mundo social e a norma, como aliás, propunha uma certa parte da doutrina brasileira. Porque é operação entre classes, está sempre mediada pelo intelecto humano, já que essas entidades (as classes) não existem *fora* dele e também não podem ser conhecidas senão pelo esforço do sujeito que deve vertê-la em linguagem intersubjetiva. Trata-se, portanto, de subsunção do *conceito formulado sobre esse acontecimento* – versado no relato habilitado a tanto, o *fato jurídico* – ao *conceito da norma* – que encontra sua forma-limite nos enunciados prescritivos produzidos pelos sujeitos competentes, encarregados de interpretar as demais disposições do ordenamento jurídico. Como acertadamente adverte Paulo de Barros Carvalho, somente podemos afirmar que a subsunção ocorre entre fato e norma se considerarmos tanto o fato como a norma como relatos que definem de conceitos – esta, conotativamente, aquele, denotativamente – e, portanto, como classes.[50]

---

[50]. "Discorremos, em edições anteriores, acerca da subsunção do conceito do fato ao conceito da norma, baseados no entendimento de que a subsunção só se operaria entre iguais. A subsunção, porém, como operação lógica que é, não se verifica simplesmente entre iguais, mas entre linguagens de níveis diferentes. Em homenagem à precisão que devemos incessantemente perseguir, o certo é falarmos em subsunção do fato à norma, pois ambos configuram linguagens. E, toda vez que isso acontece, com a consequente efusão de efeitos jurídicos típicos, estamos diante da própria essência da fenomenologia do direito. Em substância, recorta o legislador eventos da vida real e lhes imputa a força de, relatados em linguagem competente,

8.2 *"Divide et impera"* – As classificações e os regimes jurídicos

Outra aplicação relevante dos expedientes classificatórios no direito positivo é a estipulação de *diversos regimes de direito*. Para compreender como os mecanismos de classificação contribuem para a demarcação de diferentes efeitos jurídicos convém relembrar as noções de gênero e espécie, de que já tratamos no item 6.5, deste texto.

É atribuída a César a autoria da frase *divide et impera*, cuja tradução mais popular é "dividir para conquistar"; o termo latino *impera*, entretanto, não significa apenas conquistar, mas também *mandar, ordenar*. Para estipular uma ordem qualquer, é preciso divisar a classe dos sujeitos e também aquela das situações que obrigam os indivíduos a cumpri-la. Sem isso, o comando fica vazio de sentido. Para definir cada uma das variáveis da diretiva jurídica especial, é preciso segregar os atingidos do *universo* da sociedade. É preciso criar espécies: de pessoas, de fatos, de objetos e, para isso, criam-se classificações e, com elas, mais definições.

Imaginemos um universo de contribuintes de um dado tributo. Todos eles obedecem à regra de recolher a referida exação mensalmente. Se interessa ao legislador estipular um *regime especial* para exigir a quantia anualmente, deve ele circunscrever as situações em que a regra *geral* será preterida em favor da *especial*. Para isso, precisa separar tais ocasiões elegendo certos aspectos delas, instituindo *critérios* que permitam dividir os contribuintes em dois conjuntos para, a eles, imputar os regimes diversos. Acaso fosse proclamado *regime especial* sem cuidar desse procedimento de classificação, ter-se-ia nova *regra geral*.

Estamos uma vez mais a usar classificações e a delimitar o alcance de cada classe por meio de definições. Vê-se,

---

suscitar os comportamentos que entende valiosos." (CARVALHO, Paulo de Barros. *Curso de direito tributário*. São Paulo: Saraiva, 2013, p. 254).

portanto, que tão inevitável quanto o corte é o emprego de expedientes para definir e classificar as condutas. Quer para conhecer delas – como pretende o cientista –, quer para ordená-las – como deseja o legislador –, os sujeitos precisam valer-se daqueles *esquemas delimitadores de classes de condutas para dominar racionalmente a realidade social*, como de maneira tão aguda escrevera Lourival Vilanova.

Referências

BLACK, Max. Definition, Pressuposition, and Assertion. In: *Problems of Analysis*. Londres: Routledge, 1954.

BORGES, José Souto Maior. *Ciência feliz*. São Paulo: Quartier Latin, 2007.

CARNAP, Rudolf. *Introduction to Philosophy of Science*. Nova Iorque: Dover, 1996.

CARRIÓ, Genaro. *Notas sobre derecho y lenguaje*. Buenos Aires: Abeledo-Perrot, 1994.

CARVALHO, Aurora Tomazini de. *Curso de teoria geral do direito*. São Paulo: Noeses, 2009.

CARVALHO, Paulo de Barros. *Curso de direito tributário*. São Paulo: Saraiva, 2013.

_____. *Direito tributário, linguagem e método*. São Paulo: 2011.

COPI, Irving M. *Introdução à lógica*. São Paulo: Mestre Jou, 1981.

FLUSSER, Vilém. *Língua e realidade*. São Paulo: Annablume, 2007.

HESSEN, Johannes. *Filosofia dos valores*. Coimbra: Armênio Amado, 1967.

MORTARI, Cezar. *Introdução à lógica*. São Paulo: UNESP, 2001.

MOUSSALLEM, Tárek. *Revogação em matéria tributária*. São Paulo: Noeses, 2005.

OLIVEIRA, Manfredo Araújo. *Reviravolta linguístico-pragmática na filosofia contemporânea*. São Paulo: Loyola, 1996.

PONTES DE MIRANDA, Francisco Cavalcanti. *O problema fundamental do conhecimento*. Porto Alegre: Globo, 1937.

ROSS, Alf. *Sobre el derecho y la justicia*, Buenos Aires: Eudeba, 1963.

ROBLES MORCHÓN, Gregorio. *Epistemología y derecho*. Madrid: Piramide, 1982.

SCAVINO, Dardo. *La filosofia actual:* pensar sin certezas. Buenos Aires: Paidós, 2010.

STEBBING, L. Susan. *Introducción moderna a la lógica*. México: UNAM, 1965.

TARSKI, Alfred. *Introduction to Logic and to the Methodology of the Deductive Sciences*. New York: Oxford, 1994.

VILANOVA, Lourival. *As estruturas lógicas e o sistema do direito positivo*. São Paulo: Noeses, 2005.

WRIGHT, Georg H. von. *Norm and* action. Londres: Routledge, 1963.

ISENÇÃO TRIBUTÁRIA

Charles William McNaughton

Doutor e Mestre pela PUC/SP, Professor do IBET e advogado.

Sumário: 1. Palavras iniciais – 2. Um pouco sobre a lógica das proposições – 3. Implicação normativa – 4. O antecedente normativo ou proposição "p" – 5. O consequente da norma tributária – 6. O Mapa da Incidência – 7. Acepções do termo isenção – 8. Aprofundamento da isenção enquanto norma – 9. Isenção e terminologia legal – 10. Isenção e direito adquirido – Referências.

1. Palavras iniciais

Vou tratar, nesse artigo, sobre as isenções tributárias, com o intuito de descrever um problema que tenho como nuclear: a relação entre o enunciado isentivo e a regra-matriz de incidência tributária.

Creio que a relevância acerca da análise da relação que se firma entre a isenção e a norma padrão de incidência tributária é de determinar o regime jurídico aplicável às normas isentivas.

Essa relação é importante quando se trata de problemas centrais que envolvem as isenções, como "Quais os princípios tributários aplicáveis à isenção?" "A anterioridade é aplicável?" "E a irretroatividade?" e "Isenção gera direito adquirido?"

Nessa linha, uma análise que privilegia o campo sintático ganha relevo especial quando tratamos desse tema da isenção, porque é a sintaxe que deve escancarar esse vínculo entre isenções e normas tributárias. Não ignoro, aqui, que os aspectos semânticos e pragmáticos são instâncias fundamentais da linguagem jurídica e hão de ser examinados, insistentemente, pelo cientista do direito. Em verdade, cabe ao estudioso dosar a ênfase dada ao eixo da linguagem a ser tomado como foco de suas investigações, conforme o problema específico convide a um aprofundamento de uma ou outra dimensão linguística, evitando percursos de pouca contribuição à conversação jurídica.

De fato, em alguns momentos, a pragmática e sintaxe serão examinadas, mas será o enfoque semântico o mais relevante, sob o ponto de vista retórico, para se enfrentar certa questão jurídica, ganhando ênfase na investigação. Em outras circunstâncias, a jurisprudência é tão robusta e bem assentada que o jurista passa pela sintaxe e semântica, mas se detém de forma mais demorada no plano pragmático. E há problemas, ainda, em que o plano lógico revela relações relevantes que passariam despercebidas, sem uma análise profunda, convidando ao estudioso uma reflexão sintática mais apurada. Tudo dependerá da estratégia retórica de quem discursa e dos caminhos que seguem determinada discussão pela comunidade jurídica.

Muito bem. Expostas tais reflexões, vale assinalar que fico extremamente satisfeito de ter a oportunidade de escrever sobre isenções em um livro que privilegia a lógica jurídica. Tenho, para mim, que a dimensão lógica desse problema é extremamente relevante sob o ponto de vista de uma estratégia retórica de argumentação, como buscarei ilustrar ao longo desse artigo.

2. Um pouco sobre a lógica das proposições

Um dos capítulos da lógica, denominado Lógica Proposicional, toma como foco de investigação as relações que se firmam entre as proposições.

Nessa esfera do conhecimento, conceito nuclear é dos conectivos, operadores que vinculam fórmulas proposicionais e determinam a valência das fórmulas nucleares das quais participam como constituintes lógicos.

Expliquemos. As proposições, isoladamente consideradas, ostentam certos valores de verdade. Na denominada Lógica Clássica, serão verdadeiras conforme correspondam, ou não, a um estado de coisas por elas descrito.[1]

Utiliza-se uma letra minúscula, geralmente do final do alfabeto, para expressar variáveis proposicionais. Assim, por exemplo, "p" é uma variável proposicional. Por ser uma variável, é claro que não se pode atestar se "p" é falsa ou verdadeira, mas sabemos que pode ser ou um ou outro, sem uma terceira alternativa, conforme princípio do terceiro excluído. Assim, dada uma variável proposicional "p", podemos considerar seus casos de verdade – isto é, às vezes em que pode ser verdadeira ou falsa – a fim de investigarmos as combinações possíveis com outras proposições.

Conforme os sincategoremas – entidades lógicas que não são variáveis e servem, unicamente, para a construção de uma proposição com sentido lógico – vinculem duas variáveis como "p" e "q", serão formadas variáveis proposicionais complexas. Entendo por "variáveis proposicionais complexas" proposições constituídas pela ligação de mais de uma proposição.

Estas, também, apresentarão casos de verdade possíveis, que são influenciados, não apenas, pelo valor atribuído a cada uma das unidades atômicas (ou outras complexas) que as

---

1. COPI, Irving. *Introdução à lógica*. Trad. Alvares Campos. São Paulo: Mestre Jou, 1986, p. 227.

integram, como também pelos conectivos que vinculam cada uma dessas proposições.[2]

Para que se tornem mais simples tais noções, façamos algumas considerações. Há seis conectivos na lógica proposicional a saber: há o negador, o conjuntor, o disjunção includente, o disjunção excludente, o condicional e o bi-condicional. Vejamos, brevemente, a característica de cada um.[3]

O negador, que pode ser simbolizado por um "~", indica que uma proposição é falsa. Assim, da proposição "~q", ela será verdadeira sempre que "q" for falsa e vice-versa.

O conjuntor, simbolizado por um "∧", é, frequentemente, comparado a um "e". Atesta que as duas proposições "p" e "q", por ele conectados, são ambas verdadeiras. Nesse sentido, a variável proposicional molecular "p∧q" apresentará valor verdadeiro, apenas no caso em que "p" e "q" forem ambas verdadeiras.

A disjunção excludente, que pode ser representada por um "≠", é empregada enunciando que, tomada duas proposições, uma é verdadeira e a outra é falsa. Ela, portanto, visa a excluir a possibilidade de que as duas sejam verdadeiras, bem como de que ambas sejam falsas. É semelhante, no campo da linguagem natural, a um "ou", do tipo "ou isso ou aquilo".

Já a disjunção includente, simbolizada por um "∨", exprime que duas variáveis proposicionais podem ser ambas verdadeiras, ou pelo menos uma verdadeira.[4] Em uma associação vulgar, diríamos que se aproxima de um "e/ou" da linguagem natural, sem entrarmos no mérito se essa expressão é adequada sob o ponto de vista gramática.

---

2. ECHAVE, URQUIJO, GUIBOUG. *Lógica, proposición y norma*. 6ª ed. Buenos Aires: Ed. Astereal, p. 67.

3. CARVALHO, Paulo de Barros. *Direito tributário, linguagem e método*. São Paulo: Editora Noeses, 2008, p. 93.

4. CARNAP, Rudolf. *Meaning and Necessity*. A Study in Semantic and Modal Logic. Chicago: The University of Chicago Press, 1947, p. 5.

O chamado bi-condicional, formalizado por um "≡", atesta que, dada duas proposições, uma é condição suficiente e necessária da outra. Aproxima-se de um "se e somente se", do tipo "p é verdadeiro se e somente se q for verdadeiro".[5]

Por fim, o condicional, que é representado por um "→", é o conectivo que mais nos interessa, pois integra a estrutura própria das normas jurídicas. Assumindo a fórmula "Se p, então q", em que "p" carrega a posição sintática de antecedente e "q" de consequente, o condicional expressa que o antecedente é condição suficiente do consequente.

Isso significa o seguinte: se for o caso em que se opera o antecedente, então, é o caso em que se efetiva o consequente. Ou, ainda: sabe-se a falsidade do consequente, teremos de afirmar a falsidade do antecedente. Agora, será ilegítimo o condicional, se for configurado o antecedente sem que se concretize o consequente. Guardemos tal noção que será útil no decorrer desse artigo.

Devemos acrescentar, ainda, que uma variável proposicional que se estruture por um condicional pode ser tautológica, contraditória ou contingente.

No primeiro caso, se tomamos uma expressão qualquer, do tipo "Se p, então p", não há dúvidas de que a verdade da proposição molecular é tautológica. De fato, logicamente, é impossível que o antecedente do condicional acima seja verdadeiro sem que o consequente não o seja. Um exemplo da proposição acima seria "se hoje é terça, então hoje é terça". Designa-se esse tipo de condicional de "implicação".

Haverá contradição sempre que for impossível determinar a relação de suficiência do antecedente para o consequente, independente das proposições de conteúdo concreto que sejam empregadas no lugar das variáveis. Em "Se p, então não p", não há dúvidas que, pelo princípio da não contradição, para qualquer significado que se atribua "p", o condicional

---

5. Ibidem, p. 6.

será falso. Com efeito, o consequente, nesse caso, será necessariamente, uma negação do antecedente, evidenciando a contradição. Um exemplo da contradição acima formalizada seria "se hoje é terça, então hoje não é terça".

Por sua vez, um condicional será contingente sempre que não existir relação de implicação ou contradição entre antecedente ou consequente. Uma proposição do tipo "se p então q" é contingente porque não é possível afirmar, a priori, seu valor de verdade. Por exemplo, o condicional "se hoje é terça está chovendo", será falso se efetivamente for terça e não estiver chovendo. São fatores empíricos, e não lógicos, que determinarão a validade dessa proposição molecular.

3. Implicação normativa

Vimos, no item anterior, que a implicação formal se opera no domínio das variáveis proposicionais, sempre que o consequente puder ser inferido tautologicamente do antecedente.

Agora, a forma lógica da proposição condicional pode ser utilizada para exprimir relações que exprimem "leis". Essas "leis" podem ser "naturais" ou "deônticas".

Hans Kelsen empreendeu significativo esforço para separar o plano das leis naturais, regidas pela causalidade ou relação de causa e efeito, da esfera deôntica, cujas normas são submetidas ao princípio da imputação.

Há uma semelhança entre tais níveis: logicamente, são postas na estrutura de um condicional. A distinção é que no vínculo de ordem causal, a relação entre pressuposto, a causa, e consequente, o efeito, é observada em um estado de coisas.[6] Agora, o juízo condicional normativo é prescritivo: é o legislador que determina qual deve ser o vínculo entre antecedente e consequente.

---

6. KELSEN, Hans. *Teoria pura do direito*. São Paulo: Editora Martins Fontes, 1986, p. 100.

Assim, o que se deve buscar mediante a interpretação no direito é concatenar as diversas proposições depreendidas dos textos jurídicos, de tal maneira que se articulem pela forma lógica do condicional, atingindo-se, assim, o plano do que poderemos designar de "normas jurídicas".

Na doutrina pátria, a noção de que a norma apresenta a estrutura sintática de condicional goza de aceitação considerável, especialmente na área tributária. Entre autores do mais alto calibre que explícita ou implicitamente aceitam tal conceito podemos citar Paulo de Barros Carvalho,[7] Geraldo Ataliba,[8] Alfredo Augusto Becker,[9] José Souto Maior Borges,[10] entre outros.

O professor Lourival Vilanova empreendeu valiosas lições ao descrever o caráter implicacional da norma jurídica, ao ensinar que sobre o condicional incide o modal deôntico.[11] A estrutura normativa, por tal ótica, revelaria a seguinte forma lógica: D (p→q). Da referida fórmula, "D" é denominado functor deôntico, "p" é proposição antecedente implicante, "→" o vínculo de implicação, e "q", o consequente. Buscaremos, em seguida, tratar de cada elemento sintático, envolvido em tal expressão.

---

7. CARVALHO, Paulo de Barros. *Curso de direito tributário*. São Paulo: Editora Saraiva, 2013, 25ª edição, p. 238.

8. ATALIBA, Geraldo. *Hipótese de incidência tributária*. São Paulo: Malheiros Editores, 6ª ed. 5ª tiragem, 2003, p. 27.

9. BECKER, Alfredo Augusto. *Teoria geral do direito tributário*. Porto Alegre: Ed. Lejus. 3ª ed. , 2ª tiragem, 2002, p. 295

10. BORGES, José Souto Maior. *Teoria geral da isenção tributária*. São Paulo: Malheiros Editora, p. 178.

11. VILANOVA, Lourival. *As estruturas lógicas e o sistema de direito positivo*. São Paulo: Editora Noeses, 4ª ed., 2010.

4. O antecedente normativo ou proposição "p"

A função precípua do direito é regulamentar condutas, permitindo a vida em sociedade. Mas, não se pode exigir que todos os comportamentos sejam efetivados a toda hora. Nas lições do Professor Geraldo Ataliba: "Mas, todas as normas, em todos os momentos, não obrigam todos os comportamentos".[12] Gostaria de chamar a atenção a essa noção, tão elementar, mas tão esquecida por muitos operadores do direito que, a pretexto de satisfazer valores como a solidariedade no custeio da seguridade social, clamam pela tributação em situações de nítida não incidência.

Assim, é a estrutura do condicional que possibilita ao direito prescrever, no antecedente, quais acontecimentos são suficientes para que surjam as consequências pretendidas por uma comunidade. Essas proposições que descrevem tais situações objetivas são denominadas de antecedente, hipótese, apódese, pressuposto normativo, entre outras designações utilizadas pela Ciência do Direito Tributário.

Como ensina o Professor Paulo de Barros Carvalho, quanto ao antecedente, as normas são classificadas em abstratas ou concretas, conforme o modo pelo qual se toma o fato descrito na hipótese. As primeiras promovem a tipificação de um conjunto de fatos[13] ao passo que as segundas relatam a ocorrência "especificada no espaço e no tempo".[14]

Aqui, nos preocuparemos com as normas abstratas que delineiam tipos de fatos, ou seja, um conjunto de fatos jurídicos. Pontes de Miranda, assim ensina:

> Os fatos do mundo ou interessam ao direito ou não interessam. Se interessam, entram no subconjunto do mundo que se chama

---

12. ATALIBA, Geraldo. *Ibidem*, p. 27.

13. Vide CARVALHO, Paulo de Barros. *Curso de direito tributário*. São Paulo: Saraiva, 2013, 25ª edição, p. 344.

14. Ibidem, p. 344.

mundo jurídico e se tornam fatos jurídicos pela incidência da regras jurídicas que assim o assinalam.[15]

Portanto, pelas premissas aqui firmadas, são as normas abstratas que delimitam quais classes de ocorrências interessam ao mundo jurídico e quais aquelas que são irrelevantes. Assim o fazem conotativamente: estabelecem critérios de pertinência que nos permitem precisar se um determinado acontecimento preenche requisitos que lhe conceda o status de ser condição suficiente de uma consequência prevista no direito.

Os critérios normativos são seletores de propriedades. Não acolhem o real, em sua heterogeneidade múltipla. Dá-se um ato de valoração do direito, em que se escolhem certos aspectos, em detrimento de outros.

O ser cognoscente observa uma ocorrência e a ela atribui notas. As propriedades do acontecimento da vida, embutido no mundo do ser, independem das descrições normativas articuladas na hipótese. Seja escolhida pelo intérprete, uma norma N' do direito positivo e se passa a comparar os critérios das normas aos elementos que compõem o objeto observado. Nesse terceiro estágio, e apenas nesse, há um processo silogístico: a premissa maior, a norma; a premissa menor, o fato; a conclusão determina se todos os critérios normativos são atendidos pelos elementos do dado objetal observado. Se essa operação for efetivada por uma autoridade competente no bojo da aplicação de uma norma, poderemos designá-la como "incidência jurídica".

Convém, nesse momento, abrirmos parênteses para tratarmos sobre a teoria das classes. Um dos modos de se determinar um conjunto é escolher certas propriedades ou notas que são critérios de identificação dos elementos que pertencem a tal conjunto. Nesse sentido, Cesar A. Mortari ensina que

---

15. PONTES DE MIRANDA, Francisco Cavalcanti. *Tratado de direito privado*. Tomo I. São Paulo: Bookseller Editora e Distribuidora, 2ª ed., 2000, p. 56.

"grosso modo, uma propriedade determina um conjunto".[16]

Daí por que estaremos formando classes quando agrupamos certos elementos que contenham uma característica em comum. A linguagem que indica tais notas é denominada de "conotativa", ao passo que o enunciado denotativo indica os elementos que pertencem a certas classes.[17]

Vale acrescentar, nesse ponto, que um termo ou uma sentença podem ser dotados de extensão, que representa a classe dos elementos que se enquadram em seu predicado.

Esclarecemos, ainda, que as classes podem ser repartidas em subclasses, desde que sejam estabelecidas diferenças específicas que distingam as diferenças espécies. Essas subclasses, nesse sentido, estarão dotadas das notas que estabelecem a classe mais a nota que discrimina a diferença específica determinante da espécie.

Muito bem. A hipótese da norma jurídica, dotada de um critério material, espacial e temporal, nada mais faz senão delimitar uma classe de situações jurídicas. Nesse diapasão, cada critério é uma instância seletora de acontecimentos.

É preciso considerar que os critérios da hipótese de incidência são cumulativos e não alternativos. Na teoria das classes, quando se utilizam critérios que se cumulam para formar uma determinada classe, lida-se com uma operação que se denomina "intersecção de classes". Em outras palavras, a classe resultante desse acúmulo será a intersecção das classes formadas por cada um dos critérios isolados. Assim, a classe das "mulheres altas" é a intersecção das classes dos "seres humanos mulheres" e dos "seres humanos altos", tomando critérios cumulativos, o "ser mulher" e o "ser alta". Note-se que a intersecção de classes, logicamente, é formada pelo conector "conjuntor" (o famoso "e") que vimos no item anterior,

---

16. MORTARI, Cezar A. *Introdução à lógica*. São Paulo: Editora UNESP, 2001, p. 44.
17. CARROL, Lewis. *Symbolic Logic*. Nova Iorque: 1977, The Harvest Press Limited, p. 60.

na medida em que a classe dependerá da satisfação de dois critérios cumulativos.

Outra operação diferente, que surge mediante a aplicação de critérios alternativos, é a união ou soma de classes. Se aceitássemos, em nossa classe, "todos os seres humanos altos" ou "todos os seres humanos mulheres", a classe resultante "seres humanos altos e/ou mulheres" seria formada pela união das anteriores. Se a interseção de classes é relacionada ao conectivo conjuntor, ou o "e", a união de classes é constituída pelo conectivo disjuntor includente (e/ou), exprimindo a noção de que qualquer elemento pertencendo a uma das classes vinculadas pela operação "união de classes" será aceitável.

Justamente porque a classe dos acontecimentos que se enquadram na hipótese de incidência corresponde à intersecção de três classes – a dos acontecimentos que se enquadram no critério temporal, a dos que se enquadram no critério espacial e a dos que se enquadram no critério temporal – podemos assinalar que a "classe hipótese de incidência" tem menor campo de abrangência do que as três classes formada por cada um dos critérios. Com isso, pretendo dizer que é uma classe contida nessas últimas, o que significa assinalar que possui um campo de extensão potencialmente menor.

Digo "potencialmente" porque a máxima "quando maior a conotação, menor a extensão", tão intuitiva, não exprime, segundo alguns, uma necessidade lógica. Por exemplo, a classe dos unicórnios não seria, segundo essa crítica, mais extensa do que a classe dos unicórnios verdes, simplesmente, porque unicórnios não existem. Mas, como as normas jurídicas descrevem acontecimentos que tendem a se realizar, penso que podemos ter alguma vantagem quando abstraímos eventuais objeções e prosseguimos com a ideia de que, quanto mais criteriosa a hipótese de incidência de uma norma, tanto menor seu potencial campo de abrangência.

Imaginemos, por exemplo, que o IPTU incidisse sobre qualquer propriedade territorial – critério material

– independentemente, de sua localização – urbana ou rural. Seria razoável supor que, nesse exemplo, haveria um campo potencialmente maior de extensão da hipótese de incidência desse imposto, pois a propriedade rural também estaria sujeita à incidência do gravame. Nesse sentido, se o critério espacial do IPTU pudesse ser revogado, a incidência do imposto seria potencialmente mais abrangente.

O diagrama abaixo ilustrará isso:

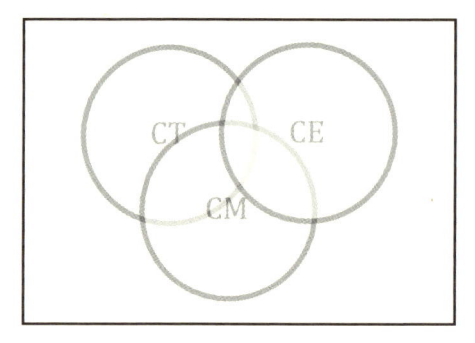

O diagrama acima é composto pelos conjuntos dos acontecimentos que se enquadram nos critérios CM (critério material), CT (critério temporal) e CE (critério espacial). Em tal figura, verifica-se um pequeno trecho, no centro da figura, que representa a intersecção entre CM, CE e CT. Ora, esse pequeno trecho é o que caracteriza o ponto de preenchimento dos três critérios e, portanto, o campo de abrangência da incidência da norma. Nota-se que, por ser um ponto de intersecção de três classes diferentes, o alcance da incidência é muito menor do que o destinado isoladamente, ao critério temporal, espacial ou material da hipótese de incidência tributária – representado, cada um deles, por um círculo inteiro.

O resultado seria o oposto caso os critérios normativos fossem alternativos e não cumulativos. Nessa hipótese, quanto mais critérios, maior seria a potencial abrangência hipótese de incidência, pois estaríamos lidando com o fenômeno da união e não da intersecção de classes.

Retenhamos, então, o seguinte: quanto mais criteriosa a hipótese de uma norma, quanto menor o potencial campo de abrangência de sua incidência. Quanto menos criteriosa, maior a potencialidade da norma para incidir sobre uma gama mais variada de acontecimentos.

5. O consequente da norma tributária

A proposição consequente da norma jurídica, logicamente, ostenta uma posição de condição necessária da hipótese. Compreendamos.

Vimos que, em um condicional, a hipótese é condição suficiente do consequente e este é condição necessária daquela. Daí por que, juridicamente, desde que a norma seja eficaz e vigente, uma vez convertido em linguagem competente, àquele acontecimento previsto na hipótese de incidência, deve-se aplicar, irremediavelmente, o consequente normativo.

O consequente da norma jurídica prescreve uma relação, entre um sujeito ativo e passivo, vinculados por uma prestação em que o último fica obrigado perante o primeiro.

Na chamada norma geral e abstrata, a exemplo do que vimos na hipótese, o consequente trará uma classe de relações jurídicas, formada por uma classe de sujeitos ativos, outra de sujeitos passivos, bem como uma classe de prestações a serem adimplidos pelos últimos em favor dos primeiros.

À medida que a norma geral e abstrata é aplicada em normas individuais e concretas, aponta-se um sujeito-indivíduo que ocupa a sujeição ativa e passiva da relação jurídica, bem como se aponta uma prestação individualizada e concreta.

6. O Mapa da Incidência

Vimos que a incidência se opera, mediante uma linguagem que atesta que determinado acontecimento se enquadra nos critérios do antecedente da norma jurídica.

Muito bem. Quando examinamos a eventual "incidência" de certo tributo sobre determinada classe de atos, buscamos, em última análise, identificar a possibilidade jurídica de constituição de norma individual e concreta que indique como fato jurídico tributário a ocorrência de evento dotado de tais ou quais notas. Essa identificação importa questionar (i) se norma individual e concreta, em referência, encontra fundamento de validade na lei que institui tributo e (ii) se a referida lei guarda fundamento de validade na Constituição da República.

Nessa empresa, comparamos a norma individual e concreta à lei, para verificarmos a relação entre antecedente da norma geral e abstrata e antecedente da norma individual e concreta e o vínculo que se firma entre o antecedente da norma individual e concreta e a Constituição; esta última relação, mediada, ou não, pela análise da lei e de sua constitucionalidade.

Agora, para compreendermos adequadamente a análise dos regimes jurídicos de cada norma, poderemos propor o que gostaríamos de designar de "Mapa da Incidência" que compara, logicamente, diversos fenômenos normativos da esfera tributária, situando-o em seu respectivo espaço no processo de positivação. É o esforço que faremos neste item, dividindo os comportamentos humanos, potencialmente, tributáveis, em diversas classes, que passaremos a expor.

A fim de traçarmos a primeira divisão, consideremos os diversos enunciados da Constituição que traçam as diferentes faixas de competência tributária, especificamente, aqueles que tratam do binômio hipótese de incidência/base de cálculo dos mais variados tributos. Por exemplo, podemos tomar o enunciado que prevê que pode ser instituída contribuição destinada ao custeio da seguridade social sobre a receita auferida pela pessoa jurídica (art. 195, I, "b", da CF/88), ou o enunciado que prescreve a possibilidade de criação de tributo para onerar a renda e proventos de qualquer natureza (art. 153, III, da CF/88) e assim por diante. Para facilitar o discurso, chamaremos esses enunciados de "Enunciados Materiais Constitucionais".

Note-se que grande parte dos tributos tem sua hipótese de incidência e a base de cálculo já apontadas pela Constituição, conquanto haja outras espécies, tais como as dos empréstimos compulsórios ou as contribuições sociais gerais, em que a competência tributária é estampada a partir de elementos finalísticos e não materiais. Abstraída, contudo, essa particularidade, podemos enunciar que, tomado como referência determinado tributo "T", cuja materialidade tenha sido delimitada pela Constituição, é possível identificar a classe dos acontecimentos que se enquadram na extensão dos conceitos veiculados pelos enunciados materiais constitucionais e a classe daqueles acontecimentos que não se enquadram em tal extensão. Denominaremos a primeira classe de "Materialidade Constitucional" e a segunda classe de "Não Incidência Pura e Simples Constitucionalmente Determinada".

Se tomarmos, agora, a classe "Materialidade Constitucional", podemos estampar mais uma divisão, que tem como critério o preenchimento, ou não, das notas estampadas pelas normas de imunidade, estabelecidas pela Constituição. Na hipótese, negativa, diremos que esses elementos se inserem em uma classe denominada de "Competência Tributária" e, na hipótese positiva, afirmaremos que esses fatos se inserem em uma classe denominada "Imunidade". Note-se que as subclasses "Competência Tributária" e "Imunidade" são contidas na classe "Materialidade Constitucional" e são repartidas a partir de diferenças específicas determinadas por normas que a doutrina costuma designar como "imunidades".

Muito bem. Consideremos, agora, a classe "Competência Tributária". Como se sabe, pela característica da facultatividade, o Ente Tributante pode instituir lei, com enunciados que alcancem toda a extensão da classe "Competência Tributária", ou apenas de parte dela. Esses enunciados são os critérios materiais, espaciais e temporais da regra-matriz de incidência tributária instituída pela lei. Assim, podemos considerar, mesmo dentro da classe "Competência Tributária", a classe dos acontecimentos que se enquadram no critério material, temporal espacial das normas tributárias instituídas por leis e os que não se enquadram. A primeira, denominaremos de "Materialidade Legal" e a segunda de "Não Incidência Pura e Simples Legalmente Determinada".

Por fim, a última divisão, que se lança sobre a classe "Materialidade Legal", alcança classe de acontecimentos previstos por normas isentivas e as que não estão previstas por tais normas. Denominaremos a primeira classe de "Isenção" ou e a segunda de "Tributação".

Assim, em resumo, poderemos ilustrar essas relações em um gráfico que poderíamos denominar, para fins didáticos, de "Mapa da Incidência". O Mapa da Incidência poderia nos auxiliar a "localizar" juridicamente determinada classe de acontecimentos. Vejamos:

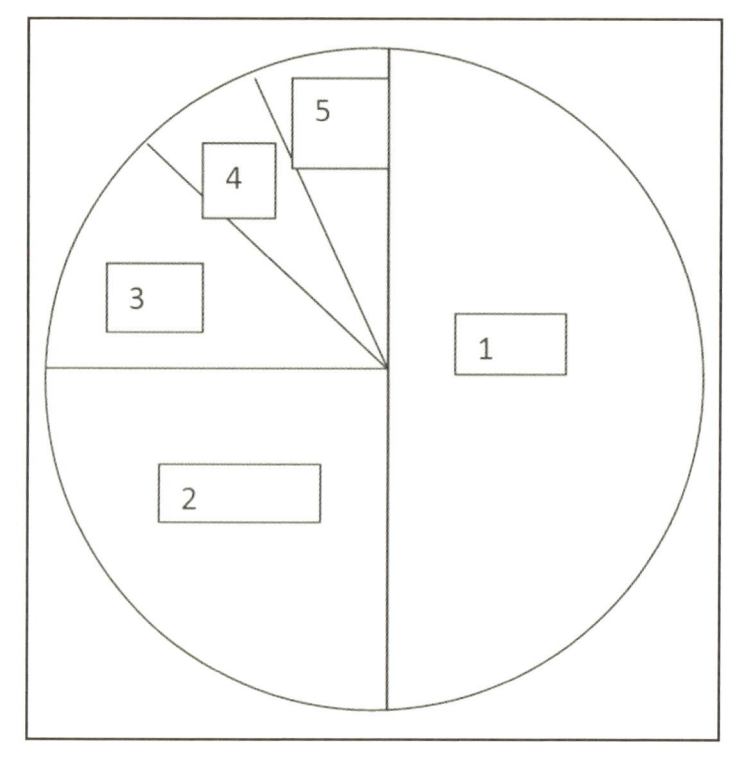

Onde:

Região 1 = Classe da Não Incidência Pura e Simples Constitucionalmente Determinada

Regiões 2 +3+4+5[18] = Classe da Materialidade Constitucional

Região 2 = Classe da Imunidade

Regiões 3 +4+5 = Classe da Competência Tributária

Região 3 = Classe da Não Incidência pura e simples legalmente delimitada

Região 4+5 = Classe da Materialidade Legal

Região 4 = Classe da Isenção

Região 5 = Classe da Tributação

Uma vez localizado determinado comportamento ou classe de comportamentos no Mapa da Incidência será mais fácil identificar o regime jurídico a ele aplicável, razão pela qual pode ser utilizado como um método para investigação de determinados problemas e discussões do direito positivo.

Assim, a título de exemplo, se determinado acontecimento encontra-se na região 1 do Mapa da Incidência, ou seja, se se encontra na classe que denominamos como "Não Incidência Pura e Simples Constitucionalmente Determinada", logo se vê que a não imposição de tributação sobre tal acontecimento independe de qualquer previsão legislativa, haja vista ser uma decorrência do próprio Texto Maior.

Se, por sua vez, o acontecimento encontra-se situado na região 2 de nosso Mapa, que é a das imunidades, infere-se que a tributação de tal elemento dependeria de disposição de emenda constitucional – salvo para os que não admitem

---

18. Favor considerar a soma como união de classes, ou seja, o leitor deve considerar 3+4+5 como a zona do Mapa representada pelos números 3, 4 e 5.

supressão de emenda por entender que fere garantia individual – eliminando a imunidade até então existente.

Quando estivermos lidando, por sua vez, nas regiões 3 (Não Incidência Pura e Simples Legalmente Determinada), 4 (Isenção) ou 5 (Tributação), o exame da lei será fundamental para se determinar a legitimidade da incidência da tributação sobre determinado evento. Assim, por exemplo, os eventos localizados na região 3 não são tributados por ausência de previsão legal determinando a incidência do tributo sobre certa situação. Note-se que, nesse caso, é o silêncio da lei que permite a não tributação, muito embora não existam óbices constitucionais para a cobrança.

Os eventos situados na região 4, por sua vez, estão isentos de tributação, agora, por expressa determinação legal. Note-se que se um evento é identificado na zona 4 ou 5, que é a Classe da Materialidade Legal, é preciso que haja expressa previsão legal de desoneração para que não seja tributado. É esta a veiculação expressa pelo art. 111 do Código Tributário Nacional.

Por fim, os eventos situados na região 5 estarão sujeitos à tributação, também, por determinação legal nesse sentido. Note-se que, em nosso sistema tributário, apenas os eventos localizados em tal região do Mapa da Incidência podem ser alvo de tributação.

Observe-se que, observado o Mapa da Incidência, apenas os acontecimentos inseridos na região 5 estarão no campo de incidência da norma tributária. As demais regiões, isto é a 1, 2, 3 e 4 são classes complementares a esse campo de incidência, por isso, poderíamos designá-las, "Não Incidência em Sentido Amplo". Porém, à medida que identificamos a região específica, poderemos assinalar se é o caso de "Não Incidência Pura e Simples Constitucionalmente Determinada", "Imunidade, "Não Incidência Pura e Simples Legalmente Determinada" ou "Isenção."

7. Acepções do termo isenção

Uma vez exposto nosso Mapa da Incidência, lembremos que a isenção é um fenômeno vinculado àquela região classificatória situada na região 4 de nosso mapa da incidência.

Por essa linha, a isenção pode ser vista como: (i) a classe delimitada pela região 4 do Mapa da Incidência; (ii) os elementos que pertencem à classe delimitada pela região 4; (iii) a relação que se firma entre os elementos situados na região 4 e a norma tributária; (iv) o efeito jurídico decorrente de um fato jurídico situado na região 4 do Mapa da Incidência; (v) a norma jurídica que deve ser aplicada para se fundamentar a constituição da região 4 do Mapa. Vejamos cada uma dessas acepções.

Quando pretendemos tomar isenção como a classe delimitada pela região 4, estamos equiparando o fenômeno a um "espaço lógico", digamos assim, em relação às diversas potencialidades do universo tributário (competência tributária, imunidade, tributação etc.). Nesse caso, quando utilizamos frases como "ficam isentas de ICMS as operações tal ou qual", estamos assinalando que essa ou aquela operação passará a ser vista como integrante da classe dos fatos isentos, isto é, passará ser enquadrada na região 4 de nosso Mapa de Incidência.

Já se pensarmos nos elementos, mesmos, que pertencem à região 4, tomaremos isenção como fatos jurídicos. Nesse sentido, a teoria da isenção como "fato impeditivo" toma o fenômeno por essa ótica, dando ênfase ao evento concreto que se enquadra àquela região lógico-jurídica a que já nos referimos.

Outro modo distinto de tomar o fenômeno é pensar na relação que se firma entre a classe delimitada pela norma tributária (região 5) e a classe delimitada pela norma isentiva (região 4). Já vimos que as ocorrências isentas não se enquadram na classe alcançada pela regra-matriz de incidência tributária.

Poderíamos designá-la, portanto, como um caso especial de não incidência, pensando "não incidência" como a relação entre uma classe de acontecimentos e a classe delineada pela hipótese da norma tributária, tal que a primeira não seja uma subclasse própria da segunda. Por outro lado, tomada "não incidência" como a classe de todos os acontecimentos que não pertencem à região 5, a isenção é um tipo específico de não incidência, isto é, a não incidência legalmente qualificada, isto é, determinada pela regra isentiva. Penso que essa visão se aproxima daquela estampada pelo Professor José Souto Maior Borges, quando toma isenção como "hipótese de não incidência legalmente qualificada".[19]

Outro ângulo, ainda, é o de vislumbrar a isenção como o efeito do fato jurídico isento, isto é, pertencente à região 4 do Mapa de Incidência. Por essa ótica, a isenção passa a ser o direito do contribuinte de não ser tributado pelo Fisco, em razão de se efetivar aquela operação específica.

Quando o Supremo Tribunal Federal trata isenção como "dispensa legal do pagamento do tributo",[20] está enxergando o fenômeno sob esse ângulo, ao menos se tomar "dispensa de fazer" como um sinônimo de "permissão de não fazer". O problema dessa terminologia é que o signo "dispensa" pode transmitir uma ideia inadequada de nascimento prévio da relação jurídica para posterior exclusão de sua ocorrência. Penso que o signo "dispensa" deva ser tomado, apenas, como "permissão de não fazer", abstraindo-se qualquer referência a uma obrigação existente que é dispensada, já que, com a isenção, o fato não chega a sofrer a incidência da norma tributária, como já verificamos.

---

19. BORGES, José Souto Maior, *Teoria geral da isenção tributária*, 3ª ed., 3ª tiragem, São Paulo: Malheiros Editores, 2011, p. 155.

20. ADI 286 / RO - Rondônia ADI 2186/RO-RC Ação Direta de Inconstitucionalidade Relator(a): Min. Maurício Corrêa. Julgamento: 22/05/2002. Órgão Julgador: Tribunal Pleno.

Agora, um prisma bastante relevante para se examinar a fenomenologia da isenção é encará-la no plano normativo, isto é, como uma espécie de norma jurídica que determina a diferença específica entre as classes 4 e 5 do Mapa de Incidência.

É por esse ângulo que o Professor Paulo de Barro Carvalho toma ao assinalar que a "regra de isenção investe contra um ou mais dos critérios da norma padrão de incidência, mutilando-os parcialmente".[21] Aqui, a preocupação não é, imediatamente, a classe dos acontecimentos isentos, nem os seus elementos concretos, tampouco a relação que se firma entre tal classe e a delimitada pela regra matriz de incidência tributária. A tônica é o conjunto de enunciados descritivos que determinam, juridicamente, o fenômeno que vimos tratando.

8. Aprofundamento da isenção enquanto norma

Gostaria de explorar um pouco, agora, sob o ponto de vista lógico, essa noção de isenção como "mutilação".

Vimos, em nosso Mapa da Incidência, que a classe "Isenção" se firma a partir de diferenças específicas que dividem, em duas espécies, aquilo que designamos de "Materialidade Legal". Muito bem, as normas de isenção cumprem justamente o papel de instituir tais diferenças específicas.

Nesse sentido, o enunciado isentivo investe em um critério da regra matriz de incidência *tornando-o* ainda mais criterioso e mutilando parcialmente seu campo de abrangência. Em outras palavras, a partir da isenção, não basta que o acontecimento se subsuma às classes delimitadas pelos critérios material, espacial e temporal para que a norma tributária seja a ele aplicável. Ele também *não* pode se inserir na classe determinada pelas normas isentivas. Com a isenção, a classe de acontecimentos tributados é delimitada pela intersecção das

---

21. CARVALHO, Paulo de Barros. *Curso de direito tributário*. São Paulo: Saraiva, 2013, p. 450.

classes alcançadas pelo critério material, temporal, espacial da norma padrão de incidência tributária com a classe dos acontecimentos não alcançados pelas normas isentivas.

A partir desse contexto lógico, interpreto que os termos "mutilar", "subtrair", utilizados nas lições do Professor Paulo de Barros Carvalho, estão associados à ideia de redução da abrangência da classe alcançada pelo respectivo critério da regra-matriz de incidência tributária, de tal sorte que, uma vez instituída a isenção, parcela do campo de abrangência do critério normativo é subtraída. Por essa linha, "o que preceito de isenção faz é subtrair parcela do campo de abrangência do critério do antecedente ou consequente."[22]

Uma vez adotada essa interpretação sobre o fenômeno isentivo, infere-se que a norma que isenta acaba contribuindo para delinear o próprio campo de incidência do tributo. De fato, ao interferir no alcance de abrangência de um ou outro critério da regra-matriz de incidência tributária, a regra de isenção atua delimitando a classe dos acontecimentos tributados e não tributados.

A consequência disso é que o mesmo regime jurídico aplicável à regra-matriz de incidência tributária deve acompanhar a norma que isenta.

Em outras palavras, a revogação da isenção deveria respeitar princípios como da anterioridade, da irretroatividade, estrita legalidade e tantos outros que acompanham o regime jurídico dos tributos, justamente, *porque tal ato importará tributação antes não prevista no regime legal, em que pese à posição contrária do Supremo Tribunal Federal.*[23]

---

22. CARVALHO, Paulo de Barros. *Curso de direito tributário*. São Paulo: 2007, 19ª edição, p. 523.

23. Tributação. Importação de produto de país membro da ALALC. I.C.M. Isenção revogada por meio de convênio aprovado por decreto legislativo estadual. Princípio da anterioridade. Possibilidade de cobrança imediata do tributo, após a revogação da isenção. Não há de confundir-se (sic) revogação de isenção com instituição do tributo, posto que se regem por normas tributárias diversas (arts. 178 e 104, III, do CTN. Lei Complementar 24/75). Inaplicação, portanto, no caso de isenção, do princípio da anterioridade. Revogação da

Isso porque, uma vez revogada a isenção, *o campo de incidência da norma tributária estará mais largo*. Ora, o alargamento do campo de incidência da norma tributária não é outro fenômeno senão a nova tributação sobre os acontecimentos que antes eram isentos. Isso pode ser facilmente checado a partir de nosso Mapa da Incidência:

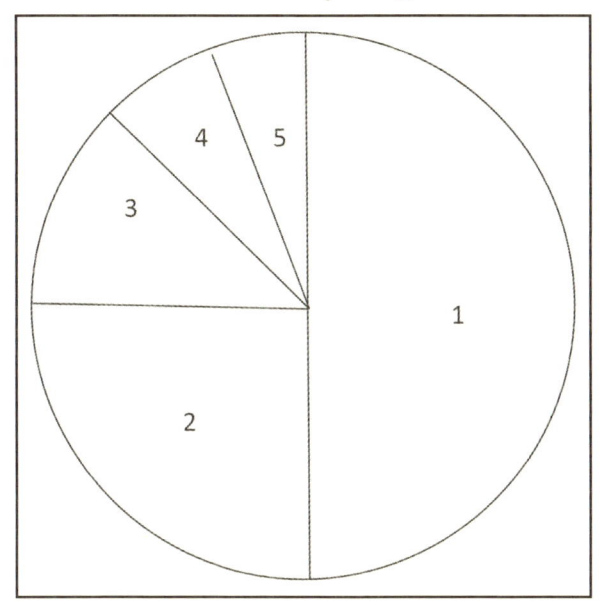

Momento 1: Norma de isenção vigente:

isenção pelo Decreto 15.251, de 25 de julho de 1980, o qual ratificou o Convênio 07/80. (RE 102993, Relator(a): Min. Aldir Passarinho, Segunda Turma, j. 19.04.1985, DJ 31-05-1985 PP-08511 Ement Vol-01380-03 PP-00534). Recentemente, porém, o STF entendeu que revogação de benefício fiscal estaria sujeito à observância do primado da anterioridade. Vejamos: IMPOSTO SOBRE CIRCULAÇÃO DE MERCADORIAS E SERVIÇOS – DECRETOS Nº 39.596 E Nº 39.697, DE 1999, DO ESTADO DO RIO GRANDE DO SUL – REVOGAÇÃO DE BENEFÍCIO FISCAL – PRINCÍPIO DA ANTERIORIDADE – DEVER DE OBSERVÂNCIA – PRECEDENTES. Promovido aumento indireto do Imposto Sobre Circulação de Mercadorias e Serviços – ICMS por meio da revogação de benefício fiscal, surge o dever de observância ao princípio da anterioridade, geral e nonagesimal, constante das alíneas "b" e "c" do inciso III do artigo 150, da Carta. Precedente – Medida Cautelar na Ação Direta de Inconstitucionalidade nº 2.325/DF, de minha relatoria, julgada em 23 de setembro de 2004. MULTA – AGRAVO – ARTIGO 557, § 2º, DO CÓDIGO DE PROCESSO CIVIL. Surgindo do exame do agravo o caráter manifestamente infundado, impõe-se a aplicação da multa prevista no § 2º do artigo 557 do Código de Processo Civil. (RE 564225 AgR, Relator(a): Min. Marco Aurélio, Primeira Turma, julgado em 02/09/2014, Acórdão Eletrônico DJe-226 Divulg 17-11-2014 Public 18-11-2014).

Onde:

Região 1 = Classe da Não Incidência Pura e Simples Constitucionalmente Determinada

Regiões 2 +3+4+5 = Classe da Materialidade Constitucional

Região 2 = Classe da Imunidade

Regiões 3 +4+5 = Classe da Competência Tributária

Região 3 = Classe da Não Incidência pura e simples legalmente delimitada

Região 4+5 = Classe da Materialidade Lega

Região 4 = Classe da Isenção

Região 5 = Classe da Tributação

Momento 2: Norma de Isenção Revogada

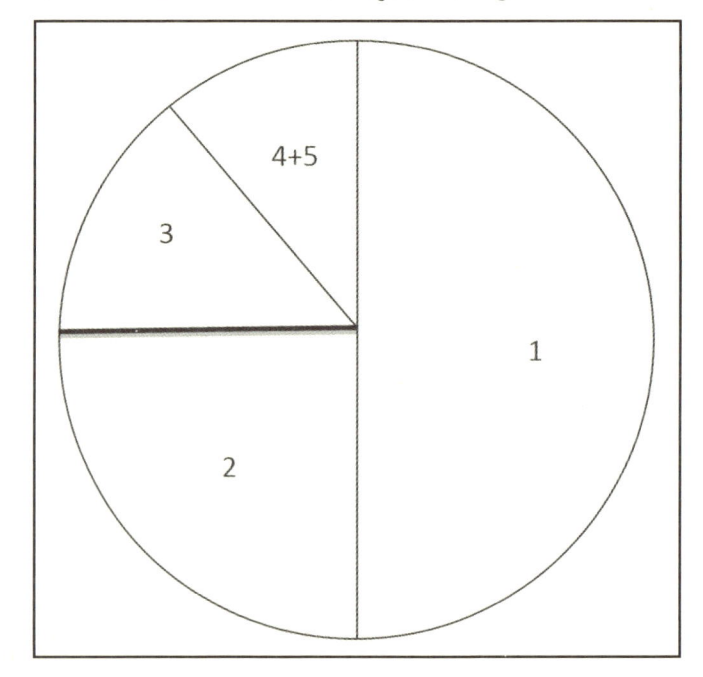

Onde:

Região 1 = Classe da Não Incidência Pura e Simples Constitucionalmente Determinada;

Regiões 2 +3+4+5 = Classe da Materialidade Constitucional;

Região 2 = Classe da Imunidade;

Regiões 3 +4+5 = Classe da Competência Tributária;

Região 3 = Classe da Não Incidência pura e simples legalmente delimitada;

Região 4+5 = Classe da Materialidade Legalmente Determinada;

Região 4 + 5 = Classe da Tributação.

Do desenho comparativo acima, nota-se que, no momento 1, a extensão do campo tributado alcançava, apenas, a região 5 de nosso Mapa de Incidência. A classe "Materialidade Legal" era repartida nas subclasses 4 de 5, de sorte que a extensão alcançada pela região 4 não era tributada, por ficar sob a égide do campo isentivo.

No momento 2, com a revogação da norma isentiva, a subdivisão que instituía as regiões 4 e 5, para formar a "Classe da Tributação" e "Classe Isenta", deixa de existir. A "Classe da Tributação" passa a ser equivalente à "Classe Materialidade Legal" – ambas regiões 4+5 – aumentando sua abrangência, eis que a diferença específica, veiculada pela isenção, torna-se inaplicável. Note-se que a "Classe da Tributação" passa a conter a materialidade antes isenta, tornando claro o aumento do campo de incidência da norma tributária, uma vez revogada a isenção.

Muito bem. O exercício intelectual acima ilustrado demonstra o motivo pelo qual a supressão de isenção equivale à instituição de tributo que passa a ser incidente sobre o que estava fora do eixo da tributação, o que ratifica a ideia, anteriormente veiculada, de que os princípios destinados à instituição de tributos são aplicáveis à isenção.

Chegada a essa conclusão, gostaria de tratar de propor uma alternativa de solução a outros problemas relacionados à isenção.

9. Isenção e terminologia legal

Quando se depara com uma previsão legislativa que trata da ausência de tributação sobre certa classe de comportamentos, um modo seguro de se identificar a isenção é situar o campo material previsto em tal norma frente a nosso Mapa de Incidência.

Isso porque, por vezes, o legislador designa de isenção casos de imunidade e outros de não incidência e por outras, o mesmo legislador confere terminologia estranha aos casos de isenção, esperando, por conta disso, obter um regime jurídico diferenciado. Mas, a terminologia no plano S1 (plano da literalidade legal), para se identificar as isenções, são tão úteis quanto os nomes dos tributos para se identificar em qual espécie tributária se enquadra determinada exação.

Retenhamos, nesse campo, a seguinte regra: o enunciado legal poderá ser qualificado como isenção, sempre que (i) se referir a um campo de acontecimentos que esteja enquadrado na "Classe Materialidade Legalmente Determinada" e (II) determinar que sobre tal classe de acontecimento não haverá tributação.

A legislação poderá designar isso de "não incidência", "alíquota zero", "diferimento" "produto não tributado" e outros nomes, mas estaremos operando a isenção, se as condições acima forem verificadas.[24]

---

24. Expondo ideia semelhante, vide: CARVALHO, Paulo de Barros. Idem, p. 527.

No tocante específico da alíquota zero, não posso concordar com o enunciado que enuncia que, nesse caso, existirá tributação, mas seu quantum é zero. Charles S. Peirce, tratando sobre os significados das palavras, ensina que os pensamentos devem refletir um hábito voltado para o agir.[25] Uma suposta diferença de significado entre termos que não exprimem qualquer alteração no agir não faz qualquer sentido. Estamos, aqui, tratando de uma regra geral dos signos que não pode ser desprezada pelo jurista.

Ora, qual a diferença, em termos de ação do contribuinte, entre "não ser tributado" e "ser tributado a zero"? Absolutamente nenhuma. É um erro semiótico grosseiro sustentar que "não ser tributado" e "ser tributado a zero" importam situações distintas.

Também, não resiste a uma análise mais profunda a ideia de que a alíquota zero não investe contra a hipótese de incidência da norma, de tal sorte que a norma incidiria. De fato, o legislador não poderá determinar discriminar diferentes alíquotas em um tributo sem criar diferenças específicas entre os diversos acontecimentos previstos na hipótese da norma tributária. E o que se faz na alíquota zero? Aponta-se que para determinadas situações – todas enquadradas na classe "Materialidade Legalmente Determinada" – a tributação será zero. Nada mais faz senão criar uma isenção, com uma terminologia distinta.

Outra advertência: por vezes, o legislador ordinário toma acontecimentos enquadrados nas classes 1 e 2 de nosso Mapa de Incidência e se dispõe a enunciar que sobre eles não haverá tributação. E aqui vale assinalar: tal espécie norma é totalmente redundante e sua revogação não acarreta efeito algum na esfera da incidência tributária. Poderemos chamar tal categoria de "Norma Redundante de Não Incidência".

---

25. PEIRCE, Charles S. *Semiótica e filosofia*. São Paulo: Editora Cultrix, 1993, 9ª edição. Tradução MOTA, Octany Silveira da e HEGENBERG, Leonidas, p. 59.

As "Normas Redundantes de Não Incidência" podem gerar grandes confusões, porque por vezes se pretende sustentar a tributação de outros acontecimentos inseridos na região 1 e 2 do Mapa de Incidência pela simples ausência de sua menção em tais normas. Não é preciso aprofundar muito para se compreender a improcedência de argumentações desse calibre, embora, do ponto de vista pragmático, se apresentam altamente bastante eficazes. Quem sabe, um método como o Mapa de Incidência não seja um antídoto que nos previna desse tipo de afasia argumentativa.

10. Isenção e direito adquirido

Outro problema relevante atinente às isenções é se podem gerar direito adquirido. Gostaria de esquecer, neste momento, como o Código Tributário Nacional trata o tema para pensar no conceito de "direito adquirido".

Primeiro ponto que acrescento sobre esse aspecto é o seguinte: direito adquirido é verificado quando certo acontecimento, previsto no antecedente de determinada norma jurídica, ocorre no momento em que ela é vigente. Nesse caso, se aplicarmos aquela noção de que a norma é uma proposição condicional, logo verificaremos que o antecedente há de ser visto como condição suficiente do consequente, de tal modo que a ocorrência de tal acontecimento importará a aplicação do prescrito jurídico, advindo direitos e deveres para determinados sujeitos.

Nesse ponto, o que a garantia do direito adquirido prescreve é que a relação jurídica criada por conta de uma norma já incidente não pode ser modificada em razão de norma superveniente.

Não se confunde direito adquirido com a expectativa de aplicação de regime jurídico. O direito adquirido importa que o critério temporal de certa norma já se efetivou. Já um regime jurídico opera no campo da abstração e pressupõe uma incidência continuativa, ou seja, sempre que se verificar determinado acontecimento previsto na hipótese de incidência de determinada norma.

Feito tal esclarecimento, notaremos que a isenção, a princípio, gera direito adquirido para o passado, ou seja, dado determinado instante I, em que uma norma de isenção é vigente, os acontecimentos que preencheram todos os critérios para enquadramento na classe formada pela região 4 de nosso Mapa da Incidência geram o direito adquirido de não se ser tributado nos respectivos períodos de apuração em que ocorrerem.

Gostaria de abrir parênteses. Tenho para mim, que esse direito de não ser tributado, decorrente da norma isentiva, é uma relação jurídica que não se opera, diretamente, da norma isentiva, mas a partir de um cálculo lógico de relações. Em realidade, todos aqueles que não praticarem um acontecimento inserido na região 5 do Mapa da Incidência em momento I, sendo I, o critério temporal de determinada norma tributária, terão o direito de não serem tributados por aquele tributo no período de apuração correspondente.

Assim, todos têm o direito de não serem tributados enquanto não praticarem um comportamento previsto na região 5 do Mapa da Incidência, de modo que a isenção é apenas uma dessas hipóteses. Fecho os parênteses.

Muito bem. Do que falamos, se infere que se determinado fato isento ocorre em um momento I, isso não significa que um fato I2, sendo I2 posterior a I, será também isento. Considerando-se que não há direito adquirido ao regime jurídico da isenção, a revogação da norma isentiva em um I1 – sendo I1 posterior a I e anterior a I2 – importará a tributação incidente em I2 sobre aquele fato anteriormente isento.

Há, porém, uma exceção importante. Se determinada norma N prever que um acontecimento específico importa o direito de usufruir isenção por certo tempo, e, factualmente, ocorrer esse acontecimento no momento da vigência da norma, então haverá direito adquirido a isenção no período previsto pela norma.

Passo a um exemplo para ilustrar o que pretendo assinalar. Suponha-se que certa norma N preveja que a pessoa jurídica que gerar 100 (cem) empregos em janeiro de 2013 estará isenta por cinco anos de COFINS. Nesse caso, todas as pessoas jurídicas que tiverem gerado tal número de empregos em janeiro de 2013 terão o gozo de direito adquirido de isenção de COFINS pelo período referido pela norma. Por quê? Porque terão adimplido as condições previstas em N e, em razão disso, nascerá uma relação inserida no consequente de tal norma que é o de se usufruir a isenção por determinado período.

Quero chamar a atenção que o enunciado que dá subsídio à construção, pelo intérprete, da norma N, atua de duas formas distintas. Em um ângulo, ele investe contra a regra-matriz de incidência tributária delimitando o campo de tributação. É nessa atuação que ele age, por excelência, como norma isentiva. Poderíamos chamar essa norma isentiva de N'.

Mas, ele (enunciado normativo) tem, também, uma atuação normativa distinta, importando, justamente, aquilo que designamos de norma N. Ele qualifica que sua atuação, sobre a regra-matriz de incidência tributária, será por um período específico, desde que ocorrido um único evento delimitado no tempo. E essa previsão, segundo vejo, dá fundamento ao surgimento de uma relação jurídica que se tornará direito adquirido quando adimplida sua hipótese.

Agora, vamos trabalhar com outro exemplo. Determinada norma N" prevê o seguinte: a pessoa jurídica que mantiver 100 empregados nos próximos 05 anos terá o direito à isenção no referido período. Será que, nesse caso, uma revogação da norma no terceiro ano importaria violação de direito adquirido para o quarto e quinto ano?

Creio que não. Para explicar a diferença entre a norma N" da norma N chamo atenção ao seguinte: no caso da norma N, o que acontece se a pessoa jurídica mantém 100 empregados em janeiro de 2013 e a partir de fevereiro demite todos os empregados? Ora, segundo a dicção de N, o fato suficiente para a manutenção da isenção de COFINS já se operou em janeiro. Logo, nenhum comportamento adicional é exigido do contribuinte no futuro, o que caracteriza o direito adquirido.

Não é o que ocorre com N". Se em janeiro de 2013, a pessoa jurídica mantém 100 empregados, gozará a isenção para aquele período. Mas, se em fevereiro demitir os 100 empregados, não terá direito à isenção a partir de então. O que isso demonstra? Que não há direito adquirido, nesse caso, para o futuro, eis que a condição suficiente para a aplicação da isenção deve ocorrer de forma mensal e periódica a cada vez que o critério da regra-matriz de incidência tributária se verifica. Daí por que, tenho para mim que se N" for revogada no segundo mês de sua vigência, haverá direito adquirido de não tributação em relação ao primeiro mês, mas, não em relação aos demais.

Agora, vamos examinar, um pouco, o Código Tributário Nacional. O que esse diploma trata sobre a revogação das isenções? A previsão está no art. 178 e prevê o seguinte:

> Art. 178. A isenção, salvo se concedida por prazo certo e em função de determinadas condições, pode ser revogada ou modificada por lei, a qualquer tempo, observado o disposto no inciso III do art. 104.

Muito bem. Quando se lê o artigo anteriormente citado, há uma aparente proibição de revogação de isenção concedida por prazo certo e em função de determinadas condições.

Vejo que a interpretação desse artigo deve ser temperada com as observações que expusemos acima. Não poderia o legislador, que institui norma geral de direito tributário, "impedir" que os Entes Tributantes revoguem isenções de qualquer espécie. A revogação é uma prerrogativa assegurada à atividade legiferante e não pode o Código Tributário Nacional limitar essa faculdade.

Daí por que essa proibição de revogação, na realidade, há de ser compreendida como a impossibilidade da lei que revoga a isenção retroagir para extinguir direito adquirido. Ora, essa retroatividade violaria o art. 5º, inciso XXXVI, da Constituição da República, razão pela qual o Código Tributário Nacional vem, mais uma vez, ratificar essa vedação em nome da segurança jurídica.

Por essa linha, o termo "concedida", mencionado no dispositivo, viria exprimir aquela outorga de isenção já decorrente da produção de uma norma individual e concreta, em que a autoridade administrativa reconhece o direito de isenção de certo contribuinte que adimpliu os requisitos "a", "b" ou "c", previstos na legislação.

Agora, se a isenção está prevista no plano legal, mas seus requisitos de concessão não chegaram a ser observados por qualquer contribuinte, não há que se falar em direito adquirido e, tampouco, em "inviabilidade de revogação", ainda que haja previsão na lei de que sua concessão seja por prazo certo e mediante o preenchimento de determinadas condições. Não há, em nosso ordenamento jurídico, direito a "expectativa a regime jurídico", como o Supremo Tribunal Federal reiteradamente já decidiu.[26]

Em suma, concluo assinalando que há o direito adquirido à isenção por prazo certo, sempre que o contribuinte já

---

26. Ementa: Mandado de Segurança Contra Ato do Conselho Nacional de Justiça. Resolução 88/2009, que dispõe sobre a jornada de trabalho do Poder Judiciário. Não constatado o direito líquido e certo do impetrante em invalidar os efeitos concretos da resolução. Jurisprudência pacífica da Corte. Enunciado da Súmula 266 do STF [Súmula 266: "Não cabe mandado de segurança contra lei em tese".]. O servidor público não tem direito adquirido a regime jurídico, o que, consequentemente, significa que não há violação a direito quando se altera a jornada de trabalho anteriormente fixada. Agravo a que se nega provimento. (MS 28433 AgR, Relator(a): Min. Ricardo Lewandowski, 2ª T. , j. 05.08.2014, Acórdão Eletrônico *DJe*-157 Divulg. 14.08.2014 Public. 15. 08. 2014).

preencheu os requisitos determinados pela lei, que forem necessários e suficientes para o gozo do benefício fiscal. Caso contrário, não há que se falar em direito adquirido.

Muito bem. Eram essas as colocações que gostaria de tecer sobre isenções. Espero que tenham sido claras e que contribuam, ainda que de forma modesta, para o diálogo sobre o tema.

Referências

ATALIBA, Geraldo. *Hipótese de incidência tributária*. 6ª ed. São Paulo: Malheiros Editores, 5ª tiragem, 2003, p. 27.

BECKER, Alfredo Augusto. *Teoria geral do direito tributário*. 3ª ed. Porto Alegre: Ed. Lejus. 2ª tiragem, 2002, p. 295.

BORGES, José Souto Maior, *Teoria geral da isenção tributária*. 3ª ed., 3ª tiragem, São Paulo: Malheiros Editores, 2011, p. 155 e 178.

CARNAP, Rudolf. *Meaning and Necessity*. A Study in Semantic and Modal Logic. Chicago: The University of Chicago Press. 1947, p. 5.

CARVALHO, Paulo de Barros. *Curso de direito tributário*. São Paulo: Editora Saraiva, 2013, 25ª edição, p. 238.

_____. *Direito tributário, linguagem e método*. São Paulo: Editora Noeses, 2008, p. 93.

COPI, Irving. *Introdução à lógica*. Trad. Alvares Campos. São Paulo: Mestre Jou, 1986, p. 227.

CARROL, Lewis. *Symbolic Logic*. Nova Iorque: 1977, The Harvest Press Limited, p. 60.

CARVALHO, Paulo de Barros. *Curso de direito tributário*. São

Paulo: Editora Saraiva, 2013, 25ª edição, p. 344.

ECHAVE, URQUIJO, GUIBOUG. *Lógica, proposición y norma*. 6ª ed. Buenos Aires: Ed. Astereal, p. 67.

MORTARI, Cezar A. *Introdução à lógica*. São Paulo: Editora UNESP, 2001, p. 44.

PONTES DE MIRANDA, Francisco Cavalcanti. *Tratado de direito privado*. Tomo I. 2ª ed. São Paulo: Bookseller Editora e Distribuidora, 2000, p. 56.

VILANOVA, Lourival. *As estruturas lógicas e o sistema de direito positivo*. 4ª ed. São Paulo: Noeses, 2.010.

A REGRA-MATRIZ COMO ESQUEMA LÓGICO DE INTERPRETAÇÃO DOS TEXTOS JURÍDICOS

Aurora Tomazini de Carvalho

Doutora em Filosofia do Direito pela Pontifícia Universidade Católica de São Paulo – PUC-SP, Professora da Universidade Estadual de Londrina-PR e dos Cursos de Pós-Graduação da PUC-SP, IBET, FAAP e EPD, Pesquisadora do IBET e Advogada

1. Considerações iniciais

Sempre tive muita dificuldade de entender a razão prática do estudo da Lógica e de todas aquelas fórmulas, razão pela qual não dei muita importância à disciplina nos anos de Graduação. Essa dificuldade resultava da minha falta de compreensão a respeito do que é a Lógica e de como como ela atua no processo de conhecimento, noção que só consegui visualizar quando cursei a disciplina de Lógica Jurídica do Prof. PAULO DE BARROS CARVALHO no Mestrado da PUC-SP.

A disciplina abriu meus horizontes, me fez entender a importância da Lógica ao identificar as estruturas do pensamento. Quando estudamos Lógica entendemos como são feitas as associações do nosso intelecto ao conhecer as coisas e validar tal conhecimento, porque trabalhamos com as formas proposicionais da linguagem em que o conhecimento é constituído, o que nos deixa mais seguro em relação ao próprio conhecimento e a maneira de interpretar outras linguagens.

Essa também foi minha sensação quando entrei em contato pela primeira vez com o esquema lógico da regra-matriz de incidência elaborado e pensado pelo Prof. PAULO DE BARROS CARVALHO. Foi numa aula sobre Direito Tributário da Profa. BETINA GRUPENMACHER, no Curso de Especialização em Direito Empresarial da Universidade Estadual de Londrina (em 2001). Cheguei um pouco atrasada e me deparei com o esquema lógico da regra-matriz na lousa, fiquei tentando entender aqueles símbolos e qual seria a relação deles com a cobrança de tributos e num primeiro momento (justamente por não entender a função da Lógica) não vi muito sentido em seu estudo. Me perguntei por diversas vezes: "Pra que esse monte de símbolos?", "Onde vou aplicar isso?". Foi só com o tempo que entendi a utilidade da regra-matriz e o quanto ela facilita o trato com o direito. Mas dizem que é assim, o conhecimento se sedimenta aos poucos e com o tempo. Hoje, e digo isso com a convicção da prática, a primeira coisa que faço diante de um texto jurídico é identificar a regra-matriz de incidência, que funciona como um forte arsenal para interpretação, delimitação da incidência e controle de constitucionalidade/legalidade de qualquer textos legislados.

Assim, foi com grande honra que aceitei o convite dos professores PAULO DE BARROS CARVALHO e LUCAS GALVÃO DE BRITTO para escrever este artigo. Espero trazer algumas elucidações para aqueles que têm a mesma sensação que tinha e que ainda se perguntam: "Para que esse negócio de Lógica Jurídica" ou "Para que estudar a Regra-Matriz de Incidência?" "Onde vou aplicar estes conceitos?"[1]. Aproveito para registrar aqui mais uma vez minha homenagem e agradecimento ao Prof. PAULO DE BARROS CARVALHO que

---

1. Essas questões podem ser mais profundamente analisadas no livro *Curso de Teoria Geral do Direito (o Constructivismo Lógico-Semântico)* de minha autoria.

abriu minha visão com os horizontes da Lógica e da sua Regra-Matriz de Incidência Tributária.

2. Que é e para que serve a Lógica?

A palavra "logica" pode ser empregada em dois sentidos: (i) Ciência que se volta para as estruturas das linguagens; e (ii) a linguagem formalizada que manifesta a estrutura de uma linguagem. Enquanto ciência, a Lógica estuda as regras de estruturação das diferentes linguagens que constituem nossa realidade. Embora seja uma unanimidade entre os pensadores dizer que a Lógica se preocupa com as categorias do pensamento, ao empregarmos os pressupostos do Constructivismo Lógico-Semântico e da Filosofia da linguagem de que a realidade se constitui pela linguagem e que só conhecemos aquilo que constituímos linguisticamente em nosso intelecto, o objeto da Lógica será sempre a linguagem. Assim, fala-se que a lógica cuida das estruturas do pensamento, porque ela trata da estrutura das linguagens, inclusive daquela em que se pauta o conhecimento. Estes são os ensinamentos de PAULO DE BARROS CARVALHO, de que: "não há lógica na floresta, no fundo dos oceanos ou no céu estrelado: torna-se impossível investigarmos entes lógicos em qualquer outra porção da existência real que não seja um fragmento de linguagem"[2]. Neste sentido, a Lógica pressupõe sempre uma linguagem que é seu ponto de partida seu objeto epistemológico.

Enquanto linguagem, a lógica é um sistema de significação dotado de regras sintáticas rígidas, cujos signos apresentam um e somente um sentido, que tem por função representar as relações estabelecidas entre os termos, proposições e argumentos de outra linguagem. É uma linguagem que manifesta a estrutura proposicional de outra linguagem. Tal estrutura é manifesta por meio daquilo que denominamos de fórmulas lógicas.

---

2. *Direito Tributário Linguagem e método*, p. 10.

As fórmulas lógicas (elementos da linguagem lógica), representativas da estrutura de certa linguagem (objeto), segundo as categorias de EDMUND HUSSERL, enquadram-se na região ôntica dos objetos ideais. Não têm existência concreta, real; não estão na experiência e são axiologicamente neutras.

Apesar de só serem percebidas onde houver manifestação lingüística, não nos deparamos com as fórmulas lógicas no contado mediato com o dado físico de uma linguagem (palavras de um texto, por exemplo). Elas são construídas, mentalmente, mediante um processo chamado de "formalização".

Mas, para entendermos melhor tal processo e a função da lógica, é preciso, primeiramente, estabelecermos uma diferença muito importante: a separação entre "enunciado" e "proposição".

2.1. Enunciado e proposição

Enunciado é a expressão lingüística produto da atividade pscicofísica de enunciação, são sentenças (frases) formadas pelo conjunto de fonemas e grafemas devidamente estruturados que tem por finalidade transmitir um conteúdo completo, num contexto comunicacional. Resumidamente, enunciado é uma forma física de uma linguagem que nos remete a construção de um sentido completo. Por exemplo, na linguagem escrita, os enunciados manifestam-se numa seqüência de palavras (símbolos) gramaticalmente estruturadas, com o pretexto de serem significativas de um conteúdo completo (ex: "o dia está ensolarado"; "a indenização mede-se pela extensão do dano" – art. 944 CC).

As palavras podem ser combinadas para formar diversas expressões lingüísticas, enunciados e textos, mas nem toda seqüência de vocábulos é um enunciado. O que determina quais seqüências de palavras de uma língua constituem enunciados é a sua gramática – conjunto de regras que prescrevem a forma como se pode combinar os termos de uma língua. Assim, por exemplo, o seguinte conjunto de palavras "pela mede-se indenização a dano do extensão", não constitui um enunciado, isto porque, não obedecendo as regras gramaticais nenhuma seqüência de palavras é capaz de transmitir um conteúdo completo dentro de um contexto comunicacional.

Embora intimamente relacionados, muito diferente do enunciado é a proposição, tomada como conteúdo do enunciado, o sentido que lhe é atribuído, ou seja, aquilo que construímos em nossa mente quando o interpretamos. Como suporte físico, o enunciado refere-se "a algo do mundo exterior, de existência concreta ou imaginária, atual ou passada, que é o seu significado; e suscita em nossa mente uma noção, idéia ou conceito, que chamamos de significação"[3]. Apesar de ambos estarem totalmente vinculados, diferentemente dos enunciados que são dados materiais, presentes no mundo experimentável, as proposições são objetos conceptuais (ideais), que estão em nossa mente e, assim sendo, não têm natureza física.

Tomando a proposição como a significação que construímos a partir da leitura de um enunciado, temos que, de uma mesma seqüência de palavras podemos construir inúmeras proposições diferentes, dependendo dos valores atribuídos a cada um de seus termos. Por exemplo, do enunciado "é proibido usar trajes de banho" podemos construir a significação de que "deve-se usar uma roupa mais composta", ou de que "não se deve usar roupa alguma". Da mesma forma, duas seqüências de palavras diferentes, também podem dar ensejo à mesma proposição como por exemplo os enunciados "ligue o ar condicionado" e "o ar condicionado está ligado?". Assim, não há relação entre o número de enunciados com o número de proposições. Porém, a cada enunciado corresponde ao menos uma proposição, caso contrário, não se trata de enunciado, pois estes só se caracterizam como tal por estimularem intelectualmente a construção de um sentido completo.

---

3. PAULO DE BARROS CARVALHO, *Língua e linguagem* (Apostila de Lógica Jurídica), p. 4.

LÓGICA E DIREITO

Há de se ressaltar que a proposição, é uma significação mais complexa do que aquela referente a um termo isolado (palavra). Os termos, ou palavras, são expressões físicas de idéias, noções, ou conceitos. Já os conceitos se constituem como significações, construções da mente humana que têm como base os termos enquanto suporte físico. Assim, a significação de um termo isolado consubstancia-se numa idéia, ou melhor dizendo, no conceito de tal termo. A significação de um enunciado, por sua vez, consubstancia-se num juízo, o qual denominamos de proposição. O juízo (proposição) aparece em nossa mente, quando associamos idéias e somos capazes de julgar afirmativa ou negativamente tal associação.

A Lógica, (enquanto Ciência) está voltada às estruturas proposicionais, para o modo como as ideias se relacionam na composição dos juízos (proposições) e como estes se estruturam na constituição dos argumentos, (raciocínios) e não para a forma física e estrutural mediante o qual os termos e os enunciados se apresentam, cuja análise compete à Gramática, não à Lógica. Por analogia, assim, podemos então dizer que a Lógica (Ciência) está para a proposição assim como a Gramática de uma língua está para o enunciado.

2.2. Formalização da linguagem

Chegamos às estruturas lógicas por meio da formalização da linguagem objeto, processo mediante o qual os conteúdos significativos específicos das palavras (construídos em nosso intelecto) são substituídos por signos convencionalmente estabelecidos, que não denotam um ou outro referencial específico, mas um conceito abstrato, não a vinculando a qualquer significado (objeto).

Num primeiro momento o lógico se depara com os enunciados componentes do plano de expressão da linguagem objeto. A partir destes enunciados constrói proposições e depois, abstrai o conteúdo proposicional, substituindo os signos idiomáticos por símbolos arbitrariamente escolhidos, cujo único requisito repousa na univocidade. Assim, chega-se à estrutura da linguagem, que até então se encontrava encoberta pelas palavras e seus conteúdos significativos.

Ao formalizar o sujeito cria uma linguagem de sobrenível (a lógica enquanto linguagem formalizada), que revela a estrutura da linguagem tomada como objeto. Neste processo deixa-se de lado os conteúdos significativos das palavras e dá-se um salto para o território das estruturas proposicionais da linguagem. O sujeito cognoscente abandona o campo de irradiação semântica das palavras, para lidar com o campo sintático das relações entre as idéias e proposições e racionalização do discurso tomado como objeto. E assim o faz substituindo os termos e/ou enunciados da linguagem tomada como objeto, por símbolos de significação unívoca denominados *variáveis* e *constantes*.

Nos termos da Lógica Alética, as *variáveis* são símbolos, representativos dos conteúdos significativos da linguagem tomada como objeto, substituíveis por diversos valores de qualquer campo do conhecimento (físico, social, musical, inclusive jurídico)[4] e as *constantes* exercem funções operatórias fixas, são conectivos que atuam sobre as variáveis, representativo das relações entre significações na formação das proposições e entre proposições na formação do raciocínio, sendo insubstituíveis por símbolos denotativos de objetos. As *constantes*, conhecidas também como "conectivos lógicos", "operadores" ou "functores" podem ser monádicas, quando afetam só uma forma, ou diádicas, quando atuam sobre duas formas conjuntamente, estabelecendo relação entre elas na formação de estruturas mais complexas. Além das *variáveis* e *constantes*, na formalização de uma linguagem, utiliza-se como símbolos auxiliares parênteses "( )", colchetes "[ ]",

---

4. A convenção mais difundida para os símbolos de variáveis é aquela representada por consoantes minúsculas do final do alfabeto: p, q, r, s, t, u, v, w, y, z, acrescentando-lhes aspas simples, segundo as necessidades de variação simbólica. Assim, p e p', q e q', r e r', lemos: "p" e "p-linha", "q" e "q-linha", "r" e "r-linha". (PAULO DE BARROS CARVALHO, *Direito Tributário Linguagem e Método*, p. 63).

chaves "{ }" e barras " ", exatamente nesta seqüência, para esclarecer os conectivos dominantes e evitar ambigüidade quando dos agrupamentos simbólicos.

Um exemplo melhor esclarece como se dá a formalização de uma linguagem. Partindo do enunciado: "todos os cisnes são brancos", constrói-se o conteúdo proposicional e, arbitrariamente, confere-se o símbolo "S" ao termo "cisnes" e o símbolo "P" ao termo "brancos". Tem-se, então, o enunciado: "todo S é P", onde "S" e "P" são variáveis de sujeito e predicado (respectivamente) susceptíveis de serem preenchidas por qualquer conteúdo (ex: todos os homens são mortais; todos os astros são estrelas; todos os números pares são divisíveis por dois; todos os carros são automotores, etc.). Seguindo o mesmo processo, elimina-se o resíduo de linguagem natural persistente nas palavras "todos" e "é", substituindo-as pela constante, também arbitrária "→", representativa do vínculo implicacional entre os termos. A linguagem, então, aparece totalmente formalizada no enunciado lógico: "x(S)→x(P)", onde se lê: "se x é S (cisne), então x é P (branco)", ou em outros termos "S(P)", que significa: "S tem a propriedade P".

Por sua vez, num processo mais elaborado, a proposição "todos os cisnes são brancos", na sua integralidade, pode ser substituída por uma variável "p" e relacionada com outra proposição "q" (construída, por exemplo, do enunciado "todos os cisnes vivem em água doce"), para a identificação de estruturas mais complexas como, por exemplo, a sentença: "todos os cisnes são brancos e vivem em água doce" (p . q), onde "p" e "q" são variáveis proposicionais. No primeiro caso, a formalização ocupa-se da compostura interna da proposição e a Lógica que a estuda é dos predicados, ou "Lógica dos Termos". No segundo caso, a formalização demonstra a relação entre proposições, objeto da Lógica Proposicional.

As variações da Lógica Proposicional estão ligadas à finalidade empregada à linguagem, determinada pela sua função. As alterações de função determinam modificações importantes nos nexos lógicos da linguagem, sendo, portanto, imprescindível para identificar o tipo de Lógica com a qual devemos trabalhar. A cada função linguística, compete uma formalização diferente. Assim temos: a Lógica Apofântica (Alética ou Clássica), para linguagem utilizada em função descritiva, cujos valores são a verdade e a falsidade; a Lógica Deôntica, para linguagem utilizada na função prescritiva, cujos valores são a validade e a não-validade; a Lógica Erotética, para linguagem utilizada na função interrogativa, cujos valores são a pertinência e a impertinência; a Lógica da linguagem persuasiva, cujos valores são o convincente e o não-convincente; e assim se segue. De acordo com a função empregada, alteram-se a estrutura da linguagem e, portanto, a linguagem lógica que a representa formalmente.

3. A Lógica como uma técnica de análise do direito

A Lógica (enquanto Ciência) é a denominada "Lógica Formal", que tem por objetivo o estudo das formas de uma linguagem Quando as categorias desta Ciência é utilizada pelo homem para conhecer as estruturas de determinado segmento linguístico, surge a Lógica Aplicada, ou Lógica Material (linguagem formalizada), que significa a aplicação da Lógica a uma específica região do saber, isto é a um específico discurso.

A Lógica aplicada é um forte e seguro instrumento para a análise sintática de qualquer linguagem. Ela nos permite ingressar nos domínios da sua estrutura para compreendermos a forma e as relações que se estabelecem entre suas unidades, proporcionando precisão linguística ao cientista e controle do conhecimento por ele produzidos.

Aplicada ao direito, a Lógica permite conhecer sua estrutura, a forma e as relações que se estabelecem entre suas unidades e, por isso, muito nos diz sobre linguagem jurídica, sendo um preciso e importante instrumento para o conhecimento de seu plano sintático. No entanto, o estudo proporcionado com emprego da Lógica não é completo, pois dirige-se apenas a um aspecto da linguagem, ficando os outros planos (semântico e pragmático) prejudicados. Abstraindo seus campos semântico e pragmático, a Lógica é apenas um ponto de vista sobre o conhecimento, que não contempla o direito na sua totalidade. Não compete à Lógica dizer qual o conteúdo jurídico, nem tão pouco lhe cabe indicar que proposição normativa é aplicada a determinado acontecimento. O que está ao alcance da Lógica é a verificação da estrutura da linguagem jurídica.

Assim utilizamos da Lógica (enquanto Ciência) como uma técnica de análise do direito. Estudamos Lógica para aplicá-la, mediante o processo de formalização, à linguagem jurídica e alcançar a estrutura da linguagem do direito.

Como dissemos linhas acima, cada função linguística corresponde uma Lógica diferente. A função diz respeito à finalidade da linguagem, isto é, o fim para o qual ela é empregada. Dependendo da finalidade construímos um discurso de uma forma ou de outra. O direito, dentro da concepção do Constructivismo Lógico-Semântico, caracteriza-se como uma linguagem prescritiva, pois produzida pelo homem com a finalidade de regular condutas intersubjetivas. E a Lógica que trata especificamente das linguagens prescritivas é a Lógica Deôntica. Assim, a Lógica Jurídica aparece como uma especificidade da Lógica Deôntica.

4. Causalidade jurídica

Muito antes da sistematização da Lógica Deôntica, por VON WRIGT, credenciada para revelar a estrutura da linguagem jurídica, KANT já diferenciava as leis da natureza, submetidas ao princípio da causalidade física (ser), das leis jurídicas, estruturadas pela imputabilidade deôntica (dever-ser). KELSEN também assim o fez, ainda que indutivamente (sem o emprego de uma lógica própria), distinguindo as relações articuladoras das proposições de cada sistema: num, a síntese do "ser" (*if* A *is*, B *is* – "*se A é, B é*") e noutro, a do "dever-ser" (*if* A *is*, B *ought to be* – "*se A é, B deve ser*"), ambas relações de índole lógica, vínculos implicacionais que atrelam um fato-causa a um fato-efeito e constituem causalidades, ainda que muito distintas.

Por causalidade física entende-se a natural, ou seja, as relações implicacionais que *se dão* na realidade física constituída pela linguagem descritiva, representadas pela síntese do "ser". Já a causalidade jurídica, espécie de causalidade normativa, é aquela própria dos sistemas prescritivos, do qual o direito positivo é espécie, que compreende as relações que *devem se dar* entre sujeitos, representadas pela síntese do "dever-ser".

Quando nos referimos ao mundo do "ser" e do "dever-ser", estamos tratando de dois corpos de linguagem, separados em razão dos vínculos que se estabelecem entre suas proposições e determinam a função em que a linguagem é empregada. A distinção, nesta proporção, é possível justamente porque ambos são sistemas proposicionais. Num, opera-se a causalidade física, ou natural, noutro, a causalidade jurídica.

O legislador, para prescrever condutas intersubjetivas, observa a realidade social que o cerca e elege um fato como causa de um efeito jurídico, constituindo-os em linguagem jurídica (por meio da produção de enunciados prescritivos). Por exemplo, ao enunciar: "os menores de 16 anos são absolutamente incapazes de exercerem pessoalmente atos da vida civil (art. 3º, I, do CC)", o legislador impõe uma relação de implicação entre o fato de ser menor que 16 anos e a capacidade para exercer pessoalmente atos da vida civil (causalidade jurídica), de modo que, a verificação da menoridade, por si só, basta para afirmarmos que a pessoa está incapacitada (condição suficiente); e pela constatação da ausência de incapacidade (capacidade) sabemos que ela é maior de 16 anos (condição necessária).

No caso, por exemplo, do enunciado citado da menoridade civil, o legislador, diante da realidade social que o cerca, elege o fato "ser menor de 16 anos" e a ele atribui o efeito da incapacidade absoluta, ao criar a linguagem (enunciado do mencionado art. 3º.) que o toma como termo-hipótese deste termo-conseqüente. E por que não elegeu o fato "ser menor de 18 anos"? E por que não lhe atribuiu a conseqüência da incapacidade relativa? Porque os vínculos jurídicos se estabelecem exclusivamente por meio de atos de vontade do legislador, com a constituição de enunciados jurídicos. O mesmo fato pode ser atrelado a inúmeras conseqüências (ex: o fato de um acidente de carro com vítimas atrela-se juridicamente ao recebimento do seguro, à indenização civil, à ação criminal, etc), assim como, a mesma conseqüência pode decorrer de vários fatos (ex: a conseqüência da incapacidade absoluta pode decorrer juridicamente do fato da deficiência mental e da impossibilidade de manifestação de vontade), isto acontece porque, as relações entre fato-causa e fato-efeito, constantes da linguagem do direito, são postas pelo legislador. A causalidade que o sistema jurídico estabelece é uma relação deonticamente firmada, como diz LOURIVAL VILANOVA, "o efeito não segue sempre o fato, mas, dado o fato jurídico, *deve ser* o seu efeito."[5]

Enquanto, na causalidade natural, a relação entre o fato-causa e o fato-efeito é necessária ou ao menos possível fisicamente (ex: "uma maçã, ao soltar-se do galho, necessariamente cairá"; "um homem que subir na árvore, provavelmente cairá"), na causalidade jurídica ela é posta por um ato de autoridade, mediante a produção de enunciados jurídicos (ex: "se matar alguém deve ser o cumprimento da pena de x a y anos"). O fato de matar alguém gera vários efeitos no mundo físico e social, como a decomposição do corpo, o sepultamento, a revolta familiar, mas só implica o cumprimento de uma pena, porque o legislador instituiu tal vinculação com a criação da linguagem jurídica.

Tais associações, no entanto, muitas vezes não aparecem no plano dos enunciados da linguagem do direito,

---

5. *Causalidade e relação no direito*, p. 61.

considerando seu plano de expressão (códigos, leis, decretos, sentenças, atos administrativos, portarias). Mas ao formalizarmos a linguagem jurídica, retirando seu conteúdo significativo, observaremos invariavelmente a mesma estrutura causal: D(H→C).

Resumidamente, o legislador (aqui entendido como aquele capaz de produzir normas jurídicas, com o intuito de implementar certos valores na sociedade, prescreve condutas estabelecendo relações de causa-efeito entre acontecimentos do mundo social e as condutas que almeja modificar. E, assim o faz mediante a produção de enunciados prescritivos, que compõe o plano físico do direito positivo. Ainda que esta forma (causa→efeito) não possa ser verificada em todos os enunciados do texto jurídico, invariavelmente, ela se apresentará em todas as construções interpretativas com relação ao texto legislado, pois só com ela conseguimos compreender a mensagem prescritiva do legislador.

5. O direito como texto

Trabalhando com a concepção do Constructivismo Lógico-Semântico, o direito é linguagem. Se constitui como tal. É um instrumento cultural, produzido pelo homem, que visa implementar certos valores na sociedade mediante a regulação de condutas intersubjetivas. E a forma como se dá essa regulação é pela produção de textos prescritivos por pessoas competentes para isso (legislador).

Nosso trato com o direito, no dia a dia, é um trato com textos, isto é com linguagem. Esta é sua forma de manifestação. Fisicamente ele se apresenta na forma idiomática escrita, é composto por signos arbitrariamente construídos e aceitos por convenções lingüísticas (pela sociedade que regula). Este é o seu dado empírico, por isso, qualquer estudo jurídico que se pretenda tem como ponto de partida e de retorno a linguagem.

Para sabermos, por exemplo, que regras jurídicas disciplinam as relações familiares, a compra e venda de bens, a constituição de uma sociedade, a contratação de funcionários, etc., temos que nos dirigir aos Códigos Civil, Comercial e à Consolidação de Leis Trabalhistas. E o que encontramos nos Códigos, e nas Leis senão um aglomerado de palavras gravadas num papel? Tudo a que temos acesso, na nossa experiência sensorial com o direito, são palavras estruturadas em frases e sistematizadas na forma de textos postas pelo legislador. Assim sendo, o trato com o direito sempre nos conduz ao manejo da linguagem que o constitui.

Não há outra saída para o jurista, o aplicador, o advogado, o estudante de direito senão o manejo de textos. Quando o Poder Constituinte promulga a Constituição Federal, produz um texto, quando o legislador edita uma lei produz um texto, quando a administração edita atos administrativos o faz mediante a produção de textos, quando o juiz sentencia, produz um texto, o advogado, ao peticionar, produz um texto, os particulares ao contratarem, também produzem um texto. A Constituição Federal, os Códigos, as Leis, os Decretos, as resoluções, portarias, atos administrativos, sentenças, acórdãos, contratos, regulamentos, etc., apresentam-se invariavelmente como textos. Logo, não há outro modo de lidar com o direito que não seja o trato com textos. É neste sentido que **GREGORIO ROBLES MORCHON** sustenta ser o "direito um grande texto composto de múltiplos textos parciais"[6].

Mas como a lógica pode nos ajudar com o estudo do direito? Bom, já é um grande avanço para responder essa pergunta considerar que o legislador ao prescrever condutas intersubjetiva produz uma linguagem (os textos do direito positivo) e cria essa linguagem estabelecendo vínculos implicativos entre um acontecimento do mundo fenomênico e a conduta que ele quer ver cumprida pela sociedade. Outro avanço é entender

---

6. GREGORIO ROBLES MORCHON, *Teoria del Derecho (fundamentos de teoria comunicacional del derecho)*, p. 69.

que o estudo da Lógica se volta para as estruturas de uma linguagem. E que o estudo da Lógica Jurídica, será responsável por identificar as estruturas da linguagem produzida pelo legislador, nos auxiliando a melhor lidarmos com ela.

No entanto, para esclarecer melhor essa questão, faz-se necessário ainda tecer algumas considerações sobre o conceito de norma jurídica.

6. Sobre o conceito de norma jurídica

Do trato com o direito tudo que temos acesso fisicamente são palavras, um conjunto de signos devidamente estruturados na forma de textos postos pelo legislador e todo o esforço do destinatário volta-se para a construção do sentido destas palavras, para a decodificação do código e compreensão da mensagem legislada.

O suporte físico de um texto é o seu dado material empírico. Na linguagem escrita são as marcas de tinta gravadas sobre um papel. É unicamente a estas marcas de tinta que temos acesso quando lidamos com os textos escritos e é a partir delas, por meio de um processo interpretativo, que construímos seu sentido. Aquele que não sabe manusear tais marcas e que não consegue associá-las a um significado, não é capaz de construir sentido algum, olha para aquele aglomerado de símbolos e só vê marcas de tinta sobre o papel. Isto nos prova duas coisas: (i) primeiro que o sentido não está no suporte físico, ele é construído na mente daquele que o interpreta; e (ii) segundo, que não existe texto sem sentido. Não existe um suporte físico ao qual não possamos atribuir uma significação. Se não houver a possibilidade de interpretá-lo, ou seja, de se construir um sentido, o suporte físico perde sua função e não podemos mais falar na existência de signos.

Utilizando-nos assim da diferenciação feita linhas acima (entre enunciado e proposição) podemos dizer que o suporte físico do direito se constitui num conjunto de enunciados prescritivos produzidos pelo legislador e conectados entre si por regras gramaticais. E o sentido atribuído a estes enunciados pelo intérprete são as proposições, que se conectam entre si por regras Lógica.

A norma jurídica, encontra-se no plano das significações, do conteúdo dos textos jurídicos. Ela existe na mente humana como resultado da interpretação dos enunciados que compõem plano de expressão do direito positivo. Nos dizeres de PAULO DE BARROS CARVALHO *ela é exatamente o juízo (ou pensamento) que a leitura do texto provoca em nosso espírito*[7]. Mas não um simples juízo, como a significação que construímos de um enunciado isolado. Ela é um juízo estruturado na forma hipotético-condicional, estrutura mínima necessária para se compreender a mensagem prescritiva do legislador, já que este, ao produzir a linguagem jurídica, com finalidade de direcionar condutas intersubjetivas, assim o faz associando um fato-causa a um fato-efeito.

Um exemplo esclarece tal ressalva: do enunciado "a alíquota é 3%", construímos um juízo articulado na fórmula "S é P" ou "S(P)" – onde "S" representa a alíquota e "P" 3%. Tal proposição, entretanto, não manifesta um sentido prescritivo completo, pois diante dela não sabemos qual o comando emitido pelo legislador. Qual é a conduta prescrita? Qual a circunstância fática que a enseja? A resposta a tais perguntas só aparecerá quando saturarmos os campos significativos da estrutura "H $\rightarrow$ C" – se ocorrer o fato h, então deve ser a relação intersubjetiva c. Isto porque o legislador ainda que intuitivamente, ao produzir a linguagem jurídica o faz mediante o estabelecimento de relações de causa e efeitos. Nestes termos, o juízo prescritivo é sempre construído numa forma estrutural própria: D(H$\rightarrow$C).

Uma significação, para expressar a completude da mensagem legislada, além de ser construída a partir dos textos do direito positivo, deve estar estruturada na forma

---

7. *Curso de direito tributário*, p. 8.

hipotético-condicional, pois esta é a fórmula lógica das ordens, é assim que as linguagens prescritivas se manifestam formalmente. Nestes termos, pontua PAULO DE BARROS CARVALHO: "somente a norma jurídica, tomada em sua integridade constitutiva terá o condão de expressar o sentido cabal dos mandamentos da autoridade que legisla"[8].

Esta é a razão de LOURIVAL VILANOVA considerar a norma jurídica como a "expressão mínima e irredutível de manifestação do deôntico". Como explica PAULO DE BARROS CARVALHO, "os comandos jurídicos, para serem compreendidos no contexto de uma comunicação bem-sucedida, devem apresentar um *quantum* de estrutura formal. Certamente que ninguém entenderia uma ordem, em todo seu alcance, apenas com a indicação, por exemplo, da conduta desejada (ex: "pague a quantia de x reais"). Adviriam desde logo algumas perguntas e, no segmento das respectivas respostas, chegaríamos à fórmula que tem o condão de oferecer o sentido completo da mensagem, isto é, a identificação da pessoa titular do direito, do sujeito obrigado e, ainda, como quando, onde e porque deve fazê-lo. Somente então estaríamos diante daquela unidade de sentido que as prescrições jurídicas necessitam para serem adequadamente cumpridas"[9]. Dizer, assim, que a norma jurídica é o "mínimo irredutível de manifestação do deôntico" (ainda que o mínimo seja sempre irredutível) significa afirmar que ela manifesta a unidade significativa da mensagem legislada, o mínimo necessário para que a comunicação jurídica seja bem sucedida.

A norma jurídica é resultado de um trabalho mental, interpretativo, de construção e estruturação de significações. Nossa mente atribui tratamento formal às proposições elaboradas a partir do plano de expressão do direito (enunciados), agrupando-as na conformidade lógica da fórmula

---

8. *Direito tributário, fundamentos jurídicos da incidência*, p. 19.

9. PAULO DE BARROS CARVALHO, *Apostila do curso de teoria geral de direito*, p. 125.

implicacional para que possamos compreender o mandamento legislado. É neste instante que aparece a norma jurídica, como significação deonticamente estruturada.

Todas as normas do sistema jurídico têm idêntica esquematização formal: uma proposição-hipotese "H", descritora de um fato (f) que, se verificado no campo da realidade social, implicará como proposição-conseqüente "C", uma relação jurídica entre dois sujeitos (S' R S"), modalizada com um dos operadores deônticos (O, P, V). Nenhuma norma jurídica foge a esta estrutura, seja civil, comercial, penal, tributária, administrativa, constitucional, processual, porque sem ela a mensagem prescritiva é incompreensível.

7. Sobre a estrutura das normas jurídicas

Abstraindo os conteúdos significativos, através do processo de formalização, chegamos às fórmulas lógicas do direito positivo. Mediante um incisivo corte metodológico, deixamos de lado a macro-análise estrutural do sistema, por meio da qual verifica-se as relações do ordenamento como uma totalidade unitária, para dedicarmo-nos à micro-análise sintática das normas jurídicas, voltando-nos à estrutura mínima necessária para se transmitir a uma mensagem prescritiva. A abstração isoladora das ciências e método analítico empregados neste campo, permite-nos isolar as unidades do sistema e decompor seus elementos estruturais para especularmos sobre cada um deles separadamente. Lembrando-nos sempre que tais abstrações são apenas para fins cognoscitivos e que em momento algum a norma jurídica deixa de ser considerada na sua unidade provida de conteúdo significativo e o sistema jurídico na sua totalidade unitária.

Reforçando o que foi dito acima, como bem ensina LOURIVAL VILANOVA, "normar conduta humana importa em articular suas partes na relação meio-fim. Essa é a ontologia teleológica da ação. A atuação humana é mediante a relação meio-fim: o meio é a causa idônea que leva ao efeito, que é o fim da ação"[10]. A autoridade legislativa, para disciplinar condutas intersubjetivas, não foge a tal articulação e nós, como intérpretes do direito, para compreendermos o alcance dos comandos legislados, também não.

Em síntese e mais detalhadamente, toda e qualquer regra jurídica apresenta a seguinte estrutura:

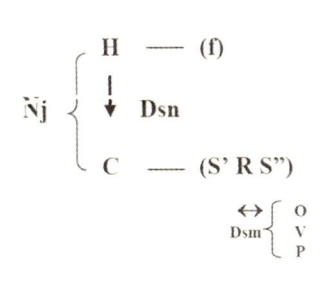

$$Nj \begin{cases} H \longrightarrow (f) \\ \;\;\downarrow \; Dsn \\ C \longrightarrow (S' \; R \; S") \end{cases}$$

$$\leftrightarrow Dsm \begin{cases} O \\ V \\ P \end{cases}$$

- **Nj**: norma jurídica;
- **H**: hipótese;
- **(f)**: referencia a um acontecimento factual;
- **Dsn**: 'dever ser' neutro, que instala o nexo inter-proposicional;
- **→**: conectivo implicacional;
- **C**: conseqüente;
- **S' e S"**: termos de sujeitos;
- **R**: variável relacional;
- **Dsm**: 'dever ser' modalizado, que instala o nexo intra-proposicional;
- **↔**: nexo relacional;
- **O,V,P**: modais do nexo relacional: obrigatório (O), proibido (V) e permitido (P).

Explicando: as normas jurídicas (Nj) têm estrutura implicacional (p → q), própria da causalidade (relação de causa – efeito). Assim, sua construção formal a reduz a duas posições sintáticas (implicante e implicada), ligadas por um conectivo condicional (→), que estabelece o vínculo inter-proposicional, imposto por um ato de vontade do legislador, expresso por um "dever ser" neutro (Dsn), não-modalizado. A posição sintática implicante é denominada de hipótese (H) ou antecedente e descreve um acontecimento de possível ocorrência (f). A posição implicada é denominada de conseqüente (C), ou tese e estabelece uma relação (R) entre dois sujeitos (S' e S"), modalizada como obrigatória (O), proibida (V), ou permitida (P), que deve ser cumprida por um e pode ser exigida por outro. O nexo relacional (↔), estabelecido intraproposicionalmente no conseqüente normativo, que institui o dever de cumprir e o direito de exigir, expressa-se por um "dever ser" modalizado

---

10. *Causalidade e relação no direito*, p. 12.

(Dsm), pois, diferentemente do primeiro, triparte-se em três modais (obrigatório, proibido e permitido).

Esta é a formula mínima de manifestação da mensagem legislada. É nesta estrutura que se conectam os dados significativos para compreensão do comando emitido pelo legislador, sem ela as informações ficam desconexas, sendo impossível dizer o que e sob quais circunstâncias o texto do direito prescreve. Simplificadamente, no entanto, utilizamos a fórmula: "D [H $\to$ R (S', S")]"; ou mais reduzida ainda: "D (H$\to$C)".

Na linguagem lógica, os símbolos "H" e "C", que representam na estrutura normativa as proposições de posições sintáticas implicante e implicada (antecedente e conseqüente), são categoremas, termos completantes que se referem a entidades do mundo e se modificam de acordo com as escolhas efetuadas pelo legislador, pelo intérprete e pelas diversas possibilidades significativas do plano de expressão do direito. Já o functor "dever ser", que estabelece os vínculos interproposicional (de caráter neutro) e intraproposicional (de caráter modalizado) tem categoria sintática de sincategorema, termo constante, articulador da estrutura normativa[11]. No lugar sintático da hipótese (H) encontram-se as situações eleitas pelo legislador como propulsoras de obrigações, proibições e permissões no mundo jurídico e na posição sintática de conseqüente (C) a efetiva prescrição da conduta. O vinculo que as une permanece constante em todas as tantas possíveis variações de hipóteses e conseqüências.

Em suma, a reconstrução estrutural da norma jurídica a reduz a dois termos proposicionais, ligados por um vínculo implicacional, posto por um ato de autoridade "D(H $\to$ C)". Os termos proposicionais "H" e "C" (categoremas na linguagem da Lógica), têm como correspondentes semânticos, respectivamente, os fatos eleitos pelo legislador como propulsores de efeitos na ordem jurídica e os efeitos dele decorrentes.

---

11. *As estruturas lógicas e o sistema do direito positivo*, 46.

E, o vínculo implicacional (sincategorema na linguagem da Lógica) corresponde semanticamente à imposição do "dever ser" instituido por ato de vontade do legislador.

Mas, para detalhar nossas investigações sobre a estrutura normativa, vejamos separadamente cada um de seus elementos.

7.1. Antecedente normativo

O lugar sintático de antecedente da norma jurídica é ocupado por uma proposição, denominada de hipótese, pressuposto, ou antecedente, descritora de um evento de possível ocorrência no campo da experiência social. Sua função é delimitar um fato que, se verificado, ensejará efeitos jurídicos (ex: "se matar alguém", "se for proprietário de bem imóvel", "se nascer com vida", etc.) e, no desempenho desta função ela estabelece as notas que certos acontecimentos têm que ter para serem considerados fatos jurídicos.

A relação de cunho semântico que se estabelece entre o suposto normativo e a linguagem da realidade social é descritiva, mas não cognoscitiva. A hipótese é uma proposição descritiva de situações objetivas possíveis, com dados de fato incidente sobre a realidade social e não coincidente com a realidade. Ela nada informa cognoscitivamente sobre o fato, sua dimensão é denotativa. Ela seleciona ocorrências como ponto de referência para propagação de efeitos jurídicos, é tipificadora de um conjunto de eventos. Assim, ainda que os fatos por ela selecionados nunca venham a se verificar no campo da experiência social, a hipótese continua qualificando-os, pois, mesmo que descritivas, não se submetem aos valores de verdade e falsidade. As hipóteses (pressupostos ou antecedentes), como proposições jurídicas que são, valem ou não valem.

Qualificar normativamente acontecimentos do mundo social, a serem tomados como causas de efeitos jurídicos, importa um recorte conceptual na linguagem da realidade social. O legislador, ao delimitar as notas que um acontecimento deve ter para ser considerado fato jurídico, promove um recorte na multiplicidade contínua do real, elegendo, dentre toda sua heterogeneidade, apenas algumas propriedades para identificação de situações capazes de ensejar efeitos jurídicos. Como leciona PAULO DE BARROS CARVALHO, "a valoração do legislador promove recortes no fato bruto tomado como ponto de referência para conseqüências normativas"[12], abreviando as minúcias de sua existencialidade. Esta seleção é axiológica, depende unicamente da valoração da autoridade legislativa e é redutora de complexidades à medida que os acontecimentos do mundo empírico são infinitamente mais ricos em detalhes do que a previsão hipotética que os conotam normativamente.

A título de ilustração, para instauração do efeito da personalidade jurídica, por exemplo, o direito elege como hipótese normativa o fato do nascimento com vida. Tal escolha decorre de um ato de valoração do legislador, que diante de inúmeras possibilidades (ex: concepção, formação cerebral do feto, etc.) escolheu o nascimento com vida, como suporte fático de tal efeito. A ocorrência do nascimento com vida é um evento extremamente complexo, envolve todo trabalho de retirada do feto do útero, ruptura do cordão umbilical, limpeza, exames, etc. O legislador desconsidera toda essa complexidade, reduzindo como fator relevante para o efeito jurídico da personalidade apenas o fato do nascimento com vida. Não interessa ao direito (para fins do efeito personalidade jurídica) como foi o nascimento, quem foi o médico, se o recém-nascido goza de boa saúde, se vai sobreviver, se o parto foi normal ou cesariana. Aquilo que importa juridicamente é o nascimento com vida. Por isso, dizemos que a hipótese normativa promove recortes e reduz as complexidades do fato social, tomado-o como ponto referente para propagação de efeitos jurídicos.

Neste sentido, é a afamada frase de LOURIVAL VILANOVA: "o fato se torna jurídico porque ingressa no universo do direito através da porta aberta da hipótese"[13]. Os acontecimentos relevantes juridicamente são unicamente aqueles descritos no antecedente normativo. Não somos livres para sair do ordenamento, coletando qualquer fato e a ele atribuindo efeitos jurídicos, a menos que estejam previstos em hipóteses normativas. Aqueles acontecimentos não descritos como hipótese de normas jurídicas não são relevantes para o direito,

---

12. PAULO DE BARROS CARVALHO, *Direito tributário fundamentos jurídicos da incidência*, p. 24

13. *As estruturas lógicas e o sistema do direito positivo*, p. 89.

podem ensejar outras conseqüências (sociais, econômicas, políticas, morais), mas não estão capacitados para propagar efeitos na ordem jurídica.

As prescrições do direito se realizam porque valem-se das possibilidades factuais do mundo social. Não fossem as hipóteses normativas não haveria causa para as conseqüências jurídicas. Isto justifica o fato das descrições eleitas pelo legislador estarem necessariamente dentro do campo das possibilidades fáticas.

7.2. O operador deôntico

O "dever-ser" exprime sempre conceitos funcionais, estabelecendo vínculos entre proposições e termos de sujeitos, o que já destacamos quando tratamos do seu caráter relacional.

Na estrutura da norma jurídica temos: (i) o "dever-ser" como operador deôntico inter-proposicional, conectando hipótese e consequente "D (H→C)" – *deve ser que H implique C*; e (ii) como operador deôntico intra-proposicional, inserto no consequente da norma, impositivo da relação entre dois sujeitos em torno de uma previsão de conduta obrigatória (O), proibida (V) ou permitida (P), que deve ser obedecida "D [H→C (S'↔S")]" – *S" tem o dever de cumprir certa conduta em relação a S', que tem o direito de exigi-la*. No primeiro a relação é entre proposições (Hipótese e Consequente), no segundo, a relação é entre termos de sujeitos (S'e S").

As proposições hipótese (H) e consequente (C) e os termos de sujeitos (S' e S") encontram-se vinculados, única e exclusivamente, devido à vontade da autoridade legisladora. O operador deôntico interproposicional, ponente da relação entre hipótese e conseqüente, nunca aparece qualificado, por isso, tido como neutro. Já o operador deôntico intra-proposicional, presente no conseqüente normativo, que estabelece a relação entre sujeitos, aparece modalizado como obrigatório (O), proibido (V) ou permitido (V).

Como partícula relacional, o operador deôntico carece de significação própria, não é suficiente para sozinho expressar um sentido completo. O "dever ser" é sempre de algo. Tanto antecedente quanto consequente são condições incontestáveis de sua existência.

Por isso, PAULO DE BARROS CARVALHO atenta-se para o fato de que, "o que está ao nosso alcance é a regra de uso dessa expressão sintática, movendo-se na articulação interna dos enunciados deônticos e também no interior do enunciado que cumpre a função de apódose ou consequente". Nossas investigações sobre o "dever ser", enquanto operador deôntico, restringem-se à estrutura normativa, pois, como partícula operatória, ela só tem razão de ser dentro da fórmula da norma.

7.3. O consequente normativo

O lugar sintático do consequente normativo é ocupado por uma proposição delimitadora da relação jurídica que se instaura entre dois ou mais sujeitos assim que verificado o fato descrito na hipótese. Sua função é instituir um comando que deve ser cumprido por um sujeito em relação a outro (ex: "o contribuinte deve pagar ao fisco a quantia x ao fisco"; "o réu deve cumprir a pena de reclusão de x a y anos ao Estado"). Nele encontramos a disciplina fundante do direito: a efetiva prescrição da conduta que se pretende regular. Por isso, é considerado, por muitos autores, como a parte mais importante integrante da norma jurídica.

Assim como a hipótese seleciona as notas que os acontecimentos têm que ter para serem considerados fatos jurídicos, o consequente elege os critérios que a relação entre sujeitos tem que ter para ser imputada como efeito daquele fato. Nestes termos, é o consequente que delimita os efeitos a serem atribuídos ao fato jurídico.

Diferente da hipótese, no entanto, a relação de cunho semântico que se estabelece entre o consequente normativo e a linguagem da realidade social é prescritiva. O consequente nada descreve, nem informa, nem prevê, ele prescreve uma conduta, estabelecendo um vínculo ente dois ou mais sujeitos, onde um tem o dever de cumprir certa prestação e outro tem a faculdade de exigi-la.

Um mesmo fato social pode ensejar consequências jurídicas e não-jurídicas. Inúmeros efeitos podem relacionar-se a um mesmo acontecimento (de ordem psicológica, física, natural, política, econômica, religiosa), no entanto, apenas os identificados no consequente de normas jurídicas terão o qualificativo de jurídicos. Vejamos, por exemplo, um acontecimento qualquer, como um acidente de carro: no campo da causalidade física ou social ele pode gerar inúmeras consequências (ex: distúrbios psicológicos, deficiência física, perda do carro, danos a terceiros, etc.), mas no campo jurídico apenas aqueles prescritos em consequentes normativos (ex: obrigação do pagamento de indenização, obrigação de cumprimento de pena por lesão corporal). O consequente normativo, assim, tem esta função: fornecer critérios necessários para identificação do vinculo relacional que se estabelece intersubjetivamente, assim que verificado o fato jurídico. Ele preceitua: "deve ser a consequência (o efeito jurídico) y".

A forma utilizada pelo legislador, para regular condutas é estabelecendo relações entre sujeitos, qualificadas como obrigatórias (O), proibidas (V) ou permitidas (P). Neste sentido, o prescritor da norma é, invariavelmente, uma proposição relacional. Diferente da hipótese, que é descritiva, a significação que ocupa o tópico de consequente na estrutura normativa estabelece um vínculo entre dois ou mais sujeitos de direito em torno de uma conduta, que deve ser cumprida por um e pode ser exigida por outro. Os termos da relação são necessariamente pessoas diversas, já que o direito não regula condutas intra-subjetivas, de um sujeito para com ele mesmo. Assim, na fórmula (S' R S" – que representa a proposição-consequente na estrutura normativa) S' denota uma pessoa qualquer e S" outra pessoa qualquer, desde que não S'; e R expressa o relacional deôntico, responsável pelo vínculo entre tais sujeitos, instaurado.

Pela hipótese, os fatos do mundo social ingressam no direito e pelo consequente eles se realizam na forma disciplinada pelo legislador, pois com a concretização dos comandos, a consequência normativa em fato social se transforma.

Bom, traçadas todas estas considerações, penso estarmos aptos a ingressar no tema da regra-matriz de incidência.

8. Sobre a regra-matriz de incidência

PAULO DE BARROS CARVALHO, inspirado nas lições de ALFREDO AUGUSTO BECKER e GERALDO ATALIBA, ao observar as propriedades eleitas pelo legislador para delimitação de hipóteses e consequentes das regras instituidoras de tributos, percebeu a repetição de alguns componentes e assim apresentou a *regra-matriz de incidência tributária*[14], estabelecendo um esquema lógico-semântico, revelador do conteúdo normativo, que pode ser utilizado na construção de qualquer norma jurídica.

Como já dissemos linhas acima, o legislador, ao escolher os acontecimentos que lhe interessam como causa para o desencadeamento de efeitos jurídicos e as relações que se estabelecerão juridicamente como tais efeitos, seleciona propriedades de um fato e uma relação, constituindo conceitos, por nós denominado de "hipótese" e "consequente". Todo conceito é seletor de propriedades, isto quer dizer que, nenhum enunciado capta o objeto referente na infinita riqueza de seus predicados, captura apenas algumas de suas propriedades, aquelas eleitas pelo observador como relevantes para identificá-lo.

Examinando várias normas, em busca da construção de proposições descritivas generalizadoras, verifica-se uma constante: que o legislador, na sua atividade de selecionar propriedades dos fatos e das relações jurídicas, acaba utilizando-se sempre dos mesmos critérios, percebidos quando, por meio da abstração lógica, separamos as expressões genéricas designativas do fato e da relação presentes em todas e quaisquer normas jurídicas[15].

---

14. PAULO DE BARROS CARVALHO, apresentou inicialmente componentes da norma jurídica tributária, na sua tese de doutoramento, editada no livro intitulado *Teoria da norma tributária*, (p. 122-178), numa singela demonstração daquilo que mais tarde denominaria de regra-matriz de incidência tributária. Com a edição do livro *Curso de direito tributário*, as idéias apareceram mais segmentadas, o nome regra matriz de incidência tributária foi consolidado como sinônimo de norma tributária em sentido estrito e um esquema formal foi desenhado (p. 236-238). Tal construção passou a utilizada em mais de centenas de obras especializadas, representando um verdadeiro marco na Teoria Geral do Direito Tributário.

15. Muitos autores utilizam-se deste recurso para estudar detalhadamente o conteúdo normativo. Os penalistas, por exemplo, ao realizarem investigações sobre os elementos do tipo, nada mais fazem do que decompor a hipótese penal, a fim de analisar de modo particular cada um de seus componentes. Os elementos do tipo são, para nós, os componentes da hipótese penal que, em termos gerais, apresenta a mesma composição sintática. Depois do avanço dos penalistas no estudo do tipo penal, com emprego do método analítico, os tributaristas aderiram à forma e impeliram um grande avanço no estudo dos componentes da hipótese tributária. Estes estudos, no entanto, dirigiram-se apenas a uma das proposições normativas: o antecedente (vide: ALFREDO AUGUSTO BECKER, "*Teoria geral do direito tributário*" e GERALDO ATALIBA, "*Hipótese de incidência tributária*"). Foi PAULO DE

Se considerarmos que toda classe delineada pela hipótese normativa aponta para um acontecimento, que se caracteriza por ser um ponto no espaço e no tempo. Logo, como conceito identificativo, ela deve, necessariamente, fazer referência a: (i) propriedades da ação nuclear deste acontecimento; (ii) do local; e (iii) do momento em que ele ocorre; caso contrário, é impossível identificá-lo precisamente.

Da mesma forma, como toda classe delineada pelo consequente normativo indica uma relação onde um sujeito fica obrigado, proibido ou permitido a fazer ou deixar de fazer algo em virtude de outro sujeito, necessariamente nele vamos encontrar propriedades identificativas de: (i) dois sujeitos, ativo e passivo; e (ii) do objeto da relação, isto é, daquilo que um dos sujeitos está obrigado, proibido ou permitido rem relação ao outro.

A conjunção desses dados indicativos oferece-nos a possibilidade de exibir um esquema padrão, já que toda construção normativa, para ter sentido, pressupõe, como conteúdo mínimo, estes elementos significativos.

8.1. Normas de incidência e normas produzidas como resultado da incidência

Algumas normas são produzidas para incidir, outras nascem como resultado da incidência. Nas normas produzidas para incidir (do tipo gerais e abstratas), a classe dos fatos (delimitada pela hipótese) e das relações (delimitada pelo consequente), compreendem inúmeros elementos, tanto quanto forem os acontecimentos concretos que nela se enquadrem, quanto às relações a se instaurarem juridicamente. Nas normas produzidas como resultado da incidência de outras normas (do tipo individuais e concretas), as classes do antecedente e do consequente abarcam um único elemento, o fato jurídico e a relação jurídica objetivados. Estas últimas normas geralmente são produzidas com a incidência das primeiras no caso concreto e, por isso, nelas se fundamentam materialmente. O que uma prescreve abstratamente, a outra dispõe de forma concreta e, assim

---

BARROS CARVALHO que, atendendo à estrutura dual da norma jurídica, aplicou o método decompositivo para o estudo, também, dos componentes do consequente. E, assim criou o esquema lógico-semântico da regra matriz, com o qual identificamos todos os componentes significativos de qualquer norma jurídica.

sendo, encontram-se mais próximas ao campo material das condutas objetivas, tendo mais condições de atuar modificativamente.

Em todas as regras encontramos, tanto no suposto, quanto no consequente, referências a critérios, aspectos, elementos ou dados identificativos de um evento e de uma relação entre sujeitos. A diferença é que, nas normas produzidas para incidir (do tipo gerais abstratas) estas referências delimitam um conceito conotativo, enquanto nas normas concretas elas demarcam um conceito denotativo[16].

O descritor das normas do tipo geral e abstratas, não traz a descrição de um acontecimento especificamente determinado, alude a uma classe de eventos, na qual se encaixam infinitas ocorrências concretas. Da mesma forma, o consequente não traz a prescrição de uma relação intersubjetiva especificadamente determinada e individualizada, alude a uma classe de vínculos intersubjetivos, na qual se encaixam infinitas relações entre sujeitos.

Haverá, assim, para construção dos conceitos conotativos destas normas, no antecedente: (i) um critério material (delineador do comportamento/ação pessoal); (ii) um critério temporal (condicionador da ação no tempo); e (iii) um critério espacial (identificador do espaço da ação). E, no consequente: (iv) um critério pessoal (delineador dos sujeitos ativo e passivo da relação); e (v) um critério prestacional (qualificador do objeto da prestação).

Certamente que outras informações podem ser agregadas na construção do sentido deôntico que isola a incidência dos textos jurídicos, mas estes são os componentes significativos mínimos necessários para compreensão da mensagem legislada. Nos dizeres de PAULO DE BARROS CARVALHO, "a conjunção desses dados indicativos nos oferece a possibilidade de exibir, na plenitude, o núcleo lógico-estrutural da norma padrão, preenchido com os requisitos significativos necessários e suficientes para o impacto jurídico da exação"[17].

---

16. Relembrando: os conceitos conotativos são constituídos de critérios relevantes que expressam certa abstração (ex. homem: *animal, mamífero, racional, do sexo masculino*), já os conceitos denotativos identificam os elementos que atendem aos critérios delineadores do conceito conotativo (ex. homem: *João, Artur, Fernando, Marcelo*).

17. Direito tributário fundamentos jurídicos da incidência, p. 81.

8.2. O conceito de regra-matriz de incidência

Chamamos de "regra-matriz de incidência" as normas padrões de incidência[18], aquelas produzidas para serem aplicadas em casos concretos, que se inscrevem entre as regras gerais e abstratas, podendo ser de ordem tributária, previdenciária, penal, administrativa, constitucional, civil, trabalhista, comercial, etc., dependendo das situações objetivas para as quais seu vetor semântico aponta.

Voltando-nos para o campo material do direito tributário, PAULO DE BARROS CARVALHO oferece-nos o exemplo da regra-matriz de incidência do IPTU: "Hipótese: (i) *critério material* – ser proprietário de bem imóvel; (ii) *critério espacial* – no perímetro urbano do Município de São Paulo; iii) *critério temporal* – no 1º dia do ano civil. Consequência: (iv) *critério pessoal* – (iv.a) sujeito ativo: a Fazenda Municipal, (iv.b) sujeito passivo: o proprietário do imóvel; (ii) *critério quantitativo* – a base de cálculo é o valor venal do bem imóvel, sobre o qual se aplica a alíquota de 1%.

O autor refere-se a um critério quantitativo no consequente porque, na esfera tributária, o núcleo da conduta prescrita pelas normas instituidoras de tributos é o dever de entregar aos cofres públicos certa quantia em dinheiro. No entanto, não são todas normas jurídicas que apresentam o núcleo da conduta prescrita mensurável (como por exemplo: votar, alistar-se no serviço militar, fumar, dirigir, parar no sinal vermelho, entregar declaração, escriturar livros, etc.). Por isso, generalizando, nem sempre encontramos um critério quantitativo no consequente normativo, mas, necessariamente, em todas as normas teremos um critério prestacional, contendo as diretrizes para identificação do objeto da prescrição.

Assim, estendendo os estudos sobre a regra matriz de incidência tributária, feito por PAULO DE BARROS CARVALHO, para todas as normas padrões de incidência dos diversos "ramos" do direito, nota-se que elas apresentam a mesma composição sintática, sendo os conteúdos mínimos de significação da hipótese e dos

---

18. Com a expressão "regra padrão de incidência" reportamo-nos às normas construídas para incidir em infinitos casos concretos, como aquelas que tipificam crimes, instituem tributos, estabelecem sanções administrativas, dispõem sobre direito dos empregados, etc., isto é, normas gerais e abstratas.

consequentes compostos, invariavelmente, pelos mesmos critérios, o que, num esforço mental de suspensão de seus vetores semânticos objetivos, permite-nos construir um esquema padrão:

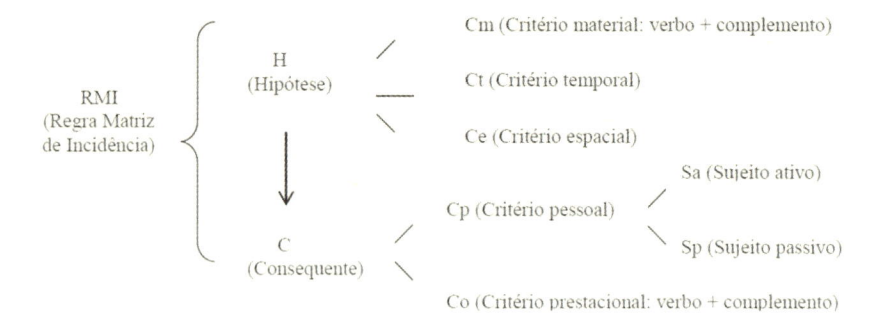

```
                              Cm (Critério material: verbo + complemento)
                         H
                    (Hipótese)  ─── Ct (Critério temporal)
   RMI
(Regra Matriz                   Ce (Critério espacial)
de Incidência)
                     ↓                                    Sa (Sujeito ativo)
                                Cp (Critério pessoal)
                         C                                Sp (Sujeito passivo)
                   (Consequente)
                              Co (Critério prestacional: verbo + complemento)
```

O preenchimento deste esquema possibilita-nos construir com segurança qualquer norma jurídica padrão de incidência.

A falta de um destes critérios demonstra imprecisão da mensagem legislada e, consequentemente, certo comprometimento na regulação almejada pelo legislador.

Por outro lado, a fórmula regra-matriz permite-nos aprofundar a análise das proposições normativas, vez que revela os componentes da hipótese e do consequente das normas jurídicas.

8.3. Ambigüidade da expressão "regra-matriz de incidência"

Não imune ao problema da ambigüidade, a expressão "regra-matriz" pode ser utilizada em duas acepções, significando realidades distintas: (i) estrutura lógica; e (ii) norma jurídica em sentido estrito.

No processo gerador de sentido dos textos jurídicos, o intérprete, conhecendo a regra-matriz (estrutura lógica), sai em busca dos conteúdos significativos do texto posto para completá-la e assim constrói a regra-matriz de incidência (norma jurídica). A regra-matriz, considerada como estrutura lógica, é desprovida do conteúdo jurídico, trata-se de um esquema sintático que auxilia o intérprete no arranjo de suas significações, na construção da norma jurídica. A regra-matriz, enquanto norma jurídica, aparece quando todos os campos sintáticos desta estrutura forem semanticamente completados.

Vejamos a representação:

$$\text{RMIT} \begin{cases} H \begin{cases} \textbf{Cm} - \textit{ser proprietário de bem imóvel} \\ \textbf{Ce} - \textit{perímetro urbano municipal} \\ \textbf{Ct} - \textit{primeiro dia de cada ano} \end{cases} \\ \downarrow \\ C \begin{cases} \textbf{Cp} - \textbf{Sa}: \textit{Município X}\,;\, \textbf{Sp}: \textit{proprietário} \\ \textbf{Cq} - \textit{obrigado ao pagamento de 1\% sobre o valor do imóvel} \end{cases} \end{cases}$$

Se considerarmos só a estrutura (parte em negrito), temos a regra-matriz de incidência como um esquema lógico-semântico que auxilia o intérprete na construção do sentido dos textos do direito positivo.

A expressão é utilizada nesta acepção, por exemplo, quando um professor chega à sala de aula e diz: "hoje vamos estudar a regra-matriz de incidência". O que vai ser estudado é o esquema lógico-semântico, que servirá de instrumento ao aluno para analisar o texto positivado e construir inúmeras normas jurídicas de acordo com as materialidades com as quais lida no seu dia-a-dia.

Se, no entanto, considerarmos o conteúdo (parte em itálico), temos a regra-matriz de incidência tributária do IPTU. A expressão "regra-matriz de inicdência" é utilizada no sentido de norma jurídica (*stricto sensu*) – significação construída a partir dos textos do direito positivo, estruturada na forma hipotético-condicional.

Quando, por exemplo, o mesmo professor chega na sala de aula e diz: "hoje vamos estudar a regra-matriz de incidência tributária do IPTU", significa dizer que os alunos entrarão em contato com a norma jurídica que institui tal tributo.

Nota-se a diferença entre as duas acepções: (i) a primeira leva em conta a estrutura abstrata; (ii) a segunda, seu conteúdo, ou seja, sua estrutura preenchida.

Neste ensaio, nossa atenção volta-se ao estudo da regra-matriz enquanto estrutura lógico-semântica, que poderá ser preenchida por tantos quantos conteúdos significativos comportar a materialidade dos textos jurídicos.

Vejamos, então, agora separadamente, cada um dos critérios que a compõem.

8.4. A regra-matriz como estrutura lógica

Enquanto esquema lógico a regra-matriz indica os critérios que o antecedente e o consequente das normas jurídicas precisam ter para conotar os acontecimentos eleitos pelo legislador para desencadear efeitos jurídicos e os efeitos atrelados a tal acontecimento.

8.4.1. Antecedente da regra-matriz de incidência

Como já tivemos oportunidade de estudar, na proposição da hipótese normativa, o legislador seleciona as notas que os acontecimentos sociais têm que ter para serem considerados fatos jurídicos[19]. Sua função é definir os critérios (conotação) de uma situação objetiva, que, se verificada, exatamente por se encontrar descrita como hipótese normativa, terá relevância para o mundo jurídico.

Neste sentido, a proposição da hipótese da RMI é elaborado com status de indeterminação, ou seja, ele delimita um juízo abstrato, que comporta um número finito, mas não determinado de denotações. Isto reforça a afirmação de que a hipótese não contém o evento, nem o fato jurídico, ela descreve uma situação futura, estabelece critérios que identificam sua ocorrência no tempo e no espaço.

Considerando que todo fato é um acontecimento determinado por coordenadas de tempo e espaço e que a função da hipótese é oferecer os contornos que permitam reconhecer um acontecimento toda vez que ele ocorra, a descrição produzida pelo legislador deve, necessariamente, conter diretrizes de ação, de tempo e de lugar.

---

19. LOURIVAL VILANOVA, *As estruturas lógicas e o sistema do direito positivo*, p. 86.

Observando isso, PAULO DE BARROS CARVALHO elegeu três critérios identificadores do fato, constantes na hipótese de incidência: (i) critério material; (ii) critério espacial; e (iii) critério temporal.

Tais critérios configuram a informação mínima necessária para a identificação de um fato jurídico. Nada impede, porém, que o intérprete, analisando os textos positivados, selecione mais propriedades do evento, como por exemplo, no caso das normas penais da parte especial (tipificadoras dos crimes), em que um critério identificativo da vontade do agente (dolo/culpa) é necessário para a identificação da conduta típica.

Quanto maior o número de critérios percebidos pelo intérprete, maior a precisão identificativa do conceito da hipótese. O esquema da regra-matriz de incidência, aqui apresentado, oferece-nos o conteúdo mínimo necessário para a indentificação de um fato e de uma relação intersubjetiva (em termos gerais), o que não restringe, de forma alguma, a construção significativa do intérprete apenas a tais critérios.

Vejamos cada um deles critérios de forma mais detalhada.

8.4.1.1. Critério material

Critério material é a expressão da hipótese que delimita o núcleo do acontecimento a ser promovido à categoria de fato jurídico.

A hipótese descreve um proceder humano (dar, não-dar, fazer, não-fazer, ser ou não-ser) condicionado no tempo e espaço. Para delimitar tal proceder humano, encontramos expressões genéricas designativas de ações ou estados que envolvem pessoas (ex: causar dano; subtrair coisa alheia móvel; demitir empregado; ser proprietário de bem imóvel, etc). O instrumento gramatical utilizado para distinguir uma ação ou estado é o verbo. Assim, esse núcleo, por nós denominado de critério material, será, invariavelmente, composto por: (i) um verbo, que representa a ação a ser realizada; (ii) seguido de seu complemento, indicativo de peculiaridades desta ação.

O verbo, considerado por alguns autores o elemento gramatical mais significativo da hipótese[20], é sempre pessoal, pois pressupõe que alguém o realize; se apresenta no infinitivo, aludindo à realização de uma atividade futura; e de predicação incompleta, o que importa a obrigatória presença de um complemento.

Vejamos alguns exemplos: (i) o caput do art. 121 do Código Penal enuncia o critério material da norma de homicídio simples (*Matar alguém*). Nota-se que o verbo (*matar*) é pessoal, indicando que um sujeito terá que realizar a ação (*alguém terá que matar*); apresenta-se no infinitivo, apontando a realização futura da ação; e contém um complemento, que indica uma peculiaridade da ação (*alguém – uma pessoa, não um animal ou uma planta*); (ii) o inciso I do § 1º do art. 14 da Constituição Federal traz o critério material da norma do sufrágio popular obrigatório (*Ser maior de 18 anos*)[21]. O verbo é pessoal, indicando que um sujeito terá de se encontrar naquele estado (*alguém terá que ser*); apresenta-se no infinitivo, apontando o estado futuro; e contém um complemento, que indica uma peculiaridade do estado (*maior de 18 anos – não de 16 ou de 14*); (iii) o artigo 1.233 do Código Civil enuncia como critério material da norma de descoberta (*achar coisa alheia perdida*)[22]. O verbo novamente é pessoal, apontando que a ação deve ser realizada por alguém (*uma pessoa deve achar*); apresenta-se no infinitivo, indicando uma ação futura; e contém um complemento duplo, indicando duas características da ação (*a coisa achada terá que ser alheia e perdida*).

É importante ressalvar, contudo, que o legislador, para demarcar a materialidade do fato, não se utiliza apenas de verbos que exprimem ação (ex: fumar, dirigir, achar, vender, industrializar, incorporar,

---

20. O penalista EUGÊNIO RAÚL ZAFFARONI, por exemplo, ao tratar dos elementos do tipo, assim enuncia: "o tipo é predominantemente descritivo porque composto de elementos objetivos que são os mais importantes para distinguir uma conduta qualquer. Entre esses elementos, o mais significativo é o verbo, que é precisamente a palavra que serve gramaticalmente para distinguir uma ação" (*Manual de derecho penal: parte geral*, p. 306.). Para nós, todos os componentes são importantes, pois sem a presença de todos não se identifica o evento relevante juridicamente, mas sem dúvida é o critério material responsável pela delimitação do núcleo do fato.

21. Norma do sufrágio popular obrigatório: "H - Ser maior de 18 anos, na data das eleições → C - obrigatório ao brasileiro votar".

22. Norma da descoberta: "H - Achar coisa alheia perdida, a qualquer tempo, no território nacional → C - obrigatório a restituição ao dono ou legítimo possuidor".

etc.), mas também de verbos que exprimem o estado de uma pessoa (ex: ser, estar, permanecer, etc.). Em decorrência disso, não é correto afirmar que todo fato jurídico reporta-se a uma ação humana, pois o legislador também toma como relevante, para o desencadeamento de efeitos jurídicos, certos estados da pessoa.

A ação é considerada uma atividade refletida. Para realizá-la o sujeito, ainda que inconscientemente, pensa e emite estímulos do cérebro no intuito de modificar a condição em que se encontra. Já o estado é considerado uma atividade espontânea, porque o sujeito se encontra em certa condição e não emite qualquer estímulo cerebral para modificá-la. No entanto, todo estado pressupõe uma ação, é a lei da causalidade física (causa → efeito). Por exemplo, para "ser proprietário de bem imóvel" (que é um estado), o sujeito tem que comprar, receber em doação, ou herança o imóvel, isto é, alguém tem que realizar uma ação. Da mesma forma, para "ser maior de 18 anos" (que é um estado), o sujeito tem que viver até os dezoito anos (que é uma ação). Por isso, como bem enfatiza PAULO DE BARROS CARVALHO, quando dizemos que o critério material é a proposição da hipótese que delimita o núcleo do comportamento humano, tomamos a expressão "comportamento" na plenitude de sua força significativa, ou seja, abrangendo as duas atividades: refletidas (expressas por verbos que exprimem ação) e espontâneas (verbos de estado).

O verbo, núcleo do critério material, é invariavelmente pessoal, isto porque os fatos que interessam para o direito são necessariamente aqueles que envolvem pessoas. Acontecimentos naturais isolados (ex: um fruto que cai na floresta tropical, um maremoto, um animal selvagem que ataca outro para se defender, a morte de um pássaro) não têm importância jurídica, porque o direito, tendo a função de disciplinar condutas intersubjetivas, só toma como relevante ocorrências que envolvem pessoas.

Para o ordenamento jurídico é irrelevante os acontecimentos impessoais, dado sua referibilidade semântica com o sistema social. O fruto que cai na floresta, não é capaz de ensejar qualquer relação jurídica, mas se este mesmo fruto cair no quintal do vizinho, vislumbra-se o desencadeamento de uma série de efeitos jurídicos. Da mesma forma, o fato isolado de um maremoto, não é relevante juridicamente, mas passa a ser se ele afundar um navio cargueiro. O direito também não se preocupa com o fato de um animal atacar outro, mas considera relevante se um cachorro de estimação atacar alguém na rua, atribuindo a este fato efeitos jurídicos. Nenhum comportamento não-pessoal é capaz de propagar efeitos jurídicos, pela própria ontologia finalística do direito, por isso, o verbo, núcleo do critério material, é sempre pessoal.

Os conceitos delineados na hipótese e no conseqüente normativo guardam referência com a linguagem social e não com a linguagem individual. Portando, só interessam para o direito os fatos verificáveis neste contexto. É por esta razão que também não encontramos como núcleo material da descrição hipotética de normas jurídicas verbos que exprimem ações intra-subjetivas (ex: pensar, imaginar, crer, julgar, supor, etc.) nem complementos auto-referentes (ex: a si mesmo, dele próprio, consigo mesmo, etc.).

8.4.1.2. Critério espacial

Critério espacial é a expressão da hipótese que delimita o local em que o evento, a ser promovido à categoria de fato jurídico, deve ocorrer.

Haverá sempre, na linguagem jurídica, um grupo de indicações para assinalar o local preciso em que o direito considera acabada a ação (ou estado) tomada como núcleo da hipótese normativa. Em alguns casos, o legislador a oferece de forma aprimorada; noutros, já não demonstra tanto cuidado, dando maior liberdade ao intérprete na construção do critério espacial.

PAULO DE BARROS CARVALHO, reportando-se à definição do local do fato tributário, verificou níveis diferentes de elaboração das coordenadas de espaço, que podem ser consideradas também em termos gerais. Seguindo os ensinamentos do autor, podemos dividir o critério espacial em: (i) pontual – quando faz menção a determinado local para a ocorrência do fato; (ii) regional – quando alude a áreas específicas, de tal sorte que o acontecimento apenas ocorrerá se dentro delas estiver geograficamente contido; (iii) territorial – bem genérico, onde todo e qualquer fato, que suceda sob o mato da vigência territorial da lei, estará apto a desencadear seus efeitos peculiares[23].

---

23. *Curso de direito tributário*, p. 255-256.

No primeiro caso, as informações de espaço contidas na hipótese normativa apontam para locais específicos, de modo que o acontecimento apenas se produz em pontos predeterminados e de número reduzido. Pode ser, no entanto, que o ente político, ao estabelecer as diretrizes do local de ocorrência do fato jurídico não indique um ponto específico, mas aponte para certa região ou intervalo territorial, dentro do qual, em qualquer de seus pontos, pode efetivar-se o evento. Estamos, aqui, diante do segundo caso em que o critério espacial alude a áreas específicas, de tal sorte que o acontecimento apenas ocorrerá se dentro delas estiver geograficamente contido. Há circunstâncias, porém, que a definição das coordenadas de tempo do fato é bem ampla, abrangendo todo o âmbito territorial de vigência da norma. Temos, então, o terceiro caso: um critério espacial bem genérico, onde todo e qualquer acontecimento, que suceda sob o manto da vigência territorial da lei estará apto a desencadear seus efeitos peculiares. Quanto à determinação do critério espacial, além dos três tipos enumerados acima, há circunstâncias em que o legislador é tão abrangente que ultrapassa os limites territoriais de vigência da norma. Teríamos, então, uma quarta opção, o critério espacial universal, que alude a qualquer lugar, mesmo que fora do âmbito territorial, em que ocorrendo o fato a regra lhe atribuirá efeitos jurídicos.

Tal classificação permite-nos estabelecer uma relação entre o campo de vigência territorial da norma e o local de ocorrência do fato previsto em sua hipótese, o que demonstra, com transparência, serem o critério espacial e o campo de vigência da norma entidades diferentes.

8.4.1.3. Critério Temporal

Critério temporal é o feixe de informações contidas na hipótese normativa que nos permite identificar, com exatidão, o momento de ocorrência do evento a ser promovido à categoria de fato jurídico.

Assim haverá sempre na linguagem jurídica, um grupo de informações que precise o momento em que se considera ocorrida a ação (ou estado), tomada como núcleo da hipótese normativa, caso contrário, é impossível a identificação do fato.

Para comprovar tal afirmação pensemos numa ação: *andar*, e logo vem a pergunta: Em que preciso momento o homem realiza a ação de andar? No instante em que levanta um dos pés? No átimo em que seu pé avança, no ar, em relação ao outro? No momento em que ele o encosta no chão? Ou quando levanta o outro pé em rumo a mais um passo? Para identificarmos o fato de um homem ter andado precisamos saber em que instante considera-se realizada a ação de andar, sem esta especificação temporal, não se pode dizer se ele a realizou ou não.

Toda ação, por mais simples que possa parecer, pressupõe uma série de atos, e por isso, pode ser desmembrada cronologicamente em várias outras ações ou, se preferirmos, em fatores de uma ação mais complexa.

Em razão disso, o legislador, para demarcar na linha do tempo a realização da ação (ou estado), muitas vezes seleciona um marco temporal (ex. o último dia de cada ano, trinta dias após a notificação, no vigésimo dia de cada mês); outras vezes, escolhe um dos fatores da ação, para demarcar sua realização no tempo.

Quando o legislador elege como critério temporal um fator da ação, temos que tomar cuidado para não confundi-lo com o critério material, ou seja, equiparar a indicação do fator da ação utilizado para demarcar sua realização jurídica no tempo com a sinalização da ação em si, que se apresenta mais complexa e sucessiva no tempo.

Importante é ter em mente que o critério temporal fixa o instante em que o direito considera realizado o fato a ser promovido à categoria de jurídico. Este momento, não precisa necessariamente coincidir com aquele fixado por outros sistemas, podendo inclusive ser diferente dentro do próprio sistema jurídico (de norma para norma), pois, como já vimos, o legislador que escolhe os contornos do fato e da relação jurídica.

Aproveitamos, aqui, a oportunidade para identificar as duas funções do critério temporal: (i) uma direta, que é identificar, com exatidão o preciso momento em que acontece o evento relevante para o direito; (ii) outra indireta, que é, a partir da identificação do momento de ocorrência do evento, determinar as regras vigentes a serem aplicadas.

8.4.2. Consequente da regra-matriz de incidência

Se, enquanto na hipótese, o legislador se esforça para enunciar os critérios que identifiquem um fato, no consequente ele seleciona as notas que devem ter as relações intersubjetivas a serem instauradas com a verificação do fato jurídico, indicando os elementos deste vínculo. Assim, a função do consequente é definir os critérios (conotação) do vínculo jurídico a ser interposto entre duas ou mais pessoas, em razão da ocorrência do fato jurídico.

Do mesmo modo que a hipótese, o enunciado do consequente da regra matriz de incidência é elaborado com status de indeterminação, ou seja, ele delimita um conceito abstrato, que comporta um número finito, mas não determinado, de denotações. Nestes termos, ele não contém a relação jurídica, prescreve um comportamento relacional a ser instaurado quando da ocorrência do fato.

Por prescrever um comportamento relacional que vincula dois ou mais sujeitos em torno de uma prestação (S' R S"), o conceito do consequente da regra matriz de incidência deve identificar os elementos desta relação, quais sejam: sujeitos (ativo e passivo) e o objeto da prestação, pois é sob esta forma, instituindo vínculos relacionais entre sujeitos no qual emergem direitos e deveres correlatos, que a linguagem do direito realiza sua função disciplinadora de condutas intersubjetivas.

Assim, falamos: (i) num critério pessoal; e (ii) num critério prestacional, como componentes lógicos do consequente da regra matriz de incidência.

Tais critérios configuram a informação mínima necessária para a identificação do vínculo jurídico a ser instaurado com a verificação do fato descrito na hipótese. Nada impede, porém, que o legislador indique mais propriedades da relação, como por exemplo, o tempo e o local de sua constituição ou cumprimento, e que o intérprete os utilize na conformação da proposição consequente de sua regra. No entanto, já não estaremos mais falando do conteúdo mínimo necessário para a compreensão da mensagem deôntica.

Feitas tais considerações, voltamos nossa atenção aos dois critérios do consequente de forma mais detalhada.

8.4.2.1. Critério pessoal – sujeitos ativo e passivo

Critério pessoal é o feixe de informações contidas no consequente normativo que nos permite identificar, com exatidão, os sujeitos da relação jurídica a ser instaurada quando da constituição do fato jurídico.

Como o único meio de que dispõe o sistema para prescrever condutas é estabelecendo relações entre sujeitos em torno de um objeto, as informações pessoais contidas no consequente são imprescindíveis. Pensemos em qualquer comportamento que o direito regula e imediatamente nos vem a pergunta: Quem deve realizá-lo? Em favor de quem? A função do critério pessoal na regra matriz de incidência é, justamente, de apontar quem são os sujeitos do vínculo.

As informações, presentes no texto legislado, que identificam o indivíduo a quem é conferido o direito de exigir o cumprimento da conduta prescrita (titular do direito subjetivo), aquele em favor de quem se deve realizar a conduta, são utilizadas na composição da posição sintática de sujeito ativo do consequente normativo. Já as notas, que nos remetem ao indivíduo a quem é conferido o dever de realizá-la (portador do dever jurídico), são utilizadas na composição do sujeito passivo.

Um dos requisitos na escolha das diretrizes pessoais das normas jurídicas gerais e abstratas é que as notas identificativas dos sujeitos ativo e passivo devem apontar para pessoas diferentes, pois a linguagem jurídica não regula a conduta de um indivíduo para com ele mesmo.

Importante é lembrar que o conceito pessoal do consequente da regra-matriz é conotativo, ou seja, nele encontramos um feixe de informações que delimita uma classe na qual se enquadra inúmeros indivíduos, a serem identificados somente com a ocorrência do fato descrito na hipótese (ex: o proprietário do imóvel, o causador do dano, os sócios da empresa, aquele que realizou ou concorreu para a realização do fato-crime, etc.). Isto porque, a regra-matriz, enquanto norma geral e abstrata, é construída como modelo para a produção de normas individuais e concretas, nestas sim os sujeitos aparecem especificamente identificados (ex: José, João, Antônio e Joaquim, Felipe, etc.).

Em algumas ocasiões, no entanto, podemos encontrar uma parte do critério pessoal (sujeito ativo ou passivo) já denotado na própria regra-matriz, como é o caso, por exemplo, do sujeito ativo tributário, que a própria lei (em caráter abstrato) prevê como sendo a União, o Estado x, o Distrito Federal, ou o Município y. Tal procedimento, quando adotado pelo legislador, não compromete a generalidade da norma. O critério pessoal continua apresentando-se como um conceito conotativo, uma vez que o outro pólo da relação não se encontra individualizado.

Seja como for, na conformação das informações sobre sujeitos, para delinear os contornos da incidência, o intérprete deve estar atento a todas estas nuanças do legislador, para poder apontar, com precisão, quem são as pessoas que ocuparão os pólos ativo e passivo da relação jurídica.

8.4.2.2. Critério prestacional

Assim como o critério material define o núcleo da hipótese de incidência, o critério prestacional demarca o núcleo do consequente, apontando qual conduta deve ser cumprida pelo sujeito passivo em favor do sujeito ativo. Considerando-se a forma relacional mediante a qual o direito prescreve as condutas que deseja regular, o critério prestacional é um feixe de informações que nos diz qual o dever jurídico do sujeito passivo em relação ao sujeito ativo e qual é o direito subjetivo que este tem em relação àquele.

Referimo-nos à existência de um critério prestacional no consequente, indicando a presença de um grupo de informações obtidas pelo intérprete com a leitura dos textos do direito posto, que indicam o objeto da relação a ser estabelecida juridicamente com a verificação do fato descrito na hipótese normativa.

Toda conduta prescrita pelo direito é demarcada linguisticamente por um verbo (ex: pagar, privar, emitir, apresentar, tirar, construir) e um complemento (ex: x reais, da liberdade de ir e vir, nota fiscal, livros contábeis, férias, o imóvel x). Nestes termos, igualando-se ao critério material, o critério prestacional contém dois elementos: (i) um verbo, identificativo da conduta a ser realizada por um sujeito em favor do outro (o fazer, ou não-fazer); e (ii) um complemento, identificativo do objeto desta conduta (o algo). O verbo aponta para uma ação e o complemento para o objeto desta ação: pagar (v) indenização (c); pagar (v) tributo (C); entregar (v) imóvel (c); prestar (v) declaração (c); respeitar (v) semáforo (c); conceder (v) licença à maternidade (c).

Em alguns casos, este complemento é quantificado pelo legislador, noutros, apenas qualificado.

Quando quantificado, além das notas sobre a ação a ser realizada pelo sujeito passivo em favor do sujeito ativo (verbo + complemento), encontramos, no texto legislado, diretrizes para determinar quantitativamente o complemento (ex: 1% do valor do imóvel; 10% do valor contratado; a soma do custo + 40% de lucro; de 10 a 15 anos; etc.), às quais atribuímos o nome de "critério quantitativo". Por isso, é que PAULO DE BARROS CARVALHO refere-se a um critério quantitativo no consequente da regra matriz de incidência tributária[24] e não a um critério prestacional.

Quando não quantificado podemos encontrar outras informações materiais relevantes para a precisa identificação do objeto da prestação (ex: os dados que caracterizam a declaração, na norma que obriga sua entrega), às quais atribuímos o nome de "critério qualitativo".

Apontando para uma prestação quantificada ou não, chamamos as informações que identificam o objeto dos vínculos entre sujeitos a serem estabelecidos juridicamente de "critério prestacional", no sentido de que tal objeto configura-se numa conduta (prestação) a ser cumprida por alguém (sujeito passivo) em favor de outrem (sujeito ativo).

9. A função operativa do esquema lógico da regra-matriz

Um dos aspectos mais importantes da regra-matriz, em minha opinião, é que ela permite o estudo das categorias jurídicas enquanto normas jurídicas. Considerando o direito como o conjunto

---

24. *Curso de direito tributário*, p. 320-337.

de normas jurídicas válidas num dado país, o estudo do direito nos reporta ao estudo dessa normas. Assim, toda categoria, instituto ou situação jurídica (ex. decadência, imunidade, tributo, indenização, competência, testamento, casamento, etc.) pode ser reduzida, para fins de análise, à uma norma jurídica. E para identificação desta norma, utilizamo-nos da estrutura da regra-matriz de incidência.

Essa, aliás, é uma das grandes inovações da teoria da regra-matriz de incidência tributária, apresentada pelo Prof. PAULO DE BARROS CARVALHO, a análise do tributo enquanto norma jurídica. Por outras teorias, inclusive internacionais, o tributo é tomado como prestação, relação jurídica, direito subjetivo, dever jurídico, ou montante pecuniário. A regra-matriz de incidência nos permite enxergar o tributo enquanto norma jurídica, e assim analisar a exação que o constitui como um instituo jurídico.

Mas, basicamente, três são as funções operacionais do esquema lógico da regra-matriz: (i) auxiliar a interpretação dos textos do direito positivo (ii) delimitar o âmbito de incidência normativa; e (iii) controlar a constitucionalidade e legalidade normativa.

A regra-matriz de incidência, enquanto esquema lógico é utilizada como um forte instrumento de interpretação e de análise do direito positivo. Sabendo que uma norma jurídica, enquanto mensagem deôntica completa, precisa apresentar-se sobre essa forma estrutural, nos utilizamos do esquema da regra-matriz ao interpretar os textos do direito positivo (enunciados prescritivos) e assim construir em nossas mentes a mensagem legislada (normas jurídicas), enquanto proposições estruturadas.

Preenchido o esquema lógico-semântico da regra matriz de incidência com o conteúdo dos textos positivados, o intérprete delimita o campo de extensão dos conceitos conotativos da hipótese e do consequente. Ao projetar tais delimitações na linguagem da realidade social, demarca a classe dos acontecimentos capacitados a dar ensejo ao nascimento de relações jurídicas, bem como, o conteúdo de tais relações. O esquema, assim, possibilita ao intérprete determinar o âmbito de incidência da norma jurídica e identificar com precisão a ocorrência do fato hipoteticamente previsto e a relação a ser instaurada juridicamente.

Saturados de conteúdo, os critérios material (Cm), temporal (Ct), espacial (Ce), pessoal (Cp) e prestacional (Cpr) delimitam a classe da hipótese e do consequente normativo. Esta delimitação é projetada mentalmente pelo intérprete sobre a linguagem da realidade social para demarcação da classe dos acontecimentos e das relações sociais juridicamente relevantes. Tal demarcação permite que o interprete identifique a ocorrência de um evento nos moldes da hipótese normativa e o vínculo social a ser instaurado por força da imposição normativa.

Resumindo, o preenchimento da esquematização da regra-matriz fornece-nos todas as informações para definir os conceitos da hipótese e do consequente e identificar, com precisão, a ocorrência do fato e da relação a ser constituída juridicamente.

Outra função operacional da regra-matriz, decorrente da primeira, é o controle de constitucionalidade e legalidade normativa. Delimitando o campo de incidência, a construção da regra-matriz serve de controle do ato de aplicação que a toma como fundamento jurídico ou do próprio ato legislativo que a criou.

A norma individual e concreta, produzida pelo aplicador, deve guardar consonância com a regra-matriz de incidência que lhe serve como fundamento. Caso isso não ocorra, o ato pode ser impugnado. O esquema da regra-matriz funciona como instrumento para detalhamento da fundamentação jurídica do ato de aplicação, possibilitando ao intérprete verificar o devido enquadramento da norma individual e concreta produzida.

Na mesma medida o esquema é útil para se apurar a constitucionalidade da própria regra-matriz (enquanto norma jurídica). De elevado poder analítico, o preenchimento de sua estrutura lógica permite esmiuçar a linguagem do legislador para averiguar se ela se encontra em consonância com as regras jurídicas que a fundamentam.

No ciclo de positivação do direito, a Constituição serve como fundamentação jurídica para produção das leis e estas como fundamentação jurídica para produção dos atos administrativos, sentenças, portarias. O legislador interpreta a Constituição e com base nela, produz as leis. Os agentes administrativos e os juízes interpretam a lei e com base nela, produzem os atos administrativos, as sentenças, as portarias, instruções normativas, etc. Estes últimos devem ser produzidos em consonância com as leis e estas em consonância com a Constituição Federal. O esquema da regra-matriz, devidamente preenchido, com seu forte aparato analítico, serve de instrumento de controle deste ciclo de positivação, para impugnação tanto da lei que não encontra fundamentação jurídica na Constituição, quanto dos atos infra-legais que não encontram fundamentação jurídica em lei.

O esquema permite que o intérprete construa significações mais elaboradas, indo atrás de outros documentos normativos para precisar ainda mais as informações contidas em cada um dos critérios.

Além de tudo isso, o preenchimento do esquema lógico da regra matriz é extremamente eficaz para apontar as falhas do legislador, na elaboração dos textos de lei, que acabam por comprometer a aplicação das normas jurídicas. Pois sabemos, diante dele (esquema) exatamente o que precisa ter uma mensagem prescritiva. A falta de algum destes critérios, verificada no campo dos enunciados prescritivos compromete a construção da mensagem legislada e por consequência o cumprimento e aplicação do direito.

10. Conclusões

O estudo da Lógica nos revela a estrutura de uma linguagem. E o estudo da Logica Jurídica a estrutura da linguagem jurídica.

O legislador, com o objetivo de regular condutas intersubjetivas, cria uma linguagem estabelecendo relações de causa-efeito entre fatos do mundo social e a conduta que ele almeja implementar socialmente.

Diante dos textos, temos acesso aos enunciados produzidos pelo legislador, suporte físico do direito positivo. Não se confunde, no entanto, enunciado com a proposição, enquanto significação, que o intérprete constrói na sua cabeça, a partir da interpretação dos enunciados prescritivos do direito positivo.

Assim como a gramática está para os enunciados de uma linguagem, identificando as regras de associação das palavras para sua formação, a Lógica está para as proposições, determinando as regras de associação dos conceitos e juízos que as constitui.

Utilizamos da Lógica para conhecer as associações proposicionais da linguagem jurídica, em outras palavras as estruturas das significações construídas na a partir da leitura dos textos positivados pelo legislador.

As normas jurídicas são significações que se apresentam na forma hipotético-condicional D(H→C).

Chamamos de "regra-matriz de incidência" as normas produzidas para serem aplicadas em casos concretos, que se inscrevem na categoria das regras gerais e abstratas, podendo ser de ordem tributária, previdenciária, penal, administrativa, constitucional, civil, trabalhista, comercial, etc., dependendo das situações objetivas para as quais seu vetor semântico aponta.

Não imune ao problema da ambigüidade, a expressão "regra-matriz" pode ser utilizada em duas acepções, significando realidades distintas: (i) norma jurídica; e (ii) estrutura lógica.

A regra-matriz, considerada como estrutura lógica, é desprovida do conteúdo jurídico, trata-se de um esquema sintático que auxilia o intérprete no arranjo de suas significações, na construção da norma jurídica. A regra-matriz, enquanto norma jurídica, aparece quando todos os campos sintáticos desta estrutura forem semanticamente completados.

Enquanto esquema lógico a regra-matriz indica os critérios que o antecedente (H) e o consequente (C) das normas jurídicas precisam ter para conotar os fatos eleitos pelo legislador para desencadear efeitos jurídicos e os efeitos atrelados a tal acontecimento.

Considerando que todo fato é um acontecimento determinado por coordenadas de tempo e espaço e que a função da hipótese (H) é oferecer os contornos que permitam reconhecer um acontecimento toda vez que ele ocorra, a descrição produzida pelo legislador deve, necessariamente, conter diretrizes de ação (Cm), de tempo (Ct) e de lugar (Ce).

Considerando que todo efeito jurídico se concretiza pelo estabelecimento de uma relação jurídica, isto é, um vínculo relacional entre sujeitos no qual emergem direitos e deveres correlatos, e que a função do consequente (C) é definir os critérios conotativos desta relação, a prescrição do legislador deve, necessariamente, conter diretrizes para identificação dos sujeitos (Cp) ativo e passivo e o objeto da prestação (Co).

Um dos aspectos mais importantes da regra-matriz é que ela permite o estudo das categorias jurídicas enquanto normas jurídicas.

A regra-matriz de incidência, enquanto esquema lógico é utilizada como um forte instrumento de interpretação e de análise do direito positivo. Sabendo que uma norma jurídica, enquanto mensagem deôntica completa, precisa apresentar-se sobre essa forma estrutural, nos utilizamos do esquema da regra-matriz ao interpretar os textos do direito positivo (enunciados prescritivos) e assim construir em nossas mentes a mensagem legislada (normas jurídicas), enquanto proposições estruturadas.

Saturados de conteúdo, os critérios material (Cm), temporal (Ct), espacial (Ce), pessoal (Cp) e prestacional (Cpr) delimitam a classe da hipótese e do consequente normativo. Esta delimitação é projetada mentalmente pelo intérprete sobre a linguagem da realidade social para demarcação da classe dos acontecimentos e das relações sociais juridicamente relevantes. Tal demarcação permite que o interprete identifique com precisão a ocorrência do fato jurídico e da relação jurídica a ser instaurada por força da imposição normativa.

O esquema da regra-matriz, devidamente preenchido, com seu forte aparato analítico, serve de instrumento de controle do ciclo de positivação, para impugnação tanto da lei que não encontra fundamentação jurídica na Constituição, quanto dos atos infra-legais que não encontram fundamentação jurídica em lei.

Além de tudo isso, o preenchimento do esquema lógico da regra matriz é extremamente eficaz para apontar as falhas do legislador, na elaboração dos textos de lei, que acabam por comprometer a aplicação das normas jurídicas.

11. Bibliografia

CARVALHO, Aurora Tomazini de. *Curso de Teoria Geral do Direito (o Constructivismo Lógico-Semântico)*. São Paulo: Noeses, 3ª. ed. 2013.

CARVALHO, PAULO DE BARROS. *Direito tributário linguagem e método*. São Paulo: Noeses, 5ª. ed. 2013.

_____. *Direito tributário: fundamentos jurídicos da incidência*, 9ª ed., São Paulo: Saraiva, 2012.

_____. *Curso de direito tributário*. 24ª ed., São Paulo: Saraiva, 2012.

_____. *Teoria da norma tributária*. 3ª ed., São Paulo: Max Limonad, 1998.

_____. *Apostila do Curso de pós-graduação em filosofia do direito I (Lógica jurídica)*. São Paulo: PUC/SP, 1998.

_____. *Apostila do Curso de extensão em teoria geral do direito*. São Paulo: IBET/SP, 2007.

MORCHON, Gregório Robles. *Teoría del derecho (fundamentos de teoría comunicacional del derecho)*, Madrid: Civitas Ediciones, 1998

VILANOVA, Lourival. *As estruturas lógicas e o sistema do direito positivo*. 3ª ed., Editora Noeses, 2005.

_____. *Causalidade e relação no direito*. São Paulo: Saraiva, 1989.